에센스 Essence

교육학 개론

Introduction to Education

박아청 · 이인학 · 이기영 · 박지은
최성열 · 김무영 · 류관열 · 김용성

(주)지구문화
JIGU CULTURE Co.Ltd

머 리 말

오늘날 우리 사회에서 논의되고 있는 수많은 문제들 가운데 학교교육을 중심으로 한 인간교육과 관련되지 않은 것이 과연 얼마나 있을까? 인간 그 자체가 교육으로 이루어지는 이상, 교육과 관련이 없는 일이란 없다고 해도 과언이 아니다. 사실 교육계에서 나타나는 문제들은 곧 인간 자체에 대한 문제인 것이다.

이 책은 교육학이란 학문을 소개하면서 궁극적으로는 인간 자체에 대한 이해를 돕기 위한 것으로 교육현장에서 나타나고 있는 구체적인 인간의 모습을 이해하기 위한 내용으로 구성되었다. 물론, 지금까지 논의되어 온 내용들과 크게 다를 바가 없지만 인간의 모습을 중점적으로 다루고 있는 점이 강조되고 있다.

교육학은 '인간은 왜 배워야 하는가'와 '어떻게 하면 옳게 가르치는가'를 연구하는 것이다. 교육학의 기본적 질문은 '왜'·'누가'·'어디서'·'누구를'·'무엇을'·'어떻게' 가르치며, '가르친 결과는 무엇인가'에 관한 것이다. 이러한 질문에 대한 해답을 탐구하면서 교육학은 네 가지의 가치, 즉 학문적 가치, 교육의 도덕적 가치, 교육의 효율성 추구, 그리고 교육의 사회정의성 추구를 지향하고 있다.

따라서 교육학은 교육의 현실과 이상 사이에 객관적이면서 분석적인 가교를 건설하려는 비판적 활동이다. 또한 교육이 본질적으로 사회적 과정이며 조직화된 거대 사업이기 때문에, 교육학은 심리학적·사회학적·행정학적·정책적 질문에도 많은 관심을 갖고 있다.

오늘날 교육이 거대한 사회조직으로 발전됨에 따라 사회변화에의 적응성, 사회평등과 교육평등의 문제, 관료화와 상품화에 대한 인간화의 문제 등 현대사회 속에서의 교육적·인간적 문제에 대한 관심이 높아졌다. 교육학은 미래사회와 인류문명의 장래에 대한 교육적 포부도 안고 있다.

이 책은 이와 같은 교육학의 폭넓은 영역에 대해 기본적으로 갖추어야 할 지식을 제공하는 것을 가장 중요한 목적으로 구성되었다. 집필에 참여한 분들은 모두가 교육학의 박사학위를 가지고 있으며 다년간 교육현장에서 교육학을 강의해 온 교수들이기에 아마도 이 책에서 제공되는 교육학에 관한 지식은 교육이론 뿐만 아니라 교육실천에 관심을 가진 분들에게도 유익한 정보를 제공해 줄 수 있을 것으로 기대한다.

이 책의 편집에 참여해 주신 저자분들과 책의 발간을 허락해주신 ㈜지구문화사/메디시언 주병오 사장님께 감사드리는 바이다.

경자년 입추에

저자 대표 박아청

차 례

Chapter 05 교육사회

Chapter 06 교육과정

Chapter 07 교육 방법 및 공학

Chapter 08 교육평가

차 례

Chapter 09 교육행정

Chapter 10 교사론

Chapter 11 학교폭력의 이해

Chapter 1 교육의 개념

1. 교육의 어원
2. 교육의 정의
3. 피터스의 교육의 개념
4. 교육의 구성요소
5. 교육의 형태
6. 교육학의 학문적 성격

Chapter 01.

교육의 개념

교육 목표

- 교육의 개념을 설명할 수 있다.
- 교육의 정의를 설명할 수 있다.
- 피터스R. S. Peters의 교육의 정의를 설명할 수 있다.
- 미래의 교육이 나아갈 방향에 대해 설명할 수 있다.

1. 교육의 어원

교육을 한 마디로 정의내리고 설명하기란 쉬운 일이 아니다. 교육이라는 말이 어떤 의미로 쓰이고 있는지를 알아보기 위해서는 먼저 교육의 어원에 대하여 살펴보는 것이 교육에 대하여 알 수 있는 쉬운 방법이라고 생각된다.

먼저 동양에서 교육이란 말이 처음 등장한 것은 동양의 고전인 맹자孟子의 진심편盡心篇에 소개된 다음의 문장에서이다.

君子 有三樂而王天下 不與存焉 군자 유삼락이왕천하 불여존언
父母俱存 兄弟無故 一樂也 부모구존 형제무고 일락야
仰不愧於天 俯不怍於人 二樂也 앙불괴어천 부부작어인 이락야
得天下英才而教育之 三樂也 득천하영재이교육지 삼락야

이 문장은 고대 중국 최고의 인격자인 군자가 희망하는 바를 질문한 것에 대한 맹자의 대답 중 한 구절로, 군자에게는 세 가지 즐거움이 있는데, 하늘 아래 왕 노릇하는 것 따

위는 그 속에 들지 않는다. 부모님이 모두 살아계시고 형제들 사이에 아무탈 없는 것이 첫 번째 즐거움이고, 하늘을 우러러 부끄러움이 없고 아래로 굽어보아도 사람을 대함에 무안함이 없는 것이 두 번째 즐거움이고, 천하의 영특한 영재들을 모아서 교육하는 것이 세 번째 즐거움이라는 대목에서 교육이라는 말이 처음 나왔다고 한다.

그러면 동양에서 말하는 교육은 어떤 의미인지 살펴보자.

먼저 교육에서 '教'는 윗사람 · 연장자 · 성숙한 사람은 모범을 보이고, 아랫사람 또는 미성숙자는 윗사람의 모범을 따라 모방한다는 의미를 가지고 있으며, '育'은 '착하게 기른다.' 또는 '자녀들에게 착함을 행하도록 기른다.'라는 의미를 지니고 있다. 결국에 교육은 '자녀를 가르쳐 기른다.' 또는 '피교육자의 내재적 생득적인 소질을 끄집어낸다.'라는 의미를 가지고 있는 것이다.

서양에서는 교육을 페다고지pedagogy라고 한다. 페다고지의 어원은 paidagogos에서 찾을 수 있는데 paidagogos는 paidos와 agogos의 합성어이다. paidos는 '어린이'라는 뜻이고 agogos는 '이끌다.'라는 의미로 '아동을 이끄는 사람' 또는 '아동을 가르친다.'라는 교육의 의미로 쓰이고 있는 것이다.

영어로는 교육을 education이라고 하며 education은 다시 educare와 educere로 나뉘어 지는데, 이는 아동인 학습자를 보는 관점의 차이라고 할 수 있겠다. 먼저 educare는 '教'의 의미로 '**집어넣다.**' 또는 '**훈련하다.**' 또는 'to train'의 의미를 가지고 있으며, 이것은 아동이 텅빈 백지 상태로 태어난다고 가정하고 '지식이나 기술을 강제와 강요에 의해서 집어넣는다.'라는 의미를 가지고 있다.

그 반면에 educere는 '育'의 의미로 'to read out', 'bring up'의 의미로 '끄집어내다.'라는 뜻을 가지고 있는데, 이는 앞의 경우와는 다르게 아동이 태어날 때 많은 가능성을 내포하고 태어난다고 전제하는 것이다. 그래서 그 내면의 가능성을 어떻게 끄집어 낼 것인가를 고민해야 하는 것이다. 즉, 교육은 이 두 가지 방식이 공존해 왔다.

그러면 이 두 가지 교육 방식이 가져온 결과를 두고 예를 들어보자. 전 세계적으로 교육열이 가장 높은 두 나라로 한국과 이스라엘을 꼽을 수 있다. 이 두 나라는 공통점이 많은 나라라고 할 수 있다. 세계 어느 나라보다 교육에 대한 열정이 강하며, 천연 지하자원이 부족한 대신에 교육을 통하여 무엇인가를 이루어 내야 한다는 공통점을 가지고 있고, 또 서로 높은 교육열을 가지고 경쟁 시 조금의 양보도 없다는 점에서도 같다고 할 수 있다.

그런데 결과적으로 노벨상 수상자 수를 보면 확연히 차이가 난다. 그 이유를 어디에서 찾을 수 있을까?

물론, 여러 가지 복합적인 이유가 있겠지만 단순화하여 설명하자면 교육 방식의 차이라고 할 수 있겠다. 우리나라는 '敎'의 방식이고 이스라엘은 '育'의 방식이라고 설명할 수 있을 것이다. 이 작은 차이가 결국은 되돌릴 수 없을 만큼 큰 차이로 격차를 벌리는 것이다.

지금까지 살펴본 교육의 어원을 종합해 보면, 교육은 아동의 천부적인 선성을 비롯하여 지니고 있는 잠재적인 발달 가능성을 최대한 실현시킬 수 있도록 이끌어 주는 동시에 사회와 문화의 양식을 익힘으로써 바람직한 인간으로 키우는 것을 의미한다.

2. 교육의 정의

'교육은 이런 것이다.'라고 한 마디로 정의 내리기는 쉽지 않다. 왜냐하면 학자들마다 교육을 보는 관점에 따라 기준을 달리하기 때문에 해석하는 방식도 달라지는 것이다. 그렇다고 해서 교육의 정의를 유보해 두는 것도 옳은 일이 아니기 때문에 일반적으로 논의되어 온 정의의 유형에 따라 세 가지로 교육에 대한 정의를 내려 보고자 한다.

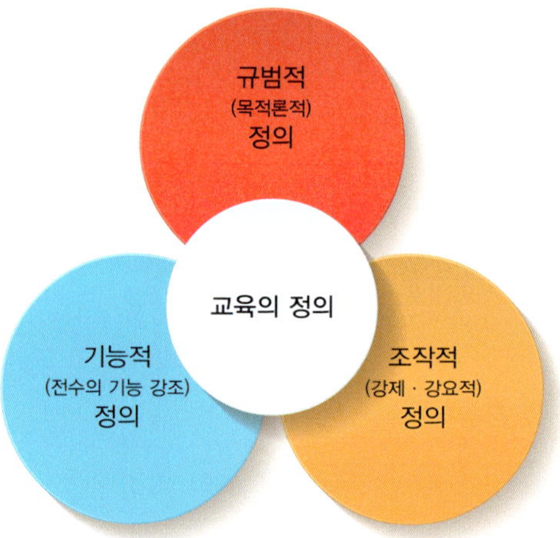

1. 규범적 정의

이 정의는 목적론적 정의라고도 한다. 교육을 궁극적 목적이나 가치에 결부시켜 규정하려는 것으로, 교육 자체의 궁극적 목적과 내재적 목적을 관련시켜서 '교육은 영원한 진리나 가치 있는 것을 전달하는 것' 혹은 '인간의 성장 가능성을 최대한으로 신장시키도록 돕는 일' 또는 '최대한의 자기실현을 도와 주는 일'이나 '인격도야' 등 인간의 존엄성을 강조하고 인격 완성이나 자아실현 등 바람직한 것을 습득해 나갈 수 있도록 도와 주어야 한다는 것이다.

이 관점에서 보면, 교육자는 하나의 조력자이며 교육의 주체는 학습자로 그들에게 더 많은 자율을 허용하는 입장을 말한다. 이 입장은 교육을 성장으로 보는 견해로 자유를 중시하며 발견 학습이나 문제 해결 학습을 지지하는 아동 중심 모형에 속한다고 볼 수 있다.

2. 기능적 정의

이 정의는 교육은 무엇을 이루기 위한 수단이나 도구로 규정하는 입장을 취하는 것으로 '전수傳受 transmission'의 기능을 강조하기 때문에 가치 판단을 유보한 채 기능적 관점에서만 교육을 객관적으로 기술하고 서술하는 데 관심을 가진다. 기능적 정의는 교육 현장에서 이루어지고 있는 교육활동이나 현상들을 있는 그대로 정확하게 기술하려고 한다는 점에서 기술적 정의descriptive definition라고도 부른다. 또 교육을 내세를 위한 준비 과정으로 생각하기도 하고 문화를 창조하고 발전할 수 있도록 하는 정신작용이 바로 교육이라고 보는 입장이다.

예를 들면 "교육이란 국가와 사회 발전을 위한 수단이다.", "교육은 경제 발전을 위한 수단이다."라고 서술하는 것은 교육을 철저하게 기능적 관점에서 정의내리는 것이다.

3. 조작적 정의

이 정의는 경험적 교육학을 바탕으로 현실 세계와 감각 세계를 보다 중시하는 세계관에서 교육이라는 활동이 가져다 줄 결과에 비추어서 교육을 이해하려고 하거나 설명하려는 입장을 말한다. 다시 말하면, 어떤 활동 또는 계획을 실행한 후에 그 결과로 인간 행동에 변화가 이루어졌으면 그 활동을 교육이라고 볼 수 있으며, 그렇지 않으면 교육이라고 볼 수 없다는 입장이다. 이 정의의 대표적인 예로 정범모가 "**교육이란 인간 행동의 계획적인 변화**"라고 정의내리는 데서 연유를 찾을 수 있는데, 이는 교육활동의 기본적인 요소와 과정을 경험적으로 규정할 수 있어야 하며, 이를 근거로 교육적인 것과 비교육적인 것을 구분할 근거를 제시한다.

이러한 정의를 근거로 볼 때, 교육적이 되기 위해서는 다음 몇 가지 기준을 충족시켜야 한다고 본다.

첫째, **교육적이 되기 위해서는 바람직한 변화를 가져와야 한다는 것이다.** 이 말을 다른 말로 설명하자면 가치 지향적이어야 한다는 말이다. 교육을 통해서 변화를 가져와야 한다고 하는데, 그 변화가 바람직한 방향으로의 변화이어야 교육이라고 할 수 있다는 것이다.

둘째, **지적인 안목을 키울 수 있어야 한다.** 이것은 교육을 통해서 세계와 사물을 바르게 볼 줄 아는 안목과 사고의 폭이 커지고 넓어져야 한다는 말이다. 이 말은 교육을 통하여 세상을 보는 눈을 키울 수 있어야 하고 배운 지식과 경험을 현실 생활에 적용시킬 수 있어야 하는 것이다. 많은 사람들이 세상을 볼 때 어차피 자기시각에서 세상을 보게 된다고 하지만 넓고 깊게 보지 못하고 편견과 선입견 및 고정관념으로 가득찬 눈으로 세상을 보는 것이 아니라 전체적인 시각으로 볼 줄 아는 안목을 키워야 하는 것이다.

셋째, **전인적인 인간을 지향하고 있다.** 교육을 통해서 한 쪽 분야만 집중적으로 연마하는 것이 아니라 지식과 기술 및 심성을 골고루 연마할 수 있는 인간을 양성하는 것이 중요하다고 할 수 있다. 이런 점에서 보면, 교육의 개념을 설명하는 데 피터스의 교육 개념과 상통하는 부분이 많아 함께 소개하고자 한다.

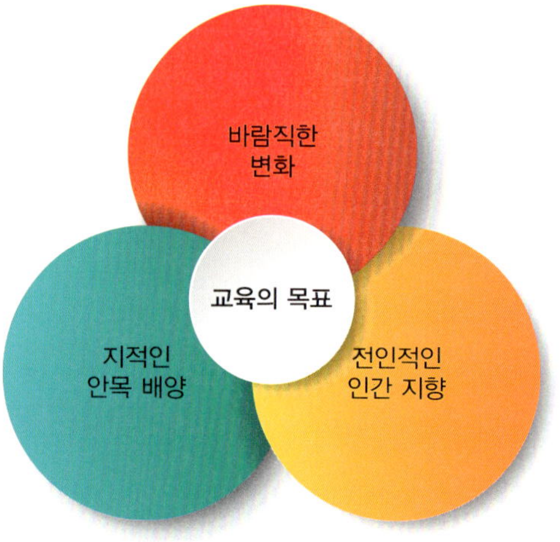

3. 피터스의 교육 개념

피터스R. S. Peters는 교육의 개념을 한 마디로 정의내리지 않고 다음과 같이 몇 가지 기준을 정해 놓고 거기에 합당하면 '교육', 합당하지 않으면 '세뇌', '훈련', '조건화' 등 다른 용어를 사용해야 한다고 설명하고 있다.

피터스가 내세운 교육의 정의에 대한 기준을 제시하면, ① 기준으로서의 교육, ② 입문으로서의 교육, ③ 교육받은 사람 등으로 구분하여 제시하고 있다.

1. 기준으로서의 교육

피터스는 교육을 한 마디로 정의하고 그 정의가 모든 종류의 교육에 들어맞기를 기대하는 것은 '무모한 짓'이라고 했다. 그 말의 용도는 '교육은 하나의 정의로 포괄될 수 없을 만큼 서로 복잡하게 얽혀 있다'고 했다. 그래서 교육이라는 용어는 재배라는 용어와는 달리 어떤 특정한 활동을 지칭하는 용어가 아니라 어떤 기준을 명시하는 것이라고 보았다.

따라서 그는 세 가지 기준을 다음과 같이 제시하고 있다.

① 교육은 가치 있는 것을 전달함으로써 그것에 헌신하는 사람을 만든다.

② 교육은 지식과 이해, 그리고 어떤 인지적 안목을 포함하며 이러한 것들은 무기력해서는 안 된다.

③ 교육은 학습자의 의도성과 자발성을 무시해서는 안 된다.

위의 세 가지 조건 중에서 첫 번째 기준은 교육의 규범적 측면을 설명하고 있는데, 피터스는 교육은 가치 있는 것이 달성되어야 한다는 기준을 자명한 원리로 생각했다. 교육은 가치 있는 것이 도덕적으로 받아들일 수 있는 방법을 통해 의도적으로 전달되고 있거나 전달되었다는 것을 의미한다. 예를 들면, 어떤 사람이 교육을 받았으나 바람직한 방향으로 변화되지 않았다든가, 자기 자녀를 교육하면서 가치 있는 어떠한 것도 가르쳐 주지 않았다는 것 등은 논리적으로 모순일 것이다.

두 번째 기준은 교육의 인지적 측면을 설명하고 있다. 피터스는 교육받은 사람이 되기 위해서는 지식과 어떤 개념 구조를 갖추고 사실을 전체적으로 조직하는 원리를 알며 사물이 왜 그런가에 대한 이유를 이해하고 있어야 한다고 보았다. 피터스의 이러한 설명에 대해 화이트 헤드A. N. Whitehead는 '무기력한 지식이 되어서는 안 된다'고 말했는데, 그가 말한 지식은 사물을 전체적으로 보는 안목을 지니고 있으며 아는 것에 헌신하는 지식이다. 또한, 피터스는 인지적 안목을 강조했는데, 그것은 자기가 하고 있는 일을 다른 것과 관련지을 수 있고 그것이 삶의 어떤 부분에 있는가를 아는 지식이다.

피터스는 교육과 훈련의 차이점을 말하면서 훈련은 제한된 기술이나 사고 방식을 길러 주는 것에 비하여 교육은 보다 넓은 신념 체계를 가진다고 했다.

세 번째 기준은 과정에 대한 기준이다. 피터스는 어떤 것이 교육적 과정으로 간주되기 위해서는 교육받은 사람에게 자기가 교육받고 있다는 것에 대한 최소한의 의식이 필요하다는 점을 강조한다. 가르친다는 것은 학생들이 이성을 가지고 있다는 점을 인정한다는 것이다. 자기가 어떤 일을 하고 있는지를 알지 못하고 그 활동의 의미와 내용마저 모른 채로 단순한 명령과 지시를 수동적으로 받아들인다면 이는 교육이 아닌 것이다. 피터스는 지적인 요소가 개입될 여지가 없는 틀에 박힌 일을 아무 생각 없이 반복적으로 연습하는 것은 교육에서 제외되어야 한다고 했다.

이러한 점에서 교사가 독단적으로 지식을 주입하거나 학생의 독자적인 생각을 무시하고 '같은 것을 여러 번 반복하여' 기계적인 반응을 하게 한다면, 그것은 아무리 가치 있는 내용이라고 하더라도 교육이 될 수 없다. 훌륭한 교사는 학생들이 처음에 흥미를 느끼지 못하는 일에 계속 전념하도록 할 수 있는 사람이라고 했다. 물론, 학생들이 원하는 것이 아닌 '필요한 것에 자발적인 흥미를 불러일으킨 다는 것'은 쉬운 일이 아니다. 이 점에서 피터스는 교육을 '입문하는 과정'으로 보고 있다.

2. 입문으로서의 교육

피터스는 듀이J. Dewey를 중심으로 하는 성장 이론가를 비판했다. 그들은 지나치게 흥미를 강조한 나머지 '가치 있는 내용'을 의도적으로 전달하는 교사들의 역할을 회피했다고 비판했다. 그뿐만 아니라 피터스는 학생의 자발성과 의도성을 무시했다는 점에서 전통주의자들도 비판했다. 이러한 비판을 바탕으로 피터스는 교육을 입문initation의 관점으로 보았다.

입문이란 성년식의 의미로 쓰이고 있는데, 사회의 구성원이 되는 관문에 들어섰다는 의미로 받아들이고 있다. 이는 단순히 입학의 의미가 이니라 경지에 들어섰다는 의미로 받아들이고 있는 것이다. 교육의 최종 목적은 자기학습이라고 할 수 있다. 즉, 자기 스스로 학습하는 방법을 터득하여 혼자서도 학습할 수 있는 여건을 조성할 수 있을 때 자기학습이 가능한 것이다. 학생 스스로 자기학습이 가능할 때 우리는 학문에 입문했다고 할 수 있는 것이다.

피터스가 말하는 입문의 의미는 '공적 전통public tradition에 입문하는 것'이라고 했는데, 공적 전통이란 '**삶의 형식**form of life' 또는 '**지식의 형식**form of knowledge and awareness'이며, 인류가 오랫동안 공동으로 이룩한 전통이다.

교육은 경험을 가지고 있는 사람이 경험이 적은 사람들의 눈을 개인의 사적인 감정과 관계 없는 객관적인 세계로 돌리게 하는 일이다. 결국 교육을 입문이나 성년식에 비유한 것은 아주 냉혹한 객관적인 세계의 관문에 들어서게 한다는 데서 비롯된다.

이러한 견해는 교사 중심의 전통주의도, 아동중심의 진보주의도 아니다. 교사의 것도 학생의 것도 아니며 양자가 공유하도록 해야 한다. 양자 모두 공동의 세계를 탐색하는 경험에 공동으로 참여하도록 하는 것이다. 따라서 교사는 학생들을 이러한 세계로 가는 길로 이끌어서 타인의 도움 없이 혼자의 힘으로 설 수 있도록 돕는 일을 해야 한다.

3. 교육받은 사람

피터스는 교육의 목적에 관한 논의에서 교육의 목적은 필요치 않다고 했다. 왜냐하면 교육의 개념 속에 교육의 목적에 해당되는 부분이 들어 있기 때문이라는 것이다. 그러나 교육의 목적을 꼭 해명해야 한다면 교육의 개념 속에서 추론될 수 있으며, 그것은 바로 '**교육받은 사람** educated man'을 만들고자 한다는 것이다.

피터스는 교육의 개념을 분석하면서 교육은 내재적 목적을 가지고 있다고 했다. 즉, 그는 교육은 교육 이외의 그 어떠한 목적도 가질 수 없으며, 교육의 가치는 교육 안에 내포되어 있는 원리들과 기준들로부터 온다고 했다. 강조컨대, 피터스는 교육이 외재적인 목적을 위한 수단이 되는 것을 경계했다.

교육은 가치 있는 정신의 상태, 지성이나 탁월성의 도야 등과 같은 내재적인 목적을 가지고 있다는 것이다. 그러므로 교육받은 사람 역시 내재적 가치에 목적을 두고 있는 사람이다. 다시 말하면 교육받은 사람은 가치 있는 것을 통달하고 또 그것을 배려하며, 인지적 안목에서 바라보는 것을 특징으로 하는 정신 상태를 성취한 사람이다.

교육이 가치 있는 것이라면 교육받은 사람도 당연히 가치 있는 일에 헌신하는 사람이어야 한다. 또한, 교육받은 사람은 사물을 전체적으로 보는 안목을 지니고 자기가 하는 학문과 다른 분야와의 관계를 알며, 그것이 인생의 어떤 위치에 있는가를 아는 인지적 안목을 가진 사람이다. 또, 교육받은 사람은 잡다한 지식을 많이 갖고 있거나 한 분야에만 뛰어난 능력을 가지고 있는 사람이 아니다.

교육받은 사람은 적어도 지식의 체계를 알고 그 분야가 자신의 삶에 어떤 의미를 갖고 있는가를 아는 안목을 가진 사람이다.

피터스가 교육받은 사람에 대해 특히 강조한 것은 그가 '**무엇을 하는가?**'에 따라서라기보다는 그가 '**무엇을 보는가?**' 또는 '**무엇을 파악하는가?**' 등에 달려 있다는 뜻이다. 즉, 그는 전체적인 안목과 인지적 안목에 큰 비중을 두었다.

이것은 교육을 통해 새로운 눈을 가지게 될 뿐만 아니라 삶을 바라보는 안목이 보다 다양해진다는 것이다. 교육받은 사람은 '지식의 체계'나 '사실을 조직하는 원리'에 대한 이해 능력을 갖추어야 하며, 고도로 발달된 과학적 지식을 갖고 있다고 할지라도 지식의 범위가 지나치게 협소하거나 자기가 하고 있는 일을 인생의 다른 분야와 관련시키지 못한다면 교육받은 사람이라고 할 수 없으며 단지 훈련받은 전문가에 불과하다.

훈련이라는 것은 제한된 기술이나 사고 방식을 길러 주는 것임에 비해, 교육은 보다 넓은 신념 체계를 다룬다. '**훈련받은 마음**'을 가진 사람은 자기 앞에 놓인 특정한 문제를 꼼꼼하고 유능하게 해결할 수 있다. 그러나 '**교육받은 마음**'에는 그러한 분위기의 여러 국면 내지 차원을 넓게 의식하고 있다는 뜻이 들어 있다.

그뿐만 아니라, 어떤 사람이 지식을 알기만 하고 그것을 생활에 관련시키지 못할 때 그를 교육받은 사람과 구별하기 위하여 '**알기만 하는 사람**knowledge man'이라고 부른다. 왜냐하면, 교육받은 사람은 자신이 가진 지식에 따라서 자신의 견해를 변화시키는 사람이기 때문이다. 이런 의미에서 볼 때 많이 배운 자가 정직하지 못하면 문제는 심각해진다. 무지한 자들의 술수는 금방 탄로가 나지만 배운 자들의 기만 술수는 세월이 한참 지나서야 밝혀지기 때문이다.

정리하면 교육받은 사람은 교육의 목적이나 교육의 개념을 성취한 사람이다. 그러므로 교육받은 사람은 교육의 기준을 충족해야 하며 교육의 내재적 가치에 따른 절차의 원리를 준수하는 사람이다.

4. 교육의 구성 요소

일반적으로 교육활동이 이루어지는 장면을 생각해 보면 교육을 행하는 교사와 교육을 받는 학습자, 그리고 교사와 학습자가 상호 작용할 수 있도록 연결해 주는 매개체로서의 교육 내용교재으로 이루어져 있다. 이 세 구성 요소는 교육을 성립하게 하는 가장 기본적인 것으로 교육의 3요소라고 불린다.

1. 교사

교사는 어떤 형식으로든 가르치는 위치에 있는 사람들을 통칭하는 말이다. 좁은 의미로는 가르치는 일정한 장소가 있고, 그곳에서 가르치는 사람으로 소위 말하는 '선생님'을 의미한다. 넓은 의미에서 교사는 교육 대상인 학생을 지도하고, 조력하고, 안내하고, 자극하여 과거의 상태보다 성장하도록 직간접적으로 기여하는 모든 사람과 환경을 지칭하는 말로 사용할 수 있다.

하지만 21세기 교육환경은 급변하고 있다. 교사가 학생들을 단순히 끌고 가는 방식의 교육이 언제까지 이루어질지는 알 수 없는 상황이다. 그리고 교사가 학생들을 이끌고 가는 방식에도 변화를 가져와야 할 시점이 지난 것 같다. 교사와 학생이나 학생과 학생이 서로 교육 매체를 중심으로 상호 작용하는 방식이 바람직한 방향이 아닐까 한다.

2. 학습자

교육은 학습자를 대상으로 한다. 학습자는 아직 미성숙하고 가르침을 필요로 한다는 것이 교육의 출발점이며, 학습자가 성숙한 상태에 이르러 자기학습이 가능하도록 도움을 주는 것이 교사의 임무라고 할 수 있다. 지금까지의 학습자는 교육을 받는 대상이라는 의미에서 교육의 객체로 간주되어 왔지만, 학습자는 교사가 가르치는 지식을 단순히 수동적으로 받아들이는 대상이 아니라 성장할 수 있는 무한한 가능성을 가지고 있다. 즉, 교육을 통해 변화하는 주체라는 측면에서 학습자는 교육에서 가장 중요한 위치를 차지한다.

3. 교육 내용

교육 내용은 교육활동과 수행에서 교사와 학습자를 연결시켜 준다는 의미로 교육의 매개체라고 할 수 있다. 물론, 매개체이긴 하지만 교육 내용은 다음 세대에 전달하기 위한 활동이라는 점에서 교육의 핵심을 차지한다.

예전에는 교사와 학습자, 매개체인 교육 내용을 완전히 분리된 별개의 존재로 생각하는 경향이 없지 않았지만, 미래 세대에게는 교육의 효과를 극대화하기 위해 교사와 학습자 간이나 학습자와 학습자 간에 상호 작용하는 연결고리의 역할을 담당하는 중요한 위치에 있다고 할 수 있다.

5. 교육의 형태

교육의 형태는 그 기준을 어디에 두느냐에 따라 여러 가지로 분류될 수 있다. 먼저 교육받는 대상에 따라 유아 교육, 아동 교육, 청소년 교육, 성인 교육으로 분류할 수 있고, 교육이 이루어지는 장소에 따라 가정 교육, 학교 교육, 사회 교육, 원격 또는 사이버 교육으로, 교육 내용에 따라 교양 교육과 직업전문 교육으로, 교육제도에 따라서는 초등 교육, 중등 교육, 고등 교육 등으로 구분할 수 있다. 여기서는 다양한 교육의 형태 중에서 교육의 기본 개념을 이해하는 데 도움을 주는 중요한 유형이라고 할 수 있는 형식 교육과 비형식 교육, 가정 교육과 학교 교육, 평생 교육에 대해 살펴보고자 한다.

1. 형식 교육과 비형식 교육

교육은 교육자의 의도에 따른 형식을 완전히 갖춘 형식 교육formal education과 형식을 불완전하게 갖춘 비형식 교육informal education으로 분류된다. 형식 교육이란 특정한 교육의 이상과 목적에 따라 그것의 실현을 위하여 의도하는 것을 계획하고 지속적으로 일정한 기간 동안 실시하는 교육을 말한다. 즉, 교육하고자 하는 일련의 계획된 의도가 있고 그 의도에 따라 선정된 교육 내용을 특정 장소에서 학습자에게 교육하는 과정이 있는 것으로 대표적인 형태가 학교 교육이다.

그 반면에 비형식 교육은 일정한 틀을 가지고 있는 학교에서 이루어지는 것이 아니라, 자연이나 사물 및 인간 관계에서 자연발생적으로 이루어지는 무의도적 교육을 의미하며, 비형식 교육의 대표적인 예로는 가정 교육을 들 수 있다. 교육은 학교 교육과 같은 형식 교육만으로 이루어지는 것은 아니다. 학생은 자기가 원하든 원하지 않든, 좋든 싫든, 거의 무의식적이고 우연적으로 지식과 기술 · 규범과 관습 · 생활 습관 등을 배우게 된다.

그런데 비형식 교육은 교육을 위해 필요한 계획성이나 조직성 등의 요건을 갖추고 있지 않으며, 개인을 둘러싸고 있는 제반 환경과 조건에 따라 교육되는 것이다. 이러한 일련의 사회적 영향은 사회가 인간에게 미치는 자연적 기능인 것이다. 비형식 교육의 형태는 가정 교육이나 평생 교육 등이 해당되며 현대 사회에서는 매스컴이나 인터넷 등도 사람들에게 매우 강한 영향을 미친다.

하지만 형식 교육과 비형식 교육은 서로 별개의 존재로 엄격하게 구분되어 있는 것이 아니라 연속적이고 상호 보완적인 관계를 가지고 있다. 학교와 가정 및 지역사회에서의 교육이 균형을 유지하며 이들을 바람직한 방향으로 이끌어 나갈 때 교육의 성과를 기대할 수 있다. 따라서 형식 교육을 통하여 의식적으로 아는 내용과 비형식 교육을 통하여 무의식적으로 아는 내용 사이의 불일치를 좁히는 문제가 교육의 방향을 설정하는 데 아주 중요한 문제라 할 수 있다.

2. 가정 교육, 학교 교육, 사회 교육

교육이 이루어지는 장소를 중심으로 교육의 형태를 구분해 보면, 교육은 가정 교육 · 학교 교육 · 사회 교육으로 구분해 볼 수 있다. 흔히 교육은 학교에서만 이루어진다고 생각하기 쉽지만, 넓은 의미에서의 교육은 학교뿐만 아니라 가정과 사회 등 모든 영역에서 이루어지고 있는 것이다.

(1) 가정 교육

가정 교육은 모든 교육의 기초가 되며 인간 교육이 이루어지는 기본적인 터전을 마련해 준다.

프로이트S. Freud는 인간에게 있어서 초기 경험의 중요성을 강조하고 있는데, 초기 경험은 인생의 기초가 되는 구강기 · 항문기 · 남근기 등을 말한다. 그는 이 시기에 성격의 기본 골격이 80% 이상 형성되는 만큼 부모의 직접적인 영향을 받는다고 설명하고 있다. 이 시기에는 주로 가정에서 생활하기 때문이다.

가정 교육은 가족 집단을 단위로 하여 성립되는 교육의 형태이며, 부모가 의도적이든 무의도적이든 자녀에게 행하는 모든 행위를 말하는 것으로 비형식 교육에 속한다. 가정 교육의 중요한 특징은 다음과 같다.

첫째, **가정 교육은 자연적 · 무의도적으로 이루어지는 교육이다.** 가정은 인간이 태어나면서부터 자연적으로 소속되는 집단이다. 모든 인간은 가정에서의 삶의 과정에서 거의 자연적으로 아무런 의도 없이 다양한 것들을 배우게 된다. 물론, 가정에서도 자녀의 교육을 위한 계획을 세우고 조직적으로 지도하기도 하지만, 학교 교육의 조직과 체계에 비한다면 아주 미미한 것이다. 그렇지만 학교 교육의 기초가 바로 가정이라는 점에서 가정 교육의 중요성은 결코 과소평가 될 수 없다.

둘째, **가정은 강한 애정을 중심으로 결속된 집단이다.** 가정 교육은 강한 애정과 신뢰를 바탕으로 결속된 연령과 성별이 서로 다른 가족 구성원 사이에서 실시되며, 부성과 모성의 상호 보완적 관계를 통하여 이루어지기 때문에 인간 삶의 원천이 되는 애정을 학습하게 된다.

셋째, **가정 교육은 인간성의 기초를 형성하는 장이다.** 모든 인간은 태어나면서 자연적으로 가정의 구성원이 된다. 어린 시절의 대부분을 부모 및 형제와 함께 생활하면서 보내는데, 그 과정에서 심리적 · 정서적 · 사회적 특성을 습득하고 형성하게 된다. 이것은 이후의 삶에도 지속적으로 영향을 미친다.

넷째, **가정 교육의 내용은 실생활에서 필요한 지식과 기능을 습득하는 것이다.** 인간이 활동하는 데 필요한 기본적인 지식과 기능 및 덕성 등은 모두 가정 교육을 통하여 형성된다. 특히 언어 습득은 단순한 의사 소통의 수단을 넘어서 사고와 감정 그리고 행동의 원리를 내재하고 있다는 점에서 매우 중요하다.

다섯째, **가정 교육은 그 기능상 일정하게 정해진 프로그램에 따라 훈련에 중점을 두는 학교 교육과는 달리 항상 자녀의 심신 보호와 배려가 배경이 되고 있다.** 과잉 보호나 방임이 아닌 적절한 보호는 교육의 가장 원초적 형태라고 할 수 있다. 따라서 가정에서의 적절한 보호는 아동의 건전한 인성과 심신의 발달을 도와 주며 새로운 변화에도 안정감을 가질 수 있도록 한다.

이와 같은 가정 교육의 특성과 의의에서 제대로 실효를 거두기 위해서는 무엇보다 교육적인 환경이 조성되어야 한다. 우리가 살고 있는 현대 사회는 핵가족 현상의 심화나 맞벌이 부부 가정의 증가 등으로 인하여 전통적인 가정이 갖는 여러 교육적 기능을 수행하기 어려운 면이 많다.

이러한 이유로 가정 교육의 기능들을 학교 교육이나 사회 교육이 떠맡고 있다. 그러나 이러한 학교 교육이나 사회 교육은 강한 애정과 신뢰에 바탕을 둔 가정 교육의 기능을 제대로 수행할 수 없는 측면이 많다. 따라서 가정 교육의 중요성이 더 새롭게 인식되고 있으며, 앞으로도 가정의 교육적 기능을 회복하고 향상시키기 위한 여러 이론적 또는 실천적 노력이 뒷받침되어야 할 것이다.

(2) 학교 교육

학교는 가정 다음으로 중요한 사회화 기관이다. 학교는 제도화된 틀 속에서 전문적인 소양과 지식을 갖춘 교사가 일정한 연령층의 학생을 대상으로 문화유산을 교육 내용으로 구성하여 의도적 · 계획적 · 조직적으로 교육하는 곳이다. 오늘날 학교 교육은 가장 중요하고 대표적인 형태의 교육기관이 되었다. 이러한 학교 교육의 중요한 특징은 다음과 같다.

첫째, **학교 교육은 문화유산을 전승**함으로써 사회의 유지와 존속을 가능하게 한다. 인간이 동물과 구별되는 특징 중 하나는 문화를 창출해 낸다는 점이다. 인간이 인간성을 유지하고 인간다운 삶을 유지해 내는 것도 이러한 문화유산이 전승되고 있기 때문이다. 따라서 문화유산을 체계적이고 전문적으로 전승하기 위해서는 교육기관이 담당해야 할 몫이 크다.

둘째, **학교 교육은 문화유산을 전달**함으로써 사회의 통합과 통제의 기능을 수행한다. 학교는 과거로부터 내려오는 문화유산을 가장 조직적이고 효과적으로 전달할 수 있는 기관이다. 또한, 그러한 문화유산 속에 들어 있는 교육 내용을 통하여 행동양식 · 가치관 · 축적된 지식 · 사회규범 등을 습득함으로써 사람들은 유사한 인격과 행동 특성을 갖는데, 이는 공동체 의식을 가진 사회 구성원이 된다는 것을 의미한다.

셋째, **학교 교육은 사회적 선발 및 지위 결정의 기능을 한다.** 학교 교육을 통하여 학생들에게 장차 종사할 직업에 필요한 다양한 지식과 기술을 제공하고 태도와 가치관을 교육시킴으로써 미래에 갖게 될 직업을 선택하게 하는 힘을 제공한다. 이것은 그들의 사회적 지위를 결정하는 중요한 요소이다.

넷째, **학교 교육은 사회의 변화 및 발전 기능을 수행한다.** 학교는 끊임없이 변화하는 사회 속에서 그 변화에 적응해 가는 데 필요한 새로운 지식과 기술을 학생들에게 전수함으로써 사회의 변화와 발전을 촉진시킨다.

다섯째, **학교 교육은 자아실현의 기능을 한다.** 학교 교육은 개인의 성장과 발달을 극대화하기 위해 환경을 조성하려고 한다. 교육의 대상은 바로 인간이고 인간은 개인차가 있으므로 학교는 학습자 개개인을 교육의 출발점으로 삼아서 교육의 목적인 전인적인 성장과 발달을 도모하고자 한다.

(3) 사회 교육

사회 교육social education이란 말은 일제 잔재 요소가 남아 있다고 해서 잘 사용하지 않고 평생 교육이란 용어로 대체해서 사용하지만 여기서는 가정 교육이나 학교 교육과 함께 설명하기 위해서 사용하는 용어이니 이점 참조하기 바란다.

사회 교육은 넓은 의미로 성인 교육, 청소년 교육, 가정 교육, 직업 교육, 종교 교육 등을 포괄한 개념이고, 좁은 의미로는 성인과 청소년을 대상으로 하는 어느 정도의 의도적이고 조직적인 교육활동으로 가정 교육과 학교 교육에 대조되는 개념이라고 할 수 있다. 즉, 넓은 의미로 정의해 보면 '사회 교육은 학교 외에서 전개되는 조직적이고 계속적인 교육활동의 총체'라고 정의를 내릴 수 있다.

3. 평생 교육

평생 교육lifelong education은 **'요람에서 무덤까지'**, 다시 말하면 인간이 태어나서 죽을 때까지 전 생애에 걸쳐서 교육이 이루어져야 한다는 의미로 인간 '삶의 질' 향상이라는 이념을 추구하기 위하여 생애에 걸친 교육이 일정한 체계를 이루고 행해져야 한다는 것을 의미한다. 그래서 평생 교육은 태교에서부터 유아 교육 · 아동 교육 · 청소년 교육 · 성인 교육 · 노인 교육이 서로 관련성을 갖도록 수직적으로 통합된 교육이며, 가정 교육 · 학교 교육 · 사회 교육이 상호 협력할 수 있도록 수평적으로 통합된 교육인 것이다.

평생 교육의 관점에서 인간은 삶을 유지하는 동안에 시공간적 제약을 받지 않고 언제 어느 곳에서든 교육받을 수 있는 존재이며, 보다 가치 있고 바람직한 삶을 살기 위해 교육을 필요로 하는 존재이다. 이런 점에서 보면 사회 교육과 유사하나 사회 교육보다 넓은 범위에서의 교육에 대한 관점이다.

6. 교육학의 학문적 성격

교육학은 교육의 여러 현상과 행위에 관한 학문적 탐구 과정과 그 과정을 통해 획득된 지식의 체계이다. 교육학은 독립 학문이 아니고 다른 학문이 이루어 낸 성과를 활용하여 교육 현상을 탐구한다는 측면에서 응용 학문의 성격을 띠고 있다. 교육학은 교실현장에서의 교사와 학생의 상호 작용에 관한 실천 지향적 성격이 강하다. 또한, 교육학은 여러 학문적 지식을 토대로 교육 현상을 바라본다는 점에서 종합적이고 간학문적이다.

교육학은 규범적 · 공학적 · 설명적 · 비판적 교육학 등으로 구분될 수 있다. 규범적 교육학은 교육의 이상적인 모습, 즉 이상적인 교육의 조건과 당위적 규칙을 추구하며, 공학적 교육학은 교육의 효율성을 높이는 원리와 기술 개발에 관심을 갖는다.

설명적 교육학은 교육 현실 속에 전개되고 있는 교육활동이나 교육제도가 어떤 성격을 띠고 있느냐에 관심을 갖고 있으며, 마지막으로 비판적 교육학은 교육활동이나 교육제도에 숨겨져 있는 문제를 찾아내고 비판하고 대안을 찾아내는 데 관심을 갖는다.

교육학의 분야는 순수학문이라기보다는 다른 학문의 관점에서 교육의 여러 가지 현상을 설명하는 응용 학문으로, 인문과학적 성격은 물론이고 사회과학이나 공학적 성과를 토대로 조직된 복합학문적 성격을 띠고 있다고 할 수 있다. 교육학 분야는 여러 영역으로 구분되고 있으나 여기서는 다음과 같이 구분해 볼 수 있다.

헤르바르트J. F. Herbart가 교육학을 하나의 독립적인 학문 영역으로 구축하려는 시도 이후에 많은 양적 · 질적 발전이 이루어지면서 교육학의 분야 혹은 학문적 체계는 다양화되었다. 다음의 그림은 교육학의 다양한 하위 영역을 나타낸 것인데, 이것은 하나의 독립된 전공 영역으로서의 위치를 차지하고 있다.

Chapter 2 교육의 역사적 기초

1. 한국교육사
2. 서양교육사

Chapter 02.

교육의 역사적 기초

교육 목표

- 교육에 대한 역사적 이론을 분석하여 이해할 수 있다.
- 삼국시대, 고려시대, 조선시대 교육의 한국교육에 대한 시대적 흐름을 알 수 있다.
- 고대, 로마, 중세, 근대, 현대의 서양교육에 대한 시대적 흐름을 알 수 있다.
- 한국교육사와 서양교육사의 차이점에 대하여 이해할 수 있다.
- 현대 교육의 특징과 전망에 대하여 설명할 수 있다.

1. 한국교육사

교육사는 교육에 대한 역사를 이해함으로써 역사적 사건을 배우기도 하지만 역사를 통해서 교육의 지혜를 배울 수 있다. 따라서 과거의 역사를 조명해 보면 미래를 보는 혜안을 얻게 된다. 한국교육사를 시대별로 구분하면 원시시대 고조선~삼국 성립 이전, 삼국시대 B.C. 37~A.D. 918, 고려시대 918~1392, 조선시대 1392~1894, 근대 교육 1894~1945, 현대 교육 1945 이후 등으로 분류된다.

1. 원시시대의 교육

원시시대는 고조선, 부여, 옥저, 동예, 삼한의 부족사회를 말한다. 시대적 공간으로 보면 건국 신화로 시작되는 단군의 개국에서부터 철기 문화를 배경으로 하는 고대 국가의 형성 · 정립되는 삼국의 성립 이전까지의 시대이다. '교육'이라는 문제를 의식하기 전인 이 당시에도 그 나름의 교육 내용과 목적 및 방법이 있었다. 물론, 그에 관한 직접적인 기록은 없으나, 고고학적 또는 문화인류학적 연구 등에 알려진 원시사회 교육의 공통된 특성에서 파악할 수 있다. 그들 행동의 대부분은 본능적 충동의 영역을 벗어나지 못했고, 소위 '교육'이란 것을 생각한다면 '무의식적 모방'일 뿐이다. 원시시대 교육의 기본 목적은 '안전'이었는데, 이는 본인과 가족의 생활필수품을 획득하기 위함이고, 자연 속에 활동한다고 상상하는 보이지 않는 힘을 발휘하기 위함이다.

교육의 형태는 주로 눈에 보이는 교육과 눈에 보이지 않는 교육으로 나누어 볼 수 있다. 눈에 보이는 교육, 즉 실제 교육은 지금의 '직업' 교육, '가사' 교육, '군사' 교육, '신체'의 단련 및 '도덕'의 연마를 포함하는 인간 생활의 실제적 측면을 다루는 모든 작업과 활동이었다.

눈에 보이지 않는 이론 교육은 지금의 '종교', '음악', '의학', '문학', '예술' 교육 및 '지적' 교육을 포함한 본래 인간의 영적 · 정신적 측면을 다루는 숭배 활동과 관계가 있었다.

교육의 구성은 육체적 욕구를 만족시키는 데 필요한 훈련, 예전, 성찬 등의 훈련, 사회단체 구성원으로서 집단생활에 필요한 관습 · 금기 · 억제 훈련으로 되어 있었다. 실생활과 직결된 교육이라는 점에서 원시시대의 교육은 현대의 학교 교육보다 실제적이었다고 볼 수 있다.

2. 삼국시대의 교육

삼국시대는 기원전 1세기부터 7세기 중엽까지 고구려, 백제, 신라의 세 나라가 정립했던 시기로 신라가 삼국을 통일한 676년까지 포함한다. 삼국시대 교육의 성립과 발전에 영향을 준 것은 유교儒敎와 불교佛敎였다. 유교는 형식적인 교육의 발전에 영향을 주었으며, 불교는 비형식적인 교육의 발전에 기여하였다. 특히 일반 대중의 종교적인 신념과 가치관의 형성에 많은 영향을 주었다.

유교와 불교는 순수한 종교적인 기능의 수행을 넘어서 정치 · 경제 · 교육 등 문화 전반에 걸쳐 영향을 주었으며, 윤리의식과 더불어 정치제도의 발달에도 큰 도움이 되었다. 특히 유교의 수용과 한자의 도입은 이를 가르치고 배우는 형식적 교육기관인 학교 교육의 성립과 발달을 촉진시켰다.

(1) 고구려의 교육

고구려는 삼국 중 가장 먼저 국가의 교육체제를 갖추었다. 중국과 가장 가깝다는 지리적 이점은 중국과 잦은 교섭을 하도록 했고, 중국 문화에 영향을 받았다. 이러한 특징으로 만들어진 형식적인 교육기관은 최초의 관학이라고 할 수 있는 태학太學과 사학의 시초라고 할 수 있는 경당扃堂이 있다.

① 태학太學

고구려 학교 교육의 시작에 대한 기록은 제17대 소수림왕 2년 태학의 설립부터이다. 태학은 중국의 학제를 본받아서 국가의 고급 관리를 양성하기 위한 고등 교육기관으로, 주로 상류계층 자제들을 교육하였고, 수도에 위치하였다. 즉, 태학의 설립 목적은 관리의 양성이며, 입학할 수 있는 사람의 신분도 상류계급의 귀족 자제들이었다. 주요 교육과정은 오경五經 시전, 서전, 주역, 예기, 춘추과 삼사三史 사기, 한서, 후한서 등 유학을 중심으로 한 중국의 전통적인 고전이 주류를 이루었다.

② 경당扃堂

우리의 교육 역사상 최초의 사학私學이라고 할 수 있는 경당은 설립 연대를 정확히 알 수는 없으나 서민 자제를 대상으로 독서와 활쏘기 등 문무를 겸비한 초·중등 교육기관으로 수도뿐만 아니라 지방의 마을마다 설립되었다. 태학이 오늘날의 고등 교육 정도의 관학이라면, 경당은 초등 교육에서 고등 교육까지를 겸한 사학인 셈이다. 특히 문무를 겸비한 교육이 이루어졌던 점으로 미루어 보아서 경당은 신라의 화랑도 교육과 유사한 교육이었다.

(2) 백제의 교육

백제는 600년에 멸망할 때까지 학교를 세웠다는 직접적인 기록은 없지만 일찍부터 중국과의 교섭이 잦아서 고구려와 신라보다 발달된 문화 양식을 가지고 있었을 뿐만 아니라 나름대로 독창적인 문화를 발달시킨 국가였다.

『삼국사기』에 의하면 284년 백제 사람인 아직기阿直岐가 일본으로 건너가서 태자를 가르쳤고, 285년에는 왕인王仁 박사가 일본에 논어와 천자문을 전했으며, 고구려가 태학을 세운 지 3년 만인 375년에 근초고왕이 박사 고흥高興을 얻어 처음으로 '서기書記'라는 백제 역사책을 가지게 되었다는 기록으로 보아 백제에는 일종의 박사제도가 있어서 상당한 수준의 고등 교육이 이루어졌음을 알 수 있다.

이 박사들은 일본으로 건너가서 일본에 교육적인 영향을 주었다. 박사란 교학지임敎學之任을 맡은 관직, 즉 벼슬의 이름을 말한다. 이들은 유학의 경전에 정통한 학자들로서 가르치는 것을 주임무로 하였다. 따라서 기록상으로만 학교가 없었을 뿐, 어떤 형태로든 학교 교육이 있었을 것으로 추측된다.

(3) 신라의 교육

신라는 지리적 위치나 여건이 고구려나 백제를 통해 중국 문화를 받아들였기 때문에 문화 유입이 다소 늦고 문화 수준도 비교적 높지 못했다. 신라에서도 백제와 같이 학교 교육에 관한 기록은 없다. 그러나 통일 전의 신라는 학교 교육과 같은 형식적 교육은 없었지만 제30대 문무왕 16년676년에 이룩한 삼국통일 이전 신라 고유의 교육적 전통을 수립한 화랑도 교육이 있었다.

화랑도는 고구려의 경당이 문무일치의 교육을 했던 것과 마찬가지로 고유의 독자적이면서 자발적인 교육제도를 통해 인재를 양성함으로써 통일의 기틀을 다졌다. 삼국통일 이후에는 제31대 신문왕 2년682년에 유학 대학인 국학을 세워서 관리를 양성하였다.

① 화랑도

화랑도는 본래 자생적 집단으로 마을마다 청소년 집단이 있었다. 이 집단은 용모가 수려하고 다른 사람의 모범이 될 만한 사람이 중심이 되어 운영되던 수양 단체였다. 즉, 화랑도는 국가에서 쓸 인재를 선발하기 위해서 시작된 청소년 운동이었으나 진흥왕 37년576년에 국가적인 공인 단체로 인정받게 되면서 체계화되고 조직화되었다. 화랑도는 고구려의 경당과 마찬가지로 문무를 겸비한 교육을 하였다.

화랑도의 교육 목적은 용감한 병사와 실천적 인재 양성이다. 평소 화랑들은 전국의 명산대천을 찾아다니면서 심신을 단련하고 무술을 연마하며 호연지기를 길렀고, 유사시에는 전사로서 활동하였다. 화랑들은 도의교육道義敎育을 중시했는데 이 도의교육의 핵심이 바로 세속오계世俗五戒였다. 화랑도는 대자연을 교육 도장으로 도의道義를 연마하고, 시와 노래를 즐기며, 산수를 보고 즐기며 교육을 받았다. 한 마디로 화랑도 교육은 문무가 일치되고 지 · 덕 · 체를 겸비할 수 있는 교육이며 오늘날 우리가 계승해야 할 교육 전통이라고 할 수 있을 것이다.

② 국학

삼국통일 이후에는 당나라와의 문물 교류가 더 활발해지면서 학교 교육에 관심을 가지게 되었으며 당나라의 국자감國子監 제도를 모방하여 국학을 세웠다. 국학은 신문왕 2년682에 설립되었으며 신라 최초의 관학이었다. 국학의 교육 목적은 유학의 이념을 연구하고 널리 보급하며 그 이념에 입각하여 국가 관리를 양성하는 것이었다.

교육 내용은 주로 유교 경전들이었으며 『논어』와 『효경』을 필수 과목으로 하였고, 『예기』·『주역』·『좌전』·『모시』·『춘추』·『상서』·『문선』 등은 선택 과목이었다. 입학 자격은 6두품 출신 귀족 자제로 수학 연한은 9년이었다. 국학을 졸업하면 성적에 따라 대나마大奈麻, 나마奈麻, 대사大舍의 벼슬을 주었다. 국학의 명칭은 경덕왕 6년747년에 태학감으로 바뀌었다가 혜공왕 때 다시 국학으로 불리었다.

신라는 국학이 점차 완비되고 학문이 성함에 따라 유교 교육 자체가 관료의 등용문이 되었다. 원성왕 4년788년에는 일종의 과거제도라고 할 수 있는 독서삼품출신과를 정하여 인재 등용의 방법으로 성적에 따라 문관을 등용하였다. 통일신라 이전의 화랑도 교육을 통하여 인물 위주로 인재를 선발한 것과 구별되는 것으로, 관리 등용에 있어서 학벌을 벗어나 실력과 능력 위주로 선발하였다.

(4) 고려시대의 교육

고려시대에 신라의 문화가 계승되어 오면서 사상면에서는 불교와 유교가 공존하며 고려사회를 지배하였다. 한 개인의 수신修身의 도道로서 불교가 장려되었고, 치국治國의 이념으로서 유교가 발달하였다. 고려의 교육은 태조 13년930년에 서경지금의 평양에 학교를 창설한 것에서 비롯되며 교육기관은 크게 관학과 사학으로 구별한다. 고려시대는 거듭되는 내란과 외적의 침입으로 중앙정부가 교육에 소홀할 수밖에 없었으므로 관학보다는 지방의 유학자들에 의해 세워진 사학이 더욱 발달하였다.

① 관학官學

고려 초기의 교육제도는 신라제도를 계승하였지만 성종982~997년시대에 이르러 교육제도가 새롭게 정비되면서 여러 종류의 관학들이 설립되었다. 관학으로는 국자감, 향교, 학당이 있었다.

• 국자감國子監

국자감은 성종 11년992년 개경개성에 설립한 최고 교육기관으로 국가의 고급 관리를 양성하는 데 목적이 있었다. 이 국자감에는 태학전太學田을 주고 조세를 면제해 주었을 뿐만 아니라 예종 14년1119년에는 육영재단인 양현고를 설치하여 국자감의 재정을 도왔다. 인종 1년1123년에 국자감의 학제가 완비되어 유학계 교육의 삼학三學과 기술계 교육의 삼학三學으로 육학六學이 구성되었다. 유학계 교육의 삼학은 국자학國子學 · 태학太學 · 사문학四門學이고, 기술계 교육의 삼학은 율학律學 · 서학書學 · 산학算學이 있었으며 입학 자격과 수학 기간도 다르게 규정하였다.

• 향교鄕校

향교는 지방에 설립된 관학으로 중등 교육을 담당했던 교육기관이다. 향교는 주로 유학을 널리 전파하고 지방 사람들을 도덕적으로 교화하고 풍속을 바로 잡는 데 크게 기여했다. 향교는 지금도 여러 곳에 남아 있으며, 향교의 정확한 설립 연대를 알 수는 없으나 성종 6년987년 이후 향교가 지방의 관립 학교로 운영되었을 것으로 추정된다.

향교는 유교의 교육뿐만 아니라 제사의 기능도 함께 지니는 사당이었다. 따라서 향교에는 공자 등의 선현을 모시고 제사를 지내는 문묘와 함께 교육을 위한 명륜당이 있었다. 향교의 교육 내용은 제술작문과 명경효경, 논어 9경 등이었으며, 의학 · 율학 · 서학 · 산학 등의 교과도 개설되었던 것으로 전해진다.

• 동서 학당과 오부 학당

학당은 고려 말에 등장한 중앙 교육기관으로 원종 2년1261년에 개경에 설립한 관립 학교로 국자감에서 교육을 받지 못한 개경의 학도들을 위한 교육기관이었다. 즉, 개경에 설립한 향교와 비슷한 수준의 유학 교육기관이었다. 고려 말인 공양왕 2년1390년에 정몽주의 건의로 개경의 중앙과 동 · 서 · 남 · 북에 설립하기로 하였으나, 북부 학당은 끝내 설치되지 못하고 사부 학당만이 설립되어 운영되었다.

② 사학私學

11세기경 고려의 조정은 계속되는 내란과 외적의 침입으로 관학의 진흥에 그다지 힘을 쏟지 못하고 있을 때 관직에서 은퇴한 학자와 지방에서 은거하던 선비들이 사설 교육기관을 설립하여 후학을 양성하는 데 힘을 썼다. 그 대표적인 것이 최충의 문헌공도文憲公徒를 포함한 12도十二徒와 서당書堂이다.

• 12도

12도는 고려시대의 사학 교육기관 12개교를 일컫는 것이다. 문종 때의 대학자였던 최충이 평생을 관직에 헌신하다가 72세1055년에 은퇴한 후 자신의 재산을 털어서 사학을 설립했다. 그곳에 학생들이 많이 모여들었는데 이들을 가리켜 문헌공도文憲公徒라고 하였다. 문헌공도의 교육 성과가 널리 알려지자 지방의 선비들이 앞을 다투어 유사한 사학을 설립하였다. 당시 국자감과 향교는 그 교육 성과가 부진하였고, 학당은 아직 출현하기 전이었으므로 과거를 보려는 학동들은 관학보다는 오히려 12도를 선호하였다.

12도의 교육 목적은 주로 인격 완성과 과거 준비에 있었고, 교육 내용은 구경九經 · 삼사三史 · 제술製述로 구성되었다. 12도는 고려 말에 국학이 성행하면서 쇠퇴하기 시작했고, 결국은 공양왕 3년1391년에 폐지되었다. 하지만 고려시대 교육에 관학과 더불어 교육사적으로 중요한 역할을 했다고 할 수 있다.

• 서당

서당은 고려시대 일반 서민 자제들을 교육한 초등 교육기관으로, 고려시대 서당에 관한 명확한 기록은 없다. 그렇지만 중국 송나라 서긍의『고려도경』에 서당이 마을마다 있었다는 기록으로 미루어 보아서 서당이 매우 많았음을 알 수 있다. 서당은 지방의 일반 서민 계급의 자제들을 수용하여 교육했던 사설 교육기관으로 서민의 기초교육 보급에 끼친 영향이 매우 컸다. 서당이 가장 왕성하게 발전했던 시기는 조선시대였지만, 대부분 고려시대의 서당제도를 본받은 것이다.

(5) 조선시대의 교육

조선 왕조가 내세운 건국 이념은 11, 12세기 중국에서 발달한 유학으로서 남송의 주자朱子가 집대성한 성리학性理學이다. 조선은 건국 초기부터 성리학을 정치 이념으로 삼고 불교를 억압하는 숭유억불 정책을 채택하였다. 따라서 교육에 있어서도 자신의 몸과 마음을 닦고 다른 사람을 다스린다는 유교의 수기치인修己治人을 목적으로 삼았다.

수기란 자신의 몸과 마음을 닦는 것이며, 치인은 다른 사람을 다스리는 것을 말한다. 이러한 수기치인한 사람이 바로 '군자君子' 혹은 선비였다. 그러나 지나치게 성리학을 숭상한 나머지 성리학 이외의 학문은 잡학이라고 하여 실제 생활과 관련된 과학 기술이나 생산 기술의 발달을 저해하는 결과를 가져오게 되었다.

1) 관학(官學)

조선시대의 교육기관과 학제는 고려의 것을 계승하여 이를 더욱 발전시켰다. 정부에서 주도하는 관학은 성균관, 사학四學, 향교 등이 있었다. 이 중 성균관은 최고 학부로서 고등 교육을 담당하였고, 서울의 사학과 지방의 향교 및 서원은 중등 교육을, 마을마다 설치된 서당은 초등 교육을 담당하였다.

• 성균관

조선 최고의 국립 교육기관인 성균관成均館은 태조 7년1398년에 지금의 성균관대학교 자리에 건립되었다. 성균관이라는 명칭은 고구려와 신라 때는 태학 혹은 국학, 고려 때는 국자감 또는 성균감으로 부르다가 성균관으로 개칭되었는데, 이를 조선 왕조가 그대로 계승한 것이다. 성균관에는 유학을 강의하는 명륜당, 공자를 비롯한 선현들의 위패를 모시고 제사를 지내는 문묘, 유생이 거처하는 기숙사 등을 두었다.

성균관의 입학 자격은 양반에 한하여 주어졌고, 양반 자제라고 하더라도 원칙적으로 생원이나 진사 시험에 합격한 자여야 하지만, 일부는 사학四學에서 우수한 학생들이 진학하는 경우도 있었다. 교육과정은 크게 강독講讀 · 제술製述 · 서법書法의 과정으로 나누어져 있었는데, 교육 내용은 4서논어, 맹자, 중용, 대학와 5경시경, 서경, 주역, 예기, 춘추을 비롯한 유교의 여러 경전이었으며, 성균관의 재원은 비교적 충분하였으므로 태조 때부터 양현고를 두어서 학생들의 식료 공급을 지원하였다. 성균관의 학칙은 『학령』, 『권학사목』, 『구제학규』, 『진학절목』, 『학교사목』, 『학교모범』 등에 상세히 기술되어 있다.

성균관은 조선 최고의 고등 교육기관이었으나 일제시대 과거제도의 폐지와 함께 성균관의 권위가 추락되어 경학원經學院이라고 불렸으며, 그 후 민족의 교육열이 고조되자 일제는 부득이 명륜당과 부속 건물에 명륜전문학교를 세웠다. 해방 후 성균관은 성균관대학교로 발전하게 되었다.

• 사학四學

사학은 고려 말의 오부 학당을 계승한 국립 교육기관으로 사부 학당의 줄임말로 동부 · 서부 · 남부 · 북부 · 중부학당의 오부 학당으로 시작되었지만, 북부 학당이 폐쇄되고 사부 학당으로 정착되었다. 사학은 성균관의 부속 학교와 같은 성격을 지닌 학교로, 향교와 비슷한 수준의 중등 교육기관이라고 할 수 있다. 학제와 교육 방침은 비슷하지만, 사학은 선현의 위패를 모신 문묘가 없었다. 교육 방침과 교육 내용은 성균관과 유사했고 기숙사를 두고 있었으며, 학비는 국가에서 제공하였다. 사학의 입학 자격은 10세 이상의 양반 자제들이었으며, 학업을 마친 후에는 능력에 따라 생원이나 진사시험에 응시할 수 있는 자격이 주어지거나 능력이 뛰어난 경우에는 성균관으로 진학하여 공부할 수 있는 기회도 있었다.

그러나 사학은 임진왜란 때 불타 소실되었다. 그 후 다시 복원 작업을 했지만, 학생 수도 적고 교육 활동도 활발하지 못하였다. 이후에 구한말 선교사들에 의해 '학당'이라는 이름이 붙여진 많은 수의 학교가 개원되었다. 1885년에는 아펜젤러에 의해 배재학당이, 1886년에는 최초의 근대식 여학교인 이화학당이 설립되었다.

• 향교

향교는 국가에서 지방의 각 행정 단위인 주州, 부府, 목牧, 군郡, 현縣에 성균관을 축소하여 설립된 양반의 자제들을 가르치기 위하여 설립된 국립 교육기관으로 중등 교육을 담당하는 기관이라고 할 수 있다. 향교는 고려시대의 향교를 계승한 교육기관이지만 규모나 운영면에서 볼 때 훨씬 체계적이었다. 향교는 성현에 대해 제사를 올리는 문묘의 기능, 지방의 유생들에게 유학을 가르치는 명륜당의 기능, 기숙사의 기능 등을 하고 있었다. 그 외에도 지방의 백성을 가르치고 계몽하는 평생 교육의 기능도 가지고 있었다.

향교는 조선 중기까지 교육적 기능이 활발했으나 조선 중기 이후 서원이 세워지면서 교육기관으로서의 위치는 점차 줄어들고 제사를 지내는 문묘의 기능만을 수행하게 되었다.

② 사학私學

사학은 사립 교육기관으로 조선시대의 대표적인 사학으로는 서원과 서당이 있다. 사학은 고려시대의 12도가 쇠퇴한 이후에 새로운 형태의 사학인 서원이 등장하여 번성하였으며, 고려시대부터 있었던 초등 교육기관인 서당은 조선시대에 더욱 발전하였다.

• 서원

서원은 조선시대 성리학의 연구와 교육을 목적으로 지방에 세워진 중등 교육기관이라고 할 수 있다. 서원의 기원은 중종 38년1543년 풍기군수 주세붕이 고려시대의 유학자인 안향의 고향에 사당을 세워 백운동서원이라고 불렀는데, 안향의 학덕을 기리는 한편, 우수한 학동들을 모아서 학문을 가르치기 시작한 것에서 비롯되었다. 이후 서원은 쇠퇴해 가는 향교를 대신하여 국가의 재정지원을 받으면서 급증하기 시작하였다.

서원의 설립 목적은 학덕이 높은 선현들에게 제사를 지내고, 그 학문적 전통에 따라 학문을 갈고 닦는 것이었지만, 과거를 준비하는 교육도 이루어졌다. 교과 내용은 유학의 교육이 중심이었고, 교과는 소학小學과 가례家禮를 입문으로 삼고, 사서오경을 기본으로 하였다. 하지만 서원의 숫자가 폭발적으로 증가함에 따라 질적 저하와 함께 그 본래의 기능을 상실하게 되었다.

• 서당

조선시대의 서당은 유학의 중요성이 커지면서 전국 곳곳에 생겨났는데, 글방 · 서방 · 책방이라고도 불리었다. 고려시대의 서당을 계승한 사설 교육기관으로 주 대상은 일반 서민 자제들의 교육을 담당한 초등 교육기관으로 기초 교육을 담당했다고 할 수 있다. 고구려의 경당이 사설 교육기관으로서 일반 서민 자제들의 기초 교육을 담당했다는 맥락에서 본다면 경당은 조선시대 서당의 기원이라고 할 수 있다.

서당의 설립 목적은 사학四學과 향교에 진학할 수 있는 능력을 길러 주는 데 있었다. 즉, 중등 교육기관에 입학할 수 있도록 지방의 아동이나 청소년들의 독해력을 증진시키고, 유교에 대한 기초 지식을 함양시켰다.

서당은 설립 주체에 따라 그 성격도 달랐으며, 서당의 교육 내용은 천자문千字文을 통해 한자의 음과 뜻을 익힌 후에 명심보감이나 격몽요결 등 교훈적인 내용을 익히는 것에서 부터 당률唐律에 이르기까지 다양했다. 조선시대의 서당 교육 방법은 상당히 체계적이고 과학적이라고 할 수 있다. 우선 학습자의 능력과 개인차를 고려한 교수 방법이 이루어졌으며, 훈장 중심의 인간 교육이 잘 이루어진 교육 형태라고 할 수 있다.

조선시대에는 관료로서 출세할 수 있는 정상적인 방법은 무조건 과거에 합격하는 데 있었으므로 자연히 교육도 과거의 준비에 중점을 두게 되었다. 또한, 고려 말기의 고시 과목이자 건국 초기부터 정교政教의 근본 이념으로 채택된 유학儒學은 입신양명立身揚名의 유일한 도구로 양반계급이 독식하였다. 따라서 교육도 대부분 과거의 응시자격을 구비하고 있는 양반의 자제에 한정되어 있었다. 이들은 대개 어릴 때 서당에서 유학의 초보적인 지식을 배우고 15 ~16세 이전에 서울은 학당 곧 4학四學에, 지방은 향교鄕校에 들어가서 공부하여 몇 년 뒤에 과거의 소과小科에 응시 하였으며 여기에 합격하면 성균관成均館에 입학하는 자격을 얻었다.

갑오개혁에 이르기까지 조선의 교육제도는 성균관, 사학, 향교, 서원, 서당으로 구성되어 있었다. 조선시대의 교육은 관학이나 사학을 막론하고 유교 경전을 배우고 익히는 교육이 이루어졌으며, 모든 교육제도와 내용이 과거시험 중심의 교육으로 이루어지는 폐단을 낳기도 하였다.

(6) 근대 교육

한국의 근대 교육은 조선 말의 1883년 원산학사에서부터 출발하여 1910년 국권 강탈까지의 교육 일반을 다룬다. 조선 말기 실학사상의 출현으로 전국적인 농민 반란이나 서학인 천주교의 전래로 성리학적 기강이 현저하게 해이해졌으며, 구미 자본주의 열강이 상품시장과 원료의 공급처를 아시아로 확대해 나가면서 조선의 사회에 커다란 변화가 일어났다. 기층 사회와 제도 사회의 단절적 괴리가 심화되던 도중 19세기 후반 더 이상 조선이 개항하지 않을 수 없게 되었으며, 1894년에는 국가의 근대화를 지향하기 위한 대수술인 갑오개혁이 단행되었다.

① 개화기 : 근대적 학교의 등장

한국의 근대 교육체제는 국가 근대화의 과정과 같이 형성되었다. 특히 국가의 부강은 교육의 혁신에 달렸다는 인식이 확산되면서 정부뿐만이 아니라 민간 차원에서도 근대식 학교 설립이 활발하게 이루어졌다. 이와 같은 근대 학교의 설립은 곧 새로운 역사에 직면하여 대처해 나갈 인재들을 양성하기 위한 것이었다. 게다가 근대 학교는 개신교와 천주교 전파를 위해 외국으로부터 들어온 선교사들에 의해서도 상당수 세워졌다. 이처럼 구한말의 근대 학교의 설립은 정부 · 민간인 · 선교사의 세 집단이 주축이 되어서 추진되었던 것이다.

우리나라의 문호가 개방되자 가장 빨리 외래 문화를 전달한 사람은 신교파新敎派의 선교사들이었다. 특히 선교사들은 문화 활동으로 교육에 힘썼으며, 그 결과 근대식 학교 교육의 발전에 크게 기여하였다. 1885년에 감리교파인 아펜젤러H. G. Appenzeller가 배재학당을, 이듬해에는 같은 교파인 스크랜턴M. Scranton이 이화학당을 설립하였다. 또 1886년 장로교파인 언더우드H. G. Underwood가 경신학교를 설립한 것을 비롯하여 이후 전국 주요 도시에 각 교파의 남 · 여 학교를 설립함으로써 우리나라 교육 사상 새로운 전기를 만들어 놓았다.

특이한 사실은 1886년에 정부가 육영공원育英公院을 설립한 것인데, 이 학교는 귀족의 자녀나 국왕이 선정한 사람들을 위하여 세워지기는 하였으나, 국립의 성격을 띤 최초의 근대적인 학교였다는 점에서 그 의의가 크다고 할 수 있다.

그러나 이 당시 교육은 세습적인 계급사회를 유지해 나가기 위한 수단으로서 주로 상류 계층을 위한 교육이었고 또 입신출세의 길인 과거를 보기 위한 교육이었다. 이와 같은 폐단이 쇄신된 것은 고종 31년1894년 갑오개혁에 의해서였다. 갑오개혁은 오랫동안에 걸쳐서 이 나라를 지배해 온 구질서에 종지부를 찍었다. 과거제도를 폐지하였고 학사를 관장하던 예조를 폐지하고 그 대신에 학무아문1895년에 학부로 개칭을 내각 안에 두었다. 게다가 국정쇄신에 있어 영재교육이 시급함을 인식하여 학교관제學校官制와 학교령學校令을 내려 신분의 차별 없이 누구든지 교육을 받을 수 있도록 하였다.

② 일제 강점기 : 교육의 근대화

1905년 을사조약이 체결되고 1906년에는 일제의 통감정치가 시작되면서 학제와 명칭이 바뀌고 식민지 교육이 시작되었다. 일제의 식민지 교육이 본격적으로 시행된 것은 1910년 한일합방 이후 교육에 관한 칙어勅語의 취지에 기초하여 제국 신민으로서의 자질과 품성의 도야를 주안점으로 한 조선교육령祖先敎育令이 1911년 8월에 반포되면서부터였다.

일제는 한국에서의 교육정책을 조선교육령을 중심으로 시행하였는데, 이것은 네 차례에 걸쳐서 개정되었다. 제1차 조선교육령 시행기1911년에는 한국 민족의 우민화愚民化에 그 정책적 중점이 있었고, 제2차 조선교육령 시행기1922년에는 문화적 회유책을 취했으나, 근본적인 피지배 민족회로서의 교육정책에는 변함이 없었다. 제3차 조선교육령 시행기1938년에는 중일전쟁 · 태평양전쟁 수행을 위하여 한국의 인적 · 물적 자원을 침략전쟁에 이용하려는 목적으로 교육 기회를 어느 정도 확대하였다. 그러나 제4차 조선교육령 시행기1943년에는 교육체제를 전시체제로 전환하고, 군사 교육 · 근로 교육 및 학병 징집 등을 강행하면서 민족 말살을 위한 황국신민화 교육정책을 자행하였다.

1944년에 이르러서는 민족사학의 명문인 연희전문학교와 보성전문학교를 폐지하고, 그 대신 연희전문학교 자리에 경성공업경제전문학교, 보성전문학교 자리에 경성척식경제전문학교를 세웠다. 또 이화여자전문학교를 폐지하여 농촌지도원 양성소로 개편하기까지 하였으며, 경성법학전문학교와 경성고등상업학교를 없애고 경제전문학교를 신설하였다.

1945년 8월 15일, 일본이 항복하고 우리나라에서 물러나면서 우리에게 자주독립과 민주국가를 수립할 기회가 왔다. 그리하여 종래의 일본식 복선형 학제와 교육을 폐지하고 개인의 기본적인 자유와 평등을 기반으로 한 단선형의 민주주의 교육제도를 마련하게 되었다. 미 군정기에 단선형 학교제도를 정책적으로 도입한 이후, 1948년 8월 15일 정부수립과 함께 꾸준히 추진한 교육의 방향은 민주주의 교육이었다.

2. 서양교육사

서양의 고대 교육은 서양 문화의 형성과 발전에서 볼 때 그리스와 로마의 교육을 지칭하며, 그 중에서도 고대 그리스가 서양 교육의 출발점으로 인식되고 있다. 고대 그리스는 현대 서양 문명의 두 축을 이루는 헬레니즘과 헤브라이즘 중 헬레니즘 문명의 발상지이며, 고대 그리스 교육사상과 교육의 실제는 현대 유럽 모든 나라 교육의 확립에 막대한 영향을 끼쳤기 때문이다. 이러한 그리스와 로마를 중심으로 기술되는 서양사는 대체로 기원전 2,000년부터 시작하지만 교육사적으로 의미 있는 시기는 기원전 700년 이후이다.

그리스 문화의 가장 큰 특징은 현세적이고 인간 중심적이라는 것이다. 특히, 당시 그리스는 통합된 하나의 국가가 아닌 100여 개가 넘는 도시국가들로 구성되어 있었다. 이 도시국가들 중에 교육적으로 가장 대립되는 교육을 가진 국가가 바로 아테네와 스파르타였다. 그리스 문화의 교육을 받은 로마의 교육은 국가의 정치체제 변화에 대응하여 로마 전기의 교육과 로마 후기의 교육으로 나누어 볼 수 있다.

1. 고대의 교육

(1) 그리스의 교육

그리스는 작은 도시국가를 이루며 발전하게 되면서 작은 정치 단위로 나뉘어 있었기 때문에 생활 양식이 다양했고, 독립 정신이 강했으며 민주적 과정을 중요시하였다. 그리스 교육의 목적은 지혜와 행동을 겸비한 사상인으로 키워내는 데 있었으며 교육은 귀족 계급을 위한 것이었기 때문에 개인적인 수월성을 지니게 하는 것을 교육의 이상으로 삼았다.

• 아테네의 교육

아테네는 그리스의 도시국가 가운데 가장 문화가 발달한 국가였다. 이오니아Ionai족으로 구성된 민족으로 스파르타와는 달리 자유스러운 교양인을 양성하는 것이 목적이었다. 스파르타가 강한 무사를 길러 내는 것을 교육의 목적으로 하였다면, 아테네는 심신의 건강과 영혼의 아름다움을 추구하는 지혜를 지닌 사람을 육성하는 것을 소중하게 여겼다. 그래서 아테네의 교육 목적은 그리스의 이상인 공공적 유용성을 위한 훌륭한 교양인을 길러 내는 것이며, 아울러 지혜 있는 인간을 길러 내는 것을 교육의 중요한 목적으로 삼았다.

아테네에서는 자유인이 되기 위한 시민의 자격 조건을 갖추기 위하여 가장 필요한 것이 개인의 교양이라고 믿었다. 이러한 점에서 볼 때 아테네의 교육은 한 인간의 개성을 조화롭게 발달시키는 것에 있었다고 볼 수 있다. 아테네에서 정의하는 '훌륭한 시민'이란 조화롭게 발달한 인간이다. 이를 위해 아테네의 교육은 절제력과 용감성 및 관대함 같은 덕목과 자아 통제력 개발을 목적으로 하고 있다.

아테네에서는 출생에서 7세까지는 가정에서 어머니를 통해 신화나 일화를 들으면서 성장했고, 8세에서 16세까지는 음악 학교와 체육 학교 두 종류의 학교에서 교육을 받았다. 읽기 · 쓰기 · 셈하기 · 시와 음악 등은 음악 학교에서 배우고 체조와 운동 경기에 필요한 훈련은 체육 학교에서 받았다. 16세에서 18세까지는 지식 교육과 신체 훈련을 동시에 받았는데, 지식 교육은 소피스트들과 접촉함으로써 받았으며, 신체 훈련은 공립경기장에서 운동경기와 군사훈련을 받고, 2년 동안 군에서 복무 후에 20세가 되면 완전한 시민으로서의 특권을 얻어 자유로운 시민으로 정치 활동에도 참여할 수 있었다.

이러한 아테네의 자유스러운 분위기에서 소크라테스Socrates, 플라톤Platon, 아리스토텔레스Aristoteles 같은 철학자들이 탄생한 것이다. 오늘날의 관점에서 보면 현실 생활에서 관련되는 직업 교육을 중요시하고 인간정신의 계발에 바탕을 둔 시민 양성이라는 교육 목적을 추구함으로써 이후 인문주의 · 자연주의 · 계발주의 교육 이념의 성립에 큰 영향을 미쳤다.

• 스파르타의 교육

스파르타는 북방에서 이주해 온 도리아Doria족이 발칸반도 남단인 펠로폰네소스에 원주민들을 정복하고 정착하면서 세운 도시국가였다. 강인한 군인을 양성하는 것이 국가의 목표가 될 만큼 철저한 군국주의적 교육을 실시하였고, 국가가 교육을 강하게 통제하였다. 고대에는 귀족 · 평민 · 노예로 태어나긴 하지만, 그 신분이 안정적인 것이 아니었다. 전쟁을 치러서 패망하게 되면 귀족이나 평민으로 태어났더라도 상대국의 노예가 되었다. 그러므로 전쟁에서 패망하지 않으려면 무엇보다 전쟁에 이길 수 있는 강한 힘이 필요하였다.

스파르타는 국가 최고의 목적이 생존이라고 할 수 있을 만큼 강한 힘을 요구하였기 때문에, 이에 필요한 극기와 인내 및 엄한 규율을 통해 강한 스파르타 인간을 양성하는 것이 중요했다. 이를 위해서 말타기, 활쏘기, 창던지기, 씨름 등의 신체적 훈련을 통하여 신체를 강하고 민첩하게 단련시켰다.

이러한 그들의 교육 목적은 리쿠르구스Lycurgus법을 바탕으로 국가의 생존 목적을 수행하기 위하여 강한 힘과 극기, 인내력, 복종력을 기르면서 국가에 대한 충성심을 함양하는 것이었다. 훈육은 무자비할 정도로 엄격했으며, 출생에서 죽을 때까지 교육은 모두 국가가 담당했다.

스파르타의 교육 단계는 가정 교육기와 국가 교육기로 나눌 수 있는데 가정 교육기는 출생하여 7세까지 가정에서 부모가 양육하고 국가 교육기는 8세~20세까지의 기간으로 부모에게서 떨어져서 엄격한 육체적 훈련과 애국심 교육을 받게 되었다. 8세에서 18세까지의 청소년은 국가가 운영하는 병영에서 엄격한 신체적 훈련을 받았다. 18세에서 20세까지 2년 동안 전문적인 군사훈련을 받고 이후 10년 동안 군복무를 하였으며, 30세가 되면 시민권을 얻고 결혼을 하는 등 비교적 자유로운 생활을 누릴 수 있었다.

스파르타에서는 한 개인의 출생과 양육 및 결혼까지도 국가의 간섭과 통제로 이루어졌으며, 훌륭한 시민이란 강인한 신체를 가진 군인이었다. 따라서 그들의 교육 방법은 학습자 개인의 수준을 고려하기보다는 일종의 훈련과도 같았다. 교육사적으로 볼 때 최초로 국가와 교육의 긴밀한 관련을 기본으로 하는 교육제도를 탄생시켰다. 즉, 국가가 필요로 하는 인간의 양성이라는 국가주의 교육 이념 성립에 영향을 미친 것이다. 다만, 교육 목적과 내용 및 방법에 있어서 신체적 · 군사적인 면에 편협성을 띤다는 문제점이 있다.

표 2-1 아테네 교육과 스파르타 교육의 비교

	아테네	스파르타
교육 기초	솔론Solon 헌법	리쿠르구스Lycurgus 법전
교육 목적	초기: 미와 선의 조화로운 융합인 양성 후기: 개인 발전을 위한 지식과 기능의 습득	• 애국 정신이 투철한 군인 양성 • 이상적인 군인이 되는 데 필요한 신체적 완성과 복종의 생활화
교육 내용	3R's, 시, 체육, 음악	체육, 군대 훈련, 3R's
교육 방법	개성 중심의 진보적자유주의적	국가 중심적 · 통제적인 군사 교육
교육 단계	• 0~6세 : 가정 교육 • 7~15세 : 교복敎僕에 의한 교육 • 16~18세 : 소피스트에 의한 교육, 차원 높은 신체 단련 • 18~20세 : 군복무 후 시민권 획득	• 0~6세 : 가정 교육기 • 7~17세 : 국가 교육기 • 18~20세 : 군사 훈련 • 20~30세 : 군복무 후 시민권 획득
특 징	• 개인의 자유의지를 바탕으로 한 자유주의 인문주의 교육을 강조 • 진보주의적 · 교양주의적 교육	군국주의, 국가주의, 보수적 · 상무尙武적 통제 교육, 여성 교육 중시
교육사적 의의	개성 존중의 인문주의, 자유주의 교육에 영향	전체주의, 국가주의, 군국주의 교육에 영향

(2) 로마의 교육

로마는 기원전 753년부터 서로마제국이 멸망한 476년까지 1,300여 년 동안 존속하였다. 처음에는 이탈리아 반도의 티베리스 언덕 위에 세워진 조그만 도시국가였으나 점차 힘이 강해지면서 이탈리아 반도를 통일하고 대제국을 건설한 나라로 왕정을 행했던 도시국가였으며, 공화정을 거쳐서 제정시대로 발전하였다.

로마 사람들은 독특한 민족성을 발휘했는데 그들은 모방 능력이 뛰어나며 실제적이고 공리적인 성향이 강하였으며, 그리스 사람과 종종 비교되었다. 그리스 사람은 다분히 사변적이고 철학적이며 예술적인 성향이 강하였다면, 로마 사람은 현실적이고 실제적이며 세속적인 성향이 강하여 사색이나 철학보다는 실제 생활에 필요한 지식과 기술을 익히는 것을 중요시하였다. 그래서 로마 사람들은 군대의 조직과 운영, 건축이나 토목공사, 법을 제정하고 시행하는 데 뛰어난 능력을 발휘하였다.

로마 사회는 일찍부터 법률 사상과 법이 발달하였는데, 12동판법과 시민법 및 만민법의 발달이 그 증거이며, 키케로M. T. Cicero는 자연법과 만민법 및 시민법을 토대로 법 체계를 완성시킨 철학자이자 법학자다. 로마의 교육 내용은 3R's읽기, 쓰기, 셈하기와 12동판법과 체육 등이었으며, 특히 체육이 강조되었는데 용감한 전사를 길러 내기 위해 신체단련이 필요했기 때문이다. 교육 방법도 마찬가지로 군사훈련이 주류를 이루었고, 법률의 암송이 전부였다.

전기 공화정시대의 교육은 가정과 병영에서 실제적인 직업훈련과 군사훈련을 통하여 유능한 시민과 용감한 전사를 길러 내는 것이 주된 목적이었고, 후기 제정시대에는 웅변술에 능한 사람을 길러내는 것이 목적이었다. 그 당시에 출세하기 위해서는 반드시 유창한 웅변과 연설이 필요했다. 단순히 목소리만 큰 것이 아니라, 투철한 애국심과 공리에 밝아야 유능한 웅변가라 할 수 있었다. 로마의 교육 사상가로는 키케로, 세네카L. A. Seneca, 퀸틸리아누스M. F. Quintilianus 등을 들 수 있다.

표 2-2 공화정 · 제정시대의 비교

구분	공화정시대	제정시대
개 요	실제적 · 실리적 · 도덕적 · 애국적 성격임. 아직 그리스 문화를 수입하기 이전으로서 로마 고유의 성격이 두드러짐	학교 교육이 본격적으로 진행 됨
교육기관	가정	루두스Ludus, 문법 학교, 수사학교, 법률 학교
교육목적	용감하고 순종하는 군인 양성	지적 · 도덕적인 유능한 웅변가의 양성 실용적 인간의 육성
교육과정	읽기, 쓰기, 셈하기, 12동판법, 체육군사훈련	7자유학과, 웅변술, 수사학, 라틴어, 그리스 문법

로마의 지배권이 확대되고 제국의 모습을 갖추면서 로마의 교육정책은 '학교를 통한 로마화' 과정으로 변화되었다. 이 시기에 세워진 교육기관은 문자 학교, 문법 학교, 수사 학교 등을 들 수 있는데, 문자 학교는 초보적인 읽기 · 쓰기 · 셈하기 등 초등 교육 수준의 기초 교육을 담당하였고, 문법 학교는 언어나 문자 연구를 위한 교육기관으로 중등 교육을 담당하였으며, 수사 학교는 유능한 웅변가와 전문적인 지식인을 양성하기 위한 기관으로 고등 교육을 담당하였다.

2. 중세의 교육

중세는 서로마제국이 476년 고트족에게 멸망한 후 동로마제국마저 1,453년 오스만 투르크족에게 멸망당하기까지 약 1000년의 시기로, 중세사회는 로마 교황을 중심으로 한 기독교와 봉건국가에 의하여 유지되었다. 이 시기는 교육사적으로 볼 때, 고대 문화의 기초 위에 기독교 문화를 확립하고 근대로 나아가는 기초를 마련한 시기로 기독교 교육 · 기사 교육 · 시민 교육 · 스콜라 철학이 발달하였다.

(1) 중세 전기 기독교 교육

중세 전기의 교육은 기독교 사상의 영향으로 종교적인 성격이 강하였다. 금욕 생활과 내세주의가 강하게 작동하였으며, 인간을 선한 존재가 아니라 악한 존재로 보았다. 또한, 교부 철학과 스콜라 철학의 발달로 수도원 교육이 성행했다.

교부 철학은 기독교 신학이 형성된 시대에 교회를 육성한 아버지 역할을 한 소위 '교부'들에 의해서 논의된 철학을 말하는 것으로 2세기부터 7세기에 걸쳐서 수립되었다. 스콜라 철학은 교회의 교리를 합리화하기 위한 운동으로 시작한 철학인데 성서의 내용을 학문화하고 교리를 이성적인 견해에서 체계화할 필요를 느껴서 본산 학교와 수도원 학교에서 학문 연구가 이루어졌다.

중세 기독교의 학교로는 교구 학교, 초신자 학교, 문답 학교, 고급문답 학교, 본산 학교, 수도원 학교들이 세워졌다. 이 학교들의 특징은 신앙 활동과 교육 활동이 병행되었다는 점이다. **교구 학교**parish school는 가난한 어린이들을 위한 학교로 읽기 · 쓰기 · 셈하기 · 음악 등 초등 교육 정도를 실시하였고, **초신자 학교**catechumenal school는 아직 세례를 받지 못한 사람들을 위하여 하나님 · 예수 · 부활 · 심판 등에 대한 기독교의 기본 교리를 전수하기 위해 세운 학교로 누구나 입학할 수 있었으며, 이 학교를 거쳐야 교회의 정규

구성원이 될 수 있었다.

문답 학교 catechetical school는 초신자와 교구 학교의 교사를 양성하기 위한 학교로, 신학 · 철학 · 수사학 · 천문학과 문학 · 그리스어와 로마 서적 등을 연구하였는데, 이는 기독교의 진리가 지성과 이성이 서로 보완적이어야 한다고 믿었기 때문이다. 고급문답 학교는 문답 학교가 널리 보급되면서 교사를 대량으로 양성할 필요를 느껴 교사 양성기관으로 설립된 학교였다. **본산 학교** cathedral school는 교회의 성직자들을 양성하기 위하여 세운 고등 교육기관이며, 문답 학교와 마찬가지로 성경 이외의 그리스-로마의 학문을 전문적으로 가르쳤다.

수도원 학교 monastic school는 수도원의 부속 학교로 중세의 전문적인 학문 연구기관으로 스콜라 철학자들의 연구 중심지였다. 수도원 학교가 내세운 교육 목적은 금욕 생활을 통한 내세의 준비가 주된 임무였기에 육체적인 쾌락과 현실에서의 욕구와 욕망을 멀리할 수 있어야 하고, 가정적인 문제나 정치적인 문제에서도 초연할 수 있어야 한다고 가르쳤다. 학교에서의 교육 내용은 주로 7자유과를 주된 교육 내용으로 하였는데, 7자유과는 문법 · 수사학 · 천문학 · 음악의 4과로 이루어져 있다.

이 시기의 교육 방법은 성경과 교리의 암기에 필요한 정신집중과 반복훈련의 방법을 주로 채택하였다. 종교적인 인간 양성을 목표로 모든 삶 문제의 중심에 신앙을 놓고 있다는 점은 교육의 한 양상으로 의미 있게 이해될 수 있는 부분이다. 그러나 기독교의 교리와 관련하여 사후 세계와 정신적인 만족을 강조하고 현실생활의 의미와 가치를 부정하는 지나친 내세주의적 경향으로 인하여 구체적인 현실의 삶을 도외시했다는 비판을 받고 있다.

(2) 중세 후기 기사도 교육

중세 후기에는 기사도 교육과 시민 교육의 발달, 그리고 대학의 발달을 들 수 있다. 먼저 기사도 교육은 중세 후기에 종교적인 성격이 쇠퇴하고 세속적인 성격이 강하게 나타나면서 등장했다. 중앙집권적인 통치체제가 쇠퇴하고 봉건적인 통치체제가 출현하면서 봉건 영주들은 자신들의 신변과 토지를 지키기 위한 하나의 방법으로 전문적인 기사를 양성하게 된 것이다.

기사도 교육의 목적은 고상하고 용감한 인격자를 육성하여 신과 군주 그리고 귀부인에게 봉사하며 무사로서의 본분을 수행하는 것이었다. 교육의 내용은 지적인 것보다 말타기 · 활쏘기 · 검술 · 무예 등 신체적 능력을 기르기 위한 것들과 용기 · 충성 · 관용 ·

예의 · 공손 · 자비 등 기사도 정신의 함양과 관련된 것이었다.

연령별 교육 내용을 살펴보면 6, 7세까지는 어머니와 시녀들에 의하여 도덕적 도야와 강건한 신체 및 순종의 미덕을 닦으며 명랑하고 쾌활한 성격과 경건한 신앙심을 지니도록 교육을 받았으며, 7~13세까지는 궁정이나 영주의 저택에 들어가서 상류사회의 풍습과 예법 등을 익히고 간단한 읽기와 쓰기도 배웠다. 14세부터 21세까지는 기사의 종자로서 기사를 시중하며, 기사가 되기 위해 말 타기 · 수영 · 활쏘기 등 7예와 시와 노래 및 예의범절 등을 기사에게 교육받았다.

21세가 되면 군주나 영주 혹은 교회의 지도자 앞에서 기사로서의 인정을 받았다. 교육방법과 관련하여 생활 속에서 기사도 정신의 실천을 강조하였고 일상 생활 속에서 약자와 부녀자를 보호하는 기사도 정신의 정착과 정직과 충성이라는 덕목의 중요성을 보급한 점에서 의의가 있다.

현대 유럽인들은 기사도 정신, 그리고 신사도를 통해 개인의 신분과 명예를 중시하여 기품과 예절 및 겉으로 드러나는 행동거지에 대해 신경을 쓰며, 정신적인 이상을 숭상하고, 여자를 존중하는 낭만적인 기질을 동경하도록 했다. 또한, 공개경쟁이나 공평경쟁이라는 페어플레이 정신을 형성케 했으며, 약자 돕기를 좋아하고 이상과 명예를 위해 희생하는 호쾌한 무인武人의 기질과 품격을 물려받은 것이다. 오늘날 스포츠를 통해 구현하고자 하는 이상적인 인간 정신인 스포츠맨십sportsmanship 역시 이 기사도 정신에서 비롯된 것이다.

(3) 도제제도와 대학 교육의 발달

1) 도제제도

11세기부터 200년 동안 계속된 십자가 원정은 중세 후기의 도시 발달과 상공업 발달에 주요 원인이 되었다. 십자군 전쟁 이후 상업과 무역이 발달하면서 자유로운 도시가 생겨나고 봉건제와 장원제가 무너지면서 그들의 속박에서 벗어난 농노들이 상공업을 통해 부를 축적하게 되었다. 이들이 귀족계급과 승려들에 맞설 수 있는 신흥 상공계급으로 부상하면서 자신들의 경제적인 이득을 추구하기 위하여 실용적 성격을 띤 직업 교육이 필요하게 되면서 도제제도인 길드guild를 설립하게 된다.

도제제도는 오늘날 개인 교습이나 사사제도라고 할 수 있는데, 도제제도 안에는 엄격한 과정과 절차를 거쳐서 도제 · 직인 · 장인을 두고 있었다. 길드의 정점에 서 있는 장인

Meister은 직인과 도제를 지도하여 그들을 노동에 종사하게 했다. 길드에 참가할 수 있는 사람은 장인 자격이 있어야만 했다.

근대의 절대 왕정하에서 각 도시의 자율성을 잃어버리고, 왕권에 굴복하는 가운데 길드는 왕권에 접근하여 이익 집단으로 자신의 이권 옹호를 도모하였다. 그러나 점차 시민계급이 성장하면서 폐쇄적이고 특권적인 길드에 대한 비판이 높아졌고, 시민혁명이 일어났을 때 길드는 해체를 강요받았다.

하지만 늦게까지 봉건제도가 남아 있던 독일에서는 길드 혹은 그 행동양식이 남아 있으며 또한, 오토 폰 비스마르크O. Von Bismarck도 그들을 둘러싼 길드에 역행하는 직업, 다른 사회보장제도를 만들어 냈다. 이 제도는 21세기까지 이어져 독일 사회의 행동양식을 근본적으로 규정하는 데 커다란 영향을 미쳤다.

2) 중세의 대학 교육

중세 유럽의 대학제도의 발달은 중세 중 · 후반기에 본산 학교나 수도원 학교에만 고등 교육을 맡길 수가 없어서 출현한 것이다. 본래 대학은 11세기경 학생들과 교수들이 모여 하나의 길드guild를 조직함으로써 시작된 것이 종합대학교university로 발전하였고, 교수와 학생들의 기숙사가 오늘날의 단과대학college의 명칭이 되었다. 이처럼 처음에는 일반 연구소로 출발하여 세력이 점차 확대되면서 황제나 교황이 대학을 자기의 세력권 내에 넣기 위하여 병역과 납세의 면제 · 처벌권 · 자치권 · 기부금 모집의 권리 등 여러 가지 특권을 부여하여 공인하게 되었다.

중세 최초의 대학은 이탈리아의 볼로냐 대학이 12세기에 세워졌고, 살레르노 대학 · 프랑스의 파리 대학 · 영국의 옥스퍼드 대학과 케임브리지 대학 및 독일의 빈 대학과 하이델베르그 대학이 12세기에서 14세기 사이에 세워진 대학들이다. 중세 대학에서는 주로 라틴어로 강의와 토론이 진행되었다. 교육 내용은 문과는 7자유과에 속하는 수학 · 기하학 · 천문학 · 수사학 · 논리학 등을, 법학과는 로마법과 현행법, 신학과는 성서와 페트루스의 명제집, 의학과는 유태인이나 사라센인이 저술한 의학서가 대부분이었다. 학위는 학사와 석사 · 박사가 있었으며, 각 대학과 학과에 따라 학위를 얻는 수학 연한은 달랐다.

이처럼 중세의 대학은 고등 교육의 주된 대상이었던 성직자 · 법조인 · 의사와 같은 전문인 양성을 목적으로 하였으며, 각 전문 영역에 맞는 교육 내용을 가르치는 형태로 이루어졌다. 이 시기는 대학 교육의 태동기였지만 어느 정도 교회와 국가의 통제에서 벗어나서 자유롭게 진리를 탐구할 수 있는 학문적 자율성을 확보하고 있었다. 중세 대학은 학문적 자율성을 바탕으로 문화의 변화와 사회적 요구에 따라 학문적 관심을 더욱 확대하고 새로운 이론을 정립하는 선도적 기관으로서의 역할을 수행하였으며, 이는 오늘날까지 이어지게 되었다는 점에서 중요한 의의가 있다.

3. 근대의 교육

1453년 동로마 제국의 멸망에서 시작되며 16세기에서 19세기의 사회를 근대사회라 한다. 사상적 측면에서 근대사회의 출현은 15세기에 절정을 이룬 문예부흥 운동에서 비롯된 것이다. 인간 중심의 인문주의로 돌아가자는 문예부흥은 중세시대의 기독교 타락과 부패를 공격하면서 종교개혁을 촉발하게 된다. 이러한 사건들로부터 교회와 교리를 벗어나서 다양한 사상과 문화 및 제도를 창출하는 자유가 주어지게 된 것이다.

이 시기에는 오랫동안 서양 사회를 지배해 온 '신 중심'에서 '인간 중심'으로, '내세주의'에서 '현세주의'로, 인간의 욕망과 욕구를 끊임없이 참고 견디는 '금욕주의'가 아니라 적절하게 노출시키고 충족시켜 나가야 한다고 생각하는 '자연주의'로, '외부적 권위'가 아니라 '개인주의'를 강조하였다.

근대에서는 인간을 보는 관점이 악한 존재가 아니라 선한 존재로 보고 이러한 본성을 그대로 드러내는 것이 아름답다고 보았다. 인간이 본래 가지고 있는 본성을 억압하기보다는 적절하게 노출시키고, 또 충족시키는 것이 마땅하다고 생각하였다. 따라서 이 시기 교육의 목적도 인간성을 존중하고 선천적으로 타고난 성장 가능성을 최대한 발휘시키는 것을 무엇보다 중요하게 생각하였다.

근대는 한 마디로 인간성 회복 운동기라고 할 수 있다. 인간 본연의 모습을 회복하자는 운동이 문예부흥 운동이라고 할 수 있으며, 이러한 인간성 회복 운동이 문학과 예술에 영향을 끼치고 교육에 영향을 끼쳐서 낭만주의 예술과 인문주의 교육을 낳았다. 낭만주의 예술은 인간의 자연스러운 노출을 소재로 하고 있으며, 교육은 인간의 지성을 높이고 고매한 인격을 함양하는 데 노력을 기울였다. 이를 위해서는 희랍의 고전과 라틴어를 공부해야 한다고 생각하였다.

(1) 문예부흥과 인문주의 교육

문예부흥, 즉 르네상스Renaissance는 고대 그리스와 로마의 고전 문학, 예술, 사상에로의 회귀를 의미하는 운동이다. 르네상스란 용어는 16세기 플로렌스에 살던 화가인 조르조 바사리Giorgio Vasari가 사용한 용어인 이탈리아어의 리나 시타Rinascita : rebirth=재생을 의미에서 유래하였는데, 부활 또는 부흥이라는 의미를 가지고 있다.

이는 용어의 뜻대로 르네상스는 그리스 · 로마의 화려했던 인간 중심이나 인간성 발견 운동으로 돌아가자는 운동이었다.

중세 기독교 문화가 자아의 욕구를 억압하고 자유스러운 활동을 허락하지 않았고, 인간을 보는 관점도 악하게 보았기 때문에 행복과 희망을 내세에서만 추구하고 현세에서는 끊임없이 참고 견디는 인고의 생활을 강요한 반면, 근대는 생명의 가치를 인정함과 동시에 인간적인 생활 속에서 참다운 행복이 있음을 믿도록 한 것이다.

문예부흥은 15세기 전후한 유럽 사회의 전체적인 운동으로 미술 · 음악 · 문학 · 철학 · 과학 등 문화 분야뿐만 아니라, 경제생활 · 사회구조 · 정치체제에 걸쳐서 일어난 운동으로 커다란 변화를 겪는 역사적 과도기의 한 현상이라고 볼 수 있다. 기독교와 봉건제도의 속박에서 벗어나서 인간의 자유 및 개성의 존중을 강조한 복고적 혁신 운동인 문예부흥은 도시와 상업의 부활이 가장 빨랐던 이탈리아에서 시작되어 급속히 전개되었다.

또한, 문예부흥은 유럽 사회의 근대화에 단서가 되었던 근대 정신운동의 하나이며, 지리상의 발견이 유럽 사회의 외적 발견이라면 르네상스와 종교개혁은 내적 발견이라 할 수 있다. 중세에서 근대로의 이행 과도기에 일어나 문화뿐만 아니라 정치예를 들어 절대주의 생성 · 경제 · 사회 · 종교에까지 변혁을 초래하여 근대 유럽 형성에 큰 영향을 미쳤으며, 중세를 뛰어넘어 고대에 직접 연결된 것이 아니라 중세의 사상문화의 전통을 보다 창조적인 것으로 전환한 문화적 과도기라는 것이다.

문예부흥 운동의 근본 사상은 인문주의humanism를 출현시켰는데, 신 중심에서 인간 중심으로, 내세주의에서 현세주의로, 금욕주의에서 자연주의로 변화시켜 그들의 세계관이나 인간관이 교육에 영향을 끼쳐서 인문주의 교육을 낳게 하였다. 대표적인 인문주의 교육자는 비토리노Vittorino, 에라스무스D. Erasmus, 라블레Rabelais, 비베스Vives 등이 있다. 인문주의 교육은 인간성을 존중하며, 인간이 선천적으로 타고난 성장 가능성을 최대한 발휘시킬 것을 교육의 목적으로 하였다.

즉, 인간을 인간답게 교육할 때 그리스적인 자유 교육에 그 이상을 두고 개인의 교양을 풍부하게 하자는 것이었다. 신체의 단련을 존중하는 체육이 등장하였고, 일상생활을 영위하는 데 필요한 새로운 도덕 교육과 문학 및 미술의 감상과 표현이 부활했다. 학생의 명예와 자유를 존중하는 생활지도를 했고, 경험적 · 직관적 학습을 강조하여 흥미를 가질 수 있게 유도하였으며, 자주적 사고를 하도록 장려하였다.

인문주의 교육의 특징은 첫째가 '**자유 교양 교육**'이다. 인문주의는 사고의 자유와 자기 표현 및 창의적 활동의 자유가 주된 목적이었으며, 이를 위해 고대 그리스의 자유 교양이라는 이상을 추구하였다. 즉, 지 · 덕 · 체의 조화로운 발달을 도모하여 인간적 교양을 갖춘 자유인을 길러 내고자 했던 것이었다. 이러한 이념은 특히 희랍의 철학자인 플라톤Platon과 아리스토텔레스Aristoteles의 교육사상을 기초로 이루어졌다.

둘째는 '**고전 중심의 교육**'이다. 인문주의는 지 · 덕 · 체가 겸비된 자유 교양인을 기르기 위한 수단으로 고전 문학의 학습을 강조했다. 즉, 고대 그리스 및 로마의 문헌들을 공부함으로써 그 속에 담겨 있는 인본주의적 정신과 사상을 받아들이고자 한 것이다. 그러나 결과적으로 단순히 수단 또는 방법이어야 할 고전 문학의 학습이 그 자체의 목적이 되어 버리고 말았다. 그리하여 교육의 목적이 일상적인 생활 속에 밀접하게 녹아들지 못하고, 고대의 언어와 문학에 국한됨으로써 전인교육으로서의 이상이 실현되지 못하고 좁은 의미의 잘못된 인문주의 교육이 당시 유럽을 지배하게 되었다.

셋째로 '**키케로 주의**'이다. 이것은 15세기 말부터 16세기 초 문예 부흥기 말기에 로마의 위대한 문장가이자 시인이며 웅변가였던 키케로M. T. Cicero의 유명한 문장을 맹목적으로 암송하고, 그의 문장구성 형식을 강조하는 것을 의미한다. 고전에 담겨 있는 내용과 정신을 이어받고자 했던 인문주의 교육이 고전의 형식에 열중한 나머지 단순히 고전 문장의 암송과 모방에 급급하게 된 것이었다. 이러한 형식 위주의 고전 교육에 제한된 편협한 인문주의적 경향을 일컬어 키케로 주의라고 하고 키케로 주의는 오늘날에도 실제의 생활 또는 활동과 연결되지 못한 언어 중심의 잘못된 학교 교육의 모습으로 나타나고 있으며, 이러한 형식적 언어 위주의 학습 경향을 언어주의 또는 사장주의라고 한다.

(2) 종교개혁과 교육

종교개혁 운동은 문예부흥에 의한 인문주의 운동과 같이 개성의 지각 및 인간의 발견이라는 근본정신에 입각한 것으로 16세기 독일을 중심으로 일어난 운동이다. 이는 기존 교회의 부패와 타락에 반발하여 서민을 중심으로 일어난 운동이며 루터M. Luther에 의해 발단이 되었다.

그는 인간은 형식이 아니라 믿음에 의해서만, 다시 말해서 형식적 교권주의가 아니라 오직 성서에 의해서만 구원이 가능하다고 생각했다. 그는 미사에 형식적으로 참여하거나 교회에 기부하는 것에 의해 구원을 받을 수 있는 것이 아니라, 참다운 신앙은 개인 내면의 문제이며 양심의 문제라고 보았다. 사람들은 성서를 최고의 권위로 생각하여 각자 스스로 읽고 해석하는 성서주의를 주창하였는데, 이것이 대중에 대한 교육을 확대해 나가는 계기가 되었다.

루터는 가톨릭의 세속화와 타락을 반대하고 신앙에 의한 구원을 주장하여 종교개혁의 선봉장이 되었는데 그는 종교개혁가일 뿐만 아니라 위대한 교육자이기도 하였다.

루터의 교육사상은 ① 보통 교육의 의무화, ② 공교육의 실시, ③ 학교 교육의 중시, ④ 세속적 교육 강조, ⑤ 아동 중심 교육의 강조, ⑥ 교직의 중요성과 고귀성을 강조하였다. 특히, 성서를 가장 중요한 교과로 생각하고 누구나 성서를 읽을 수 있는 기초 교육으로서의 의무 교육을 강조한 최초의 선각자이기도 하다.

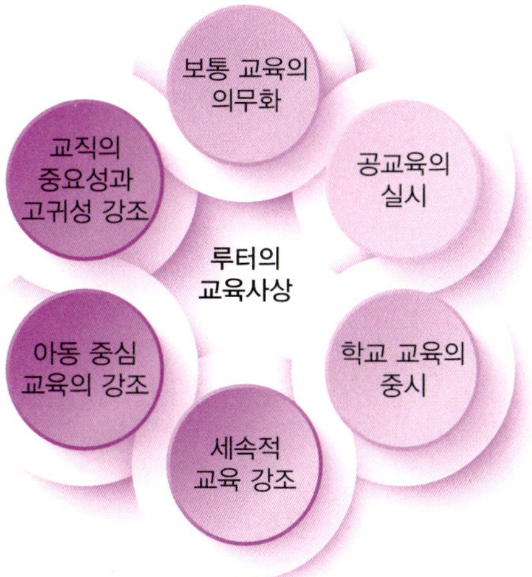

한편, 칼빈J. Calvin은 현실 생활과 도덕적 실천을 중요시하여 직업의 평등함과 근면 및 절약을 역설하고, 재산의 소유를 허용하였기에 많은 지식 계급과 일반 시민들의 지지를 받았다. 이러한 루터와 칼빈의 신앙주의와 성서주의는 종교개혁의 최대 교리로 신교라고 불렀고, 그 후 신교와 구교는 대립하여 오늘에까지 이르고 있다.

신교의 종교개혁이 교육에 미친 영향으로, 첫째는 **라틴어로만 출판**되었던 성경을 라틴어를 모르는 일반 대중이 읽을 수 있도록 번역 출판을 해야 한다는 반성을 끌어낸 것, 둘째는 **다양한 교육과정의 운영**으로 종교적인 것과 세속적인 것의 조화를 도모하고 이를 통해 현실사회의 발전을 실현하는 기초를 마련한 것, 그리고 셋째로 이러한 **대중 교육을 강조함**으로써 교회 중심의 교육에 대비되는 가정 교육의 의미를 새롭게 부각함으로써 페스탈로치J. H. Pestalozzi 등의 근대적 교육 사상가의 출현에 영향을 미친 것이다.

한편으로 신교운동의 자극을 받은 구교측은 로욜라Loyola를 중심으로 예수회란 군대식 조직의 교단을 조직하고, 성지회복 운동을 일으켜서 구교의 보급과 교육사업에 전력을 기울여 가톨릭 내의 자성 계기를 마련하였다. 그러나 기존의 종교관과 세계관을 고수하고 있었기 때문에 구교의 교육은 중세와 마찬가지로 보수적이고 내세 지향적인 특징을 보일 수밖에 없었다. 교육 방법 또한 엄격한 군대식 교육을 지향하고 강의와 반복에 의한 학습과 상벌에 의한 경쟁심 고취를 통해 학습자의 개별적 능력을 발전시킬 수 있다고 보았다.

(3) 실학주의와 교육

17세기 실학주의Realism는 자연과학의 발달과 경험론이나 합리론에 영향을 받아서 형성된 실생활에 필요한 실용성 있는 지식과 구체적인 기술 교육을 강조한 사상이다. 실학주의는 인문주의에 대립하는 개념으로 관념보다는 사물을, 언어나 서적을 통한 교육보다는 실물자료를 활용한 교육을, 다시 말해서 실생활에 필요한 교육과 공리주의의 원리에 따른 교육을 중요시하고 실천하는 교육을 강조했다. 이러한 실학주의 교육의 의의는 교육의 실용성과 실천성을 강조하고 이상이나 상상보다는 구체적인 경험을 강조했다는 것이다. 실학주의 교육은 실학주의를 해석하고 실천하는 관점에서 인문적 실학주의에서 출발하여 사회적 실학주의 및 감각적 실학주의로 발달하였다.

① 인문적 실학주의humanistic realism

인문적 실학주의는 그리스와 로마의 고전古典을 통해 실생활에 유용한 인간을 양성하는 데 목적이 있다고 할 수 있다. 이들은 고전의 형식보다는 내용을 중시했고, 현실 생활의 중요성을 강조하였다. 고전은 인간의 교양을 쌓기 위한 원천에 불과하므로 고전 그 자체는 목적이 될 수 없다는 것이다. 그러나 고전을 배우는 것이 현실 생활을 준비하는 도구로 이해한다고 하더라도 인문적 실학주의가 지향하는 교육은 인문주의적 성격을 크게 벗어나지는 못하였다. 대표적인 인문적 실학주의는 프랑스의 라블레Rabelais와 영국의 밀턴Milton 등을 들 수 있다.

② 사회적 실학주의social realism

사회적 실학주의는 고전 같은 서적을 통한 교육보다는 실제 사회의 직접적인 접촉을 통하여 신사를 양성하는 것에 목적을 두고 있었다. 이를 위해서는 지식 교육보다는 풍부한 사회 경험을 쌓도록 하는 데 주안점을 두고 있었다. 따라서 지력 · 덕성 · 체육을 포함한 전인적인 교육을 강조하였고, 단순한 암기에 의한 기억보다는 이해와 판단을 강조하였으며 강제나 체벌을 반대하였다. 그들은 교육의 목적을 실현하기 위해 여행이나 사회적 접촉과 같은 경험 중심의 교육 내용을 중시하였다. 교육 방법과 관련해서는 이해와 판단을 통한 교육을 강조하였다. 대표적인 사회적 실학주의로는 프랑스의 몽테뉴M. Montaigne와 영국의 로크J. Locke 등을 들 수 있다.

③ 감각적 실학주의sense realism

감각적 실학주의는 경험과 관찰을 통한 직접적인 교육을 강조해서 과학적 실학주의라고도 부른다. 감각적 실학주의는 언어나 서적을 통해서 학습하기보다는 실물이나 표본 같은 감각적 대상을 직접 관찰하는 것이 아동의 흥미를 유발하고 이해를 증진 시킬 수 있다는 관점을 말한다. 교육의 목적은 감각적 경험을 통하여 생활에 유용한 지식을 습득하는 것에 있었다. 감각적 실학주의의 대표적인 학자는 코메니우스J. A. Comenius를 들 수 있는데, 그는 세계 최초로 그림이 든 교과서이며 시청각 교육의 원조 격인『세계도회』와 교육에 관한 논술로는 최초의 교육학 서적이라고 할 수 있는『대교수학』을 저술하여 근대 교육의 발전에 기여하였다.

코메니우스의 교육사상에서 알 수 있듯이 감각적 실학주의 교육은 현대의 실물관찰이나 시청각 교육의 모체로 평가될 수 있다. 그는 모든 사람들의 삶을 행복으로 인도하기 위한 수단이 교육이라고 지목하며, 모든 사람들이 학교에 간다고 역설함으로써 실학주의 교육의 공통적인 문제점인 상류 계층 중심의 교육이라는 한계를 벗어났다.

④ 계몽주의Enlightenment와 교육

계몽주의는 영국의 명예혁명1688년에서 프랑스 혁명1789년까지 봉건적 사회체제가 몰락하고 근대사회가 본격적으로 형성되는 시기에 나타난 사회사상이다. 계몽이란 칸트I. Kant에 의하면 미성숙의 상태에서 벗어나는 것으로, 진리의 표준을 이성에 두고 인간은 이성에 의해서만 행복한 삶을 유지시킬 수 있다고 믿었다. 그러므로 계몽주의는 이성을 억압하는 종교 · 정치 · 사회 등의 모든 권력 구조를 제거하고 스스로 생각하게 하고, 모든 문제와 사물에 이성의 힘으로 따질 수 있게 하는 것에 목적을 두었다.

계몽주의 교육은 합리적인 것을 추구하고 지적 도야를 통한 이성의 계발에 주안점을 두었기 때문에 교육 내용도 과학이나 철학을 중요하게 여겼다. 18세기의 교육은 크게 계몽주의 운동인 합리주의와 자연주의에 입각한 사상으로 구분할 수 있으며, 이 교육사상의 대표적인 사상가로는 로크와 루소J. J. Rousseau를 들 수 있다.

합리주의合理主義는 모든 속박으로부터 인간성을 해방하고 개인의 자유와 권리를 높이기 위해서 이성에 호소하였다. 합리주의 교육은 모든 능력을 단련시킴으로써 이성의 발달이 이루어진다고 보았다. 이와 같이 능력의 형식적 단련에 치중한 것을 형식도야설形式陶冶說이라고 한다.

형식도야설은 다양한 지식 혹은 교육 내용을 마음에 결합시키는 정신 능력의 도야에 관한 이론이며, 마음을 이루는 특정 능력은 그 능력을 발달시키는 데 적합한 교과나 학습 자료를 이용한 계속적인 반복 연습을 통해 발달한다고 본다. 따라서 합리주의 교육사상은 마음의 계발에 적합한 수학과 라틴어를 교육 내용으로 강조한다. 형식도야설은 17세기 말에서 19세기 중엽까지 학교 교육을 지배하였다. 합리주의와 형식도야설은 실용적 가치가 없는 고전어를 옹호하고, 습득되는 과정의 단련성을 중요시하였기 때문에 민주적 교육사상과 실용적 교육사상의 발전을 지체시키는 한계를 시사하였다.

자연주의自然主義는 18세기 계몽사상의 영향을 받은 교육의 한 형태로 교육의 목적과 내용 및 방법을 많이 변경시켜 감각적 실학주의의 계승인 동시에 심리학적 발달주의의 선구가 되었다. 자연주의 교육은 자연의 여러 법칙을 발견하여 교육과정에 적용하고, 인간발달의 자연법칙에 따라 교육을 해야 한다고 주장한다.

자연주의 교육은 모든 인공적인 것에 반대하여 자연으로 돌아가자는 것이며, 한 개인을 교육하려면 그의 성장의 자연적 법칙을 알아야 한다는 것이다. 이러한 입장은 페스탈로치J. H. Pestalozzi와 프뢰벨F. W. A. Fröbel이나 헤르바르트J. F. Herbart 등 19세기의 심리학적 발달론자들에 의한 것이다.

특히, 루소J. J. Rousseau의 자연주의 교육사상은 외계의 자연과 자연의 원리를 강조한 코메니우스J. A. Comenius의 교육사상과는 달리, 자연성의 의미를 인간 내부로 전환해 놓았다는 점에서 의의가 있다. 자연주의 교육은 인간 교육을 중시하고 아동의 자발성과 개성을 존중하는 교육 이론을 중시하였으며, 구체적인 교육 실천에 있어서는 직접 체험과 감각적 조작을 강조하였다. 교육의 목적은 선천적으로 타고난 잠재 가능성과 덕성의 개발을 위해 서적 중심의 지식 주입보다는 아동의 흥미와 관심에 따른 직접적인 경험이나 감각적 접촉을 교육 내용으로 강조하였다.

자연주의 교육 방법에는 합자연의 원리, 개성존중의 원리, 자연적 벌의 원리를 주장하였다. 첫째, **합자연의 원리**는 자연의 법칙에 따라 인간의 잠재 가능성을 개발하는 교육 원리이다. 둘째, **개성존중의 원리**는 교육을 인위적 과정이 아니라 아동 내부의 자연적 발전 과정으로 보고 아동의 개성에 입각하는 교육 원리이다. 셋째로 **자연적 벌의 원리**는 아동의 잘못은 체벌이 아니라 자연적으로 주어진 벌을 통해 스스로 깨달을 때 고쳐질 수 있다는 원리이다. 이러한 자연주의 교육 사상은 19세기 심리학적 발달주의를 거쳐서 20세기 진보주의進步主義 교육운동과 아동 중심 교육과정으로 이어지게 되었다.

5) 신인문주의新人文主義 교육

신인문주의는 18세기 말부터 19세기에 독일을 중심으로 일어났던 사상 운동이다. 이 사상은 계몽사상의 합리주의적이고 공리주의적인 것에 반기를 들고, 정의와 인간성의 원만한 발달을 비롯하여 역사와 민족을 소중히 여기고 고대 그리스의 고전 속에 담겨 있는 정신과 사상을 본받자는 것이다. 이러한 인도적인 사상이 문예적 · 철학적인 면에서는 낭만주의로, 교육에 있어서는 신인문주의로 사상적 체계가 성립된 것이다.

신인문주의는 그리스나 로마의 고전을 형식적 · 기계적으로 모방하는 것이 아니라, 고전 속에 포함된 사상을 본받으려는 것을 목적으로 하였다. 대표적인 학자로는 페스탈로치, 헤르바르트, 프뢰벨 등을 들 수 있다. 페스탈로치는 고아의 아버지이며, 서민 학교의 창설자로 인류의 교육자로 불리고 있으며, 그는 교육의 목적을 **3H** Head, Heart, Hand 의 조화로 보았다.

헤르바르트는 교육학을 과학적 · 학문적으로 체계화시킨 인물이다. 프뢰벨은 유치원 교육의 창시자이며, 유아 교육의 아버지로 조직적인 놀이를 위한 은물을 창안하여 현대의 유치원 교육에 있어서 교구 발달에 선구적인 역할을 하였다. 교육에 있어서 자연주의 사상은 발전하여 19세기 심리학적 발달주의를 거쳐서 20세기의 진보주의進步主義 교육운동과 아동 중심의 교육과정으로 이어진다.

(4) 현대의 교육

20세기 이후를 현대라고 부르고 있는데, 이 시기의 교육학은 헤르바르트의 개인주의적 · 도덕주의적 · 주지주의적 · 방법주의적 경향에 대한 반항으로 나타나 비약적인 발전을 이루었다. 이전에 실천철학의 한 분야로 간주되어 '철학적 교육학' 영역을 벗어날 수 없었던 교육학은 지금은 관련된 모든 과학과의 관계 속에서 분화되고 전문화되어 그 폭이 상당히 넓어졌으며, 사회적이고 사상적인 조건과 교육 현실의 변화로 인해 교육사상도 극히 다원화의 경향을 강하게 보인다.

정치 · 사회적 상황이 급변함에 따라 교육도 많은 변화를 겪게 되었다. 제1차 세계대전 이후 선진 자본주의 국가들은 중등 교육의 제도와 내용을 개편하였으며, 사회주의 국가들은 사회주의 교육을 실행하였다. 그리고 1920년 세계경제 공황으로 군사적 가치를 어떤 사회적 가치보다 우선으로 하는 군국주의 교육이 일어났으며 제2차 세계대전 이후에는 자유민주주의와 공산주의의 세계 2편 구조에 따라 교육도 민주주의 교육사상과 공산주의적 혁명 인재 양성을 위한 교육으로 갈라지게 되었다.

19세기 산업혁명과 시민혁명으로 교육의 실질적 민주화가 뿌리내리기 시작하였으며, 권위적이고 주입식 교육 내용과 방법에서 탈피하여 더 자유롭게 사고하고 창조하며, 자신의 운명을 개척하려는 신교육 운동이 20세기에 들어오면서 본격화되었다.

1) 20세기 초 교육개혁 운동

교육개혁 운동이란 아동의 내재적 동기를 유발하고 자발적인 학습 활동을 조성한다는 이념 아래 근대 교육의 이념을 본격적으로 추진하고 현실화한 운동으로 19세기 말에서 20세기 초에 걸쳐 전 세계에 영향을 주었다.

① 전원기숙사학교

전통적인 중등학교의 교육을 개혁하고자 하는 의도에서 출발한 교육 운동의 발단으로 전원학사의 설립을 들 수 있다. 이것은 기숙사학교로서 전통적 학교 교육을 비판하고 하나의 대안 학교로서 전인 교육의 이념 아래 운영되었던 학교이다.

② 노작학교 운동

케르셴슈타이너G. Kerschen Steiner의 노작학교는 페스탈로치의 노작 교육사상을 발전적으로 계승하고 교과서 중심의 학교 교육을 극복하려 하였다. 그는 직업에 대한 준비 교육의 목적을 특정 직업 기능을 익히는 것뿐만 아니라 올바른 노작 기쁨을 환기하는 데 두었다.

③ 예술교육 운동

위대한 예술에 대한 생동감 있는 이해가 강조되었으며, 나중에는 아동 자신의 독자적이고 예술적인 창작이 중시되었다. 아동 자신이 예술가로 간주되었으며, 아동이 창작한 예술적인 형성물들이 그들의 정신능력을 계발하기 위한 적절한 수단으로 사용되었다. 이후 예술적인 다른 영역인 체육, 음악, 연극이 추가되었다. 이들은 자연스럽고 조화로운 인간의 발전을 목적으로 하는 하나의 포괄적인 예술교육 운동으로 합류되었다.

2) 제2차 세계대전 후의 교육

제2차 세계대전 이후에 미국과 소련으로 대표되는 자유민주주의와 공산주의의 이데올로기 대립 현상이 나타났다. 자유민주주의 국가의 교육은 제2차 세계대전 후 중등 교육체제의 정비와 과학기술 분야에서의 인재양성을 위한 교육과정의 쇄신 등을 정책화하는 작업을 공동 과제로 삼았다.

한편, 소련의 공산주의 이데올로기 국민 교육체계는 1918년 10월 16일에 공포된 노동학교령에서 처음 확립되었다. 소련 교육의 궁극적인 목표는 공산주의적 인간으로 개조하는 일이다. 1930년에는 초등의무 교육법 통과8세~12세 4년제 초등학교에 의무 취학, 1930년 후반에는 7년 의무무상교육 실시, 1949년에는 7년제 의무무상교육 전국적으로 추진, 1952년 '**공산주의 건설 및 발전을 위한 강령**'에서 국민교육의 새로운 과제 제시, 1959년 종전의 7년제 학교가 '**불완전 중등 보통교육 종합기술학교**'라고 불리는 8년제 의무학교 연장, 1970년 및 1979년의 개혁으로 8년에서 10년으로 연장, 종합기술교육은 사회주의 교육학의 중핵이었다.

① 선구적인 교육개혁 운동

아동 중심의 학습 방법인 선구적인 교육개혁 운동은 창조적인 사고를 중시한다. 대표자로는 파커F. W. Farker가 있는데, 그는 새교육 운동 '퀸시 운동'을 전개했으며, '생활, 즉 교육' 사상을 강조했다. 그는 "아동은 지식만을 얻기 위해서가 아니라 생활하는 일을 배우기 위해서 학교에 나온다고 했으며, 교육은 생활의 준비가 아니라, 현실 생활 그 자체인 것이다."라고 강조하며 파커 학교를 설립했다. 그 이후에 파커의 교육 방법은 듀이에게 전수되어 20세기 진보주의 교육 운동의 기초가 되었다.

② 진보주의 교육 운동

역사적으로 진보주의라는 말은 미국에서 처음 사용되었고 진보주의 운동도 미국에서 일어났다. 진보주의 운동을 한 마디로 표현하기 어렵지만, 성격상 '교육의 자유화 운동'이라고 할 수 있다. 교육 사상가로 듀이를 들 수 있다. 1896년 듀이 학교를 개설하였고 이 실험학교에서는 종래의 교과 중심의 교육과정을 부정하고 아동에게 '행함으로써 배우는' 기회를 제공하기 위하여 이른바 생활활동 중심의 교육과정을 실시하였다.

1918년에 결성된 진보주의교육협회는 교육을 아동 중심으로 전환시키기 위해 조직되었다. 1929년에 시작된 미국의 경제 대공황으로 자유 방임주의적 경향으로 흘러갔던 아동중심주의에 대한 비판의 소리가 높아지게 되었는데, 이 때문에 1955년에 진보의 교육협회가 해산되고 1957년 소련의 인공위성 '**스푸트닉 충격**'에 의하여 진보주의 교육 운동은 결정적으로 약화되었다.

• 듀이 J. Dewey, 1859~1952 의 교육사상

진보주의 교육사상가의 대표적인 학자는 듀이이다. 듀이는 20세기 미국을 대표하는 실용주의 철학자이며 진보주의 교육 운동 사상가로 1896년 "**듀이 학교**"를 설립하여 자신의 교육이론을 실천하였으며 현대 교육학의 아버지와 같은 존재이다. 저서로는『학교와 사회』,『민주주의와 교육』,『경험과 교육』이 있다.

그의 교육사상의 기초는 실용주의 철학에 기본 바탕을 두고 있다. 철학은 세계를 통제하고 개선하는 방법을 찾는 일이므로 철학의 문제는 실제 사람이 일상생활을 하는 데서 일어나는 실질적인 문제를 해결하는 일이라고 본다. 따라서 교육의 목적은 실현이 아니라 경험의 끊임 없는 재구성이라고 주장하였다. 교육을 행동하는 철학으로 규정하고 철학은 사회적 가치를 제시하고 교육은 이를 촉진한다고 본 것이다.

듀이는 교육은 경험을 토대로 하여 이루어지는 과정으로 보았고, 이러한 경험은 성장의 원리에 의해 확장되며, 경험을 개조하는 과정으로써 지성의 원리를 주장하였다. 또한, 이러한 사상 전반에는 경험적 탐구의 과정이 핵심 축으로 자리하고 있다. 그의 진보주의 교육이 가지는 교육사적 의미는 포괄적이고 체계적인 교육이론을 제시하는 한편, 민주적 교육원리를 설득력 있게 전개하였다는 것이다. 한편, 이론으로서는 의미 있지만, 교육 실천을 인도할 만큼 적용되지는 못했다는 한계점이 있다.

• 슈타이너 R. Steiner, 1861~1925 의 교육사상

슈타이너는 인지학을 정립하고 인지학적 인간 이해에 기초하여 교육이론을 전개하였으며 1919년 '**자유 발도르프 학교**'를 설립하였다. 자유 발도로프 학교는 1970년대부터 급증하여 현재 대안 학교 모델로 부각되고 있다. 인지학에서 교육은 인간에 대한 올바른 이해에 기초한다. 이를 위해 인간의 본성은 드러내게 되어야 한다는 것이다.

슈타이너는 인간을 육체 · 영혼 · 정신을 지닌 존재로 보고 인지학적 발달심리학을 제시하였으며, 인간발달을 3단계로 나누고 단계별 교육 과제와 내용을 제시탄생~7세, 7세~14세, 14세~성인하였다. 예술로서의 교육이해는 교육을 하나의 예술Kunst로 본다는 것이다. 교육은 일회적 상황 속에서 교육자와 학생의 생동적 협력으로 창조되는 것이고, 경험이나 사변적으로 얻게 된 법칙을 교육현상에 적용하는 것은 부정하였다.

발도르프 학교의 학교조직은 12년 동안 초등학교와 중등학교를 포함하는 '**통합 학교**' 형태이며 교육과정 및 수업 운영은 7년 간의 주기를 인지학적 인간발달 이론에 근거한 통일된 교육을 하고 있다. 교사는 상하 계층이 없고 독립적이며 자유로운 교육 행위가

가능하도록 여건을 보장하고, 학교 건물은 예술적이며 교육적인 유용성을 지닌 건물로 지어졌다 건축 시 건축가와 교육자 사이의 협조. 슈타이너 교육의 교육사적 의미는 개혁적인 교육을 실천해 왔으며 이는 공립학교에 자극을 제공하는 한편으로 인간학적 접근을 시도했다는 것이다.

• 몬테소리 M. Montessori, 1870~1952 의 교육사상

몬테소리는 이탈리아에서 최초로 의학 박사학위를 취득한 여의사로서 정신 장애인 아들에 대한 치료에 관심을 두었으며, 1907년 '**어린이의 집**'이라는 유아시설을 운영하여 자신의 교육원리와 실천 방법을 제시하였다. 이에 따른 유아용 놀이기구와 아동용 교구 개발을 통해 자신의 독자적인 교육 방법을 발전시켰다.

몬테소리의 아동관은 아동을 존중하고 아동의 작업을 중요하게 여기는 사상에 근원을 두었고, 교육사상의 핵심은 아동이 지닌 내재적인 생명력을 존중하지 않으면 참다운 교육을 못 이룬다는 것이다. 그 반면에 카톨릭적 인간관이 내재되어 있으므로 아동에게 제한된 범위 안에서만 자유가 된다고 보는 점에서 현대 교육이론과는 다소 상이하다. 교육적 원리는 아동의 자발적 자기 활동의 원리로 아동은 발달 단계에 따라 질서에 대한 민감기, 감각에 대한 민감기, 언어에 대한 민감기가 나타난다. 그리고 이와 합치된 환경을 제공하면 강한 '집중현상'이 나타나고 결국 '정상화' 된다고 본다.

몬테소리 교육의 교육사적 의미를 보면 미국에서는 1920년 이후 몬테소리 운동이 쇠퇴하였으나 유럽은 계속적 발전 · 유지하여 1929년 국제 몬테소리협회를 창립하였다. 현재 본부는 네델란드 암스텔담에 있으며, 몬테소리 교육의 정신 장애아 교육 방법이 정상아에게도 적합한가? 하는 것으로 몬테소리의 교구는 오히려 획일적이라는 점에서 비판을 받는다.

• 니일 A. S. Neill, 1883~1973 의 교육사상

니일은 스코틀랜드의 엄격한 청교도 교육자의 가정에서 출생하여 권위주의적인 엄격한 교육을 받았다. 그는 권위적인 학교에 대항하여 1921년 '**섬머힐 학교**'를 창설하여 운영하였다.

니일 사상의 출발점이기도 한 그의 아동관을 살펴보면 어린이는 결코 악하지 않고 선한 존재라는 것이다. 니일은 선을 신이 주신 본성에 관한 것이라고 하였다. 교육의 기본원리를 자유, 즉 교육사상의 가장 기본적인 원리를 자유로 하여, 어린이에게 자유를 부여하는 것이 교육의 핵심이며 참다운 자유는 타인의 자유를 침해하지 않는 범위 내에서 자기가 하고 싶은 일을 하는 것이라고 하였다.

섬머힐 학교는 '어린이를 학교에 맞추는 대신에 아이들에게 맞는 학교'로 완전한 자유의 원칙에 입각하여 운영하였으며 학생과 교직원으로 구성된 학교총회에서 가치적 규칙을 정해 참다운 자유를 실현하고자 했다. 교사는 일체의 명령 · 지시 · 도덕 훈련을 시키지 않으며, 수업의 참여 여부도 본인이 판단하도록 하였다.

니일 사상의 교육사적 의미는 다른 진보적 사상가들에게서 찾아볼 수 없는 독특한 것으로, 논쟁의 대상이 되었다. **'공교육은 악순환의 고리'**이며 공교육이 인간을 병들게 하고 병든 세계가 다시 교육을 병들게 한다는 니일의 말은 공교육 이념에 도전하는 것으로 그는 아동해방 교육 실천가로 활동하였다. 니일의 교육학에서 인간학적 고찰 방법을 보면 교육인간학은 인간의 본질을 교육학적 관점으로 해석하려고 하는 모든 노력을 일컫는 것으로서, 1920년대에 쉘러M. Scheller와 플러스너H. Plessner를 중심으로 일어났다.

• 볼노프O. F. Bollnow, 1903~1991의 교육사상

볼노프는 현대 독일의 대표적인 교육학자이며 철학자이다. 그의 관심 분야는 철학, 현상학, 실존철학, 해석학 등이었다. 그는 **'정신과학적 교육학'**의 기반 아래 실존철학적 교육 이론을 정립하고 인간학적 고찰 방법을 제시하였다. 그는 교육학의 학문적 성격을 보았을 때, 교육학은 하나의 대상 영역에 한정할 수 없으므로 학문적인 방법론으로부터 교육학을 규정하고 교육과 철학을 분리하지 않고 하나의 통일된 학문으로 보았다. 볼노프는 교육학을 삶의 철학적인 이해로부터 출발하여 실존철학의 입장에서 교육의 새로운 형식들을 이해했으며 교육 문제를 해석학적 · 인간학적 차원에서 폭넓게 이해하였다.

볼노프의 실존철학적 교육 이론은 단속적 교육 이론이라고 볼 수 있는데, 그의 저서 『실존철학과 교육학』에서 실존철학의 기본사상과 교육 현상과의 관계를 고찰하였다. 기존에는 교육을 식물 **'기르기'**와 물질 **'만들기'**로 비유 구분하고 양자에 **'지속적인 형성 가능성'**이라는 공통점이 존재한다고 보았으나 볼노프는 이를 부인하고 **'단속적 교육 이론'**을 제시하였다. 여기에서 위기 · 각성 · 충고 · 상담 · 만남 · 모험 · 난파 등의 인간 실존의 교육학적 범주 중 '만남'을 강조하였으며, **'만남'**은 교육의 단속적인 형식을 가장 잘 나타내고 만남의 결정적 개념은 **'우연성'**이라는 것이다.

볼노프는 교육인간학 중에서 '교육학의 고찰 방법으로서의 교육인간학'의 입장을 대표하며 인간학적 고찰 방법을 개별적인 교육 현상에 적용하여 고찰하였다. 교육사적으로 실존철학에 대한 교육적 의미를 고찰하고 단속적 교육 이론을 제시하여 교육학의 영역

을 확대하고, 철학적 인간학의 인간 이해 방법론을 교육학에 적용하여 인간학적 고찰 방법의 유용성을 제시하였다는 것에서 그 의미가 있다.

(5) 현대 교육의 특징과 전망

현대 교육의 특징을 몇 가지로 구분하여 보면 다음과 같다.

첫째, **교육의 과학화이다.** 심리학의 도입으로 여러 가지 심리검사를 통하여 교육 대상자를 알게 하는 자료로 활용할 수 있으며, 교육 기자재의 도입으로 교육 방법의 발달을 가져 왔다.

둘째, **아동 중심의 교육이 이루어지면서 어린이들이 노동에서 해방**될 수 있는 계기가 되었다. 불과 100여 년 전만 하더라도 어린이들이 노동 착취의 대상이 되었으며, 아동의 인권이나 아동 중심의 교육이 이루어진 것을 찾아보기가 힘들었다. 물론, 지금도 어린이들이 노동현장에서 노동 착취를 당하는 것이 근절되고 있지는 않지만, 현대에 들어와서 많은 아동이 노동의 현장에서 해방될 수 있었던 것은 사실이다.

셋째, **교육의 사회화가 이루어지면서 학교의 시설이나 인력 등이 개방**되었으며, 지역사회 학교를 통하여 평생 교육의 개념이 도입되고 '요람에서 무덤까지'라는 이념이 실천되기 시작하였다.

오늘날 사회는 학습을 계속하여 교육은 개혁을 계속하고 있다. 교육에 있어 미래사회가 고도 산업화 사회와 정보화 사회의 방향으로 나아가야 할 현대 교육의 전망을 보면 다음과 같다.

첫째, **국가 교육개혁의 한계이다.** 현대 교육개혁은 사회변혁 요구 등의 교육 외재적인 동기에서 출발하였기 때문에 한계를 지니고, 실행의 획일성으로 인해 실질적인 학교 교육의 개혁으로 연결되지 못하였다. 따라서 정치적 의지로 강행되는 것이 아니라 교육의 틀을 새롭게 바꾸는 개혁이 요구된다.

둘째, **대안적 학교 교육운동**으로 국가 주도적 교육의 한계에 따라 새로운 교육을 모색하는 대안적 · 개혁적 학교 교육운동이 태동하게 되었다. 서구의 대안적 교육에 대한 움직임1960년대~1970년대이 일어나면서 기존 학교교육 체제를 부정하고 비형식적 사회 교육 형태인 '재택 교육Home Schooling' 운동과 공립학교의 대안으로 '사립 학교 제안' 듀이, 몬테소리, 슈타이너, 니일 등이 세운 특수학교을 하였다. 이러한 사립학교에서 다양한 교육 프로그램을 개발하고 확산하는 운동 마그넷학교, 현장학교, 선택학교 등을 벌이게 되었다.

셋째, **학교 교육의 인간화**인데 현대 교육의 공통 문제점은 인간을 보편화 · 집단화 · 획일화는 교육의 비인간화 현상이다. 앞으로도 정보화 · 기계화로 인해 이러한 비인간화 현상은 더욱 심화될 것이므로 인간적인 것을 소중히 여기는 교육이 강조되는 한편으로 공동체적 가치의 실현을 위한 교육을 지향해야 한다.

〈연구 문제〉

1. 인류의 역사는 교육의 역사라고들 말하는 데 교육의 역사를 공부해야 하는 이유를 설명해 보자.
2. 한국 교육사와 서양 교육사의 차이점을 설명해 보자.
3. 아테네와 스파르타 교육의 특징을 설명해 보자.
4. 근대 교육의 큰 흐름을 역사적인 사건을 중심으로 구분하여 설명해 보자.
5. 현대 교육의 특징과 전망을 설명해 보자.

Chapter 3 교육의 철학적 기초

1. 교육철학의 기초
2. 교육철학의 연구영역
3. 현대의 교육철학

Chapter
03.

교육의 철학적 기초

교육 목표

- 교육철학에 대한 정의를 내리고 설명할 수 있다.
- 교육철학의 개념 및 기능에 대하여 이해할 수 있다.
- 전통철학과 현대 교육철학의 다양한 사조가 대변하는 관점에 대하여 설명할 수 있다.
- 자신이 공감하는 교육사조에 대하여 이유를 설명하고 다른 사람과 의견을 나눌 수 있다.

교육철학이란 교육의 여러 현상에 관해 철학적인 탐구를 하는 학문으로 교육의 여러 행위와 문제를 철학적인 관점에서 접근하는 것을 말한다. 이러한 문제는 교육의 본질적인 문제이며, 교육이 나아가야 할 방향과 추구해야 할 이념을 탐구하는 것이 바로 교육철학이다. 교육은 인간을 대상으로 하는 학문이기 때문에 다양한 철학적 관점이 있을 수 있고, 교육 현상을 이해하는 것 또한 마찬가지이다.

교육철학이 교육을 탐구 대상으로 하는 교육학의 다른 영역, 즉 교육심리학 · 교육사회학 · 교육행정학과 구분된다면, 그것은 교육철학의 탐구 방법에 의해 형성된 지식 체계와 관련 있다. 특히, 현대의 교육철학은 철학적 지식을 교육에 접목하는 철학의 한 주제라기보다는 구체적인 교육활동의 문제를 직접 탐구하는 교육학의 한 분야이다.

1. 교육철학의 기초

1. 교육철학의 의의

교육의 철학적 기초 영역은 교육철학과 역사를 이해하는 것이다. 교육철학은 교육과 철학을 접목한 것으로 교육에 대한 것을 이해시키고 교육에 대한 명확한 목적의식과 교육관을 가질 수 있게 도움을 준다. 이러한 교육에 대한 이해를 통해서 교육사상, 교육철학, 교육 목적 등에 대한 올바른 교육관을 가질 수 있다. 교육철학은 철학적 수준에서 교육의 기본적인 문제를 다루는 학문으로 다양한 교육 문제를 철학적으로 다룬다. 그리고 현실의 감정적 · 무비판적 · 사실적 · 설명적 수준에서 탈피하여 문제를 심층부까지 탐색하여 그것이 철학의 내용인 실제나 지식 가치 등에 어떻게 관계되어 있으며, 어떤 의의를 지니고 있는가를 파악하려고 노력한다.

교육철학의 학문적 가치와 필요성은 근본적인 것으로 다음과 같은 교육철학의 의의를 내포하고 있다.

첫째, 교직이 단순한 생계의 수단이 아니라 바람직한 인간 형성에 주도적 역할을 하는 동시에 인간 사회의 개선에 기초적인 공헌을 하는 중대한 사업이라고 보았을 때, 교사는 교육이 내포하고 있는 중요한 문제에 대한 올바른 이해가 필요하다. 교육철학은 이러한 문제에 대한 해석을 제공한다.

둘째, 교육철학은 인간 생활과 사회 전체의 위치, 그리고 그들과의 관계를 파악할 수 있도록 한다.

셋째, 교육철학은 현존하는 다양한 교육이론을 비판적으로 검토함으로써 교사의 교육에 대한 신념을 확정하고 원리를 수집하는 데 기여한다.

넷째, 교육철학은 교사의 지성과 비판정신을 자극하여 교육의 새로운 분야를 개척하는 데 중요한 구실을 한다.

2. 교육철학의 개념과 특징

철학의 어원은 “지혜를 사랑하는 학문”이다. 지금 우리가 쓰고 있는 철학은 필로소피 Philosophy라고 하는 데, 이 말은 Philos사랑와 sophia지혜라는 두 낱말이 합쳐져서 이루어진 것이다. 즉 철학은 Love of Wisdom, 즉 ‘지혜를 사랑하는 것’이라는 뜻이 된다. 지혜를 사랑한다는 것은 생각하는 학문이라는 말이기도 하다. 그만큼 많이 생각하라는 말이기도 할 것이다.

교육철학은 교육에 관한 지혜를 사랑한다는 뜻으로 지혜나 슬기로움을 진정한 사랑과 관심을 가지고 추구하여 진리를 밝혀 내고자 하는 행위와 다름없다. 일반 철학과 비교해 보면 교육철학은 좀 더 구체적인 교육 문제를 다룬다고 할 수 있으며, 따라서 교육 문제를 대상으로 체계적이고 논리적이며 종합적으로 사고하고 판단하는 과정이라고 할 수 있다.

교육철학은 교육적 신념체계를 의미하기도 하지만, 하나의 탐구 행위로서 기능을 지니고 있다. 교육철학은 교육 현상을 체계적이고 종합적으로 고찰하고, 교육학에서 쓰이는 언어 및 전제를 다듬어 체계적으로 교육학을 구축하고 있으며, 교육 작용의 본질을 탐구하여 교육의 본질과 근본과 전체를 규명하려고 한다.

교육학의 한 분야로서 교육철학은 교육관으로서의 교육철학과 학문으로서의 교육철학의 의미를 지닌다. 교육관으로서의 교육철학은 바람직한 교육에 대한 견해로 교육의 개념과 목적 및 내용과 방법 등에 대한 견해나 신념체계이다. 또 학문으로서의 교육철학은 교육관으로서의 교육철학이 갖는 주관성과 특수성을 뛰어넘어 교육의 보편적 문제를 보다 일반적인 이론으로 설명하려고 한다.

학문으로서의 교육철학은 20세기 중반에 이르러서 독자적인 학문으로 대두되기 시작하였으며, 독립된 학문 분야로 정립시키기 위한 노력은 1960년대에 본격화되었다. 1960년대 이후 오늘에 이르기까지 교육철학은 성격이나 역할에 대하여 견해가 달라서 학문의 체계가 분명히 정립되지 못하였다.

3. 교육철학의 기능

교육은 인간의 삶에서 하나의 활동이다. 교육은 그 자체가 의미 부여의 과정이므로 매우 중요하다. 교육에 관련하여 이루어지는 모든 의미 부여 덕분에 교육은 그 의미가 이해되고 교육의 실제 또한 결정된다. 교육철학은 이처럼 교육에 관련하여 이루어지는 의미 부여와 그 기준에 대해 어떠한 신념과 가치관, 동기와 관심, 지식과 이론 위에서 이루어지는가를 분석하고 타당성을 비판적으로 검토하는 작업이다. 그 과정에서 때로는 새로운 대안적인 의미 체계를 제시하기도 한다.

교육철학을 바탕으로 교육이론을 탐구하는 데에는 크게 두 가지 접근 방법, 즉 과학적 접근과 철학적 접근으로 구분할 수 있다. 과학적 접근은 과학적 탐구를 통하여 이론을 추출하는 것이며, 철학적 접근은 철학적 탐구를 통하여 철학적 이론을 이끌어 낸다. 과학적 접근은 사물 또는 현상을 기술하고 설명하며, 이 진술에 기초하여 예언하고 통제하는 원리를 얻는다. 철학적 접근은 사물 또는 현상을 분석하고 평가하며 여러 가지 생각들을 통합하는 지적 활동이다. 과학적 접근은 사물과 현상을 기술 · 설명 · 예언 · 통제하는 기능을 하는 반면에, 철학적 접근은 분석 · 평가 · 사색, 생각한 것을 통합하는 기능을 지닌다고 할 수 있다.

(1) 분석적 기능

교육철학의 분석적 기능은 이론적 혹은 일상에서 사용하는 언어의 의미와 거기에 내포된 논리적 관계를 명확하게 하여 교육 현상에 대한 의미를 명료하게 하는 기능이다. 우리가 일상 중에 사용하는 용어에는 의미가 분명하지 않은 용어들이 많은데, 간혹 오해를 불러일으키기도 하고 또는 혼자서 임의로 해석하여 엉뚱한 방향으로 이해되는 경우가 있다. 이처럼 의사 소통을 명확하게 하고 올바른 사고를 하기 위하여 무엇보다도 언어의 의미나 가치 판단의 기준 같은 것을 분명히 할 필요가 있다.

교육철학의 분석적 기능은 교육에 관련된 제반 개념이나 술어 또는 명제들의 모호성을 감소시켜 그 의미를 명료하게 하고 기계적인 동의어의 반복이나 논리적인 모순을 가려 내어 언어의 명료성을 높여 준다. 예를 들면, 우리가 일상에서 사용하는 용어에는 가치어 · 가치중립어, 비난어 등이 있는데, 이들을 분류하고 모호한 용어 등도 구분하여 명확하게 사용하는 것을 말한다.

분석철학에서는 이러한 분석적 기능을 철학적 연구의 과제로 보고 탐구하며, 교육에서는 교육적 의미 체계를 구성하는 언어의 의미와 논리적 관계를 명백히 분석한다. 그러나 단순한 언어의 논리적 분석에 그치지 않고, 교육적 의미 체계가 어떠한 신념과 가정 및 가치관과 이론적 배경에서 성립하고 있는가를 분석하여 그 의미 체계가 전제하거나 반영하는 인간관과 세계관 및 사회관과 학교관을 드러낼 수 있도록 한다.

(2) 평가적 기능

평가적 기능은 말 그대로 어떤 준거criterion나 기준standard 또는 규범norm에 비추어서 가치 판단 또는 가치를 평가하는 행위를 말하는 것으로, 사실을 있는 그대로 기술하고 설명하는 식의 과학적 탐구, 즉 과학적 이론과는 그 개념이 다르다. 예를 들면, 이것은 좋다거나 저것은 나쁘다거나 보통이다 등의 가치 판단을 내리는 행위를 평가적 기능이라고 하며, 이러한 평가적 기능에는 반드시 어떠한 준거 · 기준 · 규범에 근거한 평가라야 한다. 그러므로 평가적 기능은 주어진 어떤 준거, 기준에 비추어 실천, 이론, 주장, 원리의 만족도를 밝히는 행위를 말한다.

평가적 기능의 예를 들어 보자. 어떤 학생의 기말고사 성적이 '국어 91점, 수학 85, 영어 77점, 과학 65점'이라는 점수가 나왔다. 이 학생의 성적을 평가하라고 하면, 우리는 대부분 '국어 '수', 수학 '우', 영어 '미', 과학 '양'과 같은 식으로 평가를 하는데, 이러한 것은 아무런 의미가 없다는 것이다. 성적을 평가할 만한 명확한 근거가 있어야 하는데 이러한 기준을 제시해 주는 것이 평가적 기능이라고 할 수 있다.

이와 같이 평가적 기능은 기준이나 준거에 따라 분석적 기능을 통하여 판단의 기준을 정립하고 이에 근거하여 교육 현실이나 이론의 한계 · 문제점 · 장점을 따져서 수용 여부를 판단하는 기능을 한다. 교육에서의 역할은 교육 이론이나 실천에 쓰이는 원리대로 교육을 이루고자 하는 것으로 교육 이론과 실천 원리의 당위성을 규명해 준다.

(3) 사변적 기능

철학을 한다는 것은 어떤 의미에서 보면 사색하는 과정이라고 할 수 있다. 물론 사색이 철학의 전유물은 될 수 없지만 어떤 문제를 해결하기 위해 사색에 잠기는 것을 '철학을 한다.'라고 말할 수 있다. 훌륭한 강의나 강연을 하기 위해서는 원고를 잘 쓰고 많은 이론적인 지식을 공부하는 것도 물론 중요하지만 '어떻게 강의를 이끌어 갈 것인지', '어떠한 예시를 들면 학습자들이 쉽게 이해할 수 있을 것인지' 등과 같이 많은 생각을 하는 것이 더 중요하다고 할 수 있다.

따라서 철학의 최대 기능은 사변적 기능이라고 할 수 있으며, 깊이 있는 사색을 통하여 통찰에 이를 수 있다. 이러한 사변적 기능은 인간에 대한 전체적인 조망과 비전을 제시하여 인간의 근본 문제가 무엇인지를 밝혀 내는 기능이라고 할 수 있다. 또한, 사변적 기능은 제시된 문제를 해결하기 위해 새로운 가설을 설정하고 아이디어나 개념을 찾아 내는 이론적 활동이라고도 할 수 있고, 아이디어나 개념을 통하여 새로운 해결책 등의 생각, 즉 새로운 방향을 모색하는 기능으로 교육 목표를 설정할 때 사용한다.

(4) 통합적 기능

인간의 삶에서 부딪치는 여러 가지 문제들은 단순한 것이 아니고 다양하고 복잡하게 얽혀 있다. 마찬가지로 다양한 학문의 영역들은 삶의 복잡한 문제를 이해하고, 설명하고, 해결하려는 여러 가지 노력의 결과로 형성된 것이라고 할 수 있다. 이러한 여러 가지 문제를 해결하기 위해서는 다양한 기준이나 관점을 전체로서 파악하고, 여러 부분을 통합적으로 조정하고 종합하여 일관성 있는 체계를 만들어 내는 것이 중요한데, 이런 문제를 탐구하는 것이 바로 통합적 기능이다.

통합적 기능은 하나의 현상이나 과정을 전체로서 파악하고 여러 부분과 차원을 통합하여 이해하려는 행위를 말한다. 즉, 나무도 보고 숲도 볼 수 있는 안목을 말한다. 깊은 산속에 들어가서 우거진 수풀만 보고 와서는 그 산속의 전체를 보았다고 말할 수 없듯이 나무도 보고, 숲도 보고, 전체를 종합해서 볼 수 있는 안목을 키우는 것을 의미한다. 따라서 전인교육과 관계 깊은 철학적 기능이며, 교육에 대한 현상이나 과정을 전체로 파악하고, 여러 부분과 차원을 종합적으로 이해하여 교육의 일관성을 유지하게 해준다.

2. 교육철학의 연구영역

교육철학의 주요 연구영역으로 존재론存在論, 인식론認識論, 가치론價値論, 논리학論理學 등이 있다. 이 중에서도 존재론의 탐구영역인 관념론idealism, 실재론realism, 실용주의pragmatism는 20세기 이전 서양 전통철학의 핵심적인 탐구 분야이다.

1. 존재론(存在論)

존재론은 형이상학이라고도 하며 이 우주의 궁극적인 본질 혹은 실체란 무엇인가를 규명하려는 철학적인 노력이다. 이 세상에는 변화하지 않고 그대로 머물러 있는 것은 아무것도 없다. 그러나 변화하는 세계의 이면에 변화하지 않는 존재 또는 실재는 무엇일까? 이것이 바로 존재론이 가지고 있는 가장 중요한 물음이다.

이 세계의 모습은 무한히 다양하지만 실재는 하나라고 보는 입장은 일원론一元論, 그 하나가 정신 혹은 영혼이라고 여기는 관점을 관념론觀念論이라고 하며, 그 하나가 물질 혹은 객관적으로 파악할 수 있는 것으로 보는 관점을 실재론實在論이라고 한다. 또한, 우주의 본질이란 끊임없이 변화하고 발전하는 그 자체이며, 그 너머에 어떠한 본질이 따로 존재하는 것이 아니라는 입장이 실용주의實用主義이다.

존재론ontology 또는 형이상학meta초월+physics자연학은 아리스토텔레스의 제1철학이라고도 한다. 이는 여러 존재자로 하여금 그들을 존재하게 하는 근본 원리에 대한 학문으로 존재의 본질을 탐구하는 철학의 영역이다. 존재론은 경험의 세계를 초월하여 불변不變하는 실체substance, 외형의 원래 모습를 연구 대상으로 하는 학문이다. 존재론은 종교신학와 공통된 면이 있다. 중세의 신학자 아퀴나스T. Aquinas는 형이상학을 초자연적인 것 일체에 관한 사상이라고 하였다.

그러나 형이상학은 이성 또는 지성을 통하여 인식에 도달하나 신학은 절대자의 계시啓示, 신의 가르침에 의존한다. 형이상학적인 것, 즉 형이상자形而上者, 정신적인 존재를 보는 견해 차이에 따라 유물론唯物論, materialism, 물질이 정신을 지배한다는 사상으로 공산주의 철학의 기본이 되는 이론과 유심론唯心論, spiritualism, 유물론과 대립되는 이론으로 구분 짓는다.

(1) 유물론

'물질'을 뜻하는 라틴어 materia가 어원이다. 유물론은 물질이 유일한 실재이며, 물질을 정신적 삶을 설명해 주는 근본적인 실재로 본다. 물질은 정신으로부터 독립해 고유하고 자율적 법칙에 의해 지배되는 실재이다. 자본주의자들은 "돈이 최고야, 돈으로 안 되는 일이 없지."라고 외친다. 이런 정신을 유물론적 사고라고 하며 물질만능주의를 낳기도 하는 사고 방식이다.

(2) 유심론

관념론idealism이라고도 한다. 관념론이라는 말은 17세기에 이르러 유물론에 대비되어 만들어졌다. 형이상학에서 관념론은 관념이 감각적 세계보다 더 참된 존재이다. 예를 들면 플라톤Platon의 이데아Idea의 세계는 '참된' 실재이다Élisabeth Clément et al, 1994.

2. 인식론(認識論)

유럽의 근대 이후 전개되기 시작한 인식론은 지식론이라고 하며 진리 또는 지식의 근거와 특징을 밝히려는 철학적 노력을 말한다. 인식론은 진리와 진리가 아닌 것을 어떻게 구분하고, 안다는 것과 알지 못한다는 것을 어떻게 구분하며, 우리는 어떻게 하면 참다운 앎에 도달할 수 있는가? 등과 같은 질문을 던진다. 이 질문에 답을 하는 것이 인식론의 큰 과제이다.

인식론epistemology 또는 지식론theory of knowledge은 지식의 기원도대체 진리란 무엇인가?과 구조 및 한계어디까지 알 수 있나? · 인식의 방법 · 인식의 타당성 · 진리와 허위를 구분하는 기준은 무엇인가 등을 체계적으로 연구하는 철학의 한 부문으로, 서로 대립되는 사고로는 합리론 · 경험론 · 실재론 · 관념론 등이 있다.

(1) 합리론(rationalism)

합리론 또는 합리주의는 인식경험으로 주어진 것들을 수용하고 그것들을 설명하거나 이해하려는 행위 또는 현실의 설명 수단으로서 이성을 특별히 중요하게 여기는 이론이다.

(2) 경험론(cmpiricism)

감각주의라고도 부르는 경험론에서의 인식은 감각적 외부 경험에 의해 형성된다고 본다. 프랑스의 합리론자 데카르트Descartes가 말하는 본유관념本有觀念, 생득관념으로 감각이나 경험에 의해서가 아니라 인간이 태어날 때부터 이미 가지고 있는 선험적 관념을 부정한다.

(3) 실재론(realism)

현실주의나 사실주의 등으로 번역되는 실재론은 정신으로부터 독립적인 실재의 존재를 긍정하는 이론이다.

(4) 관념론(idealism)

관념idea을 감각적 세계보다 더 참된 존재로 보는 이론이다.

3. 가치론(價値論)

'가치'라는 용어는 본래 어떤 것의 값을 뜻했으며, 18세기 정치 경제학자 애덤 스미스Adam Smith의 저서에서 볼 수 있듯이 주로 교환가치라는 경제적인 의미로 쓰였다. 가치의 의미가 확대되어 더 넓은 철학적 관심 영역으로 들어온 것은 19세기의 다양한 사상가와 학파의 영향 때문이었다. 가치론은 무엇이 가치 있는가를 규명하는 철학이다. 즉, 가치 있는 것이 무엇인가 탐구하는 영역으로 선악善惡, 정사正邪, 미추美醜, 정의正義와 불의不義 등의 문제에 초점을 맞추어 그 근거와 가치 선택을 중요시한다.

교육철학은 본질적으로 가치 판단의 과정이며 가치 전제적인 인간 활동이므로 도덕과 미학 교육에서 가치를 응용한다. 도덕에서는 인간의 개인적, 사회적 행위의 질과 도덕성의 문제를 다루어 선한 인간 · 좋은 사회 · 훌륭한 삶의 본질과 기준을 밝히는 일을 하게 되고, 미학에서는 예술과 경험이나 인간과 환경의 삶 속에 있는 미의 본질과 기준의 탐구에 힘쓴다. 그러나 철학적 가치론은 보편적 수준의 가치의 본질이나 가치판단 기준을 탐색하며, 교육에서는 사회 문화적 맥락과 더불어 살펴본다.

따라서 부분적인 원리만을 제공해 준다는 한계가 있다.

4. 논리학(論理學)

논리학은 모순이 없는 사고 과정의 전개를 위해 탐구하는 영역으로, 어떤 철학적 결론에 도달하였을 때 그 결론에 도달하기까지의 사고의 과정이 타당한 것이었는가를 검토하는 여러 가지 규칙과 기준을 밝히려는 연구 분야이다. 논리의 전개 방법에 따라 연역법과 귀납법이 대표적이다. 연역법은 일반적인 법칙에서 구체적인 사실로 접근하는 전개 방법이고, 귀납법은 논리 전개를 구체적인 사실에 대한 관찰을 통하여 보편적인 법칙과 원리를 끌어내는 과정이다.

그러나 현대에 이르러서는 어떤 주장의 타당성을 논리학에만 의존하는 철학적 탐구방식에 대해 회의를 가지기 시작했다. 어떠한 결론에 도달하기까지의 추리 과정이 아무리 논리적이라고 하더라도 그 결론이 근거로 삼고 있는 전제가 참 또는 거짓을 검증할 수 없는 종류의 것이라면 그 결론도 참인지 거짓인지 등을 밝혀 낼 수가 없으며, 그 결론도 의미가 없다는 주장이 나타났기 때문이다. 논리학을 기본으로 하여 성립된 철학 사조에는 논리실증주의와 분석철학이 대표적인데, 논리실증주의는 문장의 논리적 검증을 통하여 진위 여부를 검증한다. 그 반면에 분석철학은 하나의 진술이나 개념이 그 인간과 사회 및 문화 등의 맥락 안에서 어떠한 의미를 지니는가를 밝히려는 방향으로 기울어지고 있다. 분석철학은 철학의 이론 체계라기보다는 철학적 방법론으로 여겨지고 있다.

3. 현대의 교육철학

현대의 교육철학은 20세기를 기준으로 하여 전기와 후기로 구분하여 살펴볼 수 있다. 20세기는 세계사적으로 격동과 변화 및 혁신의 시대였다. 두 차례의 세계대전과 과학기술의 발달로 인류의 지성이 인간 역사의 진보에 대한 희망과 절망 사이를 극단적으로 오고 간 시기이기도 했다. 사회적으로는 변화와 안정, 진보와 보수의 이념 갈등, 자유와 전통 간의 경쟁 구도가 반복된 시대였다. 이러한 시대적 배경 속에서 20세기 전기의 교육철학은 진보주의와 본질주의 및 항존주의와 재건주의 간의 경쟁으로 볼 수 있다.

20세기 후기의 교육철학의 흐름은 연구 방법과 담론의 정확성에 몰두하며 교육철학을 자율적 학문으로 성립시키는 데 공헌한 분석철학과 여기에 대응하여 사회적 · 정치적 문제에 관심을 가지고 큰 맥락 하에서 교육의 문제와 교육철학적 작업의 사회 문제에 관심을 가진 교육철학으로 구분될 수 있다. 분석철학 이후 최근의 교육철학은 해석학적 방법론, 내러티브narrative, 자서전적 방법론 등 다양한 질적 방법론과 사회학적 · 역사학적 · 경제학적 접근 등의 다양한 학문과의 학제적 융합에도 개방적이다.

1. 20세기 전기의 교육철학

(1) 진보주의(progressivism)

진보주의 교육사상은 실용주의 내지는 실험주의 철학 사조이며 교육에서 권위를 불신하고 교육적 관심의 중심으로 개별 아동을 강조하는 교육적 이념이다. 이러한 이념은 고대 그리스의 사상교육에서 근원을 찾을 수 있다. 그 이후 14, 15세기 인문주의 사상, 17세기 실학주의 교육자인 코메니우스J. A. Comenius, 18세기 자연주의 교육자인 루소J. J. Rousseau의 어린이 중심 교육사상, 19세기 페스탈로치J. H. Pestalozzi와 프뢰벨F. W. A. Fröbel의 교육사상에 영향을 미쳤다. 영국을 포함한 유럽의 교육에서는 루소의 영향이 더 컸던 반면, 미국의 진보주의는 1918년 듀이를 중심으로 전개된 교육개혁 운동으로 진보주의 교육학회가 창립된다.

진보주의는 자연주의와 실용주의 철학의 영향을 받아 아동 중심과 경험 중심 교육을 표방한 교육사상으로 전통적인 교육의 편협성과 형식주의가 낳은 비인간화에 반기를 들고 등장하여 미국뿐만 아니라 전 세계의 교육에 일대 개혁을 일으키게 된다.

진보주의 이전에는 어린이를 석고나 밀랍처럼 조각할 수 있는 존재로 생각하고 아동을 성인의 축소판으로 여겼다. 즉, 아동 고유의 인격이나 사고는 없다고 여겨서 성인들이 마음대로 조종할 수 있는 존재로 생각한 것이다. 그러나 진보주의는 이러한 사고를 완전히 바꾸었다. 진보주의자들은 아동도 각자의 인격을 가진 고유한 존재이며, 사고나 표현이 없는 것이 아니라 나름대로 생각을 하지만 표현 방식이 서툰 것이라고 주장했다. 성인들의 관점에서 보았을 때 아동이 생각이 없는 것으로 보일 뿐, 그들은 절대 생각이 없는 존재가 아니라고 본 것이다.

진보주의 교육의 대표적인 교육철학자인 듀이에 의하면 교육은 현재의 생활 그 자체를 의미 있게 만들어 가는 것이다. 전통적인 교육에서는 교육은 미래의 생활을 위한 준비라고 정의하는 것과 반대되는 개념이다. 따라서 듀이가 말하는 교육의 목적은 현재 경험의 계속적인 성장에 있다. 여기서 말하는 경험의 성장은 현재 당면한 문제를 해결하는 과정에서 획득된 지식이나 규범 혹은 원리 등의 축적과 그 자체의 개선을 의미하는 것이면서 동시에 지력의 발달을 의미한다.

진보주의 교육자들은 경험을 통하지 않고서는 학습할 수가 없다고 생각한다. 따라서 진보주의자들은 교과 내용을 학생들에게 전달하는 전통적인 교육 방법을 부정하고, 학생들이 직접 그 내용을 경험해야 한다고 주장한다. 교육은 아동의 성장을 도와 주기 위한 것이며, 아동의 성장이란 경험의 재구성에 의해서 이루어진다. 경험의 재구성이란 단순히 아동에게 여러 가지 경험을 제공해 주고 그들의 자발적인 활동에의 참여를 보장해 주는 것만으로 이루어지는 것이 아니다. 아동들이 자신의 활동 성과를 스스로 비판적 사고 과정을 통해 검토하고, 이런 검토 과정을 통해 자신의 생각을 재구성하여 보다 더 새롭게 확충된 개념을 형성함으로써 가능하게 되는 것이다. 교육이란 사회에 나가기 위한 준비 단계일 뿐만 아니라 현재의 학생 생활에도 도움을 줄 수 있어야 하기 때문에 학교는 전문가나 지식인을 목표로 학생들을 교육하기보다는 건전한 생활인의 육성을 목표로 해야 한다고 주장하고 있다.

듀이의 진보주의 교육원리 특징은 ① 교육은 생활 그 자체이다 ② 교육은 성장이다 ③ 교육은 경험의 재구성이다 ④ 교육은 사회적 과정이다.

아울러 넬러G. F. Kneller가 말하는 진보주의 교육의 원리는 다음과 같다.

첫째, 교육은 미래 생활을 위한 준비가 아니라 현재의 생활 그 자체이다.

둘째, 학습은 아동의 흥미와 직접적으로 관련되어야 한다.

셋째, 교육 내용의 이수에 앞서 선행되어야 할 것은 문제의 해결 방법을 배우는 것이다.

넷째, 교사는 아동을 통제하고 지시하는 입장이 아니라 그들의 입장에서 도와 주어야 한다.

다섯째, 학교는 경쟁보다 협동을 장려하는 곳이어야 한다.

여섯째, 민주주의만이 성장에 필요한 사상과 인격의 자유로운 상호 작용을 허용하고 촉진한다.

듀이를 비롯한 진보주의 교육자들은 미국을 비롯한 여러 나라에서 교육의 개혁을 위한 하나의 중요한 흐름을 형성하게 되었으며, 우리나라의 교육에도 많은 영향을 끼쳤다고 할 수 있다. 그러나 학습자의 개인적 경험과 흥미에 대한 지나친 강조는 교육의 사회적 기능과 문화적 전통을 경시하는 문제를 낳았으며, 개인의 기본적인 학습 능력의 저하와 현대사회의 발전에 필요한 학문적 지식학습의 저조라는 문제점을 드러내게 되었다는 점에서 본질주의와 항존주의자로부터 비판의 대상이 되었다.

(2) 본질주의(essentialism)

본질주의는 1930년대와 1940년대에 진보주의 교육을 비판하면서 항존주의와 더불어 등장한 교육사조이다. 철학적으로는 실재론과 가깝고 종교보다는 이성에 기초한 기본적인 도덕적 명제를 포함한다. 1936년 배글리W. C. Bagley를 중심으로 결성되어 '미국 교육 향상을 위한 본질과 강령'을 선포하게 되었다.

본질주의는 진보주의와 항존주의를 절충했다고 해서 절충주의라고 부르기도 하고 근본주의라고 부르기도 한다. 본질주의자들은 전통적인 신조信條라든가 제도는 실질적일 뿐만 아니라 진리이며, 동시에 선하다는 생각에서 출발한다. 따라서 교육은 인류의 핵심적이고 중요한 삶의 경험들을 다음 세대에 전하여 다음 세대가 앞으로 다가올 사회문화의 위기를 극복할 수 있는 정신적 자세와 과학적 지식을 가지도록 해주는 일이라고 보았다. 본질주의자들은 진보주의자들이 지나치게 아동의 흥미와 자유를 존중한 나머지, 진정한 인류의 문화유산을 전달하는 것을 망각하고 있다고 비판하였으며, 진보적 학교에서는 학습자가 기본적인 학문을 학습할 수 없다고 보았다.

넬러가 말하는 본질주의 교육에 대한 원리는 다음과 같다.

첫째, 본질주의는 훈련의 중요성을 강조한다.
둘째, 교육의 주도권은 아동 · 학생에게 있는 것이 아니라 교사에게 있는 것이다.
셋째, 교육과정의 핵심은 주어진 교과를 철저하게 이수하고 자기 것으로 만드는 데 있다.
넷째, 학교는 전통적인 학문적 훈련 방식을 계속 유지해야 한다.

본질주의자들은 고등학교 수준까지는 교과를 통합하지 말고 별도의 독립된 교과목으로 가르치는 것이 바람직하다고 보았으며 통합은 각 교과목 내용을 충분히 학습한 뒤에 이루어져야 한다고 말한다. 따라서 본질주의는 진보주의가 어린 아동에게 교과 중심이 아닌 활동 중심 · 흥미 중심 · 주제 중심의 수업을 실행하는 것이 잘못이라고 비판하며 반대하였다. 즉, 초 · 중등학교 학생들에게는 앞으로 살아가는 데 필요한 지식과 기술 등을 가르치고 대학 교육에서는 민주사회의 지도자로 육성하기 위한 준비 작업으로 문제해결 능력을 중심으로 교과를 통합하는 것이 좋다는 견해이다.

교육 방법으로는 진보주의자와는 대조적으로 이해보다는 습득을, 학생의 자율적 학습보다는 교사의 체계적인 지도를, 자유보다는 훈련을, 학생의 일시적 흥미보다는 지속적인 노력을 강조한다.

본질주의는 교육에 이바지한 긍정적인 측면을 높이 평가해야 하지만 여러 가지 면에서 진보주의자들의 입장에서 비판을 받았다. 첫째, 교육의 내용적 측면에서 체계적이면서 현실 문제의 해결에 도움이 되는 학문을 중시하기 때문에 전반적으로 자연과학을 강조하고 인문 · 사회과학을 경시하는 결과를 낳았다. 둘째, 본질주의가 내포하고 있는 보수성을 비판 받았는데, 이러한 보수성은 필연적으로 지적 진보성과 지적 창의성을 저해하는 결과를 가져왔다. 셋째, 본질주의는 체계적인 지식의 전수와 학습 현장에서 교사의 주도권을 강조한 나머지, 어린이의 자발적인 참여와 학습 동기를 경시했다는 비판을 받게 되었다.

(3) 항존주의(perennialism)

항존주의는 1930년대와 1940년대에 허친스R. M. Hutchins와 아들러M. Adler 등이 미국 사회의 진보주의 교육운동에 대항할 때 등장한 정치적으로 보수적인 교육철학이다. 항존의 개념은 '영원한', '불변하는', '항존'의 의미를 지니는 진리의 절대성과 불변성, 그리고 영원성을 믿고, 변하는 것이나 일시적인 것을 거부하는 신념을 말한다. 즉, 시간과 공간을 초월한 절대적인 진리를 말하며, 이것은 진보주의 교육에 대한 저항에서 시작되었다고 할 수 있다. 저항이라는 것은 진보주의가 말하는 변화에 대한 저항을 말한다. 항존주의와 본질주의는 진보주의를 견제하기 위하여 나타난 교육철학이다.

항존주의의 입장은 고전적 실재론에서 찾을 수 있으며, 대표적 철학자로는 아리스토텔레스Aristoteles와 아퀴나스T. Aquinas 등이 있다. 항존주의는 인간의 본성은 변하지 않으며 본질적으로 동일하다는 가정에 기초한다. 항존주의 교육에는 '절대의 원리'가 적용되는데, 이것은 '변화의 원리'가 적용되는 진보주의 교육과는 완전히 상반된다.

항존주의 교육철학은 고대 그리스의 이성관과 지식관을 그대로 이어받고 있다. 그들에 의하면 인간은 이성을 지니고 있는 존재이며 이성의 계발을 통해 인간다운 삶을 영위할 수 있다고 보았다. 항존주의 교육의 최대 목적은 이성의 계발에 있다. 이러한 이성의 계발은 영원불변하는 진리를 습득함으로써 계발된다. 영원불변하는 진리는 일시적인 가치나 시대에 따라 변하는 가치가 아니라 시대를 초월하여 변치 않는 진리를 말하는 데, 이러한 변치 않는 진리를 찾아내는 노력을 게을리하면 안 된다.

넬러G. F. Kneller가 말하는 항존주의 교육 원리는 다음과 같다.

첫째, 인간의 본성은 어디에서나 동일하기 때문에 교육은 모든 사람에게 동일해야 한다.
둘째, 이성은 인간이 지니는 최고의 속성이므로 교육은 인간의 이성을 계발하는 데 초점을 맞추어야 한다.
셋째, 교육의 임무는 일시적인 가치나 시류에 편승하는 것이 아니라 영원한 진리를 추구하는 데 있다.
넷째, 교육은 생활의 모방이 아니라 생활의 준비가 되어야 한다.
다섯째, 학생들은 우주의 영원성을 접하게 하는 기본적인 교과를 배워야 한다.
여섯째, 학생들은 오랜 세월에 걸쳐서 축적된 열망과 업적이 담긴 '위대한 저서The Great Books'를 읽어야 한다. 여기에서 말하는 '위대한 저서'는 인류의 문화유산과 정신이 담긴 고전을 읽어야 한다는 말이다.

항존주의를 대표하는 학자 중 한 사람인 허친스는 학생들이 쉽게 접하고 읽을 수 있는 시집이나 소설 및 에세이집보다는 고대로부터 전해 내려오는 지성들의 저서를 망라한 고전 명저인 역사서나 사상집 등 고전위대한 저서-The Great Books을 읽어야 하며, 이러한 고전 읽기를 통해서만이 내 인생을 바꿀 수 있다는 것이다.

항존주의는 산업혁명과 더불어 과학의 급속한 발달의 영향으로 절대적 가치를 상실하고 방황하는 시대 상황 속에서 정신적 가치의 우월성과 절대적 가치를 중시하면서 삶의 지표를 명확하게 제시했음에도 불구하고 지나치게 이상적이고 현실을 무시했다는 점에서 비판을 받았다. 항존주의에 대한 비판점은 다음과 같다.

첫째, 항존주의는 지나치게 귀족주의적 · 주지주의적인 경향을 띤다.
둘째, 항존주의는 교육을 위대한 고전들에 한정함으로써 현실의 학문을 무시하고 고전의 지식을 영원한 것으로 만든다는 점에서 현실을 무시한다.
셋째, 항존주의는 비민주적이다. 민주주의는 개인의 개성을 존중하고 다양한 개인의 가치를 존중하며, 인정하는 데 반하여 항존주의는 유일하고 절대적인 가치를 높이 평가하는 바람에 민주주의 기본이념을 위협할 수 있다는 것이다.

(4) 재건주의(reconstructionism, 개조주의, 문화재건주의)

재건주의는 브라멜드T. Brameld에 의해 제창되었고, 기존의 진보주의 · 본질주의 · 항존주의 교육철학의 비판에서 시작되며, 현대의 문화적 위기를 극복해야 한다고 주장하였다. 재건주의와 다른 교육철학과의 차이점은 미국의 문화 또는 세계의 문화는 현재 심각한 위기에 직면해 있고, 또 종래의 교육으로는 이 위기를 극복할 수 없다는 두 가지 위기를 전제로 하고 있다는 점이다. 특히, 재건주의가 주목받고 있는 점은 스푸트닉 쇼크 이후 미국 교육이 근본적으로 재검토 되고 비판받는 과정에서 새로운 교육철학으로 세계적인 이목을 집중시킨 바 있다. 재건주의는 인류는 심각한 문화적 위기 상태에 있다고 규정하는 교육철학이다. 따라서 재건주의는 위기를 전제로 하고 있으며, 이러한 위기를 극복할 수 있는 미래를 위한 청사진, 즉 마스터 플랜을 교육을 통하여 제시해야 하고 또 교육을 통하여 극복해 나가야 한다고 말한다.

재건주의 교육 철학자들은 발전이란 자연적으로 이루어지는 것이 아니라 인간이 어떤 목적을 성취하기 위해 계획하고 노력할 때에만 가능하다고 주장하고, 이러한 계획은 교육을 통해 실현 가능하다고 믿는다. 이들은 자신의 환경을 이해하고 통제할 수 있는 인간을 만드는 것이 교육의 목적이라고 본다.

넬러G. F. Kneller의 재건주의 교육이론을 요약하면 다음과 같다.

첫째, 교육의 가장 중요한 목적은 사회를 재구성하는 데 필요한 프로그램 제작에 있다.

둘째, 새로운 사회질서는 완전히 민주적인 것이어야 한다.

셋째, 교사는 재건주의 사상의 타당성과 긴급성을 민주적 방법으로 학생들에게 설득시켜야 하고, 교육자들은 맡은 과업을 열심히 수행해야 한다.

넷째, 교육의 목적과 방법은 행동 과학에 의해 발견된 연구 성과에 따라 재구성되어야 한다.

다섯째, 학생 · 학교 · 교육은 크게는 사회적 · 문화적 힘으로 재구성되어야 한다.

재건주의는 사회 문화적 위기 시대의 교육은 학습자와 일반 대중들에게 문화변화 및 사회변화에 대한 시대적 요구와 긴급성을 일깨우고, 교육을 통한 새로운 사회질서의 정립과 문화개혁에 대한 확신을 심어 줄 수 있어야 한다고 보았다. 그러나 재건주의 교육철학은 위기에 처한 사회현실에 대한 기본적인 문제의식을 밝히는 데에는 성공했다고 하더라도 교육 실제에는 크게 영향을 끼치지 못하였으며, 오히려 사회 전체를 일시에 개혁하려는 시도는 공상적인 사회개조 이론이라는 평을 면하기는 어렵다.

재건주의 비판점을 살펴보면 다음과 같다.

첫째, 재건주의는 교육의 힘을 지나치게 과신하고 있다는 점이다. 언급한 바와 같이 재건주의는 현대문명이 처한 위기를 교육을 통하여 해결해 나가야 한다고 생각하고 있다. 교육이 사회 변화를 주도해 나가던 시대는 이미 지난 것 같다는 생각이 든다. 사회 변화의 속도가 워낙 빠르고 다양하기 때문에 교육을 통하여 사회 변화를 주도해 나간다는 것은 무리가 있다.

둘째, 재건주의는 미래 사회를 어떤 가치관에 입각해서 세울 것인가에 대한 구체적인 논의가 결여되어 있다.

2. 20세기 후기의 교육철학

(1) 분석철학(analytic Philosophy : 논리적 실증주의, 언어분석주의, 논리적 실험주의)

분석철학은 20세기의 대표적인 교육철학으로 영미 교육철학계의 주도적 흐름을 장악하기 시작하여 1960년대에 전성기를 누리다가 1980년대에 퇴조한 교육철학 사조이다. 1960년대 영국과 미국을 중심으로 기존의 형이상학적 가정을 사변적 · 종합적으로 탐구하는 교육철학의 방법을 비판하고 교육철학을 객관적인 체계를 갖춘 독립적인 학문으로 발전시키려고 하였다. 분석철학은 쉽게 말하면 우리가 일상 사용하는 용어나 개념의 모호성을 제거하기 위하여 사용하는 언어의 분석, 즉 언어의 논리적 구조를 명확하게 밝히고 그 뜻을 분명하게 하는 작업을 중시하였다. 분석이란 개념은 학자마다 조금씩 견해를 달리하는데, 복잡한 것들의 궁극적인 구성 요소를 밝혀 내는 것을 분석이라고 하기도 하고, 개념이나 명제를 명료하게 하거나 정의를 내리는 것을 분석이라고 하기도 한다.

실존주의와 더불어 20세기 철학의 새로운 조류를 이룬 분석철학이 대두하게 된 배경에는 철학의 본질에 관한 반성에서 찾을 수 있고, 또 다른 이유는 형이상학을 배제한 논리나 검증을 '철학 하는 방법'으로 규정하려는 움직임에서 찾을 수 있다. 이렇게 형성된 분석철학의 일반적인 경향은 논리실증주의와 일상 언어학파로 크게 나누어 볼 수 있다.

논리실증주의는 논리적 분석 방법을 사용하여 의미 있는 명제가 어떤 명제인가에 대한 검증 가능성의 기준을 제시하는 것이다. 일상 언어학파를 대표하는 학자로는 비트겐슈타인L. Wittgenstein을 들 수 있으며, 우리가 일상 사용하는 언어를 그대로 관찰하고 분석함으로써 그 의미를 분석하는 것을 의미한다. 그리고 이것을 통하여 그 언어를 사용하는 사람들의 삶을 이해하게 된다고 한다.

분석적 교육철학의 교육 목적은 교육에 관련된 제반 지식 · 개념 · 명제의 의미를 명료화하는 것으로 교육에 있어서 중요한 언어나 개념을 분석하고 모호함과 혼란을 없애기 위하여 언어와 개념의 의미를 명료화하여 교육 현상에 대한 참다운 이해를 도우려고 하였다. 교육 내용에 관련된 여러 가지 지식과 개념 및 명제와 용어 등은 모두 분석의 대상으로 삼는다. 이들의 교육 방법은 논리적인 탐구 과정으로 논리적 실증적 방법, 논리적 실험주의, 언어 분석주의를 활용한다.

이처럼 분석철학은 '교육에 사용되는 여러 개념의 의미를 명확하게 하는 일'과 '교육과 관련된 이론과 주장의 정당성을 밝히는 일' 및 '교육과 관련된 이론의 성격을 명확하게 하는 일' 등을 하며, 대표적인 학자로는 러셀R. Russell, 피터스R. S. Peters, 비트겐슈타인L. Wittgenstein 등을 들 수 있다.

분석철학 교육은 '교육', '훈련', '교수', '학습', '문화', '커리큘럼', '자유', '가치', '도덕' 등과 같은 교육적 개념의 의미를 명료하게 분석해 주었다는 것에 의의가 있다. 그리고 교육 현장에서 모호하게 사용되는 제반 용어들을 정확하게 분석함으로써 철학과 교육의 과학화 · 전문화 · 체계화에 기여했다. 또한, 교사들이 사용하는 언어의 중요성을 부각시키는 데 중요한 공헌을 했다. 그 반면에 학생의 세계관이나 윤리관 확립에 많은 도움을 주지 못했다는 한계점을 보여주고 있다.

교육철학의 규범적 · 사변적 기능교육관, 교육 목적 수립 등을 경시하고 종합적 기능이 없는 철학적 분석은 맹목적일 뿐만 아니라 무책임하며 인간의 정의적 측면의 의의를 긍정적으로 수용하지 못하기 때문이다. 언어의 의미나 논리의 규칙은 언어를 사용하는 사람들의 사회적 · 시대적 · 문화적 상황에 따라 달라질 수밖에 없으며 언어의 의미 분석 작업은 결과적으로 가치 중립적일 수가 없다는 점에서 비판을 받는다.

이러한 비난과 비판에도 불구하고 분석적 교육철학이 교육적 담론을 명료화하여 교육적 의미 체계를 구성하는 이론과 용어 및 진술 개념들로 구성된 하나의 학문적 지식 체계를 형성함으로써 교육철학의 학문적 기초를 닦았다는 것은 부인할 수 없다. 그리하여 오늘날 분석적 접근 방법은 교육 철학자들에게 여전히 교육 철학을 하는 기본적인 방법론으로서 '비판적 사고'에 대한 이론, 교수에 관한 이론, 아동 중심 교육에 관한 이론, 사회정치적 이론 등 교육적 이론의 수립을 위한 방법으로 광범위하게 동원되고 있다.

(2) 실존주의(existentialism)

실존주의는 19세기 합리주의적인 관념론과 실증주의를 비판하면서 시작된 것으로 20세기의 두 차례 세계대전과 경기침체 및 현대 산업사회의 과학 문명 발달 등으로 인간성 소외현상을 비판하면서 등장하였다. 전쟁을 겪으면서 모든 질서와 권위 및 가치 등은 모두 의심스러워졌다. 이러한 상황은 사람들을 불안하게 만들었고, 그들은 확고하면서도 절대적인 어떤 것이 필요했다. 사람들은 오로지 자기 자신의 내면적인 곳으로 돌아감으로써 거기서 마지막 위안을 삼으려고 했으며, 이러한 인간의 가장 내면적인 핵심을 '실존Existence'이라는 개념으로 표현하였다.

이들은 죽음에 대한 불인과 인간의 취약성을 경험하면서 절망적인 허무주의를 극복하고 인간의 주체성을 회복하는 인간존재에 관한 철학을 추구했다. 실존주의 전까지만 해도 철학의 관심이 외적 세계였음에 반해, 실존주의는 내적 세계, 즉 인간 자신에게 집중하여 인간의 의식을 탐구하는 현상학phenomenology과 성서 및 고전 등을 이해하고 해석하는 주체인 인간을 중시하는 해석학hermeneutics을 학문적 바탕으로 하였다.

실존과 현존재의 개념은 우리가 흔히 명확하게 구분하지 않고 사용하는 경우가 많은데, 실존과 현존재는 엄연히 구분되는 개념이다. 흔히들 실존은 실제로 있는 모습이라고 생각하기 쉬우나 실존은 우리 눈앞에 실제로 존재하는 모습이 아니고 그것은 현존재라는 의미이다. 예를 들면, 이상적인 배우자상으로 드는 조건을 우선순위로 꼽으라면 외모를 기준으로 키가 몇 센티미터 이상이고 인물은 어떤 연예인을 기준으로 해서 그 정도 수준이며 또 어떤 조건 등을 내세우는 경우가 많다. 그러나 이러한 것들은 모두 현존재라는 것이다. 그 대신에 실존은 그 사람만이 가지고 있는 고유한 것, 다시 말하면 인간성이나 따뜻한 마음씨 등을 실존이라고 한다.

실존주의는 진정한 나를 갈망하며 인간 자신의 내적 세계를 탐색하는 인간 실존의 철학이며, 자신의 주체적 자각 · 결단 · 실천을 강조하는 철학 사상가는 20세기 후반기의 철학자 키에르케고르S. Kierkeggard, 야스퍼스K. Jaspers, 샤르트르J. P. Sarttre, 하이데거M. Heiderrer 등이 있으며, 교육 철학자는 메를로 퐁티M. Ponty, 부버M. Buber, 볼노프O. F. Bollnow 등이 있다.

실존주의 교육 이론은 1970년대 전성기인 인간 중심의 교육과정으로 교육의 목적은 인간의 참 존재인 실존 의미를 자각시키는 것이며, 자신의 주체적인 삶을 영위해 나가는 자아실현을 추구한다. 인간은 자아 주체적으로 의사결정을 하고 발견에 의미를 부여하며, 해석적 관점에서 자신의 운명을 스스로 선택하고, 그 선택에 대하여 책임을 질 수 있는 존재로 본다. 지식은 그것이 아무리 가치 있는 것이라고 하더라도 학습자의 주체적인 결단과 추구를 통하여 내면으로 자리 잡을 때 의미를 지닐 수 있다. 따라서 학습자가 무엇을 말할 수 있느냐보다는 자신이 말하는 바대로 사고하고 행동하는 진정한 존재로 거듭날 수 있느냐가 중요하다고 여긴다.

교육 내용은 실증적이고 객관적인, 실용적 교과보다 인간의 존재 의미를 지각시키는 데 필요한 문학 · 역사 · 철학 · 예술 등의 교과 과목을 중시하고, 자아인지를 위한 교과와 인간성 회복에 관련된 인격 교육과 도덕 교육을 강조한다.

교육 방법은 학습자 스스로 선택과 결정을 존중하되, 선택에 대하여 책임을 지게 한다. 사회에 적합한 교육을 비판하면서 학습자 스스로 개인의 독자적인 삶을 선택하고 책임을 지는 자유를 존중한다. 따라서 관념적인 지식 위주 교육을 비판하고 스스로 각성하여 자아를 발견하는 것을 돕는다. 그러므로 실존주의자들이 생각하는 진정한 의미의 교사 역할은 학습자와의 끊임없는 대화를 통해 학생 자신의 정체감을 확인시켜 주고, 자신의 성취 수준을 스스로 설정할 수 있도록 도와 주는 역할이라고 했다. 그러므로 학습자들에게 자신의 일을 자신이 할 수 있도록 자유로운 분위기를 만들어 주는 것이 중요하다고 주장한다.

(3) 포스트모더니즘(post-modernism, 탈구조주의, 해체주의, 초현대주의)

포스트모더니즘은 1950년대 초기 역사학자인 토인비A. J. Toynbee가 처음 사용한 이래 철학 · 예술 · 과학 · 문화 · 교육 등 여러 분야에서 폭넓게 사용되고 있으며, 20세기 산업사회의 지배적인 문화 논리를 이루었던 모더니즘modernism을 초월 또는 극복하여 21세기 새로운 문화 논리로 등장한 철학 사상이다. 포스트모더니즘은 상반되는 두 가지 속성을 가지고 있는데, 하나는 인간의 해방을 추구한다는 특성에서 볼 때 유토피아적 인본주의 속성을 가지고 있고, 다른 하나는 상업적인 보수주의 속성을 가지고 있다.

후자는 대중에게 사회 모순의 총체적 인식 또는 사회개혁에 대한 의지를 형성하는 것을 가로막는 대신 어떤 것이든 좋다는 상대주의의 속성과 상품 소비가 주는 일회적 행복감을 즐기게 한다는 특성으로 볼 때의 속성이다. 또한, 포스트모더니즘은 근대 사상을 비판하고 극복하고자 하면서도 근대주의의 일부 특성을 계승하고 있다.

모더니즘의 교육 목적은 깊이 있고 폭 넓은 지식을 갖춘 이성적 인간과 자아실현 및 자아통합의 원리를 통해 인간 형성을 실현하고자 하는 주체적 자아인을 강조하지만, 포스트 모더니즘의 교육 목적은 상황에 따라 자아를 새롭게 창조해 갈 수 있는 열린 자아와 창조적인 자아인을 중시하는 것이다. 교육 내용은 모더니즘 시대에서 요구했던 문화 · 진리 · 가치 있는 신념 · 명제적 지식 · 닫힌 교과관 · 활자 중심을 벗어나서 모든 종류의 지식과 경험 · 열린 교과관으로 교육 과정에 도움이 되는 모든 것 · 영상매체 중심 · 탈학문적 통합의 중핵형 교과 과정을 중시한다.

포스트모더니즘은 사상 및 이론화의 방법일 뿐만 아니라 실천화의 방법이기도 하여 다양한 분야에서 널리 연구되고 있다. 하지만 교육학 영역에서는 비판교육학 및 페미니스트 교육학의 영역을 제외하고는 포스트모더니즘의 추세에 뒤쳐져 있다. 미래 사회를 포스트모더니즘의 관점에서 철학으로 규정지으려 하는 마당에 있어서 교육학 각 분야에서도 포스트모더니즘의 교육적 수용 문제를 적극적으로 검토하여야 한다. 사회의 급속한 변화와 청소년 의식구조 변화 속에서 교육도 능동적으로 대처야 나가야 하기에 기존의 교육 방식만으로는 한계가 있으므로 새로운 교육 방식의 개발이 불가피하다.

포스트모더니즘은 전통적인 교육관을 비판하고 이를 해체하려는 논리를 전개한다는 점에서 낭만주의와 맥을 같이 하고 있으며, 포스트모더니즘을 주장하는 학자들의 사상을 요약해 보면 다음과 같다.

첫째, 포스트모더니즘은 전통적인 교육 방법에 대한 전환을 요구하고 있는데, 전통적인 교육 방법이란 지식의 일방적인 전달과 주입이라고 할 수 있다. 이러한 교육 방법은 결과적으로 보면 학생들의 사고와 행동을 무비판적으로 만들고 수동적이고, 경직된 것으로 만들어 버려서 자유롭고 창의적인 사고를 할 수 있는 틀을 만들어 주지 못한다는 것이다. 교육은 교사와 학생, 학생과 학생 간의 대화와 토론을 통한 상호 작용 안에서 새로운 가치를 추구해 가는 동반자적 관계가 중요하다고 주장한다. 이처럼 포스트모더니즘에서는 대화와 토론 및 협력학습협동학습을 중시한다. 또 교육에서 탐구학습, 멀티미디어 학습, 실험 및 실습, 창의적 문제 해결 학습 등의 학습 방법이 촉진된다.

둘째, 포스트모더니즘은 학교에서 가르치고 있는 지식에 대한 전통적인 관점을 전환할 것을 요구하는 데, 전통적으로 교육이 포함하는 지식은 객관적이고 명확한 것으로 인식되었기 때문에 교육이 추구하는 가치는 절대적이거나 보편적으로 인식되었지만, 포스트모더니즘은 그러한 지식관과 가치관을 거부한다. 즉, 보편 타당한 것으로 여겨진 교과 지식의 성격을 전반적으로 재검토하고 재인식할 필요가 있음을 시사하고 있다.

셋째, 포스트모더니즘은 학생 중심의 교육을 강조하고 열린 교육환경을 제공한다. 포스트모던 사회에서는 빠르게 변화하는 청소년들을 받아들이고 학생 개개인의 고유한 특수성과 독립성, 그리고 그들만의 고유한 문화 등을 인정하면서 지식 중심의 교육환경 속에서 다양한 감성 중심의 교육을 강조하고 있다.

넷째, 포스트모더니즘은 기존의 교육 과정을 비판하고 다양한 관심과 가치를 존중할 수 있는 교육 과정을 강조하고 있다. 학교의 교육 과정은 단일의 보편적인 지식과 가치를 전달하는 것이 아니라 다양한 관심과 가치를 존중할 수 있어야 하고 또 이것을 반영할 수 있어야 한다고 보는 것이다.

포스트모더니즘 철학의 대표적인 학자로는 라깡J. Lacan, 리오타르J. F. Lyotard, 데리다 J. Derrida, 푸코M. Foucault가 있다. 푸코는 『지식-권력』이라는 저서에서 지식과 권력은 뗄래야 뗄 수 없는 복합체이고, 지식과 권력은 상호 의존적이라고 보았다. 말하자면, 인간에 대한 앎과 인간을 내리누르는 힘, 즉 권력에 특별한 관심을 가지고, 국가의 거대한 권력뿐만 아니라 단위 권력 등을 포괄하는 권력의 횡포와 지식의 공범 관계를 파헤쳤다.

이러한 지식- 권력의 교육 속에서 권력은 복속되고 사용 가능하며 변화될 수 있고 향상될 수 있는 길들여진 몸을 창조하기 위해 우리의 몸을 끊임없이 분석하고 조성한다는 것이다. 이처럼 길들여진 몸을 창조하는 여러 다양한 기법과 전술을 통틀어서 푸코는 훈육규율이라고 하였으며, 훈육이 효과적으로 행사되기 위해서는 관찰감시이라는 수단으로 억압하는 기제를 필요로 한다.

(4) 비판 이론(critical theory)

비판 이론은 헤겔G. W. F. Hegel과 마르크스K. Marx 이론의 영향을 받은 것으로, 1914년 독일의 프랑크푸르트 대학 사회연구소를 중심으로 형성된 프랑크푸르트 학파에 의해 시작되었다. 비판 이론은 목적을 달성하기 위해 수단과 방법을 가리지 않고 비합리적인 이데올로기에 의해 왜곡된 사회 구조가 지배하는 현대 사회의 모순을 비판하면서, 자율적이고 의식화된 인간을 길러서 정의로운 사회 건설을 통한 인간 해방을 중시한다. 즉, 개인보다도 현대 사회의 모순을 비판하면서 이러한 인간을 구속하고 있는 모든 억압으로부터 인간을 해방하고 인간의 소외현상을 극복하여 인간성을 회복하고자 한다.

초기에는 호르크하이머M. Horkheimer와 아도르노T. W. Adorno, 그리고 마르쿠제H. Marcuse 등이 주축이 되어 연구 활동을 전개하였으며, 1970년대에 이르러 프레이리P. Freire와 애플M. Apple 및 하버마스J. Habermas에 의해 이론적으로 집대성되었다.

비판 이론의 기본 입장은 다음과 같다.

첫째, 비판 이론은 20세기 자본주의 사회 문화와 이데올로기를 비판적으로 검토하고, 비합리적인 이데올로기에 의해 왜곡된 사회 구조와 인간 정신의 해방을 학문의 기본적인 목적으로 삼는다.

둘째, 비판 이론은 인간의 의식이나 지식이 사회적 · 경제적 · 정치적 제약하에서 형성된다는 인식에 기초하고 있다. 그래서 인간의 자유로운 의식의 형성을 억압하고 왜곡하는 요인들을 분석하고 비판하고자 한다.

셋째, 인간과 사회의 해방을 목표로 하는 데 인간의 의식을 제약하는 요인에 대한 분석과 비판을 통해 사회적 억압이나 지배로부터 벗어나서 자유롭고 합리적인 인간과 사회를 형성하고자 한다.

비판적 교육철학이 현재의 교육에 대한 관점은 다음과 같다.

첫째, 교육이 사회적 · 경제적 · 정치적 제약과 억압 속에서 이루어지고 있다는 인식에서 출발한다.

둘째, 교육이 이러한 억압 구조 속에서 그릇된 신념과 지식, 즉 이데올로기를 전달하여 지배계층에 유리한 사회 구조를 재생산하고 있다고 본다.

셋째, 교육이 지배계급의 이데올로기를 주입함으로써 획일적이고, 몰개성적인 인간들을 만들어 내고 있다고 비판한다.

비판적 교육철학에서는 교육과정의 이데올로기성을 강조하면서 학교가 이데올로기 주입을 통해 사회적 불평등을 재생산한다고 보며, 교육과정이 지배계급의 이데올로기를 담고 있음을 비판한다. 교육과정을 통해 그릇된 이데올로기가 주입됨으로써 아동의 주체적이고 자유로운 사고가 억압된다는 것이다. 교육개혁의 방향으로 교육은 그릇된 이데올로기와 체제로부터 인간과 사회를 해방시킬 수 있어야 하고, 현재의 교육과 사회에 대한 비판을 통해 자율적이고 성숙한 인간을 길러내야 한다. 따라서 정치 교육이나 여성해방 교육과 같은 의식화 교육이 중요하다.

비판적 교육이론은 1970년대 이후 프레이리P. Freire와 애플M. Apple 및 바우어C.A. Bowers와 지로H.A. Giroux 등과 같은 교육학자들에 의해 활발하게 전개되고 있으며, 비판이론은 자본주의 사회에 있어 학교가 사회적 불평등과 비인간화에 기여한다고 보고, 그 극복을 위한 방안을 제시하고자 노력하고 있다. 비판 이론은 학교의 교육과정 이데올로기성을 지적하여 교육 과정을 재개념화하고자 하는 흐름, 즉 교육 과정 재개념주의교육과정 사회학의 한 줄기를 이루고 있다.

(5) 신자유주의(new liberalism)

신자유주의는 2차 세계 대전 이후 복지국가에서 나타나는 국가의 실패를 비판하면서 1970년대 이후 대부분의 선진국에서 부활한 자유주의 정책들과 사상 및 이론을 의미한다. 고전 경제학자인 케인즈J.Keynes가 제안한 수정자본 주의를 비판하고 국가의 시장 간섭을 배제하여 시장 근본주의, 원시 자본주의, 시장경쟁원리를 통해 개인을 발전시키면

경제와 사회발전을 부활시킬 수 있다는 사상이 바로 신자유주의이다. 즉, 신자유주의는 국가의 시장에 대한 과도한 개입이 위기를 초래했고, 관료제의 비효율이 국가경쟁력을 저하시킨 원인이라고 보면서 시장 메커니즘을 적용하여 공교육의 틀 자체를 변화시키고 비용과 편익의 효율성을 극대화해야 한다고 말한다. 우리나라의 경우에는 문민정부가 1995년 5월 31일 교육개혁을 발표하면서 제6차 교육과정인 지방분권 교육과정에서부터 신자유주의 사상이 교육의 기저를 차지하게 되었다.

신자유주의는 국가경쟁력 강화를 위해 교육개혁정책에서 시장의 논리에 따른 선택과 자율이라는 개념을 강조한 것으로, 이러한 사고 체계에서 자율, 경쟁, 선택 등의 가치를 중시한다. 따라서 지나친 규제와 통제를 완화하고 교육소비자들의 다양한 요구를 수용하자는 주장을 한다. 완전한 자유경쟁의 논리를 적용하면 단위 학교의 책무성과 자율성을 강화할 수 있고, 학교 간의 경쟁을 통해 교육의 질을 향상시킬 수 있다. 그러므로 교육소비자에게 교육선택권을 부여하여 그들의 필요에 맞는 교육을 제안한다.

신자유주의 주장의 근거는 교육 관료조직의 규제와 통제에 의해 학교의 자율성이 저해되면 학교 간의 경쟁이 없어지게 되고, 그에 따라 교육의 질을 제고하기 위한 단위 학교의 노력이 부족해진다는 것이다. 이로 인해 교육소비자인 학생의 필요와 무관하게 교육 공급자인 학교에 의해 획일적인 교육 서비스가 제공된다.

따라서 교육 내용은 공급자 중심의 획일성을 비판하면서 수요자 중심주의 내용을 강조한다. 자율적으로 선택하는 소비자가 선호하는 교육 프로그램을 주로 반영하며, 지방분권 교육과정과 학교 중심의 교육과정을 중시하고 교육의 다양성을 존중한다. 교육은 공급자 중심에서 수요자 중심으로 전환되면서 통제보다는 자유, 공동체와 협력보다는 경쟁, 교육의 수요자의 선택, 효율성, 교육의 수월성, 교육의 유연성, 반응, 의사소통, 학부모와 소비자의 힘 등을 매우 중시한다.

신자유주의 교육 개혁 논리의 긍정적 측면은 자율성과 다양성 확대를 존중한다는 점이다.

첫째, 시장 경쟁 논리를 적용하면 학교 현장의 나태한 모습들이 경쟁을 통해 개혁된다.
둘째, 학교운영위원회의 활동을 통해 교육 문제를 보다 직접적으로 풀어 나갈 수 있다.
셋째, 학교 배정을 완전히 자유로운 선택으로 하여 가고 싶은 학교에 다닐 수 있다.
넷째, 대학의 경우 정원이 자율화되고, 다양한 편입학제도가 생긴다면 입시 경쟁에서 벗어날 수 있다.

다섯째, 타율적이고 경직된 교육제도를 자율적이고 탄력성 있는 교육제도로 바꾸어 놓을 수 있다.

신자유주의 교육개혁 논리의 비판점은 교육적 관계를 공급자와 수요자로 상품화하게 됨에 따라 생겨나는 여러 문제가 있다.

첫째, 학교 교육의 상품 논리나 교육의 본질적 속성인 민주적 공동체의 형성역할이 소홀하게 되며, 국가의 조정에 의해서 가능했던 평등의 가치가 훼손될 염려가 있다.

둘째, 시장 경쟁원리-학교 경쟁원리-당근과 채찍을 쓰는 교육정책은 교육의 질을 제고하는 데 기여하지 못한다.

셋째, 선택의 기회를 더 많이 주면 교육소비자의 필요가 충족될 수 있다는 논리에 문제가 있다. 즉, 교육소비자의 요구는 상급 학교 진학에 유리한 교육을 원하게 되고 학교는 창의성 교육이나 인성 교육보다는 입시를 위한 교육으로 몰리게 된다.

최근의 교육 철학자들은 강압적이며 일방적인 서구 중심의 세계화 경향에 반한 국지주의와 다문화중심주의, 남성중심주의에 반한 페미니즘, 신실용주의, 해석학적 접근, 후기 구조주의, 후기 실증주의 등 다양한 철학적 접근을 시도하고 있다. 이는 오늘날의 교육 철학자들이 접근하는 방법보다는 대상과 맥락 및 목적에 따라 다양한 철학적 접근 방법을 동원하여 비판적인 탐구 활동에 참여한다는 것을 의미한다.

〈연구 문제〉

1. 우리가 인생을 살아갈 때 자신의 철학이 필요하다고 한다. 그 이유는 무엇일까?
2. 교육철학의 네 가지 기능을 설명해 보자.
3. 현대의 교육철학 중에서 자신이 가장 공감하는 교육사조는 무엇이며 그 이유를 설명하고 다른 사람들과 의견을 나누어 보며 어떻게 다른지를 비교해 보자.
4. 실존과 현존재를 구분하고 나는 사람들을 대할 때 어떤 관점으로 사람을 대하여야 하며 그 이유는 무엇인지 알아보자.

Chapter 4 교육심리

1. 교육심리학의 개념
2. 인간의 이해
3. 발달이론
4. 학습이론

Chapter
04.

교육심리

교육 목표

- 교육의 효율성 측면에서 교육심리학적 지식의 필요성과 가치에 대해 설명할 수 있다.
- 인지발달이론에 대해 이해하고 설명할 수 있다.
- 성격발달이론에 대해 이해하고 설명할 수 있다.
- 행동주의 학습이론에 대해 이해하고 설명할 수 있다.
- 인지주의 학습이론에 대해 이해하고 설명할 수 있다.

1. 교육심리학의 개념

다양한 교육 현상의 이해와 교육 문제를 해결하는 데 유용한 교육심리학은 기본적으로 교육학과 심리학의 이론과 연구를 기초로 형성되었다. 교육은 인간의 성장 가능성을 전제로 하여 인간다움의 가치를 가지는 방향으로 이끄는, 자기실현의 노력임과 동시에 개인에게 도움을 주는 행위로 교육학이란 근대 과학의 연구 방법을 사용하여 교육의 다양한 현상을 설명하고 연구함으로써 그 성과를 체계화한 하나의 과학 체계를 의미한다. 또한, 심리학은 인간의 행동을 기술 · 예언 · 설명 · 통제하려는 학문으로서 인간 행동의 원인과 표출 양식의 근본적인 이해에 도움을 주고 있다.

교육과 심리학은 공통적으로 인간 행동을 연구 대상으로 한다. 교육과 심리학의 차이에 대해 살펴본다.

첫째, 일반 심리학은 인간행동에 관한 보편적 원리와 법칙의 확립이라는 데에 그 주목적이 있는 반면, 교육은 특수한 상황에서 개개 학습자의 특성을 변화시키는 데에 그 목적이 있다.

둘째, 보편적 법칙을 확립하고자 하는 현대의 일반 심리학은 방법론적으로 정밀성과 경제성을 지향하고 있기 때문에 일관성만 있다면 행동의 작은 변화와 차이도 중요한 고려의 대상으로 하고 있다. 그러나 교육은 크고 의미 있는 변화와 차이에 관심이 있다.

셋째, 일반 심리학은 특수한 영역을 제외하면 가치중립적이며 기술적인 반면 교육은 가치지향적이라는 점이 심리학적 지식의 교육적 응용에 무리를 초래한다.

넷째, 과거에 심리학의 원리나 법칙들이 주로 통제된 실험실에서 확립된 반면에, 교육은 이에 비하면 상당히 자연상태에 가까운 교육에서 일어나는 과정이기 때문에 심리학의 지식을 교육의 장에 적용하는 데에 무리가 있다.

이상의 내용들을 종합해 보면 교육심리학이란 '교육의 목표를 효과적으로 달성하기 위해 교육의 과정process에 관련된 현상을 연구 대상으로 하여 필요한 이론과 실천적 방법을 연구하는 학문'이다. 다양한 영역에 대한 관심으로 시작된 교육심리학은 폭넓은 이론과 연구를 체계적으로 발전시키면서 독자적인 학문 분야로서의 영역을 형성해 왔다. 이러한 노력으로 얻게 된 지식을 이용하여 교육 현상을 이해하고 설명하며 적용함으로써 교육의 효과를 극대화하려는 학문이 바로 교육심리학이다.

2. 인간의 이해

1. 인간의 본성

인간 본성에 관한 견해는 크게 성선설, 성악설, 백지설로 크게 구분할 수 있다.

(1) 성선설

인간의 본성을 선하게 보는 견해로 중국의 맹자孟子에 의하면 인간은 누구나 각자의 성선을 토대로 착한 행동을 해 나가면 누구나 성인이 될 수 있다.

(2) 성악설

성선설과 대비되는 것으로 인간의 본성이 악하다는 견해이며 인간은 태어날 때 도덕적으로 악한 충동을 지니고 있으며, 본질적으로 죄악스러운 존재이다. 따라서 교육을 통해 악한 본성을 선하게 교정해야 한다고 본다.

(3) 백지설

경험론자 로크J. Rocke에 의하면 인간은 성선도 성악도 아닌 선악평가 이전의 상태, 즉 백지tabula rasa라고 설명하였다. 인간은 출생시에 본능이라는 것을 가지고 있지 않고 환경의 자극을 수동적으로 받아들일 수 있는 태세만 갖추고 있다는 것이다.

2. 발달의 개념

성장과 발달은 일생 동안 일어나는 여러 가지 변화의 총합을 표현하는 용어이다. 엄밀히 말하면 다분히 다른 의미를 가지고 있으나, 흔히 상호 교환적으로 사용되며 두 개념이 상호 의존적이고 밀접한 관계가 있다. 성장, 성숙, 발달에 대한 일반적인 개념 정의를 살펴보면 다음과 같다.

- **성장**growth은 양적 변화를 의미하며, 세포가 분열하고 새 단백질을 합성할 때 일어난다.
- **성숙**maturation은 나이를 먹거나 능력과 적응성이 증가되는 것으로 질적인 변화를 가져오게 된다.
- **발달**development은 점진적인 성장과 확장이며, 낮은 단계에서 더 복잡한 단계로 나아가는 변화이다. 발달은 기능과 능력의 점진적인 증가로서 성장과 성숙, 그리고 학습을 통해 성취된다.

3. 발달의 특성

(1) 개인차

개개인은 그 자신의 독특성을 갖고 성장한다. 어느 발달 시점에 도달하는 연령은 개인에 따라 큰 차이를 보인다. 발달 속도뿐만 아니라 발달 유형에도 개인차가 있으며, 남녀의 성별에도 차이가 있다.

(2) 결정적 시기

성장 과정에는 신체 기관이 특정 방식으로 특별한 환경과 상호 작용하는 한정된 시기가 있는데, 이 시기를 결정적 시기critical period나 민감기sensitive period 혹은 최적기optimal period라고 한다. 그러나 만약 이 시기에 적절한 환경적 자극이 주어지지 않으면 특정한 행동이 발달되지 않거나 결손이 생기게 되며, 심한 경우에는 영구적인 결함과 기능 장애를 일으킬 수 있다.

(3) 발달의 연속성

신체의 성장은 개체의 내적 충동에 의한 연속적 과정으로 앞 단계의 변화를 기초로 다음 단계의 변화가 이루어지는 연속적 관계를 갖게 된다. 그러나 이러한 발달 단계는 속도가 항상 일정하지는 않다.

(4) 발달의 속도

발달에는 고정되고 정확한 순서가 있지만 같은 비율이나 속도로 진행되지는 않는다. 성장의 속도는 상승할 때도 있고 감소할 때도 있다. 출생 전후의 빠른 성장률은 아동 초기 동안 점차적으로 안정되고 아동 중기에는 비교적 느리다. 그러나 청년 초기에는 현저히 증가한다. 아동마다 개별적인 성장 속도가 있으므로 발달상에서 개인차를 중시해야 한다.

(5) 순서와 방향성

인간 발달은 일정한 방향이 있다. 머리의 발달이 먼저 진행되며, 팔이 다리보다 먼저 발달한다. 따라서 중추신경에서 말초신경으로 발달하고, 전체 운동대근육에서 특수 근육소근육으로 발달한다.

(6) 상호 관련성

연령이 증가함에 따라 나타나는 변화는 유전과 환경의 상호 관련성이 있다.

3. 발달 이론

1. 피아제의 인지발달 이론

1896년 스위스에서 태어난 피아제J. Piaget는 심리학 역사상 가장 영향력 있는 발달 심리학자이다. 그는 생물학 박사 학위를 취득한 후 심리학에 점차 더 흥미를 느끼게 됐고, 자신의 세 자녀를 대상으로 한 관찰 결과를 기초로 하여 그의 초기 이론을 수립하였다.

피아제는 생물학적 원리와 방법을 인간발달 연구에 적용하고자 하였으므로, 심리학에 도입한 다양한 용어들은 생물학에서 온 것이 많다.

(1) 인지발달의 과정

인간은 환경과의 끊임없는 상호 작용을 통해서 외부세계와 자기 자신 및 자신과 외부세계의 관계에 관한 지식을 습득한다. 개인이 발달한다는 것은 자기 자신과 그들 주위에 있는 환경으로서의 세계를 인지 구조cognitive structure 속으로 조직하는 것이다. 피아제에 의하면 인지발달은 주위의 제반 환경과의 상호작용을 통한 적응adaptation 과정에 의해서 이루어지는데, 이러한 적응 과정은 동화assimilation와 조절accommodation이라는 두 가지 하위 과정에 의해 평형화equilibrium가 이루어지는 과정이고, 이는 인지 구조schema를 조직해 가는 원천이 된다.

동화는 자신이 이미 가지고 있는 도식 또는 인지 구조 속에 외부의 대상을 받아들이는 인지 과정이다. 이와는 대조적으로 조절은 자신이 가진 기존의 도식이나 구조가 새로운 대상을 동화하는 데 적합하지 않을 때 그 새로운 대상에 맞도록 이미 가지고 있는 도식이나 구조를 바꾸어 나가는 것이다.

(2) 인지발달의 단계

1) 감각운동기(sensory-motor stage, 0~2세)

2세가 될 때까지 아동은 주로 감각적인 인상과 운동 활동을 통하여 세상을 이해한다. 따라서 피아제는 이 단계를 감각운동기라고 하였다. 이 단계의 4개월에서 8개월 사이에 인지발달의 중요 특징으로 대상영속성object permanence의 발달이 있다. 이 시기 이전에는 글자 그대로 'out of sight'는 'out of mind'이다. 유아는 시야를 떠난 대상은 마치 더 이상 존재하지 않는 것처럼 취급한다.

2) 전조작기(preoperational stage, 2~7세)

유아들은 신체적으로 조작할 수 있는 대상에 의해서만 세계를 이해하고, 배울 수 있었지만 전조작기가 되면 사물에 관해 사고하는 능력이 점차 발달하고 대상을 정신적으로 표상할 수 있는 상징을 사용할 수 있게 된다. 전조작기 동안에 아동의 언어와 개념은 놀라운 비율로 발달한다. 그러나 아직까지 그들의 사고는 미발달 상태로 남아 있다.

가장 잘 알려진 보존성 문제 중의 하나는 액체량 보존이다. 실험자는 조용한 방에 아동을 앉힌다. 실험자는 모양과 크기가 동일한 두 개의 유리 컵에 아동이 두 컵에 들어 있는 양이 같다고 할 때까지 주스를 붓는다. 그리고 두 개의 컵 중에서 하나의 컵에 들어 있는 물을 길고 좁은 컵에 붓는다. 그리고 실험자는 아동에게 "어느 컵의 주스가 더 많니?"라는 질문을 한다. 6세 이하의 아동은 짧고 넓은 컵보다 길고 좁은 컵에 물이 더 많다는 주장을 한다는 것을 발견하였다.

전조작기 아동이 보존성 문제의 해결에 어려움을 겪는 첫 번째 이유는 지각적 중심화 perceptual centration 때문이다. 지각적 중심화란 한 번에 대상의 한 가지 특징이나 문제 및 사건의 한 측면에만 주의를 기울이려는 경향성이다. 논리적 사고를 어렵게 하는 두 번째 이유는 비가역성 irreversibility 이다. 비가역성이란 유아가 정신적으로 길고 좁은 컵에 있는 주스를 짧고 넓은 컵으로 다시 붓지 못하는 것을 의미한다. 세 번째 방해물은 자기 중심성 egocentrism 이다. 자기 중심성이란 어린 아동이 다른 사람의 관점을 고려하는 것이 어렵다는 것을 의미한다.

3) 구체적 조작기(concrete operational stage, 7~11세)

구체적 조작기의 특징들을 살펴보면

첫째, 구체적 사물이나 대상을 활용하면서 논리적 사고를 하게 된다.

둘째, 자기중심적인 사고 및 언어로부터 사회화된 사고 및 언어로 발달함으로써 탈자기중심성이 성취된다.

셋째, 유목화 능력이 발달된다.

넷째, 미래의 가능성에 대한 사고는 대상에 대한 직접적인 구체적 경험이 없이는 일어나기 어렵다.

다섯째, 보존 개념이 획득되고, 가역적 사고가 가능하게 된다.

여섯째, 도덕적 상대주의의 관점에서 도덕적 사고와 판단을 할 수 있으며, 행위를 판단하는 데 있어서 결과보다는 동기를 중시한다.

4) 형식적 조작기(formal operation stage, 12세 이상)

형식적 조작기의 특징들을 살펴보면

첫째, 이 시기의 사고 체계는 고도의 평형 상태에 도달해 있으며, 융통성 있고 능동적이어서 복잡한 문제를 능률적으로 다룰 수 있게 된다.

둘째, 특정의 사물이나 현상이 내재해 있는 무수한 가능성을 상상할 수 있으며, 구체적 현실을 초월하여 사고를 진행시킬 수 있다.

셋째, 추상적인 것을 포함한 논리적인 사고가 가능하다. 문제 해결을 위하여 가설을 세워서 귀납적 추리를 할 수 있으며, 삼단논법syllogism과 같은 연역적인 추리를 할 수 있다.

넷째, 도덕적 상대주의와 자율적인 도덕성이 보다 발달한다.

다섯째, 사상의 인과관계를 제대로 파악할 수 있다.

2. 프로이트의 성격발달이론

프로이트S. Freud는 체코슬로바키아의 영토인 모라비아Moravia의 프라이베르크Freiberg에서 20세인 어머니와 40세인 아버지 사이의 장남으로 태어났다. 그는 어린 시절 생활이 어려웠던 관계로 이사를 자주 다녔다. 그는 대학에 가서 의학을 전공하게 되었는데, 26세부터 35세까지는 신경학에 관심을 기울였으며 자유연상법free association method을 통하여 히스테리 환자의 억압된 감정과 생각을 의식으로 떠올리도록 하는 방안을 창안했다.

프로이트는 정서적 어려움을 겪고 있는 자신의 환자들의 생활사를 분석하여 인간 발달에 대한 이론을 만들었다. 프로이트는 최면술과 자유연상, 그리고 꿈의 분석에 많이 의존하였다. 왜냐하면 그것들이 환자들을 억압해 온 무의식적 동기unconscious motives의 일부 징후를 나타내기 때문이다. 환자들의 억압repressed을 유발하는 동기와 사건들을 분석함으로써, 프로이트는 인간발달을 갈등적 과정이라고 결론지었다. 프로이트에 따르면, 생의 초기 몇 년 동안에 부모들이 성적 욕구instincts와 공격적 욕구를 다루는 방식이 아동들의 행동과 성격 형성에 중요한 역할을 한다고 했다.

(1) 성격의 세 구성 요소

프로이트의 심리성적 이론은 성격의 세 구성 요소-원초아, 자아, 초자아-가 발달하여 점차적으로 심리성적 발달의 5단계로 통합된다고 한다. 원초아id는 출생 시에 나타나는 것이다. 원초아의 단일 기능은 타고난 생물학적 본능을 충족시키는 것이며, 원초아는 즉각적으로 본능을 충족시키려고 시도할 것이다. 예를 들어, 배고프거나 기저귀가 젖었을 때, 영아들은 그들의 요구가 충족될 때까지 소리 내어 운다.

자아ego기능은 본능을 만족시킬 현실적인 수단을 찾는 것이다. 음식을 어떻게 얻었는지를 기억하고 있는 걸음마기 아기가 배고플 때 엄마를 찾으며 "맘마."라고 말할 때 자아가 기능하는 것이다.

초자아superego는 의식의 자리이다. 3세와 6세 사이에 아동들이 도덕적 가치와 부모들의 기준을 내면화자신의 것으로 취함함에 따라서 초자아가 생긴다. 일단 초자아가 생기면 아동들이 착한지 나쁜지 등에 대해 어른들이 말할 필요가 없다. 아동들은 이 시기에 위반 행위를 알고 있으며 자신들의 비도덕적인 행동에 대해서 죄의식과 부끄러움을 느낀다. 따라서 초자아는 자아로 하여금 현실적인 목표보다는 이상적인 목표로 향하게 하는 것이다.

원초적 자아는 기본적 요구를 말하고, 자아는 이러한 요구가 충족될 수 있는 현실적인 방법을 찾을 때까지 충동적인 원초아를 제한하며, 초자아는 자아의 문제 해결 책략이 도덕적으로 수용 가능한지 여부를 결정한다. 이러한 세 가지의 성격 구조를 형성하고 움직이게 하는 성적 에너지를 리비도libido라고 한다.

(2) 성격발달 단계

프로이트의 성性의 개념은 성교만이 아니라 신체에 쾌감을 일으키는 모든 것을 포함한다. 프로이트는 성적 에너지를 리비도라고 하며, 나이가 들면서 성적 에너지가 집중된 성감대erogenous zone가 옮겨 간다고 했다. 즉, 아동기의 중요한 성감대는 입, 항문, 성기 등이다. 이러한 단계 이론은 생물학적인 성숙에 의해 지배되나 아동의 경험이 발달에 중요한 영향을 주며 다음과 같은 단계에 따라 진행된다고 했다.

1) 구강기(oral stage, 0~1세)

아기는 영양을 공급받고 살아남기 위해 빨아야 하지만 빠는 행위 자체가 아기한테 쾌감을 준다는 것이다. 프로이트는 이러한 쾌감을 자애적autoerotic이라고 불렀다. 즉, 아기가 자신의 손을 빨 때 이는 자신의 충동을 다른 사람에게로 향하는 것이 아니라 바로 자신의 몸을 통해서 만족을 얻는 것이다. 생후 6개월 동안의 아기들의 세계는 '대상 부재objectless' 상태이다. 즉, 젖을 먹을 때 어린 아기들은 엄마의 따뜻한 품을 경험하나 엄마의 존재를 자신과 분리된 타인으로는 인식하지 못한다. 대략 6개월이 되면서 타인 특히 어머니에 대한 개념을 형성하기 시작한다. 만일에 충분한 만족을 얻지 못하면 다음 단계로 넘어가지 못하는 고착fixation 현상이 일어난다. 구강기에 고착되면, 입술이나 손가락 빨기와 과식이나 과음 및 과도한 흡연과 같은 구강적 특성이 나타난다.

2) 항문기(anal stage, 1~3세)

이 시기에는 배설물을 보유하거나 배출하는 데 쾌감을 얻는다고 한다. 괄약근을 조절할 수 있을 만큼 성숙하면, 때로는 최후의 순간까지 배설을 참아 내장의 압력을 증가시키면서 마지막 방출의 쾌감을 높이려고 한다. 이때 유아의 본능적 충동을 외부로부터 통제받는 경험을 겪게 된다. 만일에 부모가 엄격하고 억압적으로 훈련하게 되면 성인이 된 다음에도 고착 현상이 일어난다. 반대로 너무나 깨끗하게 통제하면 결벽성을 형성하게 된다. 또한, 대변을 참고 있을 때 생기는 항문 수축에서 오는 쾌감에 치우치면 수전노와 같은 인색함이 형성되며 대변 배설 후의 긴장이완에서 오는 쾌감에 치우치면 물건을 낭비하거나 지저분한 성격이 형성된다.

3) 남근기(phallic stage, 3~6세)

이 단계에 이르면 주된 성감대가 항문으로부터 성기로 옮아간다. 남근기 동안 아동은 오이디푸스 콤플렉스Oedipus complex를 경험하게 된다. 이성의 부모에 대한 성적인 애정과 접근하려는 욕망을 느끼게 된다. 아버지를 어머니의 애정 쟁탈의 경쟁자로 생각하여 아버지에 대한 적대감이 형성되고, 이러한 감정이 아버지로 하여금 아동의 성기를 없애 버릴 것이라는 거세불안castration anxiety에 시달린다. 결국 아버지에 대한 적대감정을 억압하고 아버지에 대한 동일시identification를 증가시킴으로써 경쟁심을 극복한다. 그 결과 남아는 적절한 남성적 역할을 습득하게 되어 아버지의 도덕률과 가치 체계를 내면화하게 되고 이로 인하여 양심과 자아 이상을 발달시킨다. 프로이트는 여아에게도 이와 비슷한 현상이 나타나는데, 이를 엘렉트라 콤플렉스electra complex라고 했다. 여아는 남근이 없으므로 거세불안을 갖지 않는 대신에 남근선망penis envy을 갖는다고 한다. 따라서 여성은 약한 초자아를 형성하게 되어 남성보다 덜 엄격한 편이라고 한다.

4) 잠복기(latency stage, 6~11세)

이 시기에는 성적이고 공격적인 환상들이 대부분 잠복 상태에 있게 된다. 비교적 평온한 상태를 유지한다. 아동들은 스포츠나 게임 및 지적 활동 등과 같은 구체적이고 사회적으로 용납되는 일에 에너지를 전환시킨다.

5) 생식기(genital stage, 11세 이후)

사춘기가 시작되면서 성인과 마찬가지로 성적 에너지가 넘쳐 비로소 이성에게 성적 만족을 얻으려고 한다. 프로이트는 이 시기에 주요한 과제는 '부모로부터 자유로워지는 것'이라고 했다. 아들의 경우에 어머니와의 연결된 고리를 풀고, 자기 자신의 여자를 발견하며, 아버지와의 경쟁심을 버리고 아버지로부터도 자유로워져야 한다. 그러나 오랫동안 부모에 대한 강한 의존심을 쌓아 왔기 때문에 한 순간에 고리를 푼다는 것은 매우 고통스러운 일이다.

3. 에릭슨의 심리사회적 발달 이론

프로이트의 영향을 받은 에릭슨E. Erikson은 아동이 어떻게 자아정체감ego-identity을 발달시키고 어떻게 사회화되는가에 주된 관심을 가졌다. 그가 말하는 아이덴티티란 용어에 대해서는 때에 따라 주체성, 자기정의定義, 자기한계, 존재증명, 자각, 자기가치 등 여러 가지 용어에서 나타나는 의미를 포함하고 있다. 그것은 "나는 무엇인가?"라는 질문에 대한 대답이며, 자기의 깊은 내부에 있는 것으로 언제나 무엇을 하더라도 그것에 의해서만이 인생의 모든 것을 볼 수밖에 없을 정도로 그 개인에게 강한 영향력을 갖고 있는 것이라고 정의를 내릴 수 있다.

(1) 심리사회적 발달 단계

1) 유아기 신뢰감 대 불신(basic trust vs. mistrust, 0~1세)

인간이 직면하지 않으면 안 될 최초의 발달 과제는 '기본적 신뢰 대 기본적 불신'이다. 이 과제의 달성은 건강한 성격 형성의 기초가 되는 것이다. 유아는 기본적 신뢰의 능력이 기본적 불신에의 경향을 만회하도록 균형을 취하지 않으면 장래에 타인과의 지속적이고 만족스러운 인간관계를 유지하지 못하게 된다. 그렇기 때문에 이 시기에는 어머니와 자녀 간의 상호성이 강조된다.

이러한 어머니-자녀 관계는 어린이를 양육하는 어머니가 그 어린이의 아이덴티티 감각sense of identity을 명확한 것으로 만들어 가는 것이지만, 한편으로 그 어머니-자녀 관계를 개인의 발달과 환경 변화 간의 상호성mutuality의 작은 우주로 볼 수 있기 때문이다. 이 시기는 프로이트의 구강기에 해당된다고 볼 수 있다.

2) 자율성 대 수치(autonomy vs. shame and doubt, 2~3세)

어린이의 자율은 근본적으로 '자율적 존재로서의 부모'에 대한 반응이다. 즉, 자율적으로 행동하고 사고하는 부모로부터 아동의 자율에 대한 원형이 비롯된다는 것이다. 이 두 번째 단계의 긍정적인 결과는 자존감정self-esteem, 자기통제, 자기확신, 자신의 장래에 대한 의지이다. 자율의 단계에서 자신의 장래에 대한 의지의 원초적인 형태가 발달하게 되는데, 이것은 청년기의 자아 아이덴티티의 형성을 위한 중요한 전제가 된다.

3) 주도성 대 죄의식(initiative vs. guilt, 4~6세)

프로이트의 남근기에 해당하고 오이디푸스 콤플렉스가 생기는 시기이다. 에릭슨은 이동移動, locomotion과 인지력cognitive abilities의 발달에 의해 어린이가 자발적이 되고 지배와 책임을 확장하는 시기라고 본다. 이 시기를 통해서 새로운 목표를 찾아내고, 새로운 능력이 발달한다. 자발적 행동은 어린이에게 직업일과 목표의 추구, 계획, 결정, 달성이라는 성질을 자율성과 심리적 활동인 놀이play로부터 이 시기의 특징인 '목적purpose'이 생겨난다. 놀이는 신체적인 게임에 심리적인 게임이 추가된다. 흉내놀이를 통해 부모나 어른의 역할을 상상하여 연출하는 것이 그 예이다.

주도성 대 죄의식이라는 심리-사회적 위기의 긍정적 해결은 환경에 대한 적극적인 인지적 탐색이 여러 가지 정보를 가져다 주는 즐거운 경험이라고 하는 감각의 발달과 관계가 있다. 이러한 심리-사회적 위기를 부정적으로 해결하면 압도적인 죄의식을 형성해 버린다. 실험이나 탐색을 부모가 어떻게 제한하는가에 따라 어린이는 자기주위의 세계에 대한 어떠한 의문이나 의혹도 그것들이 부모들의 침입이라고 느끼게 된다. 어린이의 질문은 부분적인 진실과 부적절한 설명, 그리고 무관심과 마주치게 된다. 실제 호기심 자체가 터부시되어 어떤 것에 흥미를 갖는 일이 죄라고 느끼게 된다. 이와 같은 위기를 죄의식의 방향에서 해결하는 어린이는 환경에 어떻게 대처하면 좋은가에 대하여 부모나 그 외의 권위자에게 의존해 버리게 된다.

4) 근면성 대 열등감(Iindustry vs. inferiority, 7~11세)

프로이트의 잠복기에 해당한다. 성적 관심이 후퇴하고 "나는 배우는 존재다."라고 하는 단계를 맞이하여 "어떠한 일로 얼마나 바쁠까?"를 생각하고 싶게 한다. 프로이트는 이 시기가 성격 형성에는 중요한 의미를 갖지 않는다고 지적하고 있다. 그러나 에릭슨은 개인의 일에 대한 기본적 태도가 이 단계에서 확립된다고 주장한다. 이 단계에서 어린이는 자기의 능력을 발달시켜 평가에 관한 개인적 기준을 획득하게 되면 자기가 사회에 대해서 얼마나 공헌할 수 있는가 하는 평가도 할 수 있게 된다.

근면이라는 개념 속에는 능력을 형성시켜 유의미한 일을 수행하고자 하는 열의eagerness가 포함되어 있다. 학령기에는 어린이를 동기유발시키는 많은 측면이 존재한다.

이들 일에 대한 능력은 새로운 것으로 어린이를 성인의 능력에 가깝게 한다. 이 새로운 능력들은 어린이의 가치 감각을 높이는 책임을 가지거나 어느 정도 독립을 허용하는 효과를 가지고 있다. 이와 같은 능력의 증대에 부수적으로 따르는 동기유발적인 요인에 덧붙여 능력의 발달을 촉진시키는 수많은 외적 강화의 원천이 있다. 부모나 교사는 성적 · 물질적 보상, 특권, '보다 능숙하게 된다.'와 같은 칭찬의 말을 통하여 어린이를 격려한다.

5) 자아 정체감 대 역할혼미(self-identity vs. role confusion, 12~18세)

이 시기는 자기 자신의 정체감을 느끼기 시작하는 시기이다. 인간을 독특한 존재이며, 사회 속에서 무엇인가 의미 있는 역할을 스스로 하고 있다는 감정을 의미한다. 다르게 표현하자면 자아정체감이란 '내적 불변성sameness과 연속성continuity을 유지하는 능력심리학적 의미에서의 개인의 자아이 다른 사람에 대한 자기 의미의 불변성과 연속성이 합체하는 경험으로부터 생긴 확신'을 말한다.

이 시기를 맞이한 청년은 개인 고유의 특징좋아하는 것, 싫어하는 것 같은이나 예상되는 미래의 목표 및 자기 자신의 운명을 통제하는 힘을 느끼고, 현재의 자기가 무엇이며, 미래 무엇이 되고 싶은가를 결정하고 싶게 된다. 이와 같은 아이덴티티 형성의 내적인 원동력이 되고 있는 자아는 "① 같은 생각을 가진 사람들과 동일시하고 사회적 환경에 적응하는 능력 및 적성 · 기능을 선정하고 통합하는 능력, ② 어떠한 충동, 욕구, 역할이 가장 적절하고 유효한가를 학습함에 따라 위협이나 불안에 대하여 방어를 유지하는 능력"을 갖고 있다. 이들 자아가 선택한 특징은 모두 집합되고 통합되어 그 인간의 심리-사회적 정체감을 형성하는 것이다.

6) 친밀감 대 고립(intimacy vs. isolation, 19~24세)

이 시기는 개인이 아이덴티티의 문제를 처리할 수 있을 만큼 성장했기 때문에 다른 사람과의 관계의 문제, 즉 우정 · 사랑 · 성적 · 친밀성 그리고 자기자신, 자신의 내적 자원, 자신의 흥분이나 참여commitment의 범위 내에서의 친밀성을 포함한 친밀한 관계의 문제로 이행할 수 있는 시기이다. '친밀감'이란 자기가 무엇인가를 잃어버리고 있지는 않는가 하는 두려움 내지 자신의 아이덴티티와 다른 누군가의 정체감을 융합하는 능력으로 생각할 수 있다. 그렇기 때문에 결혼은 이와 같은 친밀감을 전제로 해야 한다.

프로이트는 이 시기를 생식기라고 부르고 있는데, 자아정체감을 다른 사람의 정체감과 연결시키는 친밀감 위에 세우지 않으면 인간은 사랑하는 대상과의 상호성 속에서 진정한 성적 생식을 발전시킬 수 없다고 보는 것이 에릭슨의 입장이다. 친밀감 단계의 위험성은 고독이다. 그것은 친밀감에 관련되는 것을 즐거워하지 않기 때문에 인간 관계를 피하는 것이며, 일시적으로는 선택을 위한 필요한 조건이 될지는 모르나 무거운 성격의 장애가 되는 것임에 틀림없다.

7) 생산성 대 침체(generativity vs. stagnation, 25~65세)

이 시기의 성인은 사회 속에서 자신의 위치를 차지하기 시작하고 사회가 만든 것은 어떠한 것이든 그 발견과 완성을 위해 노력하기 시작한다. 그리하여 개인은 그것에 대하여 책임을 가진다. 생산성은 본래 포괄적인 의미로 낳는 것을 의미하는 데 세대에서 세대로 태어나는 것, 즉 어린이 · 생산물 · 관념 및 예술작품을 의미한다고 볼 수 있다.

따라서 생산성이란 사회가 존재해 가는 데에 빠질 수 없는 능력이다. 사회 구성원으로서의 성인은 자기의 자질, 기능, 창조성이 젊은이들의 생활의 질을 향상시키기 위하여 재고되어야 한다는 의무감을 어느 시점에서 느끼기 시작하는 것이다. 생산성과는 대조적으로 성인기의 여러 요구에 응답할 수 없음으로 인하여 침체정체가 생긴다. 침체란 심리적인 성장이 결여되고 있음을 의미한다. 자기의 에너지나 기능을 '자기의 확대self-aggrandization'나 개인적 만족이라는 목적만을 위해서 소비하고 있는 성인은 자기의 욕구 이외의 것에 대하여 또는 타인을 돌보는 것에 대하여 만족감을 얻을 수 없다. 가정의 관리, 양육, 직업의 관리를 성공적으로 수행할 수 없는 성인은 성인기가 끝날 무렵이 되어 '심리적 정체감心理的 停滯感, psychological sense of stagnation'을 느끼게 될 것이다.

8) 자아통합 대 절망(integrity vs. despair, 65세 이상)

인생의 최종 단계가 끝나는 시기는 사람에 따라 다르므로 심리-사회적 위기가 이 단계에서 해결된다고 생각하기는 어렵다. 그러나 자아통합이 달성되기 위해서는 자기 인생의 의미에 대하여 깊이 숙고해 볼 필요가 있다. 에릭슨 이론에 있어서 자아통합이란 자기의 인생을 있는 그대로 받아들이고 죽음에 대하여 크나큰 공포심을 갖지 않고 직면할 수 있는 능력을 의미한다. 자아통합 감각또는 상태을 확립한 사람은 자기의 과거에 대하여 실존적인 관점에서 조망할 수 있다. 그리하여 자기의 인생과 개성이 개인적인 만족과 위기의 축적에 의해 생겨난 것임을 인식한다.

지금까지의 여러 경험에 대하여 어떤 것을 부정하거나 다른 사실을 지나치게 강조하지 않고, 전체로서 받아들이는 일이 가능할 것이다. 자아통합이란 일상회화에서 사용하는 것과 같은 의미로서가 아니라, 현재의 상황과 함께 과거의 역사를 통합하고, 그 결과에 만족할 수 있는 능력이다. 자아통합의 반대 방향은 절망이다.

절망이란 감정은 "인생은 무의미하다."든가 "종말죽음이 가깝다."든가 하는 감정을 증대시킨다. 남은 인생이 너무 짧다고 느끼는 감정이 지배적이기 때문이다.

4. 콜버그의 도덕성 이론

콜버그L. Kohlberg는 피아제의 도덕성 발달 단계를 기초로 아동 후기부터 성인에 이르기까지의 도덕성 발달을 3수준 6단계로 나누어 설명하고 있다. 도덕적 발달 단계는 정의의 개념과 옳고 그름을 판단하는 합리적 사고의 근거를 바탕으로 형성되었다. 이 도덕성 이론의 특징은 도덕성 발달은 인지발달의 수준에 따라 그 단계가 결정되는 것이다. 또한, 다른 발달 이론과 마찬가지로 연령 증가와 함께 낮은 단계의 발달이 이루어져야 다음 단계로 이동할 수 있다는 것이다. 콜버그는 자신이 고안한 도덕적 딜레마인 '하인즈 딜레마Heins dilemma'를 제시하여 도덕적 추론을 조사하였다.

유럽에서 한 여인이 희귀 암에 걸려서 죽음 직전에 와 있었다. 의사들이 그녀를 살릴 수 있을 것으로 생각되는 한 가지 약이 있었다고 했는데, 그것은 같은 도시에 있는 한 약사가 최근에 발견한 것으로 라듐의 한 형태였다. 그 약은 제조하는 데 비용이 많이 들었고 그 약사는 약값으로 제조 비용의 10배를 불렀다. 그는 라듐 구입에 200불을 지불하고, 그 약을 소량 처방하는 데는 2,000불을 요구했다. 환자의 남편 하인츠는 돈을 빌리기 위해 아는 사람을 모두 찾아다녔지만 약값의 반인 1,000불밖에 구하지 못했다. 그는 약사에게 자기 아내가 죽어 가고 있다는 것을 말하고 약을 좀 싸게 팔거나 아니면 약값을 나중에 갚도록 해달라고 부탁했다. 그러나 약사는 "안 돼요. 나는 그 약을 개발하기 위해 많은 노력을 했습니다."라고 말했다. 그래서 하인츠는 아내를 위해 그 약을 훔치려고 약국을 부수고 침입했다.

하인츠는 약을 꼭 훔쳤어야만 했을까? 그 이유는?

Level 1 : 인습 이전의 도덕성

이 단계에서는 옳고 그름의 의미가 자신의 주관적인 감정의 측면에서 규정된다. 옳은 것이란 벌을 피하고 보상을 가져오는 것이다. 자신이 그것을 좋아하면 그것은 옳은 것이며 좋아하지 않으면 그른 것으로 간주된다. 자기중심성이 지배하며 자신의 주관적 감정이 판단을 좌우하는 정서적 수준의 이해라고 볼 수 있다.

1단계 : **처벌과 복종에 의한 도덕성**

- 복종이 강조되며 권위자의 위력을 인지하고 그것이 벌을 면하게 해줌을 인식한다.

2단계 : **도구적 목적 및 거래 수단으로서의 도덕성**

- 자신이 필요하고 원하는 것을 다른 사람이 해줄 때 그것이 옳다고 생각한다.

Level 2 : 인습적 도덕성

아직도 옳고 그름은 주관적인 감정에 의해 좌우되지만 그러한 감정이 여러 사람에 의해 공감할 수 있는 것이 된다. 부모나 사회의 기대 또는 법 등과 같은 권위에 의해 인정되는 것을 옳은 것으로 생각한다. 복종의 개념은 사회 집단의 규칙과 규준에 의하게 된다. 사회의 규칙과 기대를 이해하고 수용한다.

3단계 : **대인 관계의 조화를 위한 도덕성**

- 이 단계는 다른 사람들이 자신을 좋은 사람, 선한 사람으로 보아 주기를 바란다. 따라서 다른 사람의 기대가 매우 중요하게 작용한다. 특히, 부모나 친구들과 신뢰와 존중, 감사의 관계를 유지하기를 바란다.

4단계 : **법과 질서 준수로서의 도덕성**

- 사회체제를 유지하는 데 필요한 사회적 의무나 규범에 대해 복종한다. 이 시기의 도덕성은 때로 법과 질서의 도덕성이라고 불린다. 다른 사회적 의무와 갈등을 일으킬 때 법을 준수하는 것이 중요하다고 생각하게 된다. 또한, 권위자는 벌을 줄 권리가 있다고 믿는다.

Level 3 : 인습 이후의 도덕성

이 수준에서의 옳고 그름의 판단은 객관적인 원리에 의해 이루어진다. 개인이 공감하는 인류 공유의 기준, 정의, 기본적 권리, 인간 존중의 측면에서 판단된다. 합리적이고 이성적인 개인은 자신의 감정이나 다른 사람의 명령을 넘어서서 객관적으로 옳다고 생각하는 것을 발견하고 존중할 수 있어야 한다고 생각한다. 사회 정의, 공정성, 기본권 등의 개념이 존중된다.

5단계 : **사회 계약 정신으로서의 도덕성**

- 사회적 관계와 개인의 권리가 존중되며, 사회적 법률이란 상호 합의에 의해 변화될 수 있는 것으로 본다. 다수를 위한 최대의 선이 강조된다.

6단계 : **보편적 도덕 원리에 의한 도덕성**

– 일반적인 윤리적 원리를 기본으로 한다. 인간의 삶의 권리, 최대한의 자유, 이러한 기본 원리에 대한 진지한 책임 등이 강조된다.

4. 학습 이론

학습이란 보통 후천적인 경험의 결과로서 유기체에 비교적 영속적인 변화를 가져다주고, 그것에 의해 비교적 영속적인 행동의 변용을 생기게 하는 것을 말한다. 인류는 끊임없이 변화하는 환경에 적응하는 과정에서, 때로는 주어진 환경을 개선하기 위하여 무엇인가를 끊임없이 학습하여 왔다. 즉, 학습이란 우리 인간의 생존과 문명 발전의 기초로서 인류 역사가 시작된 이래 지금까지 지속되어 왔던 핵심적 과정이었다. 그러나 이러한 학습이 어떻게 발생하고 그 과정이 어떠한지에 대한 체계적이고 과학적인 탐구는 비교적 최근인 19세기 말에서야 시작되었다.

1. 행동주의 학습 이론

행동주의는 우리가 인간의 학습을 이해하는 데 매우 중요한 시각을 보여 준 최초의 심리학적 이론이다. 행동주의 학습 이론은 인간의 행동은 외부 환경의 자극과 반응의 연합에 의해 이루어진다는 이론으로, 1910년경 왓슨J. B. Watson의 업적을 시작으로 파블로프I. Pavlov, 손다이크E. L. Thorndike, 스키너B. F. Skinner, 반두라A. Bandura 등으로 이어지는 일련의 이론 체계이다. 행동주의 학습 이론에 내재된 근본적인 학습 원리는 자극과 반응 간의 연합이다. 자극stimulus이란 환경에서 학습자에게 제시되는 모든 것을 의미한다. 즉, 눈에 보이는 사물, 귀로 들리는 소리, 피부로 느껴지는 감촉 등은 모두 자극이 된다.

반응response이란 자극에 의한 행동을 의미한다. 뜨거운 물이 손에 닿았을 때 급히 손을 떼는 행동이나 역겨운 냄새를 맡았을 때 순간적으로 숨을 멈추는 행동 등은 모두 자극에 대한 반응을 의미한다. 행동주의에서는 이와 같은 자극과 반응의 연합을 학습으로 이해하고 있으며, 이러한 이유로 행동주의 이론은 연합 이론association theory이라고도 부른다.

(1) 손다이크의 시행착오이론

손다이크E. L. Thorndike의 가장 유명한 실험 중 고양이 실험이 있다. 그는 굶주린 고양이를 '문제상자puzzle box'에 넣고, 발이 닿지 않는 곳에 먹이를 잘 보이도록 놓아 두었다. 이 문제상자의 문은 철사고리를 당기거나 페달을 밟는 것 같은 간단한 행동으로 열리는 구조로 되어 있다. 그는 문제상자 밖에 고양이가 볼 수 있도록 생선을 놓아 두고 고양이가 그 생선을 먹기 위하여 바깥으로 나가려고 애쓰는 과정이 어떠한가를 연구하였다.

그림 4-1 손다이크 문제상자

이 실험에서 고양이는 여러 가지 방법을 시도해 보는 가운데 먹이를 먹을 수 있는 적절한 행동을 터득하게 된다. 즉, 이런 과정을 되풀이하는 동안에 자극 상태와 반응 간에 결합이 이루어져서 문제를 해결하는 데 시간의 감소와 방법의 개선을 습득한다.

일련의 실험을 통하여 손다이크는 다음과 같은 세 가지 기본법칙을 제시하였다.

첫째, 효과의 법칙 : 학습의 과정이나 그 결과가 만족스러울 때에는 결합이 한층 강화되고, 이와 반대로 불만족스러울 때에는 결합이 약해진다.

둘째, 연습의 법칙 : 빈도의 법칙으로도 불리는 것으로, 반복 연습이 많은 학습은 결합이 견고해지고, 연습량이 적은 학습은 결합이 약해진다.

셋째, 준비성의 법칙 : 심신 조건이 학습함에 있어서 좋은 조건으로 준비되어 있으면 만족을 느끼고 효과가 있지만, 준비가 없는 경우에는 불만족스러워 효과도 약하다.

(2) 고전적 조건화

러시아의 의사 파블로프I. Pavlov에 의해 실시된 일련의 실험으로 고전적 조건화classical conditioning에 대한 연구가 시작되었다. 파블로프는 1849년 러시아에서 태어나서 1936년에 사망했다. 그의 아버지는 목사였으며, 원래는 파블로프 자신도 목사가 되기 위하여 공부하였다. 그러나 그는 생각을 전환하여 그의 일생 대부분을 생리학을 공부하면서 보냈다. 1904년에는 소화생리학을 연구한 공로로 노벨상을 받았다.

파블로프는 배고픈 개에게 고기를 줄 때 동시에 종소리를 들려주었다. 그는 실험을 통해 개가 침을 흘리는 여러 가지 상황을 관찰하여 개가 침을 흘리는 데 일정한 법칙이 있음을 발견하였으며, 이러한 결과는 학습을 설명하는 데 중요한 전환을 가져왔다.

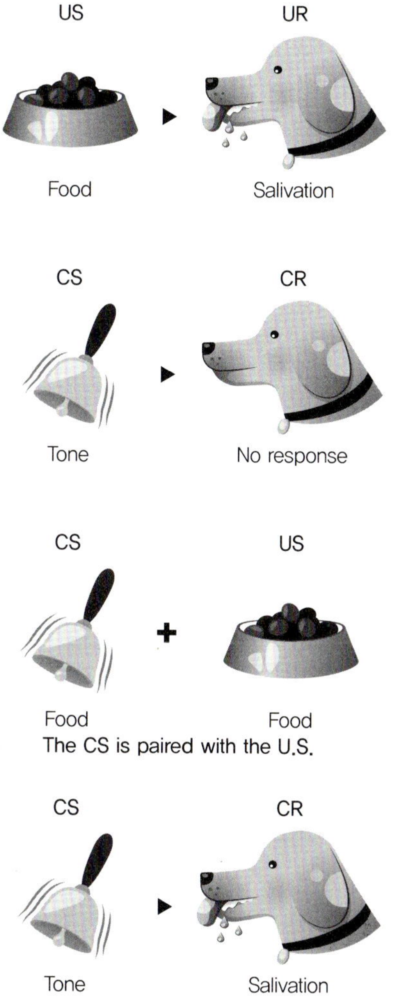

그림 4-2 파블로프의 고전적 조건화 형성 실험

물론, 인간의 경우는 보다 복잡한 양상을 보이는 것이 사실이지만, 학습자가 환경에 반응한다는 사실은 환경을 적절히 조작함으로써 원하는 학습을 성취할 수 있다는 단서를 얻게 되었다.

고전적 조건화가 어떻게 일어나는지를 이해하기 위해 연합의 과정과 함께 다음의 네 개념을 이해해야 한다.

① **무조건자극** unconditioned stimulus : UCS은 본능적 또는 반사적 생리반응 또는 정서반응을 일으키는 사물이나 사건이다. 파블로프의 실험에서 무조건 자극은 고기이다.

② **무조건반응** unconditioned response : UCR은 무조건 자극에 의한 본능적 또는 반사적 생리 반응 또는 정서반응이다. 고기가 주어졌을 때 무조건 반응은 개의 침 분비였다.

③ **조건자극** conditioned stimulus : CS은 무조건 자극과 연합된 사물이나 사건이다. 파블로프의 실험에서 조건자극은 종소리이다.

④ **조건반응** conditioned response : CR은 무조건 반응과 동일하지만 학습된 생리반응 또는 정서반응이다. 고기가 없는데도 종소리에 침을 분비하는 것이 조건반응이다.

파블로프에 의하면 모든 무조건반사는 무조건자극 고기, UCS과 무조건반응 타액분비, UCR 간의 선천적인 연결에 기초를 둔다. 조건반사에서 대응되는 용어는 조건자극 종소리, CS과 조건반응 타액분비, CR이다. 조건자극은 애초에는 중성적인 자극, 즉 사전에 조건형성이 없으면 조건반응 타액분비, CR을 유발하지 않는 어떤 자극이다. 여기에서는 종소리이다. 조건반응 타액분비, CR은 조건자극 종소리, CS과 무조건자극 고기, UCS이 짝지어진 후에 조건자극 타액분비, CS에 의해 유발되는 반응이다. 이런 관계가 고전적 조건형성이다.

고전적 조건부여 장치

그림 4-3 파블로프의 실험

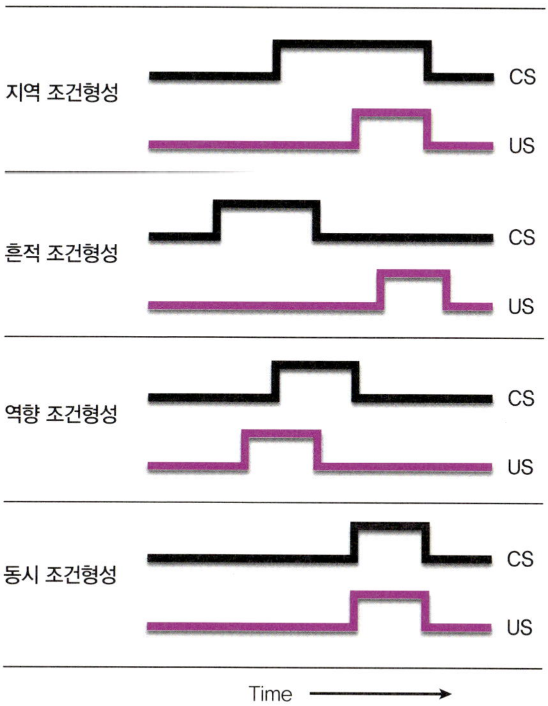

그림 4-4 조건자극과 무조건자극의 짝짓기 방식

고전적 조건형성은 자극들의 짝짓기를 필요로 한다. 학습이 얼마만큼 일어나는가는 두 자극이 연합되는 방식에 따라 크게 달라진다. 자극들을 짝짓는 데에는 네 가지 기본적인 방식이 있다.

① **지연 조건형성** delayed conditioning 에서는 CS와 US가 중첩된다. 즉 CS가 사라지기 전에 US가 나타난다. 지연 조건형성 절차를 눈꺼풀 조건형성에 적용하면, 예를 들어 버저를 5초 동안 울리면서 그 마지막 2초 쯤에 사람의 눈에 공기를 분사할 수 있다.

② **흔적 조건형성** trace conditioning 에서는 CS가 시작되어서는 US가 제시되기 전에 끝난다. 실험실에서 사람의 눈꺼풀 조건형성을 연구하기 위해 흔적 조건형성을 사용하기도 한다. 전형적인 실험을 예로 들면, 버저가 5초 동안 울리고 난지 0.5초 후에 사람의 눈에 공기를 훅 불어넣어 그 사람이 눈을 깜박이게 만든다. 이렇게 버저와 공기 분사를 여러 번 짝지어 제시하고 나면 그 사람은 버저 소리에 눈을 깜박인다.

③ **역향 조건형성** backward conditioning 에서는 CS가 US를 뒤따르는 상황이다. 예를 들면, 어떤 사람의 눈에 공기를 분사하고 나서 버저를 울릴 수도 있다.

동시 조건형성simultaneous conditioning에서는 CS와 US가 정확히 동시에 일어난다. 예를 들면, 버저를 울리는 동시에 어떤 사람의 눈에 공기를 훅 불어 넣을 수 있다. 두 자극이 모두 정확히 같은 시각에 시작하고 끝난다.

(3) 조작적 조건화

스키너B. F. Skinner의 이론인 조작적 조건화operant conditioning는 동물이나 인간의 다양한 자발적 반응이 강화되었을 때는 강해지고, 무시당하거나 벌을 받을 때는 약해지는 것을 의미한다. 조작적 조건화란 용어는 유기체가 특이한 결과를 획득하거나 회피하기 위해 환경을 조작하도록 학습되는 사실을 의미한다.

1) 정적강화와 부적강화

- **정적강화**positive reinforcement : 정적강화는 강화물reinforcer이 제공된 뒤에 행동의 빈도나 강도가 증가되는 과정이다. 교실에서는 교사의 발언과 같이 바람직하고 가치 있는 것이 보통 정적 강화물이 될 수 있다. 행동한 결과가 어떤 것이든 상관 없이 행동을 증가시키는 결과를 초래하면 정적강화이다.
- **부적강화**negative reinforcement : 부적강화는 어떤 자극이라도 그것을 제거하는 것만으로 행동을 증가시킨다면 부적강화이다. 부적강화에서 '부적'이라는 용어는 정서적으로 사용되는 것이 아니라 수학적으로 사용되는 것으로 '제거한다'는 의미를 가진다.

그림 4-5 스키너의 실험

2) 강화계획

강화계획schedules of reinforcement은 크게 계속적 강화계획과 간헐적 강화계획으로 분류할 수 있다. 계속적 강화계획은 반응이 나타날 때마다 그 반응을 강화하는 상황을 말하며, 간헐적 강화계획은 다음과 같이 나뉠 수 있다.

- **고정비율계획** fixed-ratio schedule : 고정비율 강화계획이란 강화물이 미리 정해진 횟수에 근거하여 제시되는 것을 의미한다. 예를 들어, 교사가 "칠판에 적힌 5문제를 모두 푼 사람은 나가서 놀아도 좋아요!"라고 한다면 학생들은 문제를 푸는 데 걸린 시간에 관계 없이 5문제를 푸는 즉시 나가서 노는 강화물을 받게 된다.
- **고정간격계획** fixed-interval schedule : 고정간격 강화계획이란 강화가 어떠한 고정된 시간을 기준으로 제시되는 것을 의미한다. 예를 들어, 수학 문제를 풀 때, 5분마다 한 번씩 고정적으로 강화를 주는 경우이다.
- **변동비율계획** variable-ratio schedule : 변동비율 강화계획은 학생들이 강화물을 획득하기 위해 수행하여야 하는 수행 횟수를 예측하지 못하도록 강화물을 제시하는 방법이다. 도박이 대표적인 예다.
- **변동간격계획** variable-interval schedule : 변동간격 강화계획은 어떠한 시점에서 강화가 주어지는지 예측할 수 없도록 설정되어 있는 경우이다. 예를 들어, 수학 문제를 풀 때, 5분 안에 아무 때나 한 번의 강화를 주는 경우이다.

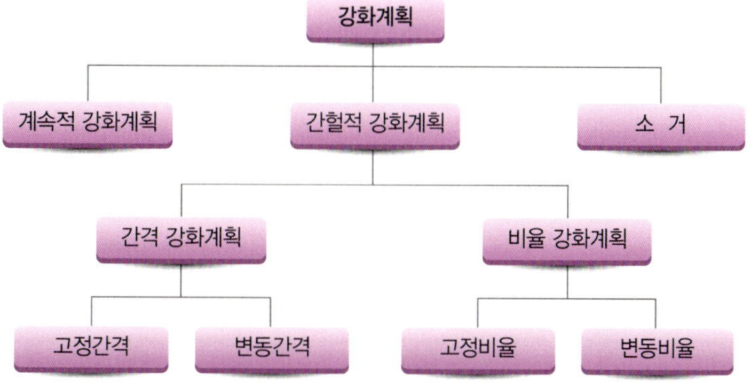

그림 4-6 강화계획의 종류

출처: 임규혁, 임웅 2007, "교육심리학", 서울: 학지사, p.178.

(4) 사회학습

반두라A. Bandura는 스키너Skinner 학파 학자들이 행동의 결과가 미치는 영향을 강조하는 데 있어 모델링modeling 현상과 대리적 강화vicarious reinforcement를 거의 무시하였다는 데 주목하였다. 행동주의 이론은 요소적이고 구체적인 인간의 행동에 관하여 잘 설명하고 있다. 그 반면에 인지 이론은 사고나 문제 해결과 같은 고등정신 기능에 관한 학습에 대하여 잘 설명해 준다. 그러나 이들은 인간 학습의 일면만을 강조하는 편견적인 면도 있다. 따라서 두 이론의 절충적 입장에서 학습을 설명하는 사회학습 이론social learning theory이 대두되었다.

신행동주의자neo-behaviorist로 일컬어지는 반두라는 조건형성과 인지 이론을 통합하여 사회학습 이론을 제시하였다. 인간은 자신의 경험적인 면뿐만 아니라 다른 사람의 행위에 대한 관찰적인 면에서 자신이 학습해 간다. 타인의 행동을 관찰하는 것은 곧 인간으로서의 사회화 과정을 밟고 있는 것을 의미한다.

사회학습 이론에 대한 반두라의 분석은 다음과 같은 네 단계를 포함한다.

① **주의 단계** : 관찰학습의 첫 단계는 모델에게 주의를 기울이는 것이다. 일반적으로 학생들은 매력적이고, 성공적이고, 재미있고, 인기 있는 역할 모델에 주의를 기울인다.

② **파지단계** : 교사들이 학생들의 주의를 끌면 그 다음에는 학생들에게 따라하기 바라는 행동을 모델로 보여 주고 학생들이 모방하거나 연습할 기회를 주어야 한다.

③ **운동재생** : 운동 재생 단계 동안에 학생들은 그들의 행동을 모델의 행동과 같게 하기 위해 노력한다.

④ **동기화단계** : 관찰학습의 마지막 단계는 동기이다. 학생들은 자신도 모델처럼 행동하면 강화를 받을 수 있는 기회가 증가한다고 믿기 때문에 모델을 모방한다. 개인이 모델의 형태를 보고 그 행동을 모방할 때, 또는 강화를 받을 때 직접 강화direct reinforcement를 통하여 모방이 강화되거나 대리적 강화vicarious reinforcement를 통해서도 모방은 증가한다.

2. 인지주의 학습 이론

인지주의 학습 이론은 1950년대 이후부터 많은 관심을 받기 시작했지만, 학습에 대한 인지주의적 관점은 이미 19세기 후반 독일의 분트W. Wundt에게서 시작되었다.

행동주의 학습 이론과는 달리 인지적 학습 이론은 학습을 반응의 변화가 아니라 지식의 변화로 보며, 목적 · 통찰력 · 이해와 같은 정신적 과정을 강조하고 성공적 수행은 과거의 경험보다도 현재 상황 속의 관계를 이해하는 데 더 밀접한 연관성이 있다고 본다. 이러한 견해를 뒷받침하고 있는 것에는 이른바 형태 심리학의 학습 이론이라고 일컫는 통찰학습 이론, 장場, field 이론, 그리고 톨만E. Tolman 등의 인지적 행동주의 이론이 있다.

통찰학습 이론은 넓게는 형태 심리학의 학습 이론을 말하고, 좁게는 쾰러W. Köhler의 침팬지 실험을 통한 학습 이론을 말한다. 그는 침팬지를 대상으로 문제 해결 과정에 대해 실험하여 학습 이론으로서의 통찰이론을 추출해 냈다. 즉, 문제 해결의 행동은 학습 사태를 통찰함으로써 일어난다는 주장이 이 이론의 요지이다.

인지주의 학습 이론에서는 행동주의 학습 이론과는 달리 사람을 환경적 상황에 의해 영향을 받는 수동적 존재로서가 아니라 능동적이고 적극적인 존재로 본다. 즉, 문제 해결을 위한 정보를 적극적으로 탐색하며 이미 알고 있는 것을 재배열하고 재구성함으로써 새로운 학습을 성취하는 것이다. 쾰러는 침팬지 6마리가 있는 우리의 천장 높은 곳에 바나나를 달아 놓았다. 물론, 침팬지들은 뛰는 것만으로는 닿을 수 없는 높이였지만 침팬지들은 계속 뛰었다.

그런데 술탄이란 이름을 가진 침팬지 한 마리만은 달랐다. 그는 몇 번 뛰어 보았으나 닿지 않자, 뛰는 일은 멈추고 주위를 두리번거렸다. 한 쪽에 놓아두었던 상자를 보았다. 즉시 그 상자를 바나나 밑에 가져다 놓고 그 위에 올라가서 뛰었으며, 목적을 달성하였다. 그러자 다른 침팬지들도 술탄을 따라 했다. 이런 일을 여러 번 반복하여 상자 사용에 익숙해진 후에는 같은 상황이 주어지면 침팬지들은 뛰어 보지도 않고 처음부터 상자를 사용하게 되었다. 이 같은 방법의 우회는 통찰insight을 전제한 것이므로 매우 중요한 것이라고 쾰러는 생각했다.

침팬지에게 비록 그 수준이 낮은 것이기는 하지만 문제 해결에 대한 지적인 시도가 있었다. 즉, 주어진 문제 상황을 여러 가지로 살펴서 해결에 도움이 될 것으로 예상되는 행동을 찾는 것 같았다. 그리고 일단 어떠한 생각이 떠오르면 그것을 행동에 옮김으로써 그 결과를 확인했다. 쾰러는 침팬지가 문제 상황을 지각적으로 해석하여 갑작스럽게 해결책을 발견하는 현상을 '통찰'이라고 불렀으며, 그 같은 통찰에 의해 문제 해결에 성공하게 되는 것을 '통찰학습'이라고 불렀다.

그림 4-7 쾰러의 통찰학습

Chapter 5 교육사회

1. 교육사회학의 의미
2. 교육과 사회화
3. 교육사회학의 이론적 관점
4. 사회계층과 교육

Chapter 05.

교육사회

교육 목표

- 교육사회학의 개념과 교육의 사회적 기능을 이해하고 설명할 수 있다.
- 사회화의 개념과 과정을 이해하고 설명할 수 있다.
- 교육사회학의 이론적 관점을 이해하고 설명할 수 있다.
- 기능이론과 갈등이론을 비교 설명할 수 있다.
- 사회계층의 개념과 특성, 영향을 이해하고 설명할 수 있다.

1. 교육사회학의 의미

1. 교육사회학의 개념

인간은 사회를 떠나서는 살 수 없고, 사회의 구성원으로 살아가야만 인간다운 삶을 영위할 수 있다. 따라서 우리는 인간을 사회적 동물이라고 부른다. 인간은 사회구성원으로 성장해 가면서 사회적 · 문화적 특성에 따라 각기 다르게 성숙하고 발전해 간다. 이처럼 인간은 자기가 속해 있는 집단 속에서 갖가지 행위양식이나 가치규범과 같은 문화 내용을 학습해 가고 내면화하는 과정을 거치게 되는데, 이러한 과정을 넓은 의미에서 교육이라고 할 수 있다.

이와같이 인간은 배움을 통해서 존재와 존속이 가능하고 또한 스스로 자연환경에 대한 대응력을 높여 가며 지적 능력 및 판단 능력도 넓혀 간다. 따라서 교육은 사회적 맥락 속에서 수행되고, 사회성을 간과할 수 없으므로 사회적 탐구에 관심이 모아질 수밖에 없다. 특히, 근대 사회로 접어들어 공교육 제도가 확립되고 학교 교육이 교육의 중심적 역할을 담당하면서부터 교육에 대한 사회학적 관심은 커지기 시작했다.

사실 교육은 그 자체가 사회현상이다. 교육이란 그 시대의 사회 · 정치 · 경제적 조건에 영향을 받음은 물론이고 사회의 각 부문이나 영역에 영향을 끼친다. 즉, 사회적 요구에 의해 생겨나서 교사와 학생 또는 학생과 학생 간의 인간관계를 중심으로 전개되는 사회현상이다. 따라서 교육사회학은 교육 현상을 사회학적 방법을 통해서 교육 문제를 탐구하는 학문이라고 할 수 있다. 다시 말해 교육사회학은 교육에 대한 연구로서 교육 체계와 교육의 과정에서 발생하는 집단의 관계를 사회학적인 연구에서 성취된 지식, 기술, 방법 등으로 연구하는 학문이다. 이처럼 교육사회학은 독립된 학문 성격보다는 교육학과 사회학을 접목시킨 학문적 영역이라고 할 수 있다 권건일, 송경애, 2006 .

교육사회학에 대한 개념을 종합한 프리차드K. W. Prichard는 교육사회학을 "교육에 대한 사회학적 연구로 교육체제와 교육의 과정에서 일어나는 집단 관계를 사회학적인 연구에서 이루어진 지식, 기술, 방법 등으로 연구하는 것"이라고 했다. 뒤르껨E. Durkheim은 교육사회학을 사회학적 연구를 통하여 분석된 지식과 기술 그리고 연구 방법을 교육 실제에 적용하는 학문이라고 정의하면서 교육사회학의 연구 영역과 대상을 다음과 같이 소개하였다.

① 교육의 사회적 사실과 사회학적 기능에 대한 연구
② 교육과 사회 · 문화적 변동과의 상호 관계에 대한 연구
③ 다양한 교육제도에 대한 문화적 비교 연구
④ 사회제도로서의 학교와 교실에 대한 연구

한편 피터스R. S. Peters와 스미스Smith 같은 도덕 및 철학적 이론을 중시하는 교육학자들은, 교육적 사회학educarion socilogy이라는 개념으로 교육 현상에 대해 사회학의 원리를 적용하여 교육학에서 연구 문제를 찾았다. 즉, 실제적 교육 문제와 관련을 갖거나 논리적 연결을 갖고 있는 사회학적 지식을 교육실천에 응용하려고 하였다. 나트로프P. Natrop는 "교육사회학을 교육 사실과 교육 현상에 관한 과학 또는 사회적 교육학social pedagogy"이라고 정의했다.

패텔리우스A. P. Parelius는 "교육사회학은 사회학의 과학적 연구 방법에 의해 교육 현상을 연구하는 것"이라고 정의하고 있으며, 브라운R. Brown은 "교육사회학이란 사회학적 제 원리를 교재와 활동, 방법, 학급조직, 그리고 측정 등을 포함한 전체 교육과정에 응용하는 하나의 새로운 학문"으로 정의하였다. 상기에서 교육사회학에 대한 제 학자의 견해를 종합하면, '교육사회학'은 "교육학자들이 중심으로 연구한 영역으로 도덕적 · 철학적 · 실천 지향적인 것으로 보고 교육적 문제를 강조하고, 나아가 사회적 유형 · 학문 지향적인 성격을 갖으며 사회적 문제를 강조하고 있다."라고 정의할 수 있다.

2. 교육의 사회적 기능

개인이 개인생활의 방편과 사회적 순응의 수단으로서 교육을 필요로 하는 반면에 사회는 사회대로 그 문화의 보존과 발전 또는 사회질서의 유지와 그 개선을 위하여 교육을 필요로 한다. 그래서 교육은 사회적 필요에 의하여 작용하는 사회적 근본 기능이라고 하겠다.

교육이 갖는 사회적 기능은 사회가 갖는 문화 내용을 유지 계승하는 일과 각계 각층에서 요구되는 인력을 공급하여 사회의 계승 발전을 도모하는 일, 급격히 변하는 사회생활에 건설적이고 창의적으로 적응할 수 있게 하는 일, 사회의 결속과 통합을 기하는 일과 사회의 창의적 변화를 촉진하는 일 등을 포함한다. 여기서는 교육의 보수적 기능과 진보적 기능으로 나누어 설명하고자 한다.

첫째, 교육의 보수적 기능이다. 교육이 사회질서를 유지하는 일에 충실하여야 한다는 생각은 현대인이라면 누구나 가지고 있는 생각일 것이다. 그것은 아마도 원시시대에도 간접적으로 나타난 것으로 보이는데, 그 당시에 그것을 알 수 있는 것 중 하나는 집단 생활의 보존이었을 것이다. 집단 생활의 보존을 위해서 원시인들 간에 교육이 간접적으로 이루어졌을 것은 분명한 일이었을 것이고, 문명이 점차적으로 만들어짐에 따라서 인류 사회는 사회적 전통이 쌓여지고 문화라는 것으로 이루어졌다.

옛날에는 주로 문화의 전달을 여러 사회기관, 즉 가정 · 직장 · 교회 등에서 행하였다. 그러나 인간의 생활이 복잡해지고 문화 내용이 고도화함에 따라 이 일을 위한 특수한 기관이 필요하게 되었다. 학교는 이 같은 요청에 의하여 생겨났다. 그러므로 학교의 임무는 무엇보다도 문화의 전달에 있는 것이라고 할 수 있으며 이런 학교에서 과거의 문화를 전달한다는 것은 바로 보수적인 기능을 뜻하기도 한다.

사회의 유지와 존속을 위하여 학교 교육이 가지는 보수적 기능은 대단히 중요하다. 문화를 전달하고 젊은 세대를 사회화시키는 데 있어서 가장 기본적인 것들을 가르치는 곳이 바로 학교이기 때문이다. 그리고 더불어 학교가 젊은 세대에게 문화를 전달하고 과거에 높이 평가되고 인정되어 선택된 가치, 사고, 행동, 감정을 학습케 하는 것은 사회의 유형 유지를 위해 사회가 학교에 요구하는 중요한 기능이다.

둘째, 교육의 진보적 기능이다. 교육의 진보성이라고 하는 것은 보수성과는 사뭇 다르다. 그래서 교육의 진보적 기능을 강조하는 이들은 교육은 현존 사회의 유지와 보존을 위한 수단이 아니라 사회를 개혁하고 개선하는 수단이요 방편이라고 본다. 한 마디로 머

물러 있는 것이 아니라는 것이다. 교육의 역사를 살펴보면 교육의 진보적 성격을 강조한 것은 플라톤의 사상에서 시작되어 오늘에 이르기까지 줄기차게 주장되어 오고 있다. 플라톤은 교육을 이상국가 건설의 기본수단이라고 하였는데, 플라톤의 이 같은 견해는 18세기의 계몽사상가들에 의해서 부흥되어 다시 활발한 전개를 보았다.

그 대표적인 이가 루소J. J. Roussaeu였다. 성선설을 주장한 그는, 사람은 그릇된 사회로 말미암아 악하게 되므로 사회를 개혁해야 인간도 선하게 살 수 있다고 보았다. 또한, 루소는 자연의 손으로 인간을 교육하여 이러한 자유인의 수효가 늘어나 사회에 가득 찰 때 사회의 진보와 개선이 가능하다고 하였다.

이렇게 교육의 사회적 기능을 전통적 측면과 사회적 측면으로 구별하였으나 교육의 사회적 기능은 간단하게 구분할 수 없고 여러 가지 기능으로 분석된다.

그린Green은 교육의 사회적 기능을 다음과 같이 요약하였다.

① 사회의 질서 유지와 발전 도모의 기능

② 인간의 사회화 기능

③ 문화유산의 전달 기능

④ 사회생활에서의 동기 유발의 기능

⑤ 사회 구성원 각자의 능력 향상의 기능

⑥ 사회제도와의 밀접한 상호 부조의 관계 수립 기능

그뿐만 아니라 대부분의 교육사회학자들은 교육의 사회적 기능을 문화유산의 계승 기능, 사회통합의 기능, 사회충원 기능, 사회적 지위이동 촉진 기능, 사회개혁의 기능 등으로 구분하고 있다.

(1) 문화유산의 계승 기능

교육의 가장 중요한 기능 중 하나가 바로 인류 문화유산을 후대로 전달하고 계승하는 기능이다. 문화의 계승은 사회화의 기능, 사회적응 기능, 사회 유지 등을 포함하는 포괄적인 개념이다. 교육은 문화를 창조하고 사회의 변화를 촉진하는 사회 문화적 기능을 가지지만 우선은 과거로부터 계승되어 온 문화를 유지하는 기능을 수행한다.

개인적 차원에서 볼 때 어린이들은 사회구성원으로서 인정받기 위해 그 사회에 적응해야 하고, 그 사회에 적응하기 위해서는 그 사회가 공인하는 언어 · 사고 · 감정 · 태도 · 지식 · 가치관 · 행동양식을 학습하여 내면화해야 한다. 이러한 학습은 대부분 학교교육을 통해서 이루어진다.

학교 교육을 넓게 보아서 인간의 사회적 형성을 목표로 삼는 일면이 있다면 의도적이든 비의도적이든 간에 그는 사회적 기능으로서 영위되는 사회화 과정이라고 보지 않을 수 없고, 그와 같은 사회화 과정은 또한 사회의 지속적 발전에 밀접히 관련되는 작업이 아닐 수 없다. 교육의 사회적 기능에 대한 관점은 다양하게 나타나고 있다. 하지만 크게 집약해 보면 보수주의적 관점으로 과거의 문화유산을 중시하는 기능, 진보주의적 관점으로 현재의 사회생활 적응을 중시하는 기능, 사회개혁주의 관점으로 사회변화와 미래를 위한 기능으로 나누어 볼 수 있다.

이러한 사회적 기능을 수행하는 다양한 관점에서 학교 교육을 중심으로 사회적 기능을 살펴보면 다음과 같다.

문화전달의 기능은 일종의 교육의 사회화socialization 기능이다. 문화가 제공하는 지식, 기술, 가치, 규범, 언어 등 제반 생활 양식과 행동양식을 후진 세대들에게 학습하도록 하고 사회생활에 잘 적용할 수 있도록 하는 기능이다. 문화는 사회 성원 간에 널리 보급되고 세대 간에 지속되어 역사적 전통으로서 존속 · 발전한다. 바로 이 과정이 문화의 전달이며 그 전달 방법은 비의도적이거나 무의도적 과정에서도 이루어지며 매스컴을 통해서도 이루어지나 그 전형적인 기관은 학교이며, 학교 교육의 주된 사회적 기능 중의 하나이다.

학교가 기성 문화와 사회제도를 전달하고 유지 · 보존하는 기관으로서 특히 정적인 사회에서는 이러한 기능이 학교에서의 중요한 것으로 되는 것이다. 기성 문화나 제도의 변혁보다도 전통적 관습이 중시되고 타성과 형식성이 강조되게 된다. 이와 같이 사회화를 통하여 다음 세대로 하여금 사회에 적응하게 하는 것이 바로 사회의 안정과 유지를 위해 필요한 교육의 중요한 기능인 것이다. 학교에서 사회화를 크게 나누면 하나는 인지적 사회화의 기능이다. 즉, 지식이나 기술을 습득시키는 기능을 갖고 있으며, 다른 하나는 규범적 사회화의 기능이다. 즉, 가치관이나 행동양식을 형성시키는 기능을 갖고 있다.

뒤르껨E. Durkheim은 아동의 도덕적 발달에 있어서 학교의 역할이 가장 중요한 것이 되어야 한다고 판단하였다. 도덕 교육은 개인이 그가 속한 사회의 규범과 이상을 가지고 일관성 있는 방식으로 행동하도록 도덕적으로 사회화시키는 데 있다. 그리고 도덕교육을 위한 가장 좋은 교육적 방안은 학급을 사회적 집단으로 활용하는 것이다. 그를 위해 일정의 규칙, 규범을 내포한 학습정신, 학급에 대한 충성심, 가정과 같은 학습을 이루는 것이 강조된다.

(2) 사회통합의 기능

사회통합의 기능intergrate function이란 여러 이질적 요소들이 각기 고유의 기능을 유지하면서, 전체적으로는 모순과 갈등이 없이 조화를 이루면서 발전해 가는 기능을 의미한다. 이 기능은 문화전승 기능의 이차적 기능이라고도 하는 데 두 기능이 모두 사회화를 통하여 공인된 태도 · 규범 · 가치관 등의 생활 양식과 행동 양식을 육성하여 전체 사회의 조화를 이루어 간다는 점에서 차이가 없다. 그러나 사회통합의 기능은 문화전승 기능보다 강제성을 띠는 사회적 통제와 사회적 제재의 기능을 갖는다는 점에서 구분된다.

학교 교육을 통한 통합적 기능은 학교사회 내에서 학생들의 바람직한 행동은 권장하지만 비정상적인 일탈 행동에 대해서는 제재를 가하게 된다.

그 결과로 학생들로 하여금 사회가 공인하는 방향으로 나아가게 한다. 그러나 이러한 사회적 통합을 형성한다는 것은 다양하고 복잡한 현대 사회에서는 매우 어려운 일이며, 학교 교육의 힘만으로는 어려운 과제로 되고 있다. 따라서 현대 사회에서의 이질 요소의 통합을 위하여는 다양한 사회기제social mechanism를 활용하게 된다. 즉, 사회질서 유지를 위한 법과 공권력을 발동하는 예를 들 수 있다. 그러나 사회적 통합을 형성하는 보다 능동적이고 바람직한 방법은 교육을 통한 공통의 사회의식과 사회의 동의를 형성하는 일이 더욱 중요하다. 특히, 학교 교육을 통한 사회통합의 기능은 학교 수업을 중심으로 한 정치적 사회화 등을 통해서 심층적인 의식 구조의 변화를 가져오는 데 의의가 있다. 즉, 학생들에게 공통의 이념과 사상 그리고 가치관 형성을 통한 사회적 통합이 이루어지도록 하는 기능을 학교는 가지고 있다.

모든 국가들이 의무 교육제도를 통하여 국민의 지적수준과 문화수준을 향상시킴으로써 새로운 국가 목표를 일반화하고, 국민 형성nation building을 도모하는 것도 이러한 맥락으로 이해할 수 있다.

(3) 사회충원의 기능

교육이 수행하는 기능 중 가장 현실적이고 구체적인 기능은 사회충원의 기능이다. 이 기능은 지식 · 기술 · 가치관 · 태도 등의 육성을 비롯하여 인력의 선발 · 분류 · 배치 등의 기능을 포함하는 의미를 갖는다. 이와 같은 기능은 가정 교육을 비롯한 사회 교육제도에서도 직접 · 간접으로 수행하는 것이나 학교 교육이 주로 담당한다. 따라서 학교 교육의 기능으로서 인력의 선발, 분류, 배치 기능은 사회충원의 기능이다. 사회는 그 유지와 존속을 위해 다양한 기능을 수행하게 되는데, 그 기능에 따라 지위와 역할이 다르다.

각각의 지위와 역할은 그에 상응한 지식과 기술과 자질을 요구하고 있으며, 학교 교육은 이런 요구에 맞게 학생의 능력 · 적성 · 흥미 등을 기초로 하여 인력을 선발하고 교육을 시켜 배치하는 기능을 갖는 것이다.

현대 사회는 수많은 직업이 존재하고 있다. 캐나다 직업사전에 의하면 세상에는 2만여 종의 직업이 있고 한국의 경우도 현재 약 1만2천여 종의 직업 종류가 있다고 한다. 일의 종류에 따라 지위와 역할이 다르며, 지식과 기술수준이 다르게 요구된다. 교육은 이러한 사회적 요구를 인력의 선발, 분류, 배치 등을 통하여 충족하게 된다.

사회가 고도 산업화되면서 학교 교육을 통한 인력 양성은 매우 중요한 역할로 부각되었다. 더욱이 산업 구조와 사회 구조의 급격한 변화는 인력 수급의 요구를 점차 심화시키고 있으며, 학교 수준과 학력은 사회적 선발과 배치에 매우 중요한 기준이 되고 있다. 오늘날과 같은 개방 사회에서는 학교의 졸업증서가 사회적 선발과 지위의 배분에 결정적인 요인으로 작용하고 있는 예가 일반적인 현상이다. 따라서 대개 전문직종이나 관리직종에는 고학력자를 배치하고, 미숙련 단순노동직에는 저학력자를 배치하게 되었다.

우리나라의 사회충원은 과거와 같은 신분과 귀족적 요인에 의하기보다는 교육수준과 같은 업적 요인에 의해 이루어진다. 그리고 직업적 지위와 배분은 교육수준에 따라서 그 부여 조건이 제한되는 경우가 일반적이다. 이러한 학력 위주의 사회적 선발과 기회 제한의 문제는 능력사회meritocracy의 이념에 배치되는 현상으로 나타나서 능력이나 업적보다는 졸업장이나 학위소지 여부가 더 중요시 되는 경향을 갖는다.

(4) 사회적 지위이동 촉진기능

사회 이동social mobility이란 원래 개인이나 집단이 한 사회적 위치에서 다른 위치로 이동하는 것을 말한다. 현대 개방사회에서 학교 교육은 개인의 사회적 지위를 결정해 주는데 중요한 요인이 되고 있다. 학교 교육의 성과는 사회가 요구하는 능력을 부여하기 때문에, 결과적으로 학교 교육은 사회적 지위 향상을 위한 조건을 충족시켜 줌으로써 사회 이동을 가능하게 해주는 것이다.

사회 이동에는 크게 두 가지 양상이 있다. 하나는 상하 계층으로 이동하는 수직적 이동이고 다른 하나는 직종이나 지역적으로 이동하는 수평적 이동이다. 특히, 고학력을 중시하는 사회적 풍토에서는 학교 교육을 많이 받아야만 하위 계층에 속하는 직업에서 상위 계층에 속하는 직업으로 상승 이동할 가능성이 커진다. 또한, 고학력 위주의 사회에서는 고학력을 얻기 위해서 고등 교육기관이 몰려 있는 대도시로 집중하는 수평적 이동을 초래하게 된다. 이처럼 학교 교육은 수직적 이동뿐만 아니라 수평적 이동까지도 촉진하는 역할을 한다.

인간의 사회적 지위와 계층의 상승이란 권한, 권위, 재산, 대우 등에서 남보다 유리한 위치에 놓이게 됨을 뜻한다. 이러한 동기로 인하여 사회 상승의 기회를 얻고자 노력하며, 그 상승의 기회는 교육수준과 학업 성취의 수준에 비례하게 되는 것이 일반적인 사례이다. 우리나라의 경우도 오래 전부터 교육은 개인과 가문의 사회적 지위 및 권위를 나타내는 기준이 되어 왔으며, 우리 부모들의 자녀에 대한 교육열을 이러한 맥락에서 이해할 수 있다.

(5) 사회개혁의 기능

학교 교육은 기존 사회의 유지를 위해서 문화를 전승하는 역할을 담당하기도 하지만, 다른 한편으로는 새로운 문화를 창조하고 더 바람직한 방향으로 변화시키는 기능을 담당하기도 한다. 학교 교육은 사회로부터 영향을 받기도 하지만 다른 한편으로는 학교 교육이 사회에 영향을 미친다는 점에서 적극성과 능동성을 갖는다.

교육의 사회변화와 주도적 역할에 대한 주장은 미국의 교육학자 브라멜드T. Brameld의 재건주의 교육원리에 의하여 잘 제시되고 있다.

재건주의자들이 지적하고 있는 현대 문화의 병폐는 크게 ① 생활 · 건강 · 교육수준의 불균형 ② 인구의 폭발적 증가와 기아 ③ 대지 · 수질 · 식품 · 공기의 오염 ④ 국가 간의 적대감과 증오심 ⑤ 인종 간의 긴장과 파괴행위 ⑥ 전제적 정치체제사이비 민주주의 ⑦ 도덕 감각의 붕괴와 매춘화 ⑧ 과학의 폭발적 발달로 요약된다. 바로 이러한 현대 문화의 병폐와 그에 따른 위기를 의식하고, 새로운 사회를 건설해야 한다는 것이다. 이를 위해 학교가 무엇보다도 앞장서야 마땅하다고 주장한다.

학교 교육의 사회개혁 기능은 사회 변화를 유도하고 촉진하는 역할을 의미한다. 이러한 기능은 창의력과 태도의 개방을 비롯하여 문화의 분화를 통해서 이루어질 수 있다. 비과학적 사고 방식에서 벗어나 합리적인 사고를 할 수 있게 하고 개방적인 가치와 태도를 갖도록 해야한다.

또한, 학생들로 하여금 사회적 문제와 문화적 위기를 각성하게 하고 그러한 문제의 해결에 학생들이 적극적으로 참여할 수 있도록 계획되어야 한다.

사회적 의식을 각성시키기 위하여 학생들이 현실에 대해 의문을 제기할 수 있도록 권장하여야 하며, 종교 · 정치 · 경제 · 교육 등의 논쟁거리들을 탐구하도록 권장하여야 한다. 왜냐하면, 논쟁거리들을 탐구함으로서 전통적 견해가 발전할 수 있기 때문이다. 사회 개조를 위한 교육의 당면과제는 문화를 어떤 방향으로, 어느 영역의 문화를 중심으로 창조할 것인가 하는 것과 또 어떤 방법으로 수행할 것이냐 하는 것 등의 계획에 관한 것이다.

2. 교육과 사회화

1. 사회화의 개념

사회는 두 사람 이상이 모인 집단의 모임이다. 그러나 단순히 집단이 모였다고 해서 이것이 사회가 되는 것은 아니다. 사회가 되기 위해서는 그 사회가 추구하는 공통된 생활 양식, 언어습관, 가치관을 공유해야 한다. 따라서 한 개인이 사회에 소속되기 위해서는 그 사회가 공유하고 있는 다양한 양식 · 언어 · 습관 · 가치관 등을 배워야 하는데, 이렇게 한 개인이 자기가 소속해 있는 사회의 행동양식 · 가치관, 규범과 같은 문화를 학습하고 내면화하는 과정을 사회화라고 한다.

사회화라는 개념은 보는 관점에 따라서 그 양상이 달라지는데, 크게 개인적인 측면과 사회적인 측면으로 구분할 수 있다. 첫째, 사회적인 측면에서 보면 사회의 문화가 한 세대에서 다음 세대로 전달되고 각각 개인이 사회의 구성원으로 성장하여 사회에 통합되는 과정을 의미한다. 다시 말해서 사회를 유지하고 성원을 통제하기 위해 집단의 규범이나 가치에 맞는 행동 양식을 기르는 역할을 부여하며, 동시에 사회 구성원의 행동 양식에 유사성을 형성하여 전체 사회의 기능이 원활하게 수행되고 더 나아가 사회가 계속 발전할 수 있도록 통합하는 기능을 갖는 것을 의미한다. 브룸과 셀즈닉 L.Broom & P. Selznick 은 "사회화란 문화가 전승되고 개인이 조직된 생활 양식에 적응하는 방식을 말한다. 사회화는 생물적인 유기체를 인간화하여 그를 통제하고, 정체의식을 가진 자아로 변화시키며, 나아가서 이상 · 가치 및 열망도 부여해 준다."라고 정의하고 있다.

둘째는 개인적인 측면으로서 인간이 가지고 있는 잠재적 가능성을 개발하여 개인적 성장과 발달을 이루는 과정이라고 사회화를 정의한다. 즉, 사회생활에 필요한 행동 양식, 언어, 직업적 역할을 습득하고 내면화하여 타인과의 관계 속에서 생활하는 방식을 학습하는 것으로서 사회적 기대와 기대에 대처하는 방식을 습득함으로써 사회에 적응할 수 있게 되는 것으로 보는 것이다. 시웰Sewell은 '개인적 측면에서의 사회화를 한 개인이 자기가 속해 있거나 혹은 속하게 될 집단의 기술, 지식, 태도, 가치 및 동기 등을 선택적으로 습득하는 과정'으로 정의하고 있고, 최정웅은 '자기가 소속한 집단이나 사회의 가치와 관습, 행동 양식이나 문화 양식, 혹은 규범이나 제 규정을 습득하고 실천해서 그가 속한 사회적 환경에 적응해가면서 유능한 사회성원으로 성장해 가는 과정.'으로 정의하고 있다.

윤정일은 사회화가 되기 위한 기본 조건을 다음과 같이 3가지로 구분해 정리하고 있다.

첫째, 사회적 상호 작용이다. 인간의 성격 발달은 어느 정도 선천적 기질이나 생물학적 특성에 의하여 영향을 받지만 사회적 상호 작용에 의해서 더 영향을 받는다. '늑대 어린이'나 '늑대 청년' 등의 사례는 인간이 다른 사람과의 사회적 교섭과 접촉을 통해서 또는 인간문화 속에서라야 인간으로서 사회화될 수 있음을 보여준다.

둘째, 생득적 학습 능력이다. 인간은 다른 동물보다 상당히 높은 지적 잠재능력을 가지고 태어난다. 그래서 일생 동안 다른 동물보다 많은 것을 배울 수 있다. 인간은 본능적 성향에 따라 행동하는 것보다는 생후에 학습한 행동을 하는 영역이 훨씬 넓다. 인간은 학습할 수 있는 잠재능력을 가지고 태어나기 때문에 사회화가 가능하다.

셋째, 언어 능력이다. 약간의 지능을 가진 동물은 더러 있지만 언어를 사용할 줄 아는 동물은 인간뿐이다. 언어는 지식, 정서, 가치, 태도 등을 표현하고 전달하는 중요한 수단이다. 인간 집단에 있어서 언어를 통한 상징적 상호 작용은 사회화 과정의 중요한 양식이 되며, 나아가서 사회와 문화가 존속할 수 있는 결정적 요인이 된다.

2. 사회화 과정

사회화는 인생의 어느 한 시기에 국한되는 현상이 아니라 인간의 사회생활이 계속되는 한 지속적으로 일어나는 사회활동이다. 사회화 과정은 단기간에 이루어지는 특정한 기능이나 지식의 습득과는 달리, 비교적 장기적이고 지속적인 과정이며, 다른 사람과의 직접적인 접촉을 통해 이루어진다. 사회화를 다른 말로 사회적 학습이라고 할 수 있는데, 다음의 몇 가지 형태로 나타날 수 있다.

첫째, 보상과 처벌 혹은 작동적 조건화이다. 조건화는 주위에 계속적인 자극이 있는 경우에 일정한 유형의 행동이 반사적으로 수반되는 것을 의미한다. 이것은 행동주의 학자인 파블로프I. Pavlov와 스키너B. F. Skinner에서 그 예를 찾아볼 수 있는데, 대부분의 학생들은 상이나 칭찬을 받기 위해 혹은 벌이나 꾸중을 듣지 않기 위해서 열심히 공부하는 것이 그 예이다. 이렇듯 사람들은 보상과 처벌 그리고 조건화에 따라 많은 사회적 행동을 배우고 사회화 하게 된다.

둘째, 모방과 동일시 학습이다. 이것은 접촉하는 타인의 행동을 모방하는 사회적 학습을 말하는 것으로서 모방은 다른 사람의 특정한 행위만을 본받아 흉내 내는 과정이며, 동일시는 개인이 영화, 성공담 속의 인물, 특정 인물과 유사한 태도와 행동을 나타내려는 경향을 말한다. 이렇듯 사람들은 모범적인 인물을 정해서 모방하는 방법에 의해서도 사회화가 이루어진다.

셋째, 내면화 과정이다. 개인은 현재의 규범과 가치를 수동적으로 내면화하기도 하지만 변동하는 환경 속에서 과거의 지식이나 경험을 새로운 맥락에서 계속적으로 적용하면서 자신의 목적을 달성해야 하는 경우도 많다. 이런 학습 과정을 문제 해결이라고 하는 데 인지적 학습으로 이해할 수 있다. 문제 해결의 방법을 배우는 것은 특히 복잡한 현대 사회에서 개인이 효과적으로 환경에 적응하고 행복한 생활을 하기 위해서는 매우 중요하다.

이상의 사회적 행동에 대한 각각의 학습 형태는 모두 각각 나름대로의 장 · 단점을 가진다. 조건화와 모방은 효과적이기는 하지만 비판적 사고력을 자극하지 않으므로 이에 따른 사회적 학습 방법은 현대의 급변하는 산업사회에서는 적합하지 않다. 그리고 문제해결법은 사고력과 비판력을 고양하기에는 유용하지만 현재의 규범과 가치를 위태롭게 할 염려가 있고, 또한 어느 정도는 사회화와는 다른 결과를 낳을 수도 있음을 염두에 두어야 한다.

3. 사회화 기관

한 인간이 성장 · 발달해 가면서 사회적 학습을 하는 데 영향을 주거나 사회화의 매개에 영향을 주는 기관이나 담당자를 사회화의 기관 또는 대행자라고 한다. 대표적인 기관으로는 가족, 또래집단, 학교, 직장, 매스미디어 등이 있다. 먼저 가족과 가정은 1차적인 사회화 기관으로서 아동의 사회화가 시작이 되는 장소이며, 가장 기본적인 사회 단위이다.

따라서 개인은 자신의 뜻과 상관없이 가정의 생활방식에 따라 갖가지 행동, 태도, 가치를 배우게 된다. 가정에서의 사회화의 내용은 신체 발달을 위한 양육 · 언어 습득 · 예의범절 및 인격수행 · 사회적 기술을 갖추기 위한 기반 확립 등이며, 가정에서의 자녀 양육 방식이나 가족 구성원 간의 인간관계 구조는 사회하에 직접적인 영향을 준다.

둘째는 또래집단으로서 어머니의 품안에서 자라던 아이는 점점 자라나 놀이터에 나간다든지 또는 유치원에 다니게 되면서 그는 지금까지 상대해 보지 못했던 놀이동무들과 교제하게 되는데, 이때 그 놀이동무들을 또래집단 또는 동료집단이라고 부른다. 이러한 또래집단은 사회화의 중요한 대행자로서 아동기, 청소년기의 인성 발달에 영향을 주며, 친구와 상호작용 중 어떻게 말하고 행동하는지 터득하며, 타인과의 관계에서 자신을 억제하는 자제력을 습득하게 되고, 성 역할 및 자신의 사회적 위치와 역할의 개념을 형성하게 된다. 피아제 이론에 의하면 자기 중심성이 완화되는 계기가 되기 때문에 사회성 발달에 큰 영향을 준다고 할 수 있다. 특히 이전까지의 종적 관계에서 벗어난 횡적인 관계에서 질서의식을 습득하고, 독립심이나 자발적 행동양식 등을 습득한다.

셋째는 학교다. 학교는 가정이나 또래집단에 비하여 다분히 계획적 · 합리적 · 의도적인 사회화 기관으로 학생들은 학교 교육을 통하여 일반적인 태도와 가치 및 기능을 습득할 뿐만 아니라 동료들과의 비공식적 상호 작용을 통하거나 또는 교사나 상급생들과의 관계를 통하여 사회적 역할을 배우게 된다. 따라서 아동기와 청소년기 사회화의 가장 중요한 기능을 담당하는 기관이라고 할 수 있다.

사회화의 내용은 직업 생활을 위한 지식과 기술 습득이나 사회규범과 문화적 가치 학습 등이며, 교육과정을 통해 사회의 요구에 따라 유능한 사회인을 배출한다.

넷째는 직장이다. 직장은 직업과 관련된 활동이나 전문 직업에 필요한 지식 · 태도 · 기술 등을 습득하는 사회화기관으로서 직장을 중심으로 한 취미 생활과 타인과의 상호작용을 통해 사회화가 가능하며, 가정과 학교와는 달리 합리적이고 비정의적인 사회화 기관이다.

마지막으로 대중매체Mass Media로서 오늘날 가장 광범위한 사회화의 대행자이다. 대중매체는 각 개인의 사회화에 있어 순기능과 역기능을 가지고 있어서 아동의 경우에 부모나 교사가 대중매체로부터 아동이 긍정적이고 교육적인 영향을 받을 수 있도록 선도해야 한다.

3. 교육사회학의 이론적 관점

모든 학문이 그러하듯이 교육사회학도 다른 학문과 같이 나름대로의 성격을 규정짓는 이론적 틀 또는 접근 · 분석 · 설명하는 방식이 있을 수 있다. 넓은 의미에서 교육사회학은 교육과 사회와의 관계를 설명하는 학문이다. 보다 구체적인 의미로는 교육의 사회적 과정과 제도로서의 성격을 설명하는 학문이라고 할 수 있다김병성, 2006. 교육은 사회를 떠나서는 성립될 수 없는 것처럼 교육 이론 역시 사회 이론을 떠나서는 설명될 수 없는 부분이기에 교육사회학이라는 학문의 탄생은 당연한 것이며, 이에 따른 이론적 틀이 존재한다.

본 장에서는 많은 교육사회학의 이론 중 거시적 접근에서 사회의 본질을 규명하고자 한 기능 이론과 갈등 이론, 그리고 미시적 접근에서 사회의 본질을 규명하고자 한 해석학 및 비판 이론에 대해서 알아보고자 한다.

1. 기능 이론적 관점

기능 이론과 갈등 이론은 모두 거시적 관점에서 사회의 본질을 규명하고자 한다. 기능 이론의 명칭은 기능 이론 외에 구조기능 이론, 질서 모형, 평행 모형 등이 있다. 명칭에 따라 이론의 강조점이 서로 다르다. 그러나 이들을 모두 포함하여 기능주의 이론으로 부르는 것이 일반적이다. 기능 이론은 사회학의 아버지로 불리는 콤트A. Comte나 사회 유기체설을 제시한 스펜서H. Spencer에서 그 이론적 기초를 찾을 수 있다. 그러나 뒤르껨E. Durkheim이 이론적 근거를 발전시켰으며, 사회학 이론의 구축은 파슨스T. Parsons에 의해서였다. 그것을 머턴R. Merton이 정예화하였다. 1980년 중반에는 기존의 기능주의에 대한 다양한 비판들을 적극적이고 창조적으로 수용함으로써 이론 자체의 설명력을 높이는 동시에 통합 이론을 위한 패러다임을 제시하는 노력에 힘입어 신기능주의로 나타나고 있다.

기능주의 이론에서 언급하는 주요개념은 기능, 유지, 존속, 통합, 결속, 안정, 균형, 항상성, 합의, 질서, 사회화 등이다. 따라서 '어떻게 사회의 유지 및 존속이 가능한가?'에 대해 체계적인 설명을 제공한다. 18세기 후반 유럽은 산업화와 도시화에 따른 격심한 사회 변동과 프랑스 대혁명 이후의 정치적 불안정은 사회 사상가들로 하여금 사회질서에 깊은 관심을 갖게 하였다. 사회가 왜, 어떻게 만들어지고, 무엇이 사회를 유지시키는가? 무엇이 사회를 변동시키는가?

이러한 의문에 대하여 사회학자들은 생물학의 종의 이론과 진화론, 그리고 세포 이론의 발달에 영향을 받아 그 해답을 구하고자 하였다. 그래서 기능주의 이론가들은 개별 유기체와 사회 유기체를 비교하여 사회를 유기체에 비유한다. 즉, 사회의 본질은 상호 의존적인 관계 또는 부분의 집합으로 구성된 체계로 보고 유기체에 비유하여 여러 기관이나 부분이 전체의 생존과 존립에 공헌하고 있는 관계로 본다김경식 외, 2007.

① 사회와 유기체는 둘 다 성장 · 확대라는 면에서 비 유기체적 물질과 구별될 수 있다.

② 사회와 유기체에서 구조의 점진적 분화는 기능의 분화를 수반한다.

③ 사회와 유기체에서 한 부분에서의 변동이 다른 부분에게 영향을 미치는 것과 같이 전체의 부분들은 상호 의존적이다.

④ 사회와 유기체에서 전체의 각 부분은 그 자체가 소사회 또는 유기체이다.

⑤ 사회와 유기체에서 전체의 생명은 파괴될 수 있다. 그러나 그 때 부분들은 잠시 더 존속할 것이다.

이처럼 기능주의는 사회내의 제도들이 모두 함께 일하는 상호 의존적인 부분들로 이루어져 있고, 각 부분은 전체 사회의 기능에 일부 필요한 활동에 기여한다는 것을 전제로 출발한다. 이 접근은 인간 유기체의 생물학적 기능과 같은 것으로 생각하고, 각 부분은 전체를 위해 역할을 하며, 모든 부분들은 생존을 위하여 서로 의존한다. 예컨대 인체는 손 · 발 · 코 · 귀 · 입 · 위 · 폐 등 여러 기관의 부분으로 구성되어 있으며, 이들은 각기 담당하고 있는 기능이 있고, 각각의 기능을 순조롭게 수행함으로써 인체의 생존과 활동을 가능하게 만드는 것처럼 사회의 각 부분도 상호 의존적이며, 항상 안정을 유지하려는 속성을 지니고 있다는 것이다.

그리고 기능주의에 의하면 학교 교육의 사회적 기능은 전체 사회에 대한 적응 체계적 기능으로 전체 사회의 유지에 기여한다고 본다. 즉, 학교 교육에서의 기능주의의 기본 입장은 교육과 사회 관계를 긍정적으로 파악하고 교육의 순기능을 강조한다. 뒤르껨은 사회학적인 시각, 도덕 교육의 중요성 등을 주장하며, 학교 교육은 전체 사회의 지배적인 행위 유형들을 의도적으로 전달해 줌으로써 한 사회의 존속에 기여하는 수단으로 이해한다. 즉, 교육의 기능을 한 사회의 공통적 감성과 신념, 즉 집합 의식을 새로운 세대에 내면화하는 것을 의미한다고 하였다. 따라서 기능론적 관점에서 볼 때, 학교제도는 안정된 사회를 유지하는 데 필요한 태도, 가치, 기술, 규범 등을 다음 세대에게 전승하는 매우 중요한 역할을 한다고 본다.

이를 좀 더 구체적으로 서술하면 아래와 같다Bennett & LeCompte, 1990.

① **학교 교육은 지적 목적을 추구한다.** 언어나 수학등과 같은 인지적 지식은 물론, 종합하거나 평가하는 탐구 능력도 습득시킨다. 이러한 것들이 사회를 유지, 존속, 발전시키는 데 필요하기 때문이다.

② **학교 교육은 사회통합을 위한 정치적 목적을 추구한다.** 그 나라의 정치, 역사, 위인의 생애를 가르쳐 후세들이 기존의 정치적 질서에 적절히 참여하고 사회통합에 이바지하도록 한다. 구성원들이 질서 · 공중도덕 · 법에 순종하도록 하며, 이민자나 산업 근로자를 동화시켜 한 사회 안의 이질적 요소를 동질화함으로써 통합을 추구한다.

③ **학교 교육은 경제적 목적을 추구한다.** 교육은 개인의 직접 준비를 위하는 것뿐만 아니라 국가나 경제에 필요한 노동 인력을 양성하기 위해서도 구성원을 훈련시킨다. 즉, 교육은 사회 구조나 산업 구조의 변화에 맞는 인간을 길러 내기 위해 노력한다.

④ **학교 교육은 사회적 목적을 추구한다.** 구성원의 사회적 · 도덕적 책임감을 고취시키고 사회 문제를 해결 · 개선하며, 사회개혁을 위한 정신을 전수함으로써 가정이나 교회가 지니는 기능을 보완한다. 교육은 개인을 특정 사회에 걸맞는 사회적 존재로 만들거나 특정 사회적 역할을 습득시키는 과정이다.

⑤ **학교 교육은 인재를 선발 · 훈련 · 배치하는 기능을 수행한다.** 학교는 재능 있는 사람을 선발하여 교육한 후에 적재적소에 배치 · 충원시키는 합리적 기구라고 한다. 학교가 선별 장치라는 말은 교육의 선발 기능을 뜻하는 말이다.

⑥ **학교 교육은 사회 이동을 촉진하는 기능을 수행한다.** 타고난 신분이 아닌 개인이 쌓은 실력 · 능력 · 업적 · 실적 등에 의한 사회 이동임을 전제함으로서 교육은 사회적 지지를 획득하는 공정한 게임이 된다고 본다. 그래서 교육제도는 위대한 평등화 장치라는 주장도 가능하다.

한편, 교육과 사회과학에 있어서 기능주의는 많은 공헌을 하였지만, 이에 대한 비판도 만만치 않게 받고 있다. 오랫동안 기능주의 이론은 특히 미국의 사회학에서 지배적 이론으로 그 위치가 확고했지만, 1960년대 이후 그 한계가 명백해짐에 따라 위상이 약해지기 시작했다. 비판점을 살펴보면 아래와 같다.

① 기능주의는 다양한 관심과 이념, 그리고 갈등하는 이익집단이 많이 있다는 사실을 인식하지 못하고 통합과 합의를 지나치게 강조한 나머지 집단 간의 갈등을 잘 다루지 못하고 있다. 즉, 교육을 둘러싼 사회가 경쟁적인 이데올로기의 각축장이라는

점을 전혀 고려하지 못한 점은 기능론적 교육관이 갖는 커다란 오류라고 지적된다.

② 기능주의는 인간을 사회화의 주체가 아닌 객체로 봄으로써 아동에 대하여 수동적인 존재 또는 사회의 종속적 존재라는 입장을 견지한다. 또한, 기능주의 관점에서는 학급의 역동성교사와 학생 또는 학생과 학생의 관계과 같은 상호 작용을 분석하는 데 어려움이 있다고 지적한다. 이와 관련하여 기능주의 접근은 교육과정의 내용, 즉 무엇을 가르치고 어떻게 가르치는가와 같은 것을 잘 다루지 못한다고 비판을 받고 있다.

③ 기능 이론은 기회균등 · 업적주의 · 경쟁적 사회 이동 등을 전제로 하지만, 불평등한 출발 · 과정 · 결과에 따라 불평등한 사회 이동이 일어나고 있는 현실에 무관심하다. 능력의 차이에 따른 소득의 차이를 당연한 것으로 여김으로써 불리한 계층의 불행을 소홀히 다룬다.

④ 변화가 일어날 때 그 변화는 느리고 계획적이며 체제의 균형을 전복하지 못한다는 기능주의 가정은 모든 상황에서 타당한 것은 아니다. 연쇄반응과 같은 변화의 가정은 함의를 지니고 있지만 이것은 안정된 사회나 급속히 변화하는 사회의 실제들을 반드시 반영하는 것은 아니다. 이처럼 교육에 대한 기능주의 분석은 다소 엄밀성이 부족하며, 인과적 적합성을 가지고 있지 못하다.

⑤ 교육 선발이 능력 본위로 이루어진다는 기본 전제 때문에 선발 과정의 귀속적 측면에 대한 관심을 소홀히 다루었다는 비판이다. 이것은 학교 교육을 단지 사회의 영향속에서 움직일 수밖에 없는 종속변수로 취급했다는 것이다. 그러나 학교는 학교 나름대로 능동적 역할을 수행하고 교사와 학생도 학교가 정한 목표에 자율적으로 임하거나 때로는 그것을 수정하기도 한다.

⑥ 학교 교육을 통한 사회 이동을 과신한 나머지 과잉 교육 현상이 나타난다. 과잉 교육이란 고학력 실업이나 저 고용 현상을 빚어 내는 교육적 부작용이다. 교육을 통한 사회적 지위의 상승 이동을 노리다 보니 과잉 교육 현상이 생긴다. 한국 사회의 학력 인플레이션이 그 대표적 예이다.

2. 갈등 이론적 관점

기능 이론과 대조적으로 갈등 이론은 사회의 실체를 개인과 개인 또는 집단과 집단의 끊임없는 세력다툼, 경쟁, 저항 관계로 본다. 갈등 이론은 마르크스K. Marx나 베버M. Weber 등의 이론과 사상에 그 지적 뿌리를 두고 있으나, 기능 이론에 대한 도전과 비판적 관점은 신마르크스주의자들에 의해 활발하게 전개되었다. 이 이론적 발전은 다렌도르프 R. Dahrendorf, 밀즈C. Mills, 코저L. A. Coser 등에 의해서였다. 1960년대를 거쳐 1970년도에 들어오면서 미국에서의 현대 갈등 이론은 고도의 사회적 인종적 갈등과 관료주의화 · 산업화 · 도시화를 통한 억압에 회의를 느끼면서, 유럽 사회학적 사고 방식에 친숙한 지식인들의 반응으로 그 출발점을 찾았다.

갈등 이론이 중시하는 개념들은 갈등, 경쟁, 억압, 통제, 대립, 변화, 계급, 착취, 재생산, 물화, 소외, 이데올로기, 허위의식, 계급의식 등이다.

갈등론의 이론가들은 기능주의적 자유주의 이데올로기의 허구성을 지적하면서 학교 교육을 통한 평등사회 실현에 회의를 갖는다. 그들은 학교 교육의 기회 확대와 양적 성장에도 불구하고 사회적 불평등은 여전히 존재하고 있다는 점을 들어 기능주의를 부정한다. 즉, 교육이 지배 집단의 권익을 정당화하고 주입해서 기존사회 계층 구조를 재생산하는 데 주력한다고 주장하고 있다.

이러한 갈등론은 마르크스의 계급투쟁론을 기반으로 발전하였다. 마르크스의 갈등론은 계급갈등론이나 경제갈등론으로 불리며, 사회 생산관계에서 비롯된 계급적 갈등의 주요 관심사다. 이들 갈등론의 기본 전제는 인간이 소유하고자 하는 대상물은 제한되어 있으나, 개인의 소유욕은 무한하여 이 모순을 해결할 수 없기에 경쟁과 갈등이 불가피하다는 것이다.

마르크스적 관점에서는 학교 교육의 기능이 지배 집단의 신념과 가치를 종속 계급에 보편적인 가치로 내면화시키는 기능이라고 주장한다. 지배와 종속의 관계를 유지시켜 주고 여러 세대에 걸쳐 영속화시켜 주는 기능을 학교 교육이 담당하고 있음을 주장한다. 이와 같이 계급 불평등 구조를 사회적으로 재생산하여 현존 지배체제를 영속화하는 기능을 재생산 기능이라 하는 데, 이러한 재생산 기능을 다루는 이론을 재생산 이론이라고 부르며, 보울즈S. Bowles와 진티스H. Gintis가 후에 이 이론을 체계적으로 연구하였다.

기능 이론은 업적주의적인 현대사회에서 학교 교육의 긍정적인 기능을 강조하고, 학교는 아동들이 미래의 직업적 역할을 효과적으로 수행하는 데 요구되는 전문적인 기술과 능력을 길러주며, 전체 사회의 질서유지를 위하여 필요한 공통의 가치 · 신념 · 규범 등을 내면화하는 효율적인 기제라고 생각한다. 이에 반해 갈등 이론은 학교의 중요한 기능이 인지적 기술을 제공하거나 공통의 가치를 습득시키는 것이라기보다는 산업화된 기술 사회 혹은 자본주의 사회의 지배적인 가치를 가르치는 것으로 본다. 그리하여 충성심을 기르고, 현 상태에 의존하도록 하며 혜택 받은 사람의 이익을 영속화하고, 가난한 사람들에게 그들의 분수를 지키도록 가르친다는 것이다.

한편, 갈등론적 이론이 학교 교육의 사회적 성격을 해석하는 데 다양한 해석 틀을 제공하고 현행 학교 교육의 문제점을 사회 구조적 문제와 연결시킨 점에서 공헌한 것에도 불구하고 학교 교육의 본질적인 모습을 왜곡하거나 해석의 오류가 존재한다는 비판을 면치 못하고 있다. 이런 갈등론적 교육 이론에 대한 비판들을 정리하면 다음과 같다.

① 구조결정론에 빠져서 교육이 경제 구조나 문화 구조에 의해 일방적으로 그 성격이 결정된다고 한다. 따라서 교육 행위의 설명에 있어서 인간의 의지를 무시하고 사회 조건 만을 지나치게 강조하게 된다.

② 사회 구조를 단순히 이분법에 따라 설명한다. 지배자와 피지배자, 가진 자와 못 가진 자 등으로 사회 구성원을 양분하고 교육이 지배자와 가진 자에게만 봉사하는 것으로 규정하고 있어서 교육의 본질적 모습을 왜곡하거나 과장하고 있다는 것이다.

③ 학교 교육의 공헌을 전혀 무시하고 있다. 학교 교육이 전통사회의 구속적인 신분세습제도를 약화시키고 업적주의적 사회 이동을 가능하게 해준 공헌을 전적으로 부정하고 있다.

④ 갈등과 세력 경쟁을 지나치게 강조한 나머지, 교육이 사회적 결속력을 높이고 국가공동체적 의식을 높이는 데 기여한 점을 과소 평가하고 있다.

⑤ 교육 선발의 불평등 요소를 강조함으로써 교육을 통한 능력과 재능의 선별을 인정하지 않으며, 사회적 상승 이동에 기여한 학교 교육의 공헌도 무시하는 경향이 있다.

⑥ 갈등 이론에서는 교육 체계의 내용을 분석하지 않음으로써 교육정치학 이론의 출현과 필요를 느끼지 않았으며, 따라서 만족할 만한 교육변동 이론이 발전될 수 없게 하였다.

3. 기능 이론과 갈등 이론의 비교

지금까지 살펴본 교육 현상의 기능론적 관점과 갈등론적 관점을 비교하면 기능주의 이론은 재능 활용의 능률과 사회적 통합성을 위한 교육의 기능을 강조한 반면, 갈등 이론은 기존 학교 교육에 대한 비판에 주력하여 불평등의 정당화와 지배층 문화의 주입을 논박하고 있다. 두 이론을 표로 정리하여 비교하면 아래와 같다(이종각, 1995).

표 5-1 기능 이론과 갈등 이론의 비교

	기능 이론	갈등 이론
사회관	1. 사회의 모든 요소는 안정 지향적이다. 2. 사회의 각 요소들은 상호 의존적이며, 통합적인 기능을 한다. 3. 사회변화는 점진적이고 누적적으로 진행된다. 4. 사회체제 유지를 위해 사회 구성원들의 공동체 의식을 강조한다. 5. 사회의 지위배분은 개인의 성취 능력에 의해 달성된다. 6. 사회의 가치 · 규범 · 관습 등은 구성원들의 합의에 의한 것이며, 보편적이고 객관적인 성격을 지니고 있다.	1. 모든 사회는 변화 지향적이다. 2. 모든 사회는 불일치와 갈등이 일어나고 있다. 3. 사회변화는 급진적이고 비약적으로 진행된다. 4. 사회의 각 집단은 경쟁적이며, 대립적인 관계를 지니고 있다. 5. 일반적으로 사회가 선호하는 가치는 지배 집단과 관련을 맺고 있다. 6. 사회의 각 기관들은 지배 집단의 이익에 봉사하고 있다. 7. 사회 갈등의 원인은 재화와 희소성과 불평등한 분배에 기인한다.
교육관	1. 학교는 사회의 안정과 질서에 기여하는 제도이다. 2. 학교는 사회가 요구하는 기술, 지식 등과 공동체 의식을 전수한다. 3. 학교는 사회 구조적 모순을 해결하여 주며, 사회 평등화를 도모한다. 4. 교육은 독립적이며, 자율적이라는 자유주의적 이데올로기에 근거하고 있다. 5. 학교는 개인의 재능과 노력에 따라 공정한 평가를 하며, 아울러 정당한 사회적 보상이 주어진다.	1. 학교는 기존의 위계질서를 공고히 하며, 지배계급의 이익에 종사하는 도구이다. 2. 학교는 기존의 질서를 재생산함으로써 사회 불평등을 영속화한다. 3. 교육이 이데올로기적 상부 구조로서 경제적 토대의 대응체라는 유물론적 해석에 근거하고 있다. 4. 학교는 피지배 계층에게 기존의 불평등 위계 구조에 순응하도록 강요하는 이데올로기적 기관이다. 5. 학교는 인간을 강요하고, 억압함으로써 타율적이고 수동적인 존재로 전락시키고 있다.

결국 두 이론의 차이는 한 마디로 정의하자면 '안정 지향' 대 '변화 지향' 혹은 '상호 의존' 대 '상호 대립'이라고 말할 수 있다. 그러나 이러한 차이에도 불구하고 두 이론은 또한 일정한 공통성을 지니고 있다.

첫째, 기능 이론과 갈등 이론은 모두 학교 교육을 사회 구조와 지나치게 관련지어 논하고 있다는 점이다. 둘째, 두 이론은 모두 인간을 외부의 자극 특히 사회의 요구나 필요에 따라 단순히 반응하는 수동적인 존재로 보고 있다는 점이다. 셋째, 두 이론이 모두 거시적 접근을 택하여 교육이 현상 유지 또는 현재의 체제 유지에 얼마나 공헌하며 기능하는가를 설명하고 있다.

4. 해석학적 관점

기능주의와 갈등주의 이론은 사회체제와의 관계 속에서 학교가 어떤 역할을 수행하고 있는가를 거시적으로 분석하는 데 관심을 모았다. 그러나 1960년대 이후 체제나 구조보다는 과정과 상호 작용을 보다 강조하는 미시적 접근 방법이 점점 관심의 대상이 되고 있다. 특히, 1970년대 이후 학교의 교실을 연구 대상으로 삼아서 연구하는 규범적 패러다임보다는 학교에서의 교사-학생 간의 사회적 상호 작용론, 현상학, 민속방법론 등 사회학적 이론들이 중요시 되었다. 교육과 사회의 관계를 미시적 측면에서 의미 해석하는 해석학적 관점에서는 교사와 일상생활, 행위자 자신의 상황등에 대한 해석에 강조점을 둔다.

윌슨Wilson은 사회학을 크게 '규범적 패러다임'과 '해석적 패러다임'으로 구분했다. 규범적 패러다임은 인간의 사회적 행위가 규칙에 의해 지배되고, 그러한 행위 패턴의 사회학적 설명이 자연과학적 모델에 의해 이루어질 수 있다고 본다. 그 반면에 해석적 패러다임은 이런 전제들을 의심한다. 즉, 인간의 사회적 행위란 일정하게 공유된 규칙에 따라서 일관되게 이루어지는 것이 아니라 서로의 행동을 의미 있게 받아들이고 해석하면서 상호 작용하는 해석적 과정이라는 것이다.

해석학적인 관점에서 볼 때 세상의 실체와 그 법칙은 인식주체, 즉 인간의 인식밖에 객관적으로 존재하는 것이 아니라 인간에 의해 부단히 구성되어 가는 것이다. 사회과학에서 해석학은 인간의 상호 작용 속에서 이루어지는 해석과 의미 부여에 관심을 갖고, 상호 작용을 하나의 해석적 과정으로 파악한다. 따라서 상호 작용이 실제로 일어나고 있는 일상 세계를 구체적으로 이해하기 위한 해석적 기술이 강조된다.

이러한 해석학적 패러다임은 해석하는 학자들 마다 분류하는 방식이 다양한데, 일반적으로 후설E. Husserl과 슈츠A. Schutz가 기초를 닦은 현상학적 해석학, 미드G. Mead와 블루머H. Blumer로 대표되는 상징적 상호 작용론, 상징적 상호 작용론자와 현상학자들의 관심사로부터 도출되어 나온 민속방법론 등이 이에 해당한다.

먼저 현상학적 해석학은 베버M. Weber의 이해사회학과 후설의 철학방법론을 병합하여 슈츠에 의해 체계화된 이론으로, 외부에 객관적으로 존재하는 것에 대한 과학적 실증주의적 접근이 아니라 의식의 과정, 즉 행위자들의 주관적인 상태가 어떻게 그리고 어떤 방법으로 생성되고 유지되며, 또한 변화되는가에 관한 것에 있다. 그리고 교육에 대한 현상학적인 접근은 교육 참여자들, 즉 교장 · 교감 · 교사 · 학부모들이 교육 경험을 어떠한 의미로 받아들이는지에 대한 깊이 있는 이해를 제공한다.

둘째, 상징적 상호 작용론은 프래그머티즘의 사상을 배경으로 한 이론이다. 상징적, 상호 작용론적인 관점에서 학교 교육은 교사와 학생의 관계, 즉 교수–학습 과정이라는 것은 일반적으로 규정될 수 없는 성질의 것이며, 그것이 이루어지는 상황과 교사에 따라, 학생에 따라 다양한 의미로 해석될 수 있고, 다양한 관계가 끊임없이 진행되면서 관계가 형성 · 발전되어 간다고 볼 수 있다. 또한, 사회관계는 상호 작용 관계에 있는 쌍방이나 각각 자신의 행동에 대하여 상대방이 어떻게 대응할 것인가를 예견하고, 상호 용납할 수 있는 방법으로 상황을 정의하며, 쌍방이 수용할 수 있는 행동의 한계를 설명해 준다. 사회는 사람들 간의 상호 작용 관계로 봄으로써 사회의 불변하는 구조적 측면을 중시하는 기능주의 이론과는 달리, 사회의 과정적 측면을 강조한다.

마지막으로 민속방법론은 1960년대 초 가핑클H. Garfinkel이 발전시킨 것으로서 우리가 일상생활에서 당면하게 되는 타인과의 관계를 규정짓는 기본원칙에 관한 연구이다. 현상학과 마찬가지로 민속방법론은 '저기 어딘가'에 이미 존재하는 외재적인 실체를 부정한다. 이들에게 직접적으로 관찰 가능한 것은 하나의 공통적인 사회적 실재에 대한 감각을 만들어 내는 사람들의 노력이다. 사람들은 과연 '어떻게' 서로 합의했다는 그래서 사회 질서가 성립한다는 현실을 구축해 나가는지 바로 그 과정을 연구할 것을 요청한다.

지금까지 살펴본 상호 작용론 · 민속방법론 · 해석학 · 현상학적 관점은 거시적 관점이 소홀히 다룬 미시적이고 구체적인 사실들을 들여다봄으로써 우리가 흔히 간과할 수 있는 구체적 현실을 관심의 표면으로 끌어올린 장점을 지니고 있다.

그럼에도 해석학적 관점은 다음과 같은 한계점을 지니고 있다.

첫째, 해석학적 관점은 주관적 측면을 강조하다 보니 사회 구조의 영향력을 과소평가할 우려가 있다. 둘째, 해석학적 관점에서 사용되는 개념들은 추상적이어서 그 뜻이 명확하지 않을 때가 많다. 셋째, 해석학적 관점은 주관적 측면을 강조하는 것 같으면서도 정작 인간의 무의식, 감정, 욕구, 동기, 포부 등의 심리적 측면을 과소 평가한다. 넷째, 너무 사소한 일상적 현상에 초점을 맞추다 보니 사회가 당면하고 있는 중요한 문제를 간과할 우려가 있다. 다섯째, 해석적 교육관은 교육이 어떠한 방향으로 이루어져야 한다는 것을 말하지 않을 뿐더러 어떤 주장을 한다고 해도 그 내용이 일관되거나 명확하지 않다. 여섯째, 교육의 미시적인 차원에 주된 관심을 두다 보면 해석적 교육관은 사회가 교육에 미치는 영향력을 소홀히 다룬다.

4. 사회계층과 교육

어느 사회에서나 그 사회의 구성원들이 사회 공간 속에서 갖게 되는 위치가 어떤 기준에 따라 하나의 서열을 이루고 있음을 볼 수 있는데, 많은 사람들이 이를 가리켜서 사회계층이라고 한다. 따라서 사회의 각 계층은 어떠한 형태로든지 교육에 영향을 미칠 수밖에 없다. 사회의 각 계층은 특유의 부분 문화를 가지고 있기 때문에 생활 양식과 가치관이 계층에 따라 서로 다를 뿐만 아니라, 자녀의 교육에 대한 생각과 그에 따른 행동도 다를 수밖에 없다. 그뿐만 아니라, 교육사회 학자들이나 학업 성취도를 연구하는 많은 교육 학자들이 학교 교육의 성취도와 방향에 가장 많은 영향을 미치는 요소로서 사회계층을 들고 있다.

1. 사회계층의 개념

우리는 흔히 사회계층과 사회계급을 혼용하여 쓰는 경우가 많은데, 사회계층과 사회계급은 뚜렷한 차이점이 있다. 첫째, 사회계층은 동일한 혹은 유사한 사회적 지위를 가진 사람들의 집단 혹은 사회 지위로는 개인의 소득 · 직업 · 교육 수준 · 사회적 명망 등의 기준에 따라 결정되며, 사회를 그 성원의 각종 속성 이를테면 직업 · 재산 · 수입 · 학력 · 직책 등에 따라서 그들을 몇 개의 범주로 구획, 그 각각을 계층으로 파악하는 것이다. 요약하면 사회계층이란 동일한 또는 비슷한 정도의 희소 가치를 향유하는 사람들의 집단 또는 거기에 따라서 비슷한 사회적 평가를 받는 사람들의 범주를 가리키는 개념이다.

둘째, 사회계급은 사회계층보다는 좁은 의미로서 주로 마르크스주의자들이 계층 대신에 즐겨 사용하는 개념이고, 그 의미는 경제적 속성에 따른 구분이며, 단절적 의미를 갖는 집단으로 이해하는 것이며, 심리적 귀속감, 즉 의식의 수반을 필요로 하는 것이다. 다시 말해서 사회계급이란 경제적 조건이 유사한 사람들이 비슷한 생활습관 · 태도 · 행동 · 가치관을 갖고 있는 경우이다.

표 5-2　계층과 계급의 비교

계 층	계 급
인의적 분류	역사적 분류
연속된 전체 속의 단계적 구분	이질적 · 비연속적인 집합체
지표가 복수	지표가 단일 주로 경제적 측면
기능적 개념	역사적 · 철학적 개념
상대적 개념	절대적 개념
다원적 구분	이원적 구분 부르조아, 프롤레타리아

2. 사회계층에 대한 관점

사회계층을 바라보는 관점은 기능론과 갈등론으로 나누어 볼 수 있는데, 전자는 어느 사회에서나 사회계층이 필연적으로 존재할 수밖에 없다고 보는 반면, 후자는 계층을 사회의 불평등 구조를 유지하기 위해 다분히 인위적으로 만들어지고 유지되는 기제라고 본다. 기능주의적 관점은 사회 진화론자들의 영향을 받았으며, 적자생존의 자연적 선택 원리에 입각하여 사회의 불평등은 생물적인 진화 과정의 결과로서 불가피한 것이라고 보고 있다. 또한, 어떤 사회도 평가와 보수에 있어서의 제도화된 불평등 없이는 존속할 수 없다는 점을 주요 논리로 제시한다. 즉, 사회계층이란 구성원의 합의에 의해 형성된 것으로, 아주 자연스럽고 조화로운 기능의 분화라는 것이다. 그래서 계층 구조 하에서의 차별적인 분화체계는 사람들로 하여금 보다 나은 위치로 올라가기 위해 노력하게 함으로써, 개인의 발전은 물론이고 사회의 진보와 발전을 가져온다고 할 수 있다.

이와는 달리, 갈등론자들은 사회가 모두 갈등하는 개인과 집단들로 구성되어 있다고 보기 때문에 불평등을 보는 시각이나 그 불평등에 접근하는 방식에도 역시 같은 이론적 입장을 취한다. 이들은 인간사회에서는 희소 가치를 지닌 대상을 먼저 획득하고 소유하려고 하기 때문에 대립 · 갈등 · 분열 · 투쟁 등이 일어난다고 본다. 이때 인간의 기본적인 소유욕에 의하여 유리한 위치에 있는 사람과 불리한 위치에 있는 사람간에 차이가 생기며, 그러한 차이는 생득적인 것일 수도 있고 후천적 · 환경적인 것일 수도 있으며, 제도적인 모순이나 구조적인 불합리에서 일어날 수도 있다. 즉, 계층이 발생함으로써 사회는 역기능적으로 작용하게 되고 가진 자와 못 가진 자에 대한 억압과 지배, 그리고 착취가 일어나서 사회는 모순적인 사회가 되고 만다는 것이다.

따라서 갈등론적 관점에서의 사회계층은 구성원의 합의에 의한 것이 아니라 강자의 약자에 대한 강압적 지배라고 보는 것이다.

표 5-3 사회계층을 바라보는 두 가지 시각

기능 이론적 시각	갈등 이론적 시각
1. 사회계층은 보편적이며 필요하고, 또 필연적이다. 2. 사회조직이 계층체제를 만든다. 3. 계층은 통합 · 조정 · 응집을 위한 사회적 욕구에서 생긴다. 4. 계층은 사회와 개인이 적절한 기능을 하도록 촉진한다. 5. 계층은 사회적 공동가치의 표현이다. 6. 권력은 늘 정당하게 배분된다. 7. 일자리와 보상은 평등하게 배분된다. 8. 경제적인 부문을 타 부문의 밑에 둔다. 9. 계층체계는 항상 진보적 과정을 통하여 변화된다.	1. 계층은 보편적일지는 모르지만, 필요하거나 필연적인 것은 아니다. 2. 계층체계가 사회조직을 만든다. 3. 계층은 집단정복, 경쟁, 갈등에서 생긴다. 4. 계층은 사회와 개인이 적절한 기능을 못하도록 방해한다. 5. 계층은 권력 집단들의 가치의 표현이다. 6. 권력은 늘 부당하게 배분된다. 7. 일자리와 보상은 불평등하게 배분된다. 8. 경제적인 부문을 사회의 맨 위에 둔다. 9. 계층체계는 항상 혁명적 과정을 통하여 변화된다.

이와 같이 두 이론은 서로 다른 관점에서 사회계층을 조명하고 있다. 기능론적 관점은 사회계층화 현상이 존재한다고 보는 반면, 갈등론적 관점은 소수인의 특권과 권력 때문에 사회계층화 현상이 인위적으로 만들어진다는 관점이다. 그러나 기능 이론이든 갈등 이론이든 그 어느 하나만을 가지고 복합적인 현상인 사회불평등, 즉 계층 체계를 보기에는 현실적으로 설명력이 떨어질 수밖에 없기 때문에 절충론을 전개하기도 한다. 절충론자들은 사회계층의 현상이 잉여 자본의 분배가 권력을 가지느냐 못 가지느냐에 의해 결정된다는 갈등 이론의 입장을 취하지만 그 갈등은 대립과 반목의 계급 투쟁에서 나오는 것이 아니라 합법적인 절차에서 온다는 기능주의적 입장을 취한다.

3. 사회계층의 결정 요인

사회계층이란 사회적 희소가치의 불평등한 분배에 의해 서열화되어 있는 위계가 유사한 집단이라고 앞에서 정의하였다. 따라서 동일 계층에 속한 사람들은 지식, 언어적 습관, 권력, 재산 등 다양한 요인에서 비슷한 생활방식과 수준을 나타낸다고 볼 수 있다. 이러한 사회계층의 발생 과정에 대한 이론을 살펴보면 다음과 같다(최정웅, 1983).

첫째, 인간사회는 불평등하게 되어 있다고 보는 자연주의 이론이다. 자연주의 이론에 따르면 계층 현상은 자연의 법칙이요, 순리라는 입장이다. 사회가 있는 곳이면 어디든지 계층이 나타나며 인간 사회의 불평등은 어떤 초자연적인 힘에 의하여 이루어지는 것이다. 이 이론은 가장 고전적인 이론으로서 플라톤Platon이나 아리스토텔레스Aristoteles 등이 주장하였다.

둘째, 선함과 평등을 추구하는 인간의 의지와는 달리, 계층이 생긴 것은 사회제도의 모순 때문이라고 보는 사회주의 이론이다. 사회주의 이론에 따르면 사회제도의 모순이 인간을 불평등하게 만들고 있으며, 이것은 죄악이므로 인정할 수가 없다는 입장이다. 대표적인 학자는 루소J. J. Rousseau이다.

셋째, 인간사회의 불평등을 긍정적으로 수용하고 있는 기능주의 이론이다. 기능주의 이론에 따르면 사회불평등을 긍정적으로 수용하고 있는 입장이다. 사회계층은 사회가 진보하고 발전해 나가는 과정에서 생성된 것이며, 사회 불평등 현상은 없앨 수 없다고 본다. 낮은 계층에 있는 사람이 보다 높은 계층으로 이동하기 위한 노력에서 사회가 발전해 나가므로, 사회계층을 없앨 수도, 그리고 없앨 필요도 없다고 보는 입장으로, 파슨스T. Parsons 등이 대표적인 학자이다.

넷째, 우리 사회가 존재하는 자원은 항상 희소하기 때문에 그 희소한 자원을 보다 많이 가지기 위해 대립하고 투쟁하게 된다고 보는 갈등 이론이다. 갈등 이론에 따르면 희소한 자원을 배분하는 데 있어서 유리한 입장에 있는 사람과 불리한 입장에 있는 사람이 이미 구분되어 있다고 본다. 즉, 가정 배경이나 권력에 있어 기득권을 점유하고 있는 사람은 더 많은 자원을 분배받게 된다는 것이다. 따라서 사회계층이 자원의 분배에 있어서 역기능을 하므로 사회계층을 당연히 없애야 한다고 보는 입장이다. 마르크스K. Marx가 대표적인 학자이다.

다섯째, 기능주의 이론과 갈등주의 이론을 상호보완한 절충주의 이론이다. 절충주의 이론에 따르면 사회적 자원의 분배는 기득권에 의해 결정된다는 갈등 이론의 입장을 취하고 있지만 이 기득권은 대립이나 반목 및 독점에서 나오는 것이 아니라 합법적인 절차에서 나온다는 기능론적 입장을 취한다. 즉, 계층의 생성 과정은 권력에 기인하지만 사회의 발전과 존속을 위해서는 계층이 필요하다고 보는 입장이다. 대표적인 학자는 렌스키G. Lenski이다.

다음으로 사회계층이나 계급을 결정해 주는 요인에 대해서 알아보면, 학자에 따라 다소 차이가 있으며 사회에 따라 달라질 수 있다. 마르크스는 생산 수단을 소유하고 있는

가의 여부 즉, 생산의 사회적 관계에 있어서의 위치에 따라 계급이 결정된다고 설명하였고 베버M. Weber는 3P, 즉 재산 · 권력 · 권위에 의해 계급이 결정된다고 설명하였다. 워너W. L. Warner는 사회계층의 분류 기준을 직업 · 거주가옥 형태 · 거주지역 · 수입 · 수입원 · 교육 수준 등으로 삼았으며, 하비거스트R. J. Havighurst도 직업 · 가옥형태 · 거주지역 · 수입 · 수입원 · 교육 수준 등을 사회적 지위를 결정하는 지표로 보았다.

종합하면 부와 수입 · 교육 · 직업 등이 사회계층을 결정하는 요인이라고 할 수 있다. 좀 더 구체적으로 살펴보면 아래와 같다.

① **부와 수입** : 부와 수입의 원천이 떳떳하고, 수입이 안정적일수록 높은 사회 계층의 지위를 차지할 수 있다. 예를 들어 술집 주인은 돈을 많이 벌지만 그 사회적 지위는 대학 교수보다 낮으며, 교회의 목사는 수입은 적지만 그의 수입의 수십 배가 넘는 야구 선수보다 사회적 존경을 더 받을 수 있다.

② **직업** : 우리는 그 사람의 직업을 알면 그 사람의 교육 정도, 생활 수준, 그의 친구들이 누구인가 대강 짐작할 수 있다. 직업은 그 사람의 생활과 양식을 알기에 가장 좋은 요인이 된다. 직업을 평가하기 위해서는 직업에 따른 수입의 정도, 그 직업을 갖기 위해 필수적으로 필요한 훈련이나 교육정도, 직업의 사회적 중요도, 권위의 정도, 직업상의 조건 등이 관련되어 있다.

③ **교육** : 오늘날 직업 구조는 대개 초등학교 졸업생들에게는 육체 노동의 사회적 지위를, 중등학교 졸업생들에게 하급 관리층의 사회적 지위를, 대학 졸업생들에게 전문직의 기회를 주고 있다. 이는 개인이 얼마나 학교 교육을 많이 받았느냐 하는 것이 그 사람의 일생 동안 사회적 지위와 직접적으로 관련되어 있다는 것을 말해 주고 있다. 요즘 같은 전문화 사회에서는 지식과 기술이 사회적으로 요청되고 그러한 지식이나 기술이 오랫동안 학교 교육에서 습득되는 경우에는 학교 교육의 중요성이 더해진다. 하지만 학교 교육을 받기 위해서는 돈이 많이 들고 또 중류 사회의 부모들이 하는 것과 같은 격려가 있어야 하기 때문에 학교 교육은 사회계층과 밀접한 관계를 갖는다.

교육의 질을 평가하는 요인으로는 학교에 다닌 횟수와 함께 학위의 종류, 전공 분야, 학교의 종류와 명성, 학업 성적 등을 들 수 있다. 일류 학교의 졸업생은 나머지 학교의 졸업생보다도 상류 사회에 올라가기에 더 용이한 위치에 있어 왔다.

4. 계층의 특성

센터즈Centers는 수입, 교육, 직업과 같은 객관적인 지표만으로는 사회계층을 효과적으로 분류하지 못하기 때문에 개인이 갖고 있는 계층 귀속감이나 계층 일체감을 갖는 것이다. 즉, 자신이 어떤 계층에 속한다고 확인하거나 또는 개인이 갖고 있는 심리적 계층의식과 같은 주관적인 것도 고려되어야 한다고 주장하였다. 그러나 실제로 한 사람의 사회계층은 어느 하나의 지표에 의해서 결정되는 것이 아니라 여러 지표가 복합적으로 영향을 미치게 되는 것이다. 사회계층에 따른 생활 양식과 행동 특성을 다음과 같이 구분할 수 있다.

(1) 상류층

우리나라의 상류층은 아직 학문적으로 논의되지 않았지만 미국의 경우에는 직종별로는 박물관 이사, 심포니 오케스트라 관계자, 상공회의소 의원, 종교적으로는 영국의 성공회 및 장로교가 많다. 이들은 이미 사회적으로 지위가 확립되어 있기 때문에 굳이 자기의 위치를 높이기 위하여 전시효과인 큰 자동차나 큰 저택을 갖는 경우가 다른 계급에 비해 흔하지 않다. 그 반면에 자기네들끼리의 배타적인 클럽을 갖는 경우가 많다. 그들은 학벌에 관계없이 상류층 지위를 가질 수 있다고 생각하기 때문에 중류층 사람들보다 학벌은 덜 중요하게 생각한다상층문화에 따라 행동하지 않으면 가족적인 압력이 가해짐..

(2) 중상층

주로 전문직 종사자, 변호사, 의사, 저명한 목사, 교수, 회사 사장, 상공회의소 의원으로서 사회적으로 저명한 가족 전통은 없으며, 자신의 노력으로 오늘의 위치에 오른 경우가 많다. 상당수의 사람들이 상류층으로 이동한다. 여자는 직장을 나가기보다는 대개 집안에서 살림을 한다. 이들의 행동특징은 사교적이며 시간관념이 미래 지향적이고 독립심이 강하고 경쟁적인 사회생활에 강하다. 그들은 오늘의 위치를 돈과 학벌에 의존하기 때문에 돈과 학벌 특히 대학 교육을 중요시한다. 학교 교육을 높게 평가하기 때문에 학교에 대한 열성은 대단하다. 다른 사람으로부터 인정을 받으려고 애쓰기 때문에 사교적 모임, 학교 사친회, 지역사회 모임 등에서 가장 활동적인 사람들이다.

이들은 "우리는 우리의 조상이 누구인가를 따지지 않는다. '내가 어디 출신인가'라는 것보다 '현재의 내가 누구인가'라는 게 더 중요하다."라고 말한다. 남과 조화적이고 관용하며 독단적이지 않고 융통성이 있다. 성공은 노력의 결과라고 생각하고 열심히 일하고자 하는 태도를 가지고 있다.

(3) 중하층

사회의 하부인 관리인, 판매원, 공장 노동자, 감독, 숙련기술자, 철도 기술자 등 하층의 관리직과 기술자들이다. 이들의 수입은 국가적으로 보면 중간에 속할 것이다. 검소하고 특히 경제적인 독립을 중요하게 여기며, 남에게 신세지지 않고 살아가는 것을 큰 자랑으로 생각한다. 학교와 교회를 존중하고 안정적인 생활을 하는 모범적인 소시민이다. 행동특징은 중상층과 마찬가지로 학벌을 매우 중요시하며 학교에 대해서 열성이 있다. 따라서 중상층과 함께 가장 이상적인 교육환경을 이룬다고 볼 수 있다.

(4) 하상층

노동자 계층으로서 숙련 또는 미숙련의 노동자들이 대부분 여기에 속한다. 미국에서는 이민 온 사람들의 대부분이 여기에 속한다고 보고 있으며, 종교적으로는 가톨릭 · 여호와의 증인 · 유태인들의 많은 사람들이 이 계층에 속한다. 우리나라에서는 노동자 외에 영세상인, 자급자족을 겨우 이루는 영세 농가들의 부인도 대개 일을 하고 집에 머물면서 TV를 보는 것 이외에는 특별한 취미가 없다. 중등 교육을 마친 사람이 많지 않으며 대학에 자녀를 보내는 사람이 많지 않다.

(5) 하하층

노동자 계층으로서 사회의 최하층에서 몇 세대를 살아오는 사람들, 막일로써 생계를 유지하는 사람들이며, 우리나라에서는 생활이 매우 어렵고 일정한 주거와 직업이 없이 방황하는 사람들이 여기에 속하는 것으로 볼 수 있다. 사회적으로 존경받지 못하고, 통계적으로 보아서 성적 탈선, 범죄, 빈민굴 등과 관련된 사람들이 많다. 초등학교를 마치기 힘든 사람들도 상당수 있다. 애써 취직했다고 해도 입에 풀칠하기 어렵고 한 평생을 계속 빚 속에서 살기 때문에 인생의 성공은 근면이나 절약의 결과로 믿지 않고 오히려 행운이나 가족적 배경 때문이라고 생각한다.

그들의 인간 관계는 친척 및 가까운 동료들과의 비공식적인 관계에 그치고 사회적으로 남 앞에 나서서 활동하기를 꺼린다. 이러한 환경이 이 계층에 속한 자녀들을 지진아, 공격적인 문제아, 게으름뱅이, 도움이 필요한 특수아동이 되게 하는 원인이 된다.

5. 교육에 대한 사회계층의 영향

① 교육에 대한 열의와 기재에 대한 계층차이가 심하다. 상층은 대학을 교양 교육으로서 당연한 것으로 여기고 중층은 대학 교육을 사회적 상승 수단으로 절대 불가피한 것으로 인정하며 하층은 대학 교육이란 인생에 있어서 불필요한 것이라고 본다.

② 교육 기회에 대한 계층차가 심하다. 일반적으로 상층일수록 교육 기회가 많다.

③ 학교 선택과 교육과정에 대한 계층적 영향이 크다. 상층은 인문계 고등학교나 대학의 의학부 계통으로 진학하며 하층은 실업계 고등학교와 실리적인 학과목을 위주로 한다.

④ 아동 양육에 있어서도 계층차이가 심하다. 하층일수록 아동양육법에 있어서 제약이나 절제 없이 사람의 생리적인 욕망을 당장 그대로 충족시켜 주지만, 중층일수록 제약이 심하다.

Chapter 6 교육과정

1. 교육과정의 개념
2. 교육과정의 유형
3. 교육과정 개발 수준에 따른 분류
4. 교육과정의 구성
5. 우리나라 교육과정의 변천

Chapter 06.

교육과정

교육 목표

- 교육과정의 어원적 의미와 정의를 설명할 수 있다.
- 교육과정의 유형을 설명할 수 있다.
- 교육과정 개발의 기본 원리를 설명할 수 있다.
- 교육과정의 내용 선정과 조직의 원리를 설명할 수 있다.
- 우리나라의 교육과정 변천사를 설명할 수 있다.

1. 교육과정의 개념

M. T나 축제 및 체육대회를 할 때에도 행사 진행 프로그램이 있다. 프로그램 없이 행사를 실시하면 실패하기 쉽기 때문이다. 교육도 마찬가지다. 초, 중, 고, 대학 프로그램에 해당되는 것이 교육과정이다. 교육과정이란 무엇을 가르치고 무엇을 배울 것이냐를 결정하는 것이 교육과정 편성의 문제이다. 제한된 또는 한정된 기간 동안 가장 중요한 것을 정선해서 가르쳐야 하는 것이다. 그렇지 않으면 실패할 가능성이 크기 때문이다. 교육과정은 적절한 내용을 적절한 시기에 가르칠 수 있을까를 고민하는 것이 교육과정 편성의 문제라고 할 수 있다.

교육과정이란 무엇일까? 교육과정이라는 용어는 우리에게 친숙하지만 그 정확한 의미를 파악하기 위해서는 많은 노력이 필요하다. 왜냐하면 교육과정이라는 용어는 여러 가지 의미를 지니고 있고 사용하는 사람에 따라 그 의미가 서로 다르기 때문이다. 그런데 교육과정의 개념이 중요한 이유는 어떠한 의미로 교육과정을 사용하고 이해하느냐에 따라 자신의 교실 수업에 대한 생각이나 학교 생활의 의미가 달라지기 때문이다.

따라서 교육과정을 한 마디로 정의내리는 것은 쉬운 일이 아니다. 여기서는 먼저 교육과정이라는 용어의 어원적 의미와 정의부터 먼저 살펴보고자 한다.

1. 교육과정의 어원적 의미

학교에서는 교육 목적과 교육 내용, 교육 방법과 교육 평가 등 일련의 체계적인 과정과 활동을 통하여 교육활동이 이루어진다. 교육활동이 이루어지는 전 과정 특히 한정된 기간 동안 무엇을 가르치고 배울 것인가를 체계적으로 다루는 분야가 교육과정curriculum이다.

교육과정을 뜻하는 커리큘럼curriculum의 어원을 살펴보면 라틴어 currere에서 어원을 찾을 수 있는데, 쿠레레는 동사로 쓰일 때 '달린다' 라는 의미를 가지고 있으며 명사로 쓰일 때 '달리는 코스'course of race, 즉 경마장에서 말이 달리는 길을 의미하는 데 경주로는 정해져 있고 경주로 밖으로 이탈하는 것은 허용되지 않으며, 경주로에는 주어진 과제나 장애물이 있으며, 보이지 않는 규칙이 작용하고 있음을 내포하고 있다. 또 시작과 끝이 있으며, 목표가 정해져 있다. 커리큘럼은 이 말이 교육에 쓰이면서 학생들이 학교에 입학해서 졸업할 때까지 이수해야 하는 정해진 코스를 의미하게 되었다.

커리큘럼이라는 말의 의미를 비추어 볼 때 교육과정이란 아동이나 학생이 일정한 목표를 향하여 달리는 과정이라는 의미를 가지게 되었다. 그러나 커리큘럼이 단지 과정만을 의미하는 것은 아니다. 달리는 과정에는 반드시 거쳐야 하는 것들이 있게 마련이다. 여기에는 듣고 보고 배워야 하는 내용이 포함되는 것이다. 여기에서 커리큘럼이라는 용어가 교육에 전용되어 오면서 일정한 순서로 배열된 학습의 코스라는 의미를 가지게 되었으며, 동시에 학습 내용과 경험 내용을 의미하게 되었다.

2. 교육과정의 정의

교육과정을 한 마디로 정의 내리는 것은 쉬운 일이 아니다. 왜냐하면 교육과정의 강조점을 어디에 두느냐에 따라 다양한 의미와 모습을 가지고 있기 때문이다. 다양한 의미를 가지고 있는 교육과정을 몇 가지 범주로 나누어서 살펴보면 다음과 같다.

(1) 교육 내용으로서의 교육과정

교육과정에 대한 정의 중 가장 오래되고 전통적인 관점은 교육과정을 교수요목a course of study으로 보는 관점이다. 이것은 전문적인 교육과정 연구가 시작되기 전인 20세기 이전의 교육과정에 대한 관점이기도 하다. 교육과정을 교육 내용으로 보는 관점은 교사가 가르치고 학생이 배워야 할 교수 · 학습 내용을 의미한다. 여기서 교수 · 학습 내용은 지식의 체계일 수도 있고, 지식의 구조일 수도 있다. 이러한 관점에서 교육과정을 규정한 학자로는 허친스R. M. Huchince와 베스토어A. Bestor 등이 있다. 항존주의 교육사상가였던 허친스는 교육의 목적을 지적인 계발에 두고 교육과정은 이러한 지적 계발에 도움을 줄 수 있는 영구불변의 진리로 구성되어야 한다고 생각했다.

베스토어 또한 본질주의 교육사상에 입각하여 교육과정은 모국어, 수학, 과학, 역사, 외국어 등의 다섯 가지로 구성해야 한다고 주장했다. 이들에 의한 교육과정의 개념 규정은 가장 전통적이고 대표적인 것으로 이해되고 있다.

(2) 경험으로서의 교육과정

20세기 초 미국에서 활동한 듀이J. Dewey를 중심으로 한 진보주의자들은 교육과정을 교육 내용으로 규정한 전통적인 방식을 비판하였다. 이들은 교육과정을 교사의 지도아래 이루어지는 학생들이 갖게 되는 모든 경험experience이라고 정의하였다. 이러한 변화를 주도한 것은 1920년 경 최초의 교육과정의 이론으로 등장한 경험 중심의 교육과정이다. 이렇게 교육과정을 경험으로 보는 방식은 학습자가 실제로 어떻게 보고, 느끼고, 생각하며, 체험하는가를 중요시한다. 학습자에게는 같은 교과목이나 교육 내용이라도 그것과 어떻게 상호 작용하는가 하는 것이 중요하다. 이러한 점은 타일러R. W. Tyler의 학습경험에 대한 강조에서도 나타난다. 킬패트릭W. H. Kilpatrick은 다음과 같이 주장하면서 교육과정의 내용은 학생들의 일상 경험이 되어야 함을 강조하였다.

'우리는 우리가 일상 행하는 활동으로부터 배운다.' 즉, 우리는 경험으로부터 배운다. 어떤 지식들은 그냥 무조건 외우거나 해서 배우는 것이 아니다. 어떤 목적을 가지고 어떤 일을 함으로써 배우는 것이다. 다시 말하면 삶을 통한 학습이나 목적을 향한 활동이 곧 학교 교육과정의 형태가 되어야 한다. 교육과정은 삶을 준비하는 것이 아니라 삶 그 자체라고 할 수 있다.

(3) 문서 속에 담긴 교육계획으로 보는 교육과정

1950년대 중반 미국에서 일기 시작했던 교육과정에 대한 또 다른 사고의 변화는 교육과정을 단순히 내용의 측면에서만 생각할 것이 아니라 실제로 그것을 어떻게 운용하느냐에 관심을 두어야 한다는 것이 새로운 시각이었다. 특히 이들이 믿기 시작한 것은 학교는 학생들의 삶에 막대한 영향을 끼치는데, 이 영향 가운데 어떤 것은 사전에 구조화된 것이기도 하지만 어떤 것은 학교에서 이루어지는 학생들의 단순한 만남 때문에 이루어지기도 한다는 것이다. 즉, 다시 말하면 학생들은 학교에서 계획되지 않은 경험도 겪게 된다는 것이다. 따라서 교육과정에 대해 학생들의 일반적인 경험이나 지식으로 단순하게 생각할 것이 아니라 교사의 입장에서 교육과정의 사전 계획서를 강조해야 한다는 것이다. 즉, 교육과정을 학습을 위한 교사들의 의도적인 계획 중 하나로 생각하기 시작한 것이다.

여기에는 국가 수준의 교육과정 문서와 시 · 도교육청의 교육과정 편성 운영지침, 지역교육청의 장학 자료, 단위 학교의 교육과정, 교육과정 지침서, 교사용 지도서, 수업지도안 등이 포함된다. 교육과정에서 이러한 계획을 강조하는 이유는 기대하는 활동을 학생들이 이루어 내도록 하는 데 있다.

(4) 교수·학습 결과로서의 교육과정

교육과정을 의도된 학습 결과로 보려는 관점도 있는데, 이런 관점이 대두된 배경은 1960년대 미국에서 교육의 책무성이 강조되고 교육자들의 자기반성적 운동이 일어나기 시작하면서 부터이다. 그러면서 교육학자들은 교육과 교육과정을 교수 · 학습 활동의 결과로 규정하기 시작하였는데 이를 다른 말로 실현된 교육과정이라고도 하고 이 교육과정은 성과 또는 산출로서의 교육과정이라고도 하며 교수 · 학습 활동에 참여한 결과로 학생들이 실제로 갖게 되는 경험이나 성취를 뜻한다. 동일하게 계획되거나 전개된 수업 상황 속에서도 학생들은 자신의 여러 조건, 즉 지적 능력 · 흥미와 관심 · 개인 삶의 역사, 경험, 진로 등에 따라 서로 다른 교육적 경험을 하게 된다. 그런데 서로 다른 교육적 경험의 결과로 학생들은 서로 다른 결과물들을 드러내 보인다.

2. 교육과정의 유형

교육과정을 이해하기 위해서는 다양한 이론들을 살펴보는 것이 도움이 될 것이다. 교육과정의 유형은 학자에 따라서 그 분류가 다를 수 있으며, 그 분류의 기준도 여러 가지로 제시되고 있다. 공식화 정도에 따른 분류, 교육과정의 관점 차이에 따른 분류, 그리고 교육과정의 개발 수준에 따라 분류 등을 할 수도 있다.

본 절에서는 교육과정의 관점에 따라 교과 중심의 교육과정, 경험 중심의 교육과정, 학문 중심의 교육과정, 인간 중심의 교육과정으로 분류하여 살펴보고자 한다.

1. 교과 중심 교육과정

교과 중심의 교육과정은 역사적으로 가장 오랜 전통을 가지고 있으며, '지식의 체계'를 중시하는 교육과정이다. 이것은 대부분의 국가에서 가장 일반적으로 채택하고 있는 교육과정으로 학교에서 학생이 배우는 모든 교과와 교재를 말하며, 여기서 교과란 인류가 쌓아 놓은 문화를 체계적이고 논리적으로 조직한 것이다. 따라서 학문 또는 진리의 체계를 학생들의 발달 단계에 맞추어 필요하다고 생각되는 것을 정선하여 그 범위를 정하고 또 어려운 점과 쉬운 점을 고려하여 편성한 것인데 주요 골자는 학문 또는 진리의 체계를 부여하는 데 있다. 즉, 학습자의 흥미나 필요보다는 앞선 세대들이 중요하다고 여겨지는 학문 또는 진리 그 자체의 관점에서 학생을 학문이나 진리로까지 이끌어 가려는 것을 주된 교육 내용으로 삼고 있다.

교과 중심 교육과정에서는 각 교과마다 그 자체가 가지고 있는 논리와 체계를 조직적으로 학생들에게 학습하도록 하는 것이 교육의 주요한 방법이다. 여기에서 문제되는 것은 각 교과를 통하여 학습한 학생들이 과연 교과의 체계를 완전히 이해하고 현재나 미래 생활에서 부딪칠 새로운 상황에 대처하는 데 어느 정도 효과적으로 활용할 수 있느냐 하는 점이다.

(1) 교과 중심 교육과정의 특징

교과 중심 교육과정의 특징을 살펴보면 다음과 같다.

① 인류의 문화유산이 교육의 주된 내용이다. 교과는 문화유산을 분류하고 논리적으로 조직하여 체계화하는 것이다.

② 교사 중심의 설명 위주인 교수법이 주로 사용되며, 교사는 절대적인 권위를 가진다.

③ 한정된 교과영역 안에서만 교수 · 학습 활동이 이루어진다. 각 교과에 대한 분과주의가 강하기 때문에 자신의 영역을 넘어서 다른 교과까지 침범하는 것을 싫어한다.

④ 각 교과는 자체의 논리와 체계가 있으며, 학습을 체계적으로 전개시켜 나간다.

(2) 교과 중심 교육과정의 장점

① 교육과정 내용의 조직이 간단 명료하게 짜여져 있어서 이해하기 쉽다.

② 객관적인 평가 기준에 의해 쉽게 학습 결과를 평가할 수 있다.

③ 교육과정에 대한 중앙집권적 통제가 수월하다.

④ 오랜 전통에 뿌리를 두고 있기 때문에 교사와 학생 및 학부모에게 심리적 안정감을 준다.

⑤ 체계적인 교과로 조직해 놓았기 때문에 문화유산의 전달에 용이하다.

(3) 교과 중심 교육과정의 단점

① 교사중심의 교수 · 학습 활동이 이루어지기 때문에 학습자들의 적극적인 참여를 기대하기 어렵다.

② 지식전달 위주로 교재가 편성되어 있어서 학습자들의 요구와 흥미가 무시되기 쉽다.

③ 교과는 과거의 문화유산을 위주로 조직한 것이기 때문에 현실적인 문제와 미래 지향적인 과제를 해결하는 데 어려움이 있다.

④ 너무 단편적이고 분과주의에 빠져 있어서 교과를 전체적으로 볼 수 있는 통합성과 통일성이 부족하기 쉽다.

2. 경험 중심 교육과정

경험 중심 교육과정은 1930년대를 전후하여 미국에서 듀이를 중심으로 한 진보주의 교육사상이 등장하여 미국뿐만 아니라 전 세계의 교육에 영향을 끼쳤다. 이들은 전통적인 교육관은 물론이고 교과 중심 교육과정의 문제점과 한계점을 들고 이를 비판하였다. 이들은 교과 중심 교육과정이 아동이나 학생들이 급변하는 사회에 적응해 나가기 어렵다고 진단하고 생활 경험을 중심으로 교육과정을 구성해야 한다고 주장하였다.

경험 중심 교육과정은 역사적으로 볼 때, 아동 · 학생의 경험을 중시해야 한다는 생각의 맥락에 따라 체계화되어 왔으며, 에라스무스D. Erasmus, 루소J. J. Rousseau, 페스탈로치J. H. Pestalozzi와 프뢰벨F. W. A. Fröbel로부터 이어져 내려온 사상이 듀이J. Dewey의 진보주의 사상을 통하여 체계화되어 왔다고 할 수 있다.

즉, 경험 중심 교육과정은 무엇을 가르칠 것인가에 대하여 생활 적응을 목적으로 학습자의 경험을 가르칠 것을 제안하였다. 이것은 문화유산으로서의 지식을 중심으로 한 교육과정을 결정하였던 과거의 전통적인 교육과정에서 벗어나 학습자의 경험과 생활에 기초하여 교육과정을 결정하고자 한 것이었다. 이 교육과정을 행함으로써 학습한다는 원리에 입각하여 학습자가 생활의 문제를 능동적으로 해결해 감으로써 바람직한 학습자의 성장을 기할 수 있다고 여긴다.

(1) 경험 중심 교육과정의 특징

① 교과 활동뿐만 아니라 소풍, 여행, 전시회 등과 같은 특별 활동과 같은 교과 외 활동을 중시한다.

② 교재는 미리 선택하지 않고 학습의 장에서 결정한다. 생활 경험을 교육 내용으로 보며, 교육과정의 중심을 학생에게 둔다.

③ 과외 활동을 중시하며, 문제 해결 능력을 기르는 것을 교육의 중요한 목적으로 삼는다.

④ 개인차를 고려한 학습으로 계속되는 성장 과정과 지 · 덕 · 체가 조화롭게 발달하는 전인교육을 강조한다.

⑤ 급격한 사회 변화에 적응할 수 있는 인간 육성을 강조한다. 현대사회는 변화 속도가 너무 빨라 적응하기 힘든 면이 많지만 불확실한 미래에 잘 적응할 수 있도록 돕는 것이 교육의 임무임을 강조한다.

(2) 경험 중심 교육과정의 장점

① 학습자의 흥미와 필요를 토대로 교육과정을 구성하기 때문에 자발적 활동을 유발하기 쉽다.

② 현실적인 문제를 공동으로 해결해 나가는 과정에서 협동심, 책임감, 사회성 등 민주적인 태도와 생활 방식을 기를 수 있다.

③ 학습자 스스로 세운 목표와 계획에 따라 스스로 문제를 해결해 나갈 수 있는 능력을 기를 수 있다.

④ 학교 생활의 여러 가지 장면의 통합을 증진시킨다.

(3) 경험 중심 교육과정의 단점

① 교육과정의 기본적인 분류가 명확하지 않고 지적 체계가 부족하다. 다시 말하면 학생들의 흥미나 욕구를 지나치게 강조하다 보면 기본적인 지식과 기술을 습득하는 데 소홀할 수 있다.

② 경험 중심 교육과정은 교직에 대한 소양과 지도요령이 부족한 교사가 채택할 경우에는 실패할 가능성이 높다.

③ 경험 중심 교육과정은 실제 생활 경험을 학습하려는 아동들에게는 유리하지만, 일반적인 경험 · 법칙 · 원리적인 지식을 구하는 단계에 있는 학습자에게는 적절치 않다.

④ 경험 중심 교육과정은 표준화된 통일성을 확보하기가 쉽지 않아서 행정적 관리가 어렵다. 따라서 표준적인 절차에 따라 질서정연한 학습 활동을 할 것으로 기대하기는 어렵다.

3. 학문 중심 교육과정

학문 중심의 교육과정은 학생들이 교과의 기본 구조를 철저하게 학습하는 데 주안점을 둔 교육과정이다. 학문 중심의 교육과정이 등장하게 된 배경에는 여러 가지가 있으나 먼저 1950년대 후반 과학이나 기술의 발달로 인하여 지식과 기술이 폭발적으로 증가하면서 한정된 학교 교육의 기간 동안 어떤 지식을 가르칠 것인가에 대한 고민과 1957년에 구 소련에서 인공위성 '스푸트닉호'를 쏘아 올리면서 그동안 동서 냉전체제하에서 그래도 미국이 과학이나 기술 등 모든 분야에서 앞서 있다고 자부하던 자존심이 무너지면서 교육의 일대 개혁이 필요하게 되었던 것이다.

(1) 학문 중심 교육과정의 특징

① 학문 중심 교육과정은 지식의 구조를 핵심으로 조직해 놓은 것이다. 이 교육과정은 각 교과의 전문가들이 각 교과의 기본이 되는 지식의 구조를 중심으로 체계적으로 조직해 놓은 것이다.

② 학문 중심 교육과정은 발견학습 과정과 탐구과정을 중시한다. 교사는 단순한 지식의 전달에 그치는 것이 아니라 그 교과 지식의 구조에 해당 전공분야의 학자가 탐구한 것과 똑같은 방식으로 아동이 스스로 탐구하여 원리를 찾아내도록 한다.

③ 학문 중심 교육과정은 나선형나선형 덧말:螺旋形 교육과정으로 구성한다. 나선형 교육과정은 교과를 가장 완벽한 상태로 가정하고 일찍부터 그 교과에 담긴 핵심 개념이나 기본 원리를 아동이나 학생들의 발달 단계에 맞게 가르치고 학년이 올라감에 따라 그 내용을 점차 심화 · 확대해 나간다.

(2) 학문 중심 교육과정의 장점

① 체계화된 지식을 교육 내용으로 선정하여 교육과정을 구성하기 때문에 능률적인 교수와 학습이 가능하다.

② 기본적인 개념을 중심으로 조직되어 핵심적인 개념과 원리를 학습하기 때문에 기억이 쉽고 전이력이 높다.

③ 학생들 스스로 탐구하는 과정에 참여함으로써 학문 탐구 방법을 체득할 수 있고, 탐구력을 향상시킬 수 있다.

④ 학습 내용을 기본적이고 핵심적인 것을 다루기 때문에 학습에 관한 흥미를 지속적으로 유발할 수 있다.

(3) 학문 중심 교육과정의 단점

① 지적인 측면에만 치중해 있어서 통합적 교육과정의 구성이 소홀해지기 쉽다.

② 지식의 구조는 너무 어려워서 지적 능력이 뛰어나고 이론 탐구에 관심이 많은 학생들은 유리하지만 지적 능력이 떨어지는 학습자들은 흥미를 잃기 쉽다.

③ 탐구과정에 학습자가 능동적으로 참여할 수 있는 교육적 환경의 조건 정비가 어렵다.

④ 학생들이 각 학문에 내재한 지식의 구조를 학습하기란 결코 쉬운 일이 아니며, 그 내용도 실생활과 동떨어져 있는 내용이 많다.

4. 인간 중심 교육과정

1970년대에 들어서면서 교육을 새로운 시각으로 보고 이해하려는 인간 중심적 교육이론가들이 등장하면서 인본주의 심리학을 토대로 교육을 설명하고자 하였다. 이들은 교육이란 지식과 기술만을 습득하기 위한 것이 아니라, 인간에 대한 이해와 인간성의 계발 및 전인교육이나 자아실현 등이 강조되면서 교육에도 변화를 가져오게 되었다.

이들은 현대 산업사회가 거대화 · 조직화 · 관료화되고 비인간화와 인간 소외현상을 보면서 교육이 수단화되는 것을 신랄하게 비판함과 더불어 인간성을 회복하고 아동이나 학생들이 보다 나은 인간관계를 맺을 수 있도록 안내하고 자기를 계발하는 데 도움을 줄 수 있는 교육을 강조한다.

(1) 인간 중심 교육과정의 특징

① 인간 중심 교육과정은 아동 및 학생의 자아실현을 중요한 교육 목표로 삼고 있다.

② 교육의 목적은 기계적인 인간을 기르는 것이 아니라 전인적인 인간을 육성하는 일이다.

③ 인간 중심 교육과정은 잠재적인 교육과정을 중시하며 학교환경의 인간화를 중시한다.

④ 교육의 결과보다는 과정을 중시하는 교육평가가 부각된다.

(2) 인간 중심 교육과정의 장점

① 인간 중심 교육과정은 전인교육을 통하여 인간의 성장 가능성을 조화롭게 발전시킬 수 있다.

② 인간 중심 교육과정은 아동 및 학생들에게 자신에 대한 긍정적인 태도와 자기 계발 능력을 길러 준다.

③ 인간 중심 교육과정은 타인을 존중하고 수용할 수 있는 건전한 가치관을 형성하는 데 도움을 준다.

④ 인간 중심 교육과정은 학교 환경의 인간화를 위한 노력이 중시되고 있다.

(3) 인간 중심 교육과정의 단점

① 인간 중심 교육과정은 학생의 학습 결과를 평가하기보다는 학습 방법과 경험을 중요하게 여기므로 프로그램의 장기적인 효과를 평가하는 데에는 부적절 할 수 있다.

② 인간 중심 교육과정의 기본 개념을 실천에 옮길 준거가 모호하여 평가하는 데 어려움이 있을 수 있다.

③ 인간 중심 교육과정은 교육환경의 인간화가 보장되지 않으면 그 실현이 어렵다.

④ 인간 중심 교육과정은 교사들의 투철한 교육관이 확립되지 않으면 그 실현이 어렵다.

3. 교육과정 개발 수준에 따른 분류

교육과정의 개발 수준에 따른 분류는 크게 세 가지로 분류할 수 있는데, 국가 수준의 교육 과정, 지역 수준의 교육과정, 그리고 학교 수준의 교육과정으로 분류할 수 있다.

1. 국가 수준 교육과정

국가 수준의 교육과정이란 한 국가의 교육에 대한 국가의 의도를 담은 문서 내용을 말한다. 국가 수준의 교육과정은 국가의 교육 목적, 교육 내용, 기준, 학생의 성취 기준, 교육기관 및 교육행정기관의 교육과정 운영 기준 등을 포함한다. 우리나라에서는 교육부총리가 교육관계 법령에 의거하여 결정 · 고시하는 '초 · 중등교육법'에 근거하여 전국의 모든 학교에 적용되는 교육과정을 말한다. 이 교육과정은 일반적 · 공통적 · 기본적 · 요강적인 기준을 제시하고 있다는 점에서 기준 교육과정이라고 부른다.

국가 수준 교육과정의 구성은 크게 총론과 각론으로 구분된다. 총론에서는 '교육과정 편성과 운영'에서 교육과정 구성의 방향, 학교급별 교육 목표, 편제와 시간단위 배당 기준, 교육과정 편성 · 운영 지침을 제시하고 있다. 그리고 각론에서는 각 교과별로 성격, 목표, 내용내용체계와 학년별 내용, 교수 · 학습 방법, 평가 등이 제시되어 있다.

초 · 중등교육법에 근거하여 고시되는 국가 수준 교육 과정은 의도적인 제도교육의 목표와 내용 · 방법 · 평가의 기준이 될 뿐만 아니라, 교육의 지원과 관계되는 교육행정 및 재정 · 교원양성수급과 연수 · 교과서 등의 교재 개발 · 입시제도 · 교육시설 · 설비 등에 대한 정책수립과 집행의 근거가 되는 '교육에 대한 기본 설계도'의 기능을 하게 된다.

국가 수준 교육과정의 필요성에 대해서는 찬성과 반대의 양론이 있다. 국가 수준의 교육과정은 정치적 · 사회적 · 문화적 통합과 국가의 시대적 · 사회적 요구를 충족시키며, 전문인력, 막대한 비용이나 장기간의 투자로 만들어진다. 그리고 교육과정의 표준화로 학교 교육의 질 관리가 용이하며, 학생들이 진학하거나 학교를 옮겼을 때에도 교육과정의 일관성과 연속성을 보장할 수 있다는 이점이 있다. 하지만 국가 수준의 교육과정은 각 지역이나 학교의 특성을 반영하지 못하며, 너무 구체적이거나 상세하게 규정해 놓으면 지역이나 학교의 자율성과 교사의 전문성을 해치게 된다.

따라서 국가 수준의 교육과정은 기본적이고 필수적인 최소한의 기준만 담아야 하며, 국가 수준의 교육과정 개발에서 지역이나 학교 현장의 목소리를 많이 담아낼 수 있도록 다양한 의견을 조사하고 반영해야 한다.

2. 지역 수준의 교육과정

지역 수준의 교육과정은 교육에 대한 지역의 의도를 담은 문서 내용을 말하며, 국가 수준의 기준과 학교의 교육과정을 연결하는 교량 역할을 한다. 다시 말하면 지역 수준의 교육과정은 각 시 · 도와 지역의 특성 · 필요 · 요구 · 교육 기반 · 여건 등의 제 요인을 조사 · 분석하여 전국 공통의 일반적 기준인 국가 수준 교육과정을 조정하고 보완하며, 그 결과를 학교 교육과정에 반영하는 데 목적이 있다.

이러한 성격을 지닌 지역 수준의 교육과정은 그 내용을 구성하는 데 있어서 우선 국가 수준의 교육과정을 세밀하게 분석 · 검토하고 시 · 도교육의 단기 및 중 · 장기 종합 발전 계획을 비롯하여 교육지원청과 학교 규모와 실태라든가 교육에 대한 주민과 지역 사회의 인식과 요구 및 학생 실태 등을 분석하여 해당 지역의 교육에 대한 중점 방향을 설정하고 학교 교육과정을 편성 · 운영하는 데 도움이 될 수 있는 방법이나 절차를 제시한다. 또한, 시 · 군 교육청 교육과정 업무 지원, 선택과목의 신설과 폐지, 교육과정 관련 교원 연수, 교육과정의 지역화, 교육과정 자료의 심의와 검인정, 교육과정 연구 지원, 교육과정 평가 등의 내용을 주로 다룬다.

지역 수준의 교육과정에 따른 개발과 운영은 지역의 특수성을 반영하며, 지역교육청 시 · 도교육청과 시 · 군 · 구 교육지원청의 교육 문제 해결 능력을 신장하고, 교육 관련 전문성을 키울 수 있다는 공통적인 장점을 가진다. 그 반면에 시간과 인력 및 비용 등의 부족으로 질이 낮아지고 지역 간의 교육격차가 심화될 수 있다는 위험요인도 갖는다.

우리나라에서 지역 수준의 교육과정은 '지방교육자치에 관한 법률'로 규정하고 있으며, 대개 국가 수준의 교육과정으로부터 위임받은 사항의 수행과 관련된다. 시 · 도 교육청에서는 교육과정의 편성 · 운영 지침을 작성하며, 시 · 군 · 구 교육지원청에서는 장학자료를 개발하여 학교 교육과정을 안내하고 통제한다.

3. 학교 수준의 교육과정

학교 수준의 교육과정은 학교의 실태를 반영하며 학부모와 학생들의 특성과 요구를 고려하여 교육에 대한 학교의 의도를 담은 문서 내용을 말한다. 이러한 학교 수준의 교육과정은 교육 목표, 내용, 방법, 평가, 운영방식 등을 핵심으로 구성된다. 우리나라의 경우 2009 개정 교육과정에서 강조하는 학교 수준의 교육과정은 국가가 결정한 교육 목적을 실현하기 위하여 국가와 지역 수준의 교육과정 지침을 바탕으로 구성한다.

학교 수준의 교육과정은 국가 수준의 교육과정과 지역 수준의 교육과정에 근거하여 지역의 특성, 학교의 실정, 학생의 실태에 적합한 교육에 대한 학교의 의도를 담은 단위 학교의 구체적인 교육과정을 말한다. 즉, 학교 수준의 교육과정은 학교의 상세한 교육 설계도로서 그 학교가 수용하고 있는 학생에게 책임지고 실현해야 할 교육 목표와 교육 내용 · 방법 및 평가 등에 관한 구체적인 운영 계획을 의미하며, 특색 있는 교육 전략 또는 상세한 교육운영 세부 시행 계획으로 구성된다.

학교 수준의 교육과정은 또한 교육의 효율성, 교육의 적합성, 교사의 자율성과 전문성, 교육의 다양성, 학습자 중심 교육의 실현 등을 위해서 필요하다. 이를 위하여 국가 수준의 교육과정 문서와 시 · 도 교육청이 작성한 교육과정의 편성 지침에는 교육과정과 관련되어 학교가 해야 할 일을 편성 · 운영 · 평가의 세 영역으로 나누어 제시하며, 교육부와 시 · 도 교육청은 학교가 이러한 일을 제대로 추진할 수 있도록 그 방법과 절차를 사례연구와 함께 제시하고 있다.

현재 학교 수준의 교육과정은 학교가 교육과정의 형태와 내용을 결정하는 실질적인 권한을 갖는 것이 아니라 중앙정부에서 개발한 교육과정을 채택 · 변용 · 재구조화하는 권한 행사에 머무르고 있는 것으로 보인다. 따라서 학교 수준의 교육과정이 원래 의도한 목적을 달성하기 위해서는 교육과정 관련 권한을 학교에 대폭 이양하고 교장 및 교사가 교육 과정 개발에 대한 관심과 지식과 능력을 지니며, 이를 발휘할 수 있는 여건이 마련되어야 한다.

국가 수준 · 지역 수준 · 학교 수준의 교육과정은 〈그림 6-1〉과 같은 관계를 가진다.

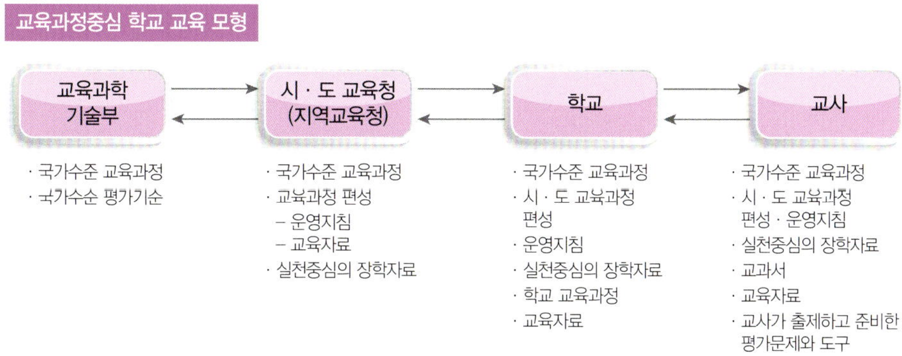

그림 6-1 국가, 지역, 학교 교육과정의 관계

출처 : 교육부

4. 교육과정의 구성

타일러Tyler는 자신의 저서 『교육과정과 수업의 기본 원리1949』에서 교육과정의 개발이나 수업 설계에 포함되어야 할 요소로 교육 목표의 설정 · 학습 경험의 선정 · 학습 경험의 조직 · 평가의 네 가지를 들었다. 그의 생각은 현대에 와서도 설득력을 가지고 있으며, 교육과정 구성의 일반적인 절차로 받아들여지고 있다. 이 장에서는 교육과정 구성의 핵심 요소라고 할수 있는 교육 목표 설정, 내용의 선정, 교육 내용의 조직 · 평가 등을 차례로 살펴 보고자 한다.

1. 교육 목표의 설정

교육과정을 구성하는 데 있어서 가장 먼저 고려해야 할 것은 교육을 통해 길러 내려는 사람이 어떤 사람인지를 분명하게 설정하는 일이다. 학교에서 이루어지는 교육활동이란 결국 교육 목표를 달성하기 위한 노력이요 수단에 지나지 않는다. 교육 목표가 명확하지 않으면 교육과정의 계획을 제대로 세울 수 없으며, 교수 · 학습에도 방향을 잃게 된다. 따라서 교육 목표를 명확하게 설정하는 일이야말로 교육과정 구성에 있어서 가장 중요하고 우선시 되어야 할 과제이다.

교육 목표를 설정하는 데 있어서 고려해야 할 사항은 다음과 같다.

(1) 목표 설정의 자원

타일러는 교육 목표 설정의 기본적인 자원은 학습자에 대한 연구, 사회에 대한 연구, 교과목에 대한 연구 등이고 그것은 다시 철학과 심리학의 검증을 거쳐 설정된다고 주장하였다. 그러나 현대에 와서 교육과정의 목표는 철학과 사회변화 및 문화현상 · 학습자의 심리적 특성 · 교과 전문가의 견해를 고려해 설정한다.

(2) 교육 목표의 수준

교육 목표는 어느 정도의 일반성과 특수성을 가지느냐에 따라서 지극히 포괄적이고도 일반적인 수준의 목표를 설정할 수도 있고, 특수하고도 구체적인 수준의 목표를 세울 수도 있다. 여기서 말하는 교육 목표의 수준이란 교육 목표 세분화에 관한 문제라고 할 수 있다. 그 세분화의 정도에 따라 분류해 보면, ① 국가 및 사회적 수준의 목표, ② 교과 수준의 목표, ③ 단원 수준의 목표, ④ 수업 수준의 목표를 설정할 수 있다. 흔히들 국가 수준의 교육 목표를 일반 목표라고 하며, 단원 목표를 중간 목표, 수업 목표를 특수 목표라고 부른다.

(3) 교육 목표의 설정과 진술

교육 목표는 교육 내용의 선정과 조직, 학습지도, 평가에 이르기까지 일관성 있게 반영되어야 한다.

교육 목표를 설정하고 진술할 때 도움이 되는 일반적 지침 혹은 기준은 다음과 같다.

① 교육 목표는 구체적이고 명료한 용어로 진술되어야 한다.

② 교육 목표는 포괄적이어야 한다.

③ 설정된 교육 목표는 일관성이 있어야 한다.

④ 설정된 교육 목표는 실현 가능성이 있어야 한다.

⑤ 교육 목표는 모든 교직원의 교육 활동 속에 내면화되어야 한다.

⑥ 설정된 교육 목표는 그 타당성을 언제나 검증받을 수 있어야 하며, 언제든지 수정될 수 있어야 한다.

2. 교육 내용의 선정

교육 내용을 선정하는 가장 큰 이유는 학교에 다니는 기간은 한정되어 있고, 배워야 할 내용은 너무 많다는 데 있다. 따라서 교육과정의 개발에 참여하는 인사들은 가장 가치 있는 지식 · 기능 · 가치 등을 선별하고, 이들을 교과라는 그릇에 담아야 한다.

교육 내용은 다양한 의미를 지니고 있는데, 지식 · 기능 · 가치 등으로 정의하고, 지식 영역 · 기능 영역 · 가치 영역 등으로 구성된다. 다음으로 교육 내용을 가리키는 말로는 교과, 단원, 과 등의 이름이다. 이것은 교과와 교과 속에 담긴 단원이나 과의 이름이기도 하고 이것을 담고 있는 그릇이기도 하다.

교육 목표가 설정되면 다음은 그 목표를 달성하기 위해 교육 내용을 선정해야 한다. 교육 내용을 선정하는 기준은 원칙적으로 그것을 통해서 성취하려는 교육 목표의 유형에 따라 결정되어야 한다. 교육 내용을 선정하는 데 고려해야 할 일반적인 원리 또는 기준을 제시하면 다음과 같다.

(1) 타당성의 원리

타당성의 원리는 교육 내용을 제대로 선정하기 위해서 교육 목표와 관련하여 그것이 그 학문 분야에서 얼마나 본질적이고 기본적인지 또 얼마나 의미 있는 내용을 담고 있는지 등을 고려해야 한다는 원리이다. 교육 내용은 교육의 일반적 목표 달성에 도움을 주는 것이어야 한다. 교육의 일반적 목표는 어떤 교과를 가르쳐야 하는지를 시사해 주며, 그 속에 어떤 지식 · 기능 · 가치들이 포함되어야 하는가를 알려준다. 왜냐하면 교육 내용이 교육의 일반적 목표와 무관하게 선택된다면 목적 없는 교육이 되기 때문이다.

(2) 확실성의 원리

가능한 한, 지식으로 구성된 교육 내용은 참으로 밝혀진 지식이어야 한다. 참인가의 여부는 논리적이거나 경험적인 경우에는 간단하지만 윤리적이거나 미학적 지식인 경우에는 가리기가 쉽지 않다.

(3) 학습 가능성의 원리

학습 가능성의 원리는 교육 내용이 학생들이 학습할 수 있는 교육 내용을 선정하여야 한다. 학생들은 능력, 학습 여건 등에서 동질적이지 않기 때문에 우수한 학생에게 초점을 맞추거나 학습 여건이 좋은 학생들을 목표로 하여 교육 내용을 선정한다면 보통 수준의 학생이나 능력이 다소 떨어지는 학생들은 피해를 입게 된다. 아무리 훌륭한 내용을 선정했다고 하더라도 학습 가능성이 결여되어 있다면 그것은 교육 내용으로서는 쓸모없게 된다.

(4) 사회적 유용성의 원리

사회적응 또는 재건주의의 관점에서 볼 때, 교육 내용은 사회의 유지와 변혁에 도움을 주는 것이어야 한다. 사회기능 분석법이나 항상적 생활사태법 등은 학생들이 장차 살아나갈 사회에서 필요로 하는 지식 · 기능 · 가치가 무엇인가를 제시하고 있다. 또한, 사회를 개조하거나 이상적인 미래사회를 건설하는 데 필요한 지식 · 기능 · 가치가 어떤 것인가를 찾아서 제시해야 한다.

(5) 인간다운 발달의 원리

인본주의 관점에서 교육 내용은 학생의 성장과 자아실현에 도움을 주는 것이어야 한다. 교육 내용은 그 자체로서 가치를 가지는 것이 아니며, 인간다운 발달에 기여할 때 빛을 발하는 것이다. 또한, 교육 내용은 지식 · 기능 · 가치 등의 요소들로 분리된 것이 아니라 통합된 것으로 간주하여야 한다.

(6) 흥미의 원리

학생들이 흥미를 느끼지 않을 때 학습될 가능성은 그만큼 줄어든다. 학생들의 흥미는 자주 바뀌고 그들이 아직 미성숙하다는 이유 때문에 교육 내용을 선정할 때 고려의 대상이 되지 않는 경우가 많다. 하지만 학생들의 흥미가 다양하다는 점은 어떤 학생들에게 어떤 내용이 적합한지를 가려 내는 데 도움을 준다. 오늘날 교육 내용 선택의 폭이 확대되는 것은 흥미가 교육 내용 선정에 주요한 원리가 되고 있음을 보여주고 있다.

3. 교육 내용의 조직

우리 속담에 '구슬이 서말이라도 꿰어야 보배'라는 말이 있다. 아무리 구슬이 많아도 그냥 두면 보배가 될 수 없다는 말이다. 교육 내용의 조직은 교육 목표 달성을 위하여 교육 내용의 구성 요소들을 효과적으로 배치하는 것을 말한다. 교육 내용의 조직은 선정된 교육 내용을 어떻게 계열화하고 조직화하며 체계화하여 상호 관계를 지우느냐에 대한 답을 찾는 데 있다. 따라서 교육 내용을 조직하는 데 있어서 고려해야 할 핵심적인 요소는 범위와 계열이다.

범위를 다른 말로 스코프scope라고도 하며, 이는 특정한 시점에서 학생들이 배우게 될 교육 내용의 폭과 깊이를 가리킨다. 스코프는 어떤 시점에서 학생들이 배워야 할 내용이 무엇이고 그것들을 얼마나 깊이 있게 배워야 하는가를 결정한다. 여기서 배워야 할 내용은 학교급 · 학년 · 교과 과목에 따라 달라지고 깊이는 대체로 배울 내용에 할당된 시간 수로서 간접적으로 표현된다. 또한, 스코프는 교육과정 개발의 여러 수준과도 관계가 있는데, 국가가 학교 · 교과 · 학년 · 과목의 스코프를 결정하기도 하며, 지방 교육청이나 학교에 스코프를 결정하는 권한을 위임하기도 한다.

계열이란 다른 표현으로는 시퀀스sequence라고도 하는데 이것은 교육 내용을 배우는 순서를 말한다. 즉, 계열성은 학습자가 어떤 내용을 먼저 배우고 어떤 내용을 나중에 배우는가를 결정하는 것이다. 여기서 배워야 할 내용의 순서는 학교급, 학년, 학기, 월, 주, 차시별로 결정된다.

타일러R. W. Tyler는 교육 내용의 효과적인 조직을 위한 원리로 다음을 제시하였다.

(1) 계속성

계속성continuity이란 교육 내용을 조직함에 있어서 중요한 개념, 사실, 원리 등의 학습이 어느 정도 계속해서 반복하여 이루어지도록 하기 위한 조직 원리이다. 즉, 선정된 내용 및 학습 경험의 조직에 있어서 종적 관계를 표시하는 원리로서 중요한 학습 내용과 경험을 반복함으로써 강화되는 효과를 얻자는 것이다.

(2) 계열성

계열성sequence은 계속성과 마찬가지로 교육 내용의 수직적 조직의 문제와 관련되어 있다. 교육 내용을 단순히 반복하는 수준을 넘어서 전후 내용 간의 관계, 확대, 심화를 강조한다. 즉, 학습 내용과 경험의 여러 요인이 그 깊이와 넓이에 있어서 점진적인 증가가 되도록 학습 내용과 경험이 조직되어야 한다는 것이다. 일반적으로 교육 내용을 조직할 때 사용하는 계열성의 원리는 연대순 방법, 주제별 방법, 단순에서 복잡으로나 전체에서 부분또는 부분에서 전체로 등의 논리적 선행 요건 방법, 추상성의 증가에 의한 방법, 학생들의 발달에 의한 방법 등이 있다.

(3) 통합성

통합성integration이란 여러 교육 내용들이 수평적 관계에서 상호 연결되어 통합됨으로써 보다 효율적인 학습 및 성장과 발달을 촉진할 수 있도록 조직하자는 것이다. 여러 교육 내용들 사이에서 상호보완적 관계를 유지시켜 줌으로써 개개의 경험들이 서로 연결되고 통합되게 하여 학습자의 조화로운 성장 · 발달을 보장하자는 것이다. 즉, 교과와 교과 간이나 경험과 경험 간의 조직 원리이다. 즉, 각 교과의 내용이나 경험의 내용이 서로 관계 없이 독립적으로 구성되어 단절되는 것이 아니라, 상호 연결되고 통합함으로써 학습을 효과적으로 촉진하자는 것이다.

(4) 교육과정의 평가

교육과정 평가는 교육 목표 설정에서 수업에 이르기까지 교육과정의 개발 단계에서의 제반 의사 결정을 돕기 위하여 정보를 수집하고 판단하고 활용하는 과정이다. 다시 말하면, 교육 목표의 달성 정도나 교육과정의 효율성을 판단하기 위하여 학습자의 행동 변화 및 학습 과정에 관한 제반 정보를 수집하고 이용함으로써 교육적 의사결정을 하는 데 도움을 주거나 더 나아가서 의사 결정을 하는 과정을 의미한다. 이와 같은 의사 결정의 제 과정은 교육적인 가치를 판단하는 일이다. 교육과정의 평가는 교육과정 계획의 수립에 해당하는 교육과정 개발 평가, 계획된 교육과정을 행동으로 옮기는 교육과정 운영 평가, 교육과정 운영의 결과적 산물에 대한 교육과정의 성과 평가 등을 포함한다.

5. 우리나라 교육과정의 변천

우리나라는 다른 나라에 비해 중앙정부에서 만든 국가 교육과정의 영향력이 매우 강한 편이다. 해방 이후부터 최근까지 교육과정의 역사가 증명해 주고 있다. 여기서는 문서로 공포고시한 초 · 중등학교의 교육과정에 따라 구분하여 각 시기의 특징을 소개한다.

(1) 교육에 대한 긴급조치기(1945–1946)

해방 후 우리나라는 미군정 시대를 거치게 되었다. 이 시기에 미군정청 학무국에서 '신조선의 조선인을 위한 교육'을 일반 명령으로 시달하였다. 여기서 교과목에 대해서는 상당히 포괄적으로 진술하였다. 이는 '교수용어를 한국어로 할 것과 조선의 이익에 반하는 것을 교수하는 것을 일체 금하는' 것이었다. 또한, 평화와 질서를 당면 교육 목표로 삼았고, 교육제도와 법규에서 일본의 잔재를 지우도록 하였으며, 초등학교와 중등학교의 교과 편제 및 시간 배당을 발표하였다.

(2) 교수요목기(1946–1954)

1946년 '교수요목 제정위원회'는 교수요목을 제정하고 교과서를 편찬하는 작업에 착수하였다. 교수요목은 교과서의 지도 내용을 상세히 기술한 문서이다. 이 시기는 교수요목과 교육과정을 엄격히 구별하지 않고, 교과 내용 자체를 학생들이 학습해 나갈 과정으로 보고 교사가 학생에게 가르칠 교수 내용의 주제나 제목을 열거한 것이 교수요목이었다. 특징을 살펴보면,

① 교과의 지도 내용을 상세히 표시하고, 기초 능력을 배양하는 데 주력하였다.

② 교과는 분과주의를 채택하였으며, 체계적인 지도와 지력의 배양에 중점을 두었다.

③ 홍익인간의 정신에 입각하여 애국애족의 교육을 강조하였으며, 일제의 잔재를 정신이나 생활면에서 시급히 제거하는 데 각별한 노력을 기울였다.

(3) 제1차 교육과정기(1954–1963)

제1차 교육과정기는 정부수립과 6 · 25 전쟁이 끝난 후 미국의 진보주의 교육사조에 따라서 신교육이 강조된 1954년의 제1차 교육과정의 개정 또는 교과 과정 시대를 의미한다. 이 시기에는 교육과정을 '각 학교의 교과목 및 기타 교육활동의 편제'라고 정의하였으며, 법령상의 명칭이 '교과과정'이었기 때문에 이 시기의 교육과정을 '교과과정의 시기' 또는 '교과 중심의 교육과정 시기'라고 한다. 제1차 교육과정은 우리 손으로 만든 최초의 체계적 교육과정이라는 점에서 중요하다. 제1차 교육과정을 살펴보면 교육과정 자체는 '교과 중심'이었으나, 교육과정을 기준으로 편찬한 교과서는 '생활 중심'을 지향하고 있었다.

(4) 제2차 교육과정기(1963–1973)

제2차 교육과정은 1963년 문교부령으로 제정 · 공포한 것으로 기존의 것을 전면 개정

하여 1973년 학문 중심의 교육과정으로 다시 개정하기 전까지를 말한다. 이 시기의 특징으로는 1968년 국민교육헌장의 선포, 중학교 무시험 진학제도, 대입 예비고사제 실시에 따라 문교부는 가장 긴급한 것을 부분 개정하였다. 이 시기에는 교육과정을 '학교의 지도하에 학생들이 가지는 경험의 총체'로 봄으로써 생활 중심 혹은 경험 중심의 교육과정 형태를 지니게 되었으며, 자주성 · 생산성 · 유용성을 지닌 인간성을 추구하였다.

(5) 제3차 교육과정기(1973–1981)

우리나라의 교육과정 제정 상 처음으로 교육과정심의회를 구성하고 이 심의회에서 시안을 확정하고 2년 간의 실험 절차를 거쳐서 1973년 전면 개편된 것을 시작으로 1974년 고등학교 교육과정의 개편에서부터 1981년까지의 기간이다.

제3차 교육과정은 '각 학문 간에 내재해 있는 지식 탐구과정의 체계적인 조직'이므로 학문 중심의 교육과정에 해당되며, 산업화 사회에서의 국민의 자질 향상과 인간 교육을 강조하였다. 내용이나 형식은 지금까지의 교육과정과는 달리 국적 있는 교육을 슬로건으로 내세움으로써 여러 면에서 한국적인 교육과정의 성격을 띠고 있다.

(6) 제4차 교육과정기(1981–1987)

제4차 교육과정은 1981년 문교부 고시로 공포된 교육과정이다. 이 교육과정은 문교부에서 직접 개발하지 않고 한국교육개발원에 위탁하여 기초 연구와 총론, 각론, 시안을 개발하는 '연구 · 개발의 형태'를 도입하였다는 것이 교육과정 정책의 큰 변화라고 할 수 있다.

이 교육과정은 민주사회 · 고도 산업사회 · 건전한 사회 · 문화사회 · 통일조국 건설에 필요한 건강한 사람, 심미적인 사람, 능력 있는 사람, 도덕적인 사람, 자주적인 사람 등을 길러 내는 데 목적을 두었다. 따라서 4차 교육과정은 교과 중심, 경험 중심, 학문 중심 등과 같은 접근 위에서 변화와 미래에 대한 인식을 강조하는 미래지향적 교육과정의 인식이 반영되었다. 특히, 지금까지 소홀히 해온 인간 중심의 교육과정 성격이 반영되고, 진로 교육의 개념이 도입되어 개인적 · 사회적 · 학문적 적합성을 고루 갖춘 종합적인 교육과정이라는 특색을 지니게 되었다.

(7) 제5차 교육과정기(1987–1992)

제5차 교육과정은 기본적으로 교육과정 및 교과용 도서 중에서 개선이 필요한 부분만을 개정하는 부분 개정을 기본 원칙으로 하여 1987년 6월에 개정되어 1992년까지 시행된 것이다.

이 교육과정에서는 교육과정의 개념을 '국가 수준의 문서화 된 개괄적인 기준'으로 정의하면서, 단일한 교육사조나 이론의 지배를 받는 것보다 개인적 · 학문적 · 사회적 적합성을 고루 갖춘 종합적인 접근 방식을 택하고 있다. 5차 교육과정의 특징은 인간교육의 실현, 아동의 발달수준 고려, 교과 내용상의 중복 해소, 교육과정의 합리성 제고, 다양한 학습경험 제공 등의 측면에서 통합 교육과정 구성의 필요성이 제기되어 정부수립 후 최초로 통합 교과를 신설하게 되었다.

(8) 제6차 교육과정기(1992–1997)

제6차 교육과정은 시대적 · 학문적 · 개인적인 변화와 교육 수요의 요구에 따라 교육개혁의 일환으로 추진되었으며, 21세기를 주도할 건강하고 자주적이며 창의적이고 도덕적인 한국인을 육성하기 위해서 교육과정의 편성 · 운영의 체제 개선으로 교육의 질 관리를 강화하였다. 또한, 우리나라의 교육과정 사상 처음으로 '중앙집권형 교육과정'을 '지방분권형 교육과정'으로 전환하여 시 · 도교육청과 학교의 자율 · 재량권을 확대하였다.

이 교육과정은 시대적 · 학문적 · 개인적인 변화와 교육 수요에 따라 '교육 개혁'의 일환으로 추진된 6차 교육과정의 개정은 21세기를 주도할 건강하고 자주적이며, 창의적이고 도덕적인 한국인 육성이 그 목적이며, '교육과정 편성 · 운영의 체제를 개선함으로써 교육의 질 관리를 강화'하고자 한 것이 그 핵심이다.

(9) 제7차 교육과정기(1997–2006)

제7차 교육과정은 대통령 직속 교육개혁위원회가 '교육과정특별위원회'를 만들어 초 · 중등 학교 교육과정 개혁 방안을 제시한 후, 교육부의 위탁을 받은 한국교육개발원이 연구 · 개발하여 시행된 교육과정으로 21세기의 세계화 · 정보화 시대를 주도하며 살아갈 자율적이고 창의적인 한국인을 육성하기 위해 기초나 기본 교육을 목표로 두고 있다. 이를 토대로 전인적 성장의 기반 위에 개성을 추구하는 사람, 기초 능력을 토대로 창의적인 능력을 발휘하는 사람, 폭넓은 교양을 바탕으로 진로를 개척하는 사람, 우리 문화에 대한 이해의 토대 위에 새로운 가치를 창조하는 사람, 민주시민 의식을 기초로 공동체 발전에 공헌하는 사람 등을 바람직한 인간상으로 제시하였다.

제7차 교육과정에서는 국민공통 기본 교육과정의 도입으로 학교급별 차이에 따른 연속성이나 연계성의 부족 문제를 극복하고 10년 동안 체계적인 교육을 실시할 목적으로 설정된 것이다.

(10) 2007 개정 교육과정(2007–2010)

2007 개정 교육과정은 교육과정 수시 개정체제에 따라 개정되었다. 이는 기존의 교육과정 정책을 주기적 개정에서 수시 개정체제로의 전환에 따라 이루어진 개정이다. 교육과정 수시 개정체제는 기존 교육과정의 연계를 통한 안정성, 사회의 급격한 변화에 대한 신속한 대응, 사회 각계 각층의 개정 요구에 대한 탄력적 수용, 교육 현장의 실태와 필요를 즉각적으로 반영하는 현장 적합성 등의 이점을 가진다.

(11) 2009 개정 교육과정(2011–2015)

교육부는 2009년 대통령 자문 국가교육기술자문회에서 글로벌화된 세계 속에서 창의력을 발휘하여 미래를 개척하면서 살아가는 글로벌 창의 인재 육성을 목적으로 '미래형 교육과정 구상'을 토대로 한국교육과정평가원에 위탁하여 2009 개정 교육과정을 개발하였다. 개정 교육과정에서는 개성의 발달과 진로를 개척하는 사람, 창의성을 발휘하는 사람, 품격 있는 삶을 영위하는 사람, 공동체 발전에 참여하는 사람 등을 바람직한 인간상으로 제시하였다.

(12) 2015 개정 교육과정(2016~)

2015 개정 교육과정에서는 모든 학생들이 인문 · 사회 · 과학 기술에 대한 기초 소양을 함양하여 인문학적 상상력과 과학기술 창조력을 갖춘 창의 · 융합형 인재로 성장할 수 있도록 교육의 근본적인 패러다임을 전환하고자 하였다. 2015 개정 교육과정은 2017년 초등학교 1~2학년을 시작으로 2020년 중학교 3학년과 고등학교 3학년에 단계적으로 적용된다.

2015 개정 교육과정의 주요 특징으로는 문 · 이과 통합교육과정, 중학교 자유학제 실시, 기초영역에 '한국사' 추가, 소프트웨어SW, software수업 강화, 범교과 영역을 10개로 축소 및 간소화하는 등이 주요 개정 내용이다. 이 중에서도 특히 창의적 체험 활동은 교과와 상호 보완적 관계에 있으며, 교과와 연계 · 통합을 지향하고, 교과와 차별화된 창의적 체험 활동 고유의 역량을 개발하기보다는 총론에서 제시한 6가지 역량을 모두 수용하여 창의적 체험 활동의 목표에 반영하였다.

Chapter 7 교육 방법 및 공학

1. 좋은 수업을 위한 교육 방법의 이해
2. 좋은 수업을 위한 교육공학의 이해
3. 수업설계 모형

Chapter 07.

교육 방법 및 공학

교육 목표

- 교육방법의 개념을 이해하고 설명할 수 있다.
- 교육공학의 이론적 배경과 개념을 이해하고 설명할 수 있다.
- 교수 · 학습 · 수업의 개념을 이해하고 원리를 설명할 수 있다.
- 수업설계모형 및 교수이론들을 이해하고 설명할 수 있다.
- 교수매체의 개념과 기능을 설명할 수 있다.

1. 좋은 수업을 위한 교육 방법의 이해

교육 방법educational method이란 학습자가 교육 목표에 도달하도록 효율적이고 효과적인 방법으로 안내하는 교수전략 혹은 수행 방법을 의미한다. 교육 방법이란 학습자들에게 가치 있는 지식을 과학적이고 체계적인 방법으로 전달하는 것과 밀접하게 관련되어 있는 학문이다. 교육 방법의 주요 관심사는 교사가 어떻게 하면 학생들을 잘 가르칠 것인가how to teach에 해당된다. 교육 방법은 수업과 관련된 실천적인 내용을 다수 포함하고 있으며, 교사가 한 시간 혹은 일 년 동안의 수업 계획과 설계를 비롯하여 다양한 교육 방법의 원리와 실제를 설명하고 있다.

고대부터 현대에 이르기까지 많은 학자들은 가르치는 방법에 대해 끊임없이 연구해 왔다. 소크라테스Socrates는 대화를 통해 지식을 깨달을 수 있다고 보았으며, 이것은 문답법의 기원이 되었다. 중세에 이르러서도 여전히 책은 귀한 물건이었기에 교수가 책을 읽어 주면 받아 적고 외우는 방식의 강의법이 주를 이루었다. 교육 방법의 시초는 문답법과 강의법에서 출발하며, 교사 중심의 교육 방법이었다. 문명과 산업의 발달로 책은 누구나 접할 수 있게 되었을 뿐만 아니라 다양한 매체의 보급으로 개인차와 흥미를 고려하는 학습자 중심의 교육 방법으로 전환하게 되었다. 교사는 더 이상 학습자에게 단순히 지식을 전달하는 역할에 머무르는 것이 아니라, 학습자 스스로 사고하고 능동적으로 참여하여 경험하고 지식과 정보를 탐색하도록 안내하고 촉진하는 역할을 해야 한다.

(1) 수업의 요소와 법칙

1) 수업의 요소

수업은 반드시 학습 목표를 가지며, 계획적인 활동이다. 즉, 수업은 교사의 수업 방향과 학습자의 학습 방향을 제공해 주며, 그 목표를 달성하기 위한 활동은 계획적이다. 하지만 수업을 하였다고 반드시 학습이 이루어지는 것은 아니다. 교사가 교수 목적을 가지고 계획적으로 수업을 진행하였다고 해도, 학습자에게 지속적인 행동이나 인지의 변화가 일어나지 않을 수 있기 때문이다. 따라서 수업을 잘 받기 위해서는 가르치는 내용에 대한 지식과 기술을 습득하고 있어야 할 뿐만 아니라, 교수학습에 관한 지식과 기술을 갖추고 있어야 한다. 효과적인 수업을 진행하기 위하여 알고 있어야 하는 수업 요소들은 무엇인가?

① 교수 목적

교사의 수업을 통해 학습자로 하여금 학습 지식을 궁극적으로 성취시키고자 하는 도착점 행동으로, 지식 함양 및 바람직한 태도 습득에 있다. 수업 설계에 있어 가장 먼저 해야 할 일은 교수 목적을 확인하는 것이다. 즉, 교수 목적이란 수업을 통해 학습자가 궁극적으로 성취해야 하는 지식과 기능 및 바람직한 태도로 구성된 학습 성과learning outcomes를 의미한다.

② 교수 내용

교수 목적 달성에 필요한 교과 내용이다. 가르치고자 하는 내용은 궁극적으로 성취하고자 하는 교수 목적의 달성에 맞게 선정하고 적절하게 구성해야 한다. 교수 목적을 확인한 후 해야 할 일은 교수 목적을 달성하기 위해 수업으로 다루어야 할 교수 내용을 결정하는 것이다. 이는 교수 내용 분석을 통해서 가능하다. 교수 내용 분석이란 학습자에게 필요한 교수 내용이 무엇인지 분석하는 것이다.

③ 학습자 특성

학습자가 지닌 특성으로 연령, 흥미, 적성, 학습 양식, 선행학습 수준, 기초학력 수준 등을 말한다. 효과적인 수업을 위해서는 다양한 학습자 특성이 파악되어 교수 설계 및 전개에 반영되어야 한다.

학습자의 연령, 사전 경험, 학습 양식, 흥미, 성숙도, 사회경제적 배경, 적성, 태도 등 학습자의 개인차를 제대로 파악하고 있어야 학생들의 다양성을 반영한 교수를 설계할 수 있을 것이다. 교사가 학습자의 특성을 수업에 반영한다면 좀 더 효율적인 수업이 된다.

④ 학습 목표의 설정

학습 목표란 일정한 수업이 이루어진 후에 학습자가 최종적으로 성취해야 할 도착점 행동을 의미한다. 특히, 무엇을 아는가가 아닌, 얼마나 잘할 수 있는지를 보여 주는 수행 performance을 토대로 설정해야 한다. 교수 목적과 학습 목표 간에는 차이가 있을 수 있다. 교수 목적은 교사의 입장에서 설정한 목표이기 때문에, 학습자 중에는 이미 교수 목적을 달성한 경우도 있을 수 있다. 그렇기 때문에 학습 목표는 학습자 입장에서 설정한 도착점 행동으로 교수 목적, 교수 내용, 학습자 특성 등을 고려하여 설정해야 한다.

학습 목표 = 학습 내용주제 + 도착점 행동동사

학습 목표를 진술하려면 우선 학습자가 성취해야 할 도착점 행동이 무엇인지를 확인해야 한다. 일반적으로 학습 목표는 궁극적으로 도달하려고 하는 도착점 행동이 지식과 관련된 것인지적 학습 영역, 태도와 관련된 것정의적 학습 영역, 신체적 기능과 관련된 것심리·운동적 학습 영역 등으로 구분된다. 인지적 학습 영역은 지식 · 이해 · 적용 · 분석 · 종합 · 평가 능력으로 세분되고, 정의적 학습 영역은 감수 · 반응 · 가치화 · 조직화 · 인격화로 세분되며, 심리운동적 학습 영역은 지각 · 태세 · 유도된 반응 · 기계화 · 복합 반응 등으로 각각 세분된다. 이처럼 학습을 통해서 학습자가 성취해야 할 도착점 행동이 무엇인지를 구체적으로 확인해야만 적절한 동사를 선택하여 학습 목표를 진술할 수 있다.

한편, 일상에서 무심코 사용하는 표현이라도 이것이 학습 상황에서 학습 목표로 사용되는 경우에는 좀 더 정교하게 사용되어야 한다. 학습 목표는 교사의 것이 아니라 학습자가 궁극적으로 도달해야 할 지점을 표현한 것이기에, 여러 학습자에게 공유될 때에는 학습자에 따라 미묘하지만 다르게 받아들여질 수 있다는 점을 주의해야 한다. 또한, 학습 목표가 결국 수업에 대한 학습자의 기대 수준과 연결된다는 점에서 행동의 특성이 무엇이며 어떠한 수준을 요구하는지를 주의하여 진술해야 한다. 그리하면 더 나아가 개개인의 능력이 충분히 발휘되도록 유도할 수도 있을 것이다.

⑤ 교수학습의 원리

교수 이론과 학습 이론에 기초한 원리를 의미한다. 효과적인 수업은 교수학습의 원리에 기초를 두어야 한다. 즉 학생들에게 학습이 잘 일어나도록 촉진하기 위해서는 교수

학습의 원리에 적합한 수업이 이루어져야 한다. 교사는 자신이 가장 자신 있고 익숙한 수업 방법을 사용하는 것도 중요하지만, 여러 가지 수업 관련 요인을 고려하여 학습자 입장에서 최선의 수업 방법을 선택하고 이를 적절히 활용할 필요가 있다. 수업 방법을 선택할 때 교사는 학습 목표, 학습 활동, 학습자 특성, 교사의 수업 진행 능력, 수업 환경 등을 고려해야 한다.

⑥ 교사의 지식과 기술

가르치고자 하는 내용에 대한 지식 및 기술뿐만 아니라 교수 전문성이 확보되어야 한다. 교수 전문성을 제대로 갖추고 있어야 수업을 효과적으로 계획하고 진행하며 평가할 수 있다. 따라서 교사가 갖추어야 할 지식과 기술에는 수업 설계, 전개, 평가에 대한 것도 포함된다.

⑦ 교수매체 선정 및 제작

수업은 교수 내용을 담고 있는 각종 교수매체를 교사와 학생들이 공유하면서 이루어지는 활동이다. 교수매체에는 학습 목표나 교수 방법에 따라 책과 같은 인쇄물 자료 이외에도 실물 자료, 그림, 비디오, 컴퓨터와 같은 시청각 자료, 공작세트, 표본, 시뮬레이터와 같은 실험 실습용 자료 등이 있다.

⑧ 평가 계획의 수립

평가 계획의 수립이란 학생들의 학습 목표 성취도를 확인하기 위한 계획으로, 교수 목적으로 제시한 학습 성과가 달성되었는지를 확인할 수 있도록 수립되어야 한다. 이때 앞서 설정한 학습 목표를 평가 준거로 삼을 수 있다. 일반적으로 평가에는 어떤 학습 목표의 달성 여부를 판단하기 위해 언제평가시기, 어떠한 방식평가방식으로, 얼마나 자주평가횟수를 평가한다. 최종 평가 결과에는 어떠한 요소들이 어떤 비율로 반영될 것인가를 결정해야 한다.

수업에 영향을 미치는 요소들은 독립적인 것이 아니라 상호 밀접하게 수업에 영향을 미친다. 학습자를 좀 더 효과적으로 지도하기 위해서는 명확한 교수 목적의 설정, 교수 목적의 달성에 필요한 교수 내용의 선정 및 조직, 교수학습 원리의 반영, 학습자 특성 파악, 그리고 수업의 설계, 전개, 평가에 관한 전문성 등을 지녀야 한다.

효과적인 수업은 교사가 자신만이 지닌 경험의 틀에서 벗어나는 데서부터 시작된다. 과거의 방식에서 벗어나지 못하면 새롭게 변화하는 학생들의 요구와 교육 내용에 적절하게 대처할 수 없을 것이다. 이를 위해 우선 효과적인 수업을 위한 교수 설계에 대한 이해가 있어야 한다.

2) 수업의 법칙

모든 가르침은 수업의 주제를 밝히는 데서부터 시작한다. 학습 주제가 전적으로 새로운 경우, 학생들이 이미 알고 있는 지점을 찾아야 한다. 이 출발점을 찾지 않고 수업을 진행하는 것은 지금 있는 곳이 어디인지 알려주지도 않고 미지의 길을 따라오라고 말하는 것과 같다. 학생들은 흔히 "저는 선생님이 무슨 말씀을 하고 계시는 건지 모르겠어요."라고 하면서 수업 내용을 이해할 수 없었다고 말하는 것을 자주 보게 된다. 이런 경우에 잘못은 분명 교사에게 있다.

모든 가르침은 일정한 방향으로 나아가야 한다. 새로운 경험 습득을 향하여 나아가는 것이 가장 적절한 행군 방법이다. 이미 습득하여 알고 있는 것을 반복적으로 가르치는 것은 그 이상의 지식을 얻고 싶어하는 학생들의 바람을 저지하는 것이고, 학생들의 집중력을 흩어지게 한다. 교사가 학생들의 학습을 익숙한 바탕 위에서 너무 오래 붙들고 있는 것은 중대한 잘못이다.

학습은 단계적으로 수행되어야 한다. 이 단계들은 한 가지 사실이나 개념을 다른 사실이나 개념들과 연결시켜 주는 것이어야 한다. 단순하고 구체적인 사실이 자연스럽게 일반적이고 추상적인 사실들로 이어지고, 전제가 결론으로 이어지며, 자연 현상에 대한 이해가 자연 법칙으로 이어지는 것처럼 말이다. 어떤 개념을 새롭게 터득할 때마다 그것은 아이의 지식 일부가 되고, 경험을 쌓는 데 필요한 능력의 일부가 되며, 새로운 전진을 위한 출발점 역할을 한다.

각 단계를 충실히 마스터한 후에 그 다음 단계로 나아가야 하며, 그렇지 않을 경우에 학생들은 제대로 준비도 갖추지 못하고 미지의 영역으로 나아가게 될 것이다. 학생들은 자기 이해력의 범위 안에서 모든 수업 내용을 철저히 알아야 한다. 이런 종류의 철저함이 진정한 가르침의 본질적 조건이다. 페스탈로치J. H. Pestalozzi의 말처럼 이미 깨달은 것에는 무엇을 추가하기가 쉽다.

지식의 새로운 요소들은 이미 알고 있는 다른 사실과 진리들과의 상관관계 안으로 들어와야 하며, 그런 다음에라야 비로소 계속 확장되고 있는 학습자의 경험 반경 속에서 충분히 그 모습을 드러내며 일정한 위치를 차지할 수 있다. 지식은 그 본질상 우리로 하여금 이미 알고 있는 사실들을 통해 새로운 사실들을 탐구하지 않을 수 없게 만든다. 무엇을 알아가는 행위는 비교하고 판단하는 행위, 즉 새로운 경험을 설명해 주고 의미 있게 해 줄 무언가를 옛 경험 속에서 찾아내는 행위다.

설명이란 이미 알고 있는 사실과 원리들을 인용하고 사용하여 새로운 자료들의 본질을 밝히는 것을 의미한다. 그러므로 모르는 것은 설명할 수 없다. 학습자의 배경 지식 위에서 새로운 사실과 법칙을 설명해 주어야 한다. 그렇지 않으면 새로운 사실과 법칙은 설명되지 못한 채로 남게 될 것이다. 아이들의 질문에 대답하고자 할 때 종종 어려움에 부딪히곤 하는 것은 그 질문 자체가 어렵다기보다 질문에 대한 답 속에 아이가 잘 모르는 내용들이 많아서일 것이다.

새로운 지식이 표현되는 수단인 언어는 학습자가 이미 친숙히 알고 있는 것으로부터 의미를 취한다. 지식이 없는 아이는 말 또한 없을 것이다. 왜냐하면 말이란 알고 있는 사실들의 상징이기 때문이다. 수업주제에 대해 학생들이 얼마나 사전 지식을 갖고 있는지에 대한 고려 없이 그저 교사에게만 친숙한 단어로 자기 생각을 학생들에게 전달하여 납득시키고자 하는 것도 이와 비슷한 실수를 저지르는 것이라고 하겠다.

사람들은 자기가 좋아하고 가장 명확하고 가장 친숙한 것들만을 사용하여 새로운 사실이나 원리들을 해석한다. 애매하게 이해한 사실이나 원리는 새로운 경험을 해석할 때 활용되는 경우가 드물고, 꺼려지며 심지어는 전혀 다른 방식으로 활용되기도 한다. 설령 활용된다고 하더라도 그 새로운 개념이나 판단까지 애매하고 불완전하게 만들 뿐이다. 유능한 교사의 진가는 수업 주제의 기본적인 부분을 귀에 익은 단어처럼 친숙한 것으로 만들어 주는 데서 드러난다.

만약에 학습자에게 실제 문제 해결 과정 속에서 실제적으로 사고하는 과제를 주고자 한다면 사고 과정이 무엇인지를 정의해야 한다. 이 과정에는 세 단계가 있다. 첫째, 의심 혹은 확신하지 못하는 단계가 있다. 어떤 사실이 알려지고, 무언가가 학습자에게 행해져야 한다. 둘째, 바라는 목표에 이르기 위해 자기 임의대로 사용할 수 있는 수단이 무엇인지 궁리하는 조직화 단계가 있다. 셋째, 자기 스스로 제시한 계획안을 선별하고 거부하는 비판 단계가 있다. 이런 문제 상황은 어른이나 아이 할 것 없이 일상 생활에서 빈번하게 발생한다. 학교에서는 이런 사고 과정을 늘 염두에 두고 과제를 내주어야 한다.

3) 수업 성찰

백문이 불여일견이라는 말이 있듯이 자신의 수업 모습을 한 번 보는 것이 교수법 이론을 백번 듣는 것보다 더 효과적이다. 비디오를 이용하여 스스로의 수업 기술을 개선하고자 할 때 관찰할 사항으로는 목소리, 몸동작, 수업 구성, 학생들에 대한 태도 등이 있다.

① 목소리는 어떠한가?

목소리는 스스로 수업 기술을 개선하고자 할 때 관찰할 사항 중에서 가장 두드러지게 나타나는 것이다. 신경을 써야 할 부분은 발음의 명료도, 소리의 크기, 말의 속도, 그리고 소리의 변화다.

- 목소리 크기가 적절한가? 소리의 강약을 조절한다. 목소리가 너무 커서 공간을 지나치게 울리게 하거나 너무 작아서 잘 들리지 않는 경우 수업의 효과는 떨어진다.
- 말하는 속도가 적당한가? 적절한 말의 속도는 학생의 이해력을 돕고, 스스로 정보를 이해하고 분석하고 음미할 수 있는 여유를 준다.
- 발음이 정확한가? 교사의 발음이 부정확하면 무슨 말을 하는지 알아듣기 힘들다. 처음부터 끝까지 단어 하나하나가 정확히 들리도록 발음한다.
- 목소리에 변화가 있는가? 듣기 좋은 수업을 하기 위해서 목소리의 크고 작음, 음의 높고 낮음, 속도의 빠르고 느림 등에 적절한 변화를 주어야 한다.

② 몸동작은 어떠한가?

- 몸동작이 의도적이고 적절한가? 몸동작이 의사 전달에 미치는 효과는 엄청나다. 불필요한 오해를 불러일으키는 몸동작을 줄이는 것만으로도 말하고자 하는 내용을 잘 전달할 수 있다.
- 서 있는 자리를 옮기는가? 사람은 시선을 오래 한 군데 집중하도록 하면 자기도 모르게 주의가 흐트러지게 된다. 학생들의 눈동자를 운동시켜 주어서 피로함을 덜기 위해 교사는 자연스럽게 몸을 움직여 준다.
- 학생들에게 시선을 주고 있는가? 학생들과 눈을 맞추는 것은 매우 중요하다. 서로 눈을 맞추며 함께 호흡하는 것이 중요하다.
- 모든 학생들을 살펴보는가? 사람들과 대화할 때 좋은 반응을 보이거나 대하기 편안한 얼굴이 있는 쪽을 보며 말하는 경향이 있다. 가능하면 학생들이 소외감을 느끼지 않도록 모든 학생들을 두루 보며 말하는 것이 바람직하다.
- 몸동작의 효과를 극대화하는가? 교사의 시선에서 멀어진 학생들에게는 부담 없는 질문을 던지거나 숨을 공간을 최소화하는 좌석 배치가 필요하다.

③ 수업 구성은 어떠한가?

효과적인 수업은 매번 시작과 줄거리 그리고 끝맺음이 있다.

- 수업에 시작이 있는가? 수업을 시작할 때는 곧바로 새로운 내용으로 들어가지 말고 지난 번 수업 내용을 짧게 요약하며 무엇을 하고자 하는지를 제시하면 좋다.
- 수업에 숨 돌릴 여유가 있는가? 수업 시간을 적절히 배분하여 변화를 주어서 전체 수업에 집중도를 높여 준다.
- 호기심을 유도하는가? 교사는 수업을 통해 학생들을 도전하게 만들고 호기심을 자극하여 배우고 싶어하는 학습동기를 유발해야 한다.
- 가장 중요한 부분이 부각되었는가? 중요한 메시지는 반복함으로써 확실하게 전달한다.
- 수업에 끝맺음이 있는가? 수업의 목적을 정확히 하고, 그 목적을 달성하고 있다는 느낌으로 수업을 마무리한다.

④ 학생에 대한 태도는 어떠한가?

학생은 학습자이기 전에 하나의 인간으로 존중받아야 한다. 학생에 대한 존중과 이해를 바탕으로 수업 분위기를 조성했는가를 되돌아본다.

4) 효율적 수업을 위한 교실 문화

학생들이 좋은 인성을 갖추고 매사에 최선을 다하도록 하기 위해 어떠한 교실 문화를 만들어야 할까? 교실 문화는 얼핏 보는 것과는 달리 매우 복잡한 현상이다. 교사는 교과 내용 이외에도 학생들이 사회에서 성공하고 공동체의 구성원이 되기 위한 습관 또한 잠재적으로 가르치고 있다. 교사는 학생들과 함께 교실의 문화를 만들어 가는 동료이다.

① 해야 할 일을 정확히 알려주기

대부분의 학생들은 교실에 들어서면서 '내가 무엇을 해야 할까?'에 대해 생각하지 않는다. 또한, 자신이 무엇을 해야 하는지 몰라도 불평하지 않는다. 교사는 학생이 무엇을 해야 하는지, 무엇이 학생을 혼란스럽게 하는지 등을 정확히 알아야 한다. 학생이 해야 할 일을 정확하게 알려주는 것을 비롯하여 주의집중을 방해하는 요소를 제거하도록 하는 것이 목적이다.

② 빠른 전환

깔끔하지 못한 전환은 수업 분위기를 악화시키면서 분열과 갈등을 일으킬 수 있다. 부드럽고 빠르게 전환하기 위해 교사는 효과적인 절차를 만들고 이를 훈련시켜야 한다. 전환은 재빨리 이루어지는 동시에 조용히 일관성 있게 이루어져야 한다.

③ 학습 자료별로 바인더 만들기

배운 내용을 저장하고 조직화하고 기억 체계를 만드는 일의 중요성을 학생들에게 충분히 설명하면서 이를 실행하도록 한다. 기록하고 바인더에 철하고, 자료를 잘 모아 두도록 한다. 이때 자료를 분실하거나 훼손하면 안 된다고 주의를 준다. 날짜별로 모든 학습 자료에 번호를 붙여서 모아 두면 교사는 학생들이 잘 하고 있는지 무엇을 필요로 하는지 등을 좀 더 쉽게 파악할 수 있다.

④ 수업 시작 전부터 준비하게 하기

학생들에게 수업 시작 준비를 하라고 매번 청하지 않으려면 수업이 시작되기 전에 무엇을 어떻게 미리 갖추어야 하는지를 정확하게 설명해 주어야 한다. 교사는 학생들에게 수업 전에 반드시 할 일을 구체적으로 알려준다. 교사는 사소하면서도 적절한 지침을 주어 학생들에게 수업을 준비할 수 있도록 도움을 주어야 한다.

⑤ 수업을 방해하지 않는 비언어적 신호 공유하기

수업 중 누군가가 자리를 이탈하겠다는 의사를 표현하는 순간 귀중한 시간은 잠식당한다. 이 순간 교사는 판단해야 한다. 교사는 학생들이 어떠한 요구를 하더라도 그들이 자리에서 벗어나는 행동을 쉽게 허락해서는 안 된다. 이때 수업을 방해하지 않는 무언의 신호를 공유하는 기법을 사용할 수 있다. 신호는 단순한 것으로 혼란을 일으키지 않아야 하고, 수업을 방해하지 않는 것이어야 한다. 학생들이 신호를 보내면 교사는 수업 진행을 계속하면서 학생의 요구에도 잘 대응할 수 있어야 한다.

⑥ 교사의 말을 따르도록 하기

학생들이 교사의 지시를 따르게 하는 일은 수업의 목적을 달성하기 위한 하나의 실행이어야 한다. 단지 교사의 권위를 드러내는 것이어서는 안 된다. 학생들의 최종 목표는 교사가 아니라 자신의 미래에 관한 것이기 때문이다.

학생이 교사의 지시를 따르는 이유는 그것이 그들에게 도움이 되기 때문이어야 한다. 이를 말이나 태도를 통해 확실하게 표현한다. 교사는 모든 학생들에게 기대를 갖고 있다는 점을 강조해야 한다.

⑦ 구체적으로 지시하기

교사는 학생들에게 무엇을 어떻게 해야 할지 자세하고 분명하게 알려준다. 그 결과로 학생들이 지시에 따르지 않는 원인을 제거할 수 있다. 수업에 집중하지 않는 상당수의 학생은 교사에 대한 저항이 아닌 무능함 때문일 수도 있다. 여기서 무능함이란 교사의 지시를 이해하지 못하거나 딴 생각을 하느라고 듣지 못하는 것을 말한다. 따라서 교사는 구체적이고 분명하게 지시해야 한다. 그렇게 하면 교실 내에서 학생들의 책임감이 강화된다. 교사는 학생들에게 무엇을 하지 말아야 할지에 대해서 알려주는 것보다 무엇을 해야 할지에 대하여 알려주는 편이 훨씬 더 효율적이고 효과적이다. 교사는 학생들이 해야 할 일에 대해서 말하되, 분명하고 구체적이며 순차적이고 관찰 가능한 형태로 해야 한다. 최고의 효과를 이끌어 내는 지시는 학생들이 명확하게 수행할 수 있도록 정확하게 기술하며 관리 가능한 행동들에 초점을 맞춘다.

⑧ 짧고 단호하게 말하기

적게 말하는 것이 많이 말하는 것보다 훨씬 더 강력한 힘이 있다. 말을 적게 하면, 교사는 자신이 준비되어 있다는 점과 말하는 목적을 간결하게 학생들에게 전달할 수 있다. 말이 빨라지고 많아지는 것은 초조하거나 망설이고 있다는 표시이며, 이런 경우에 교사의 말은 무시될 수 있다. 너무 많은 말을 해서 말의 중요성을 약화시키지 않아야 한다. 학생들에게 몇 가지 선택 사항을 주고 우선순위를 정하게 하기보다는 단 하나만 강조하는 편이 낫다. 꼭 따라야 할 지시를 내릴 때는 다른 일들을 동시에 진행하지 않는다. 목소리를 낮추고 침착하고 차분한 태도를 유지함으로써 학생들이 경청하게 만든다.

⑨ 교실 행동 반복하기

교실에서 지켜야 할 기본적인 행동을 완벽하게 할 때까지 반복시키면서 연습을 통해 스스로 향상될 수 있음을 알려준다. 또, 잘 하는 것에 초점을 두어 긍정의 힘을 발휘하게 한다. 단순히 교실에서 준수해야 할 행동지침을 따른다기보다 자발적으로 지킨다는 생각이 들 때까지 행동을 반복 연습시킨다.

일정 수준에 도달한 학생들이 더 잘 할 수 있도록 즉각 피드백을 제공할 때 잘하는 일은 더 향상되고, 최고의 수준으로 달려갈 수 있다. 학생들의 마지막 임무는 일정한 순서에 따라 스스로 할 일을 즉시 하는 것이다. 성공할 때까지 반복하고, 결국 성공으로 끝맺음함으로써 무슨 일이든 올바르게 하는 습관을 갖게 한다.

⑩ 학생을 반갑게 맞이하기

학생들이 교실에 들어서는 순간, 교사는 반드시 학생들이 일정한 기대를 가지도록 해야 한다. 이 순간은 학생이 교사와 긴밀한 관계를 형성하고 교실 분위기를 조성하며, 일상에서 학업을 수월하게 해내는 습관을 들이는 첫 단계이다. 교실 입구에서 학생을 반갑게 맞이하면, 학생들은 하루를 시작하면서 무엇이든 올바르게 하려고 다짐하게 된다. 교실 입구에 서서 학생들을 반갑게 맞이하는 까닭은 학생들에게 지금 있는 곳은 어디인지 항상 학생들이 최선을 다하기를 기대하는 교사와 함께 있다, 그들이 어떤 활동을 해야 하는지, 교사가 무엇을 요구하는지 등을 상기시키기 위해서다.

⑪ 우리 교실만의 즐거운 요소 만들기

학습의 과정에서 즐거움을 발견하면 학생들은 행복을 느낀다. 이는 성취도가 높은 교실을 만드는 요인이 된다. 즐거움은 상황에 따라 여러 형태로 변형시킬 수 있다. 노래 부르거나 춤추기를 소란스럽게 또는 조용하게 할 수도 있고, 그 밖에도 재미있고 다양한 놀이를 상황에 따라 활용할 수 있다. 우리 교실만의 즐거운 요소 만들기는 학습보다는 교실 문화를 만드는 것과 관련이 있다. 예컨대 애칭을 지어서 서로 그 이름을 불러주는 일은 자기에 대한 새로운 측면을 인지하게 하고 소속감을 느낄 수 있도록 한다.

2. 좋은 수업을 위한 교육공학의 이해

일반적으로 공학technology이라고 하면 전기공학 및 전자공학을 떠올리기 쉽다. 교육현장에서 공학의 의미는 체계적이고 기술적인 수업설계 과정에 있다. 초기의 교육공학의 의미는 '교육에서의 공학technology in education', 즉 시청각 교육을 수단으로 사용한다는 협의의 개념으로 사용되었다. 후기에는 교육공학의 의미를 단순히 시청각 자료를 사용한다는 의미를 넘어서 교육 목적을 효과적으로 달성하기 위해 체계적이고 과학적인 절차를 적용하고, 교수 과정에서 발생하는 여러 가지 문제를 해결하는 광의의 개념으로 이해하게 되었다. 이것은 교육 개선을 위한 과정을 강조하는 '교육의 공학technology of education'이다. '교육에서의 공학'과 '교육의 공학'을 모두 포괄하는 대안적 교육공학의 개념은 '인간의 교육공학technology of human'이다. 인간의 교육공학은 인간을 이해하는 공학으로서 인지과학, 체제이론, 구성주의 등 사회과학적 지식을 적용하여 학습자를 주체적 인간으로 보았다. 인간의 교육공학은 어떤 공학적 원리를 적용하더라도 인간이 중심이라는 것을 강조한다서미옥, 2017.

1. 교육공학의 이론적 배경과 개념의 확장

1950년대 이후 시청각 이론과 체제 이론 및 커뮤니케이션 이론이 교육에 적용되기 시작하였다. 이는 교육공학을 단순하게 수업의 보조물로 여기던 결과product 위주의 관점에서 점차 과정process 중심, 즉 교수 학습의 과정에 관련된 여러 가지 문제점을 체계적으로 연구 해결하려는 측면으로 옮겨가면서 교육공학의 개념 및 영역을 한 단계 발전시켜 놓는 계기가 되었다.

(1) 시청각 이론

데일과 호반 그리고 핀Dale, Hoban, & Finn, 1949은 시청각 교육의 효과를 다음과 같이 설명하였다김철주, 신선희, 2019.

① 시청각 교재는 학습 자료를 구체적으로 제시할 수 있으며 언어의 의미를 보다 구체적으로 전할 수 있다.

② 시청각 교재는 피교육자의 지적 발달 수준에 맞추어 학습 내용을 이해하기 쉽게 전달할 수 있으므로 학습자의 기억을 오래 유지시킬 수 있다.

③ 시청각 교재는 피교육자에게 강한 흥미를 불러일으킨다.

④ 시청각 교재는 사실적인 경험을 제공하므로 학습자의 자발적인 학습 활동을 증진시킨다.

⑤ 영화를 사용한 시청각 교재는 학습자의 사고력을 키워 줄 수 있다.

⑥ 시청각 교재는 어휘 능력을 발달시켜 개념 형성에 기여할 수 있다.

⑦ 시청각 교재는 다른 자료에서 얻기 힘든 다양한 교육적 경험을 제공할 수 있다.

호반에 의하면 시각화된 교재의 특징은 생생한 경험을 제공할 수 있고, 학습 내용을 명확화하여 추상적 개념의 이해를 돕게 되며, 먼 곳의 정경이나 현상 및 과거의 사건들을 현실적으로 제시하여 지리적 · 공간적 제한을 극복시켜 준다. 구체적-추상성의 연속선상에서 여러 종류의 시각적 교재를 분류하여 교육과정에서의 사용 효과를 분석한 호반의 시청각 이론은 구체적인 교재로부터 시작하여 차례로 추상적인 교재를 사용해 갈 때 학습자의 효과적인 지식 획득이 이루어진다고 본다. 교사는 언어와 직접 경험을 연결시켜 주는 역할을 해야 하며 이러한 역할을 적절히 수행하기 위해서는 시각 교재의 효과적인 사용이 요구된다.

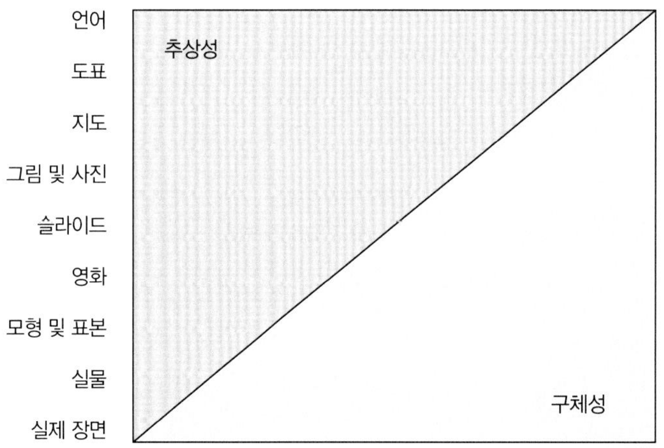

그림 7-1 호반Hoban의 시청각 이론

데일의 '경험의 원추' 모형에서는 시청각 매체의 구체적 경험 정도에 따라 원추의 하단부에서 상부로 올라갈수록 추상성이 높아지며, 이에 따른 적절한 방법 및 매체들을 제시하고 있다. 1단계의 직접적 경험은 사물이나 동물 및 사람들과의 물리적인 접촉에 의해 모든 감각기관을 활용한 행동에 의한 학습을 의미한다. 2단계의 영상을 통한 경험은 관찰에 의한 학습으로서 학습자들은 다양한 시청각 매체를 통하여 대리경험을 함으로써 학습이 이루어진다. 마지막 언어상징은 가장 추상적인 경험을 제공하는 매체로서 활용될 수 있다. 데일이 주장하는 시청각 교재의 가치는 구체적인 경험에서 추상적인 경험에 이르기까지 학습의 개념 형성을 언어에만 의존하지 않고 다양하고 풍부한 경험으로 이끌어주어야 한다는 것이다.

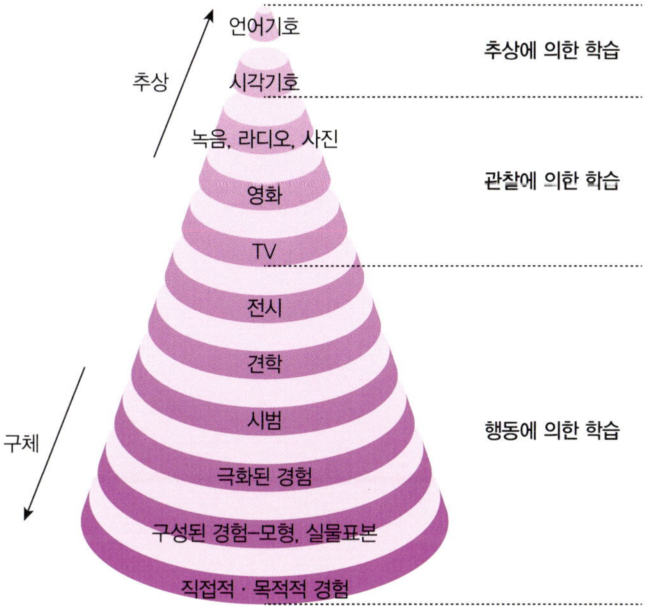

그림 7-2 데일Dale의 경험의 원추

(2) 체제적 접근(system approach)

교육공학에서 체제적 접근으로의 시도는 1950년대 이후 시작되었다. 이는 교육에 있어 이론을 실제에 연결시키려는 시도였다. 체제적 접근이란 체제를 구성하고 있는 각 요소들이 동일한 목적을 성취하기 위해 그들의 기능을 독립적으로 충분히 발휘하게 하면서 동시에 각 요소들이 상호 보완적인 관계를 정립시켜 전 구성 기능을 효과적으로 이루어지도록 하는 데 있다. 체제적 접근은 문제 해결을 위한 논리적 절차다. 문제가 포함된 전체적인 체제를 우선 이해해야만 합리적인 문제 해결책 제시가 가능하다. 교육에서의 체제적 접근은 교수 학습의 과정에서 문제점이 무엇인가를 찾아내어 최적의 해결 전략을 선택하는 것이라고 할 수 있다.

체제 이론을 통해 교수-학습 활동을 하나의 체제, 즉 시스템으로 바라볼 수 있게 되었다. 교수 설계는 하나의 변수나 사건을 분석하는 데 그칠 것이 아니라 교수-학습과정에 영향을 미치는 더욱 다양한 요소들을 포함해야 하며, 이러한 요소들 간의 관계성을 토대로 일련의 과학적인 절차를 통해 설계되어야 함을 이해하게 된 것이다. 이러한 점에서 교수-학습 활동을 설계하는 것을 교수체제 설계Instructional System Design : ISD라고 칭하는 것이다.

표 7-1 교수체제 설계의 영역과 요인(이신동 외, 2016 : 259)

교수 설계의 영역	교수 설계의 주요 요인
학습자의 학습과정	• 학습자 특성 : 인구 총체학적 요인, 개인차 요인, 신념과 태도 등
학습과 수행의 맥락	• 풍토 : 외적인 영향과 제한 요인들 조직적 풍토, 물리적 자원 등 • 환경 : 지향하는 맥락, 교수-학습 환경, 학습전이 맥락 • 배경 : 초·중등 학교, 고등 교육, 기억 교육, 평생 및 사회 교육 등
내용 구조와 계열	• 교수적 계열 : 직무 과제의 순서, 학습 난이도 순서 등
교수적 비교수적 전략	• 피드백의 활용
교수 설계자와 설계 과정	• 분석 : 내용, 맥락, 비용, 직무, 학습자, 문제, 조직 • 설계와 개발 : 목적과 목표, 전략 및 매체 선정

(3) 통신과 학습

교수instruction란 학습을 촉진하기 위하여 정보 및 환경을 정리 배열하는 것이라고 할 수 있다. 이러한 정보들이 자료원정보원에서 도착지로 전달되는 것을 통신communication이라고 한다. 새로운 학습은 새로운 정보에 의해 이루어지는데, 효과적인 수업은 통신 과정을 전제로 한다. 통신 과정에 대한 이해는 효과적인 교수 방법이나 교수 매체의 활용이 이루어지기 위해 필요하다. 커뮤니케이션communication이란 공유 또는 공동의 뜻인 라틴어 communis에서 유래한 것으로 상징symbol을 통하여 의미meaning와 정보를 전달하여 지식이나 사상 또는 태도 등을 다른 사람들과 공동으로 소유하고자 함을 의미한다.

통신 과정에 관심을 갖기 시작한 것은 1950년대에 접어들면서부터다. 시청각 교육은 시청각 통신 분야로 확장 발전하였고, 결과적으로 교수매체라는 제한적 범위에서 벗어나서 통신 과정에서 교육에 영향을 미칠 수 있는 여러 가지 요인들에 대하여 관심을 갖기 시작하였다. 시청각 교육은 단순한 교수 학습의 보조물로서 매체를 활용하려는 접근 방식에서 벗어나 교수 학습의 과정에 관심을 갖게 되며, 효과적인 커뮤니케이션을 위한 과정에서의 구성 요소들 간의 역동적인 관계 규명에 관심을 쏟기 시작하였다.

벌로berlo, 1960의 SMCR 모형은 커뮤니케이션 과정의 주요 요소인 송신자sender, 전달내용message, 통신 수단channel 및 수신자receiver로 이루어져 있다. 벌로의 통신 모형은 시청각 분야에서 주로 취급했던 교재 교구를 사용한 시각적 · 청각적 경험에서 벗어나서 교수 학습 장면에서의 여러 가지 요소들을 상호 간의 역동적인 통신 과정으로 이해하여 종합적으로 분석 · 연구하는 분야로 발전시켰다김철주, 신선희, 2019 : 52.

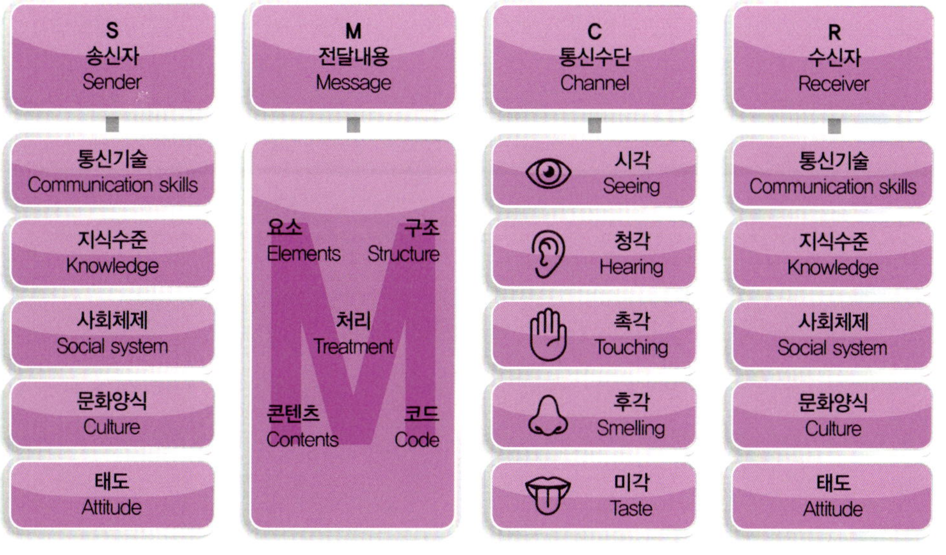

그림 7-3 벌로Berlo의 SMCR 모형

3. 수업설계 모형

수업설계instructional design란 수업을 하기 이전에 교사가 수업 계획표를 구상하는 것을 의미한다. 교사는 교수-학습과정에서 필요한 요소들을 파악하여 수업에 투입input시키고, 처리process한 후 산출output된 결과물을 다시 평가하는 과정을 거친다. 교과에 상관없이 공통적으로 적용되는 수업설계모형 가운데 ADDIE 모형과 ARCS 모형이 있다.

1. ADDIE 모형

수업설계 모형 가운데 가장 기본적 모델은 ADDIE 모형이다. ADDIE란 분석analysis, 설계design, 개발development, 실행implementation, 평가evaluation의 5단계로 구성되어 있다. ADDIE 모형은 단계별 순서대로 진행되는 절차적 모형이지만, 모든 과정에서 수정과 보완이 필요한 경우에 다시 앞 단계로 이동할 수 있는 구조이다서미옥, 2017 : 34.

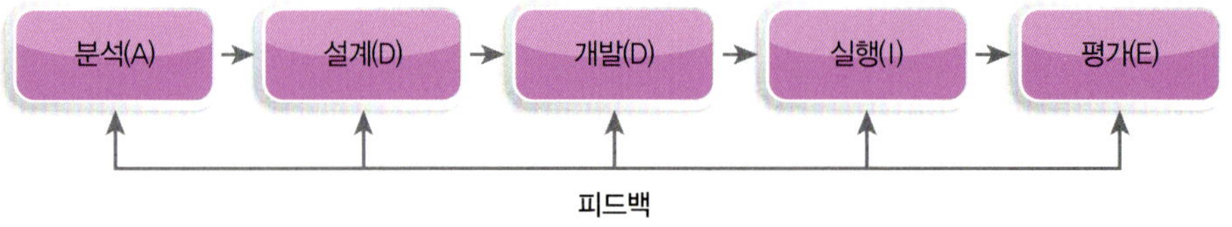

그림 7–4 ADDIE 모형

(1) 분석 단계(analysis)

교사는 수업을 계획하기 이전에 각 교과에서 기대하는 상태를 먼저 확인해야 한다. 그래서 요구need 분석이 필요하다. 요구란 학습자가 도달해야 할 상태 및 기대와 현재 상태 사이의 간극gap을 의미하는 데 이 차이가 바로 학습 목표가 된다. 분석 단계에서는 학습자의 연령, 학력, 성별, 선수학습의 정도, 흥미, 인지양식, 태도 등과 같은 학습자의 특성을 확인한다. 많은 교사들이 수업에 실패하는 이유가 학습자의 특성을 고려하지 않은 채로 수업 계획을 하였기 때문이다. 이 밖에도 교사가 실제 수업 실행을 위해 필요한 기자재가 교실에 구비되어 있는지, 물리적 환경을 확인하는 환경 분석, 교과에서 담당해야 할 직무 및 과제 분석이 사전에 이루어져야 한다. 특히, 과제 분석이란 학습자가 학습 목표에 도달하기 위해 어떤 내용을 학습해야 하는가에 대한 해답이다. 과제 분석 후 학습 목표에 맞게 학습 내용의 순서나 절차를 고려한다.

(2) 설계 단계(design)

설계 단계에서 가장 중요한 것은 교과의 수업 목표를 명세화하는 것이다. 수업 목표 달성을 확인하기 위한 평가 도구와 수업 목표를 달성하기 위해 어떤 교수전략을 수립할 것인지를 선정한다. 교수전략이란 한 시간의 수업을 위한 미시적 전략을 비롯하여 한 학기 이상의 수업을 위한 거시적 전략으로 구분할 수 있다. 이 단계에서 교육 목적에 맞도록 강의법, 토의법, 협동학습 등의 수업 방법을 결정한다. 수업 매체에는 인쇄물이나 모형과 같은 비투사적 매체를 활용할 수도 있고, 시청각 매체 프로젝트와 같은 투사적 매체를 이용할 수도 있다. 어떤 순서로 수업 내용을 학습자에게 제공할 것인지 계열화 sequence하는 것도 설계 단계에서 하는 일이다.

(3) 개발 단계(development)

개발 단계에서는 앞 단계의 설계를 토대로 실제 수업에 활용될 수 있는 교수-학습자료와 매체를 개발하는 것이 목적이다. 강의자료를 위해 그림, 도표, 사진, 멀티미디어 자료 등이 이용될 수 있으며, 이때 평가도구도 함께 제작해야 한다. 일반적으로 중고등학교에서는 컴퓨터를 이용한 시청각 매체나, TV나 비디오 등을 널리 이용하고 있다. 개발 단계에서 제작된 매뉴얼이나 강의자료와 평가도구가 제대로 만들어졌는가를 확인하기 위해 형성평가를 실시해야 한다. 형성평가는 개발된 교수-학습 자료와 매체가 학습 목표 달성에 적합한지, 학습 목표와 일관성이 있는지, 학습자의 수준이나 특성에 적합한지 등의 여부를 판단하기 위함이다.

(4) 실행 단계(implementation)

실행단계는 개발한 교수 방법이나 프로그램을 실제 현장에 적용시키는 활동이다. 즉, 교사가 직접 수업을 하는 것이다. 초심자들은 계획한 바대로 수업이 이루어지지 않을 때가 많다. 교사는 수업을 실행하면서 문제가 발생한 영역에 대해서는 다시 반성적 고찰을 하고, 수업 계획을 수정 · 보완해야 한다.

(5) 평가 단계(evaluation)

교수 설계 모형을 토대로 수업에 대해 단계별로 평가를 한다. 궁극적으로 수업 목표가 얼마나 체계적으로 달성되었는가를 중심으로 하는 평가다. 평가의 시기에 따라 진단평가, 형성평가, 총괄평가 등이 있다. 진단평가는 학습자의 선수학습 정도를 측정하기 위해 사전에 실시하는 평가이며, 형성평가는 학습자가 수업 내용을 제대로 이해했는가를 확인하는 중간 점검의 성격을 띤다. 총괄평가는 수업 종료 후 실시되는 최종 평가다. 흔히 성적이 부여되는 것은 총괄평가를 통해서다. 평가의 종류에는 지필식 평가, 수행평가, 구두평가, 포트폴리오 등이 있다. 교사는 평가를 통해 실행한 수업이나 프로그램이 목표 달성을 이루었는가에 대해 피드백 과정을 갖는다.

만약에 교사가 학습자의 미흡한 영역을 발견한다면 다시 앞 단계로 이동해서 어떻게 보완할지를 구안해야 한다.

2. ARCS 모형

좋은 수업은 학생들의 학습동기를 유발시키고, 학생들이 새로 배운 지식을 사용할 수 있게 할 뿐만 아니라, 학생들이 배워야 할 학습 내용과 그들의 과거 경험이나 현재 상황 필요, 흥미, 가치, 그리고 앞으로의 목적과 연결시켜 준다. 교사가 수업에서 무엇을 제시하든지 간에 학생들은 학습에 자발적으로 관심을 갖지는 않는다. 교사가 학생들에게 배워야 할 학습 내용이 어떻게 학생들과 관련되어 있는지를 보여 줌으로써 학습주제를 재미있게 만들 수 있는 것이다. 학생들이 학습주제와 자신 사이에 관련성을 찾지 못하면 배워야 할 필요를 느끼지 못해 혼란에 빠질 것이다.

새로 배우는 학습 내용이 학생 자신이 궁금해 하는 문제를 해결해 주고, 그들의 경험을 이해하게 해주며, 관심사나 가치와도 관련이 되고, 목적에 도달하는 것을 도와 준다고 믿을 때, 학생들은 학습에 흥미를 가질 것이다. 교사가 수업에서 의미있는 관련성을 강화한다면 학생들은 수업 밖에서 배운 내용을 적용해 보는 등 충분한 관심을 가질 것이다. 교사는 학생들이 배울 수 있도록, 배운 것을 사용할 수 있도록, 학습 내용을 그들의 경험 · 흥미 · 가치 · 열망과 관련지을 수 있도록 도와 주어야 한다.

학생들의 동기를 불러일으키기 위해 교사는 무엇을 해야 할까? 교사는 학생들이 배우는 내용이 삶과 의미있는 관련을 맺을 수 있도록 어떻게 도울 수 있는가? 교사는 학생들의 삶과 학습 내용 사이에 관련성을 알고 있어도 학생들은 알지 못할 수 있다. 의미있는 학습의 원리를 적용하기 위해 먼저 학생들의 동기를 측정한다. 교사는 학생들의 관심사, 경험, 필요, 열의, 두려움, 관심사 등을 가능한 빨리 알아내도록 한다.

교사는 수업 전에 학생들이 무엇을 알고 있으며 무엇을 배우기를 원하는지를 알아야 한다. 수업 중에는 학생들이 무엇을 배우는지를 주의 깊게 관찰한다. 수업이 끝날 때에는 학생들이 무엇을 배웠는지를 알아내야 한다. 학습자의 동기와 의욕을 유발하는 일은 매우 중요하다. 대표적 동기관리 모형으로 켈러J. M. Keller의 ARCS 모형이 있다. 이 모형을 보통 '악스' 모형이라고 하는데, 교수 학습 상황에서 학습동기를 유발하고 유지하기 위하여 제안된 동기설계 모형이다. ARCS의 구성 요소는 다음과 같다김광현, 2018 : 188-189.

표 7-2 ARCS 구성 요소

ARCS		
구성 요건	ARCS 범주	주요 질문사항
수의집중 A	학습자의 흥미 사로잡기 학습에 대한 호기심 유발하기	어떻게 하면 이번 학습 경험을 자극적이고 재미있게 할 수 있을까?
관련성 R	학습자의 필요와 목적에 맞추기	이번 학습 경험은 어떤 측면에서 학생들에게 가치가 있을까?
자신감 C	자신의 통제하에 성공할 수 있다고 느끼고 믿도록 도와 주기	수업을 통해 학생들이 자신의 성공을 이끌어 낼 수 있도록 어떻게 도와 줄 수 있을까?
만족감 S	보상을 통해 성취를 강화해 주기 내재적 · 외재적 보상	자신들의 경험이 좋았다고 느끼고 앞으로 계속 학습하고 싶도록 하기 위해 무엇을 도와 주어야 할까?

(1) 주의집중(attention)

학습이 효과적이기 위해서는 학습자의 주의력이 필요하다. 주의집중은 학습을 위해 가장 먼저 이루어져야 하는 조건이다. 아무리 완벽하게 디자인된 수업이라고 할지라도 학습자가 교사의 말에 귀를 기울이지 않는다면 수업 자체가 무의미하다. 따라서 교사는 학습자가 수업에 집중할 수 있도록 계속해서 학습자의 호기심을 자극해야 한다. 호기심을 가지고 학습에 주의집중할 때 비로소 제대로 된 학습이 이루어지게 된다.

학습자의 주의집중을 위해 세 가지 하위 전략을 사용할 수 있다.

첫째, 감각적 주의집중이다. 우선 학습자의 흥미를 유발하기 위해 무엇을 할 것인가에 대해 생각해야 한다. 즉, 학습자가 새롭고 흥미롭게 느낄 만한 매체나 전달 방식을 통해 학습자가 학습 내용에 관심을 기울이도록 하는 것이 감각적 주의집중의 핵심이다.

둘째, 인지적 주의집중이다. 학습자의 감각적 주의집중이 이루어졌다면 한 단계 더 높은 차원의 호기심으로 연결할 필요가 있다. 이를 위해 교사는 학습자가 학습 내용에 스스로 의문을 갖고 그것을 탐구하고자 하는 욕구를 가질 수 있도록 질문거리를 주거나 역설적인 상황을 제시할 수 있다. 이것을 인지적 주의집중이라고 한다.

셋째, 다양성이다. 아무리 새롭고 놀라운 자극이라고 할지라도 그것이 계속해서 반복되어 익숙해지면 사람은 심리적으로 지루함을 느끼게 된다. 지루함을 느끼면 학습에 대해 주의집중이 떨어지고 동기 지속도 어렵기 때문에 교사는 다양한 매체 혹은 구체적인 예시를 제시하는 등 학습 방식이나 형태의 다양성을 추구할 필요가 있다.

(2) 관련성(relevance)

무언가를 학습할 때 학습자들은 가장 먼저 '내가 이것을 왜 배우는가?'에 대한 해답을 구해야 한다. 사람들은 보통 무엇인가를 할 때 그 일을 하는 목적을 가지기 때문이다. 당연히 인간이 하는 활동 중 하나인 학습도 내재적으로 어떠한 의도와 목적을 가지게 된다. 만약, 학습에 뚜렷한 목적이 없고 학습자들이 그것을 배워야 할 이유를 찾지 못한다면 학습은 자연스레 지루하고 쓸모없는 것으로 여겨지게 될 것이다. 관련성이란 결국에는 사람들이 왜 어떠한 것에 끌리는지에 대한 설명이다.

관련성을 위한 하위 전략에는 다음 세 가지가 있다.

첫째, 목표 지향성이다. 학습자는 기본적으로 무언가를 필요로 하기 때문에 학습을 한다. 따라서 학습자의 필요를 잘 파악하고 그것에 맞춰 목표를 선정할 필요가 있다. 또한, 설정된 목표를 학습자에게 주지하고 그것의 유용성에 대해 말해 주어야 한다. 학습자는 제시된 목표를 통해 자신의 필요가 충족되는지 아닌지에 대해 판단할 수 있기 때문에 목표 설정은 신중하게 해야 한다.

둘째, 동기의 일치다. 설정된 목표가 학습자 개인의 필요와 일치한다 하더라도 실제 수업 방식이 학습자의 욕구를 충족해 줄 수 없다면 학습자의 동기는 낮아지게 된다. 이를 방지하기 위해 학습 방법이나 내용이 학습자가 학습 유형과 관심사에 부합하도록 만들어야 한다. 이를 위해 개인적 성취의 기회, 협력 활동, 지도력의 책임, 긍정적인 역할 모델을 제공함으로써 학습 내용을 학습자의 동기나 가치와 부합하게 하는 것이 좋다.

셋째, 친밀성이다. 지나치게 개인적이거나 친숙하지 않다면, 가급적 학습에 사용되는 예시나 상황들은 학습자에게 친숙한 것일수록 좋다. 사람은 일반적으로 새로운 것에 호기심을 보이지만 그것이 자신과 너무 동떨어졌다고 느끼면 오히려 호기심이 감소하는 경향이 있기 때문이다.

(3) 자신감(confidence)

학습에서 자신감은 매우 중요하다. 자신감은 바로 학습 결과에 대해 학습자가 기대하고 있는 것을 나타내는 척도이다. 즉, 학습자가 자신의 성공에 대해 얼마만큼 확신을 가지고 있는지가 학습자의 자신감을 좌우한다는 것이다. 당연히 학습 성공에 대해 높은 기대감을 갖고 있는 학습자일수록 자신감이 높아지게 된다. 이를 위해 교사는 학습자가 학습에 대한 성공을 기대할 수 있도록 학습 요건을 마련해 주면 좋다. 가장 좋은 방법은 학습자에게 어떻게 성공할 수 있는지와 어떤 기준에 따라 평가받게 되는지를 자세히 가르쳐 주는 것이다. 또한, 자신이 배우고 있는 학습 내용을 바탕으로 여러 가지 과제를 수행할 수 있다는 확신을 계속해서 심어 줄 필요가 있다. 이를 위해서 학습자에게 다양한 학습 경험을 제공하는 것이다. 학생들이 성공을 하게 하되, 그것이 운이나 외부적 요인에 의해서가 아니라 학습자 스스로의 노력과 능력에 달린 것이라는 믿음을 주는 것도 필요하다. 그래야만 학습자는 더 나은 성공을 위해 자발적으로 노력할 것이기 때문이다.

오늘 학습해야 할 주제가 학습자와 관련성이 높고 흥미로운 주제이더라도 학습자가 충분히 학습할 수 있는 수준에서 제시되어야 한다. 너무 어려운 내용들은 학습자로 하여금 좌절감을 느끼게 한다. 교사는 학습자가 이해할 수 있도록 수업의 난이도를 조절해야 한다. 과제의 순서는 쉬운 과제를 해결한 후에 중간 수준의 과제를 제시하고, 그리고 난 후에 어려운 수준의 과제를 제공하는 것이 좋다.

(4) 만족감(satisfaction)

만족감은 학습 초기에 직접적으로 동기를 유발하지는 않으나 학습자가 학습에 대한 동기를 유지할 수 있게 만들어 주는 요소이다. 또한, 이전에 수행했던 학습에 대한 만족감은 다음 학습에 대한 기대와 동기의 밑바탕이 된다. 학습자에게 만족감을 주기 위하여 내적으로 학습자가 학습에 대해 긍정적인 인식을 갖게 하도록 노력해야 한다. 이와 더불어 어느 정도의 외적 보상과 유인은 학습자의 동기를 더욱 강하게 고취하는 데 큰 역할을 하기도 한다. 학습자가 느끼기에 교사가 공평하게 보상한다고 받아들인다면 만족감은 더욱 상승할 것이다.

3. 교수매체

교수매체instructional media에서 매체는 영어로 medium의 복수 형태인 미디어media이다. 이 단어의 어원은 고대 라틴의 medius에서 유래했는데 그 뜻은 영어의 between, 우리말로 '무엇과 무엇의 사이'라는 의미를 갖는다. 따라서 매체란 무엇과 무엇 사이를 관계하거나 연결하는 매개의 의미를 담고 있다조규락, 김선연, 2006. 과거 교수매체는 교사 입장에서 교수활동 중 교수 내용을 구체화하거나 보충하여 학습자가 그 내용을 명확히 이해할 수 있도록 도와 주기 위하여 사용되는 모든 기계나 자료를 의미하였다.

근래에는 과학기술과 공학이 점차 발전함에 따라 교수매체가 교수활동을 돕는 보조 자료라는 좁은 개념에서 벗어나 교수-학습 과정에서 교수 목표를 달성하기 위해 교사와 학습자 간에 사용되는 모든 수단이라는 넓은 개념으로 본다.

특히, 구성주의 패러다임이 대두하면서 학습자의 주도적 역할이 강조되고 교수매체의 역할 또한 변화되었다. 교수매체는 더 이상 교사의 수업을 보조하는 역할에 머무르는 것이 아니라 학습자의 주도적인 학습을 위한 인지적 도구가 되어 가고 있다. 학생들은 수업 시간 중에도 인터넷을 활용하여 다양한 자료를 검색하고 수집할 수 있다. 방과 후에도 통신 서비스를 통해 교사 및 다른 학습자와 소통할 수 있다. 학생들이 스마트폰의 문자 메신저 서비스를 통해 팀 프로젝트 회의를 진행하는 것은 일상적인 일이 되었다.

(1) 교수매체의 기능

전통적 교수의 보조 수단으로서 교수매체는 매개적 보조 기능이 있다. 교수매체를 적절하게 사용하면 교사와 학생 사이에 원활한 소통을 촉진할 수 있으며 교육 내용을 쉽게 진달할 수 있다. 교수매체는 교육 내용 그 자체를 전달하는 정보전달 기능이 있다. 예컨대 교과서나 수업 유인물은 그 안에 충분한 정보와 지식이 담겨 있으므로 독립적인 학습이 가능하다. 교수매체는 학습의 보조 수단이 될 뿐만 아니라 그 자체가 학습 경험이 될 수 있다. 예컨대 운전이나 컴퓨터 학습, 피아노 연습에서 자동차나 컴퓨터, 피아노는 매체이자 학습의 대상 그 자체이다. 교수매체는 교수 기능을 발휘할 수도 있다. 예컨대 인터넷 강좌는 처음부터 교수 기능을 염두에 두고 치밀하게 설계되는 것이 일반적이다.

실제 수업에서 교수매체가 기여하는 바는 더욱 크고 중요하다. 교수매체를 통해 교수-학습의 효과성뿐만 아니라 효율성을 향상시킬 수 있다. 교수매체는 학습자의 주의집중을 유도할 뿐만 아니라 학습에 대한 동기를 향상시킨다. 한 교사가 같은 수업을 진행한다 할지라도 수업 내용이 정확히 같기는 힘들다. 교수매체를 사용하게 될 때 동일한 매체를 이용하여 수업 내용이 공유되고, 그로 인해 수업의 안정성은 높아질 수 있다. 만약, 교수매체에 수업 내용을 조직적으로 잘 담아낼 수 있다면 학습자들의 활발한 참여와 소통을 기대할 수도 있다. 적절한 교수매체의 사용은 교수-학습과정에 대한 긍정성을 높이고, 학습의 지속성을 보장한다. 따라서 교수매체는 수업을 효율적으로 이끌기 위한 하나의 방안으로 이해하는 것이 바람직하다.

(2) ASSURE 모형

ASSURE 모형은 하인리히Heinich 등2002이 교수매체를 체계적으로 활용하기 위해 고안한 모형으로 알려져 있다. ASSURE 모형은 실제 교실 수업을 위한 매체와 자료 활용에 초점을 맞추고 있다. 이 모형은 6개의 단계, 즉 학습자 분석analyze learners, 목표 진술state objectives, 교수 방법 및 매체와 자료의 선정select methods, media and materials, 매체와 자료 활용utilize media and materials, 학습자 참여 유도require learners participation, 평가와 수정evaluate and revise으로 구성되어 있다. 이들 6개 단계의 첫 글자를 따서 ASSURE 모형이라고 하였으며, 이 단계에 따라 교수매체를 선택하고 활용하면 수업목표 달성을 보장한다는 뜻을 암시하고 있다김철주, 신선희, 2019 : 126.

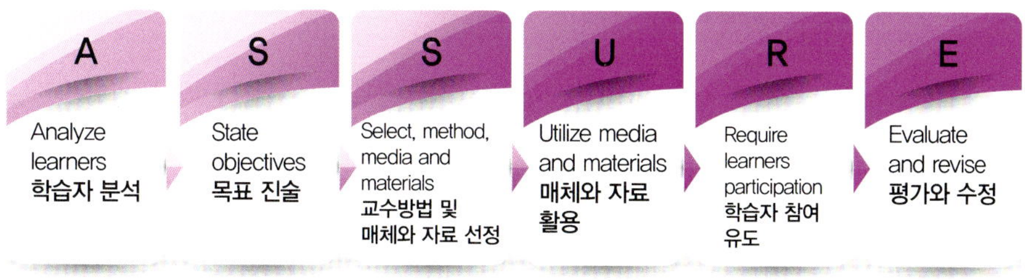

그림 7-5 ASSURE 모형

1) 학습자 분석(analyze learners)

교수매체를 활용한 교수활동을 계획하는 첫 번째 단계는 학습자를 분석하는 일이다. 학습자의 특성과 교재의 내용 및 제시 방법은 효과적인 교수매체의 활용에 많은 영향을 주기 때문이다. 학습자 특성에는 일반적인 특성, 학습자의 출발점 행동, 학습 양식 등이 있다. 일반적 특성이란 학습자의 연령, 성별, 학력, 직업이나 지위, 지적 능력, 적성, 사회 문화적 배경, 경제적 요인 등을 포함한다. 출발점 행동은 학습자가 이미 가지고 있는 지식, 기능, 태도 또는 현재 가지고 있지 못한 지식, 기능, 태도 등을 포함하며 이를 종합적으로 분석한다. 학습 양식은 개인이 학습 환경을 지각하고 상호 작용하여 정서적으로 반응하는 방식을 결정하는 심리적 속성으로서, 여기에는 학습자의 지각적 선호와 강점, 정보처리 습관, 동기적 요소, 생리적 요인 등이 포함된다.

2) 목표 진술(state objectives)

두 번째 단계는 학습자가 학습을 마친 후에 습득하게 될 바람직한 행동의 변화를 가능한 한 구체적으로 진술해야 한다. 학습자가 도달해야 하는 목표 지점은 어디이며, 어떠한 새로운 능력을 발휘할 수 있어야 하는지를 진술한다. 목표 진술은 학습 결과로 나타나는 학습자의 행동을 명세적으로 기술하는 것으로서, 학습자가 무엇을 성취해야 하는지의 관점에서 진술되어야 한다.

학습 목표 진술의 가장 큰 장점은 목표-방법-활동-평가 간의 일관성을 유지할 수 있다는 것이다. 명확하게 진술된 목표의 특징은 대상을 분명하게 제시하고, 수업이 끝난 후에 학습자가 보여 줄 새로운 능력을 행동적 용어로 진술한다. 또한, 수행에 필요한 자료나 도구 등 관찰되어야 할 조건을 포함하여, 학습자의 수행을 판단할 수 있는 기준 혹은 준거를 마련한다. 학습 목표는 개별 학습자의 능력이나 수준에 적합해야 하며, 그들의 잠재력을 충분히 발휘할 수 있는 것이어야 한다.

3) 교수 방법, 매체, 자료 선정(select methods, media and materials)

학습자가 파악되고 학습 목표가 진술되었다면 교사는 학습자의 현재 수준의 지식, 기능 및 태도 등과 함께 도달해야 할 학습 목표를 파악하고 있으므로 교수-학습과정의 처음과 끝의 계획을 수립했다고 볼 수 있다. 세 번째 단계에서는 어떤 교수 방법을 선정할 것인지, 어느 매체를 사용할 것인지, 매체와 교수 방법을 실행하기 위하여 어떠한 자료들을 활용할 것인지를 결정해야 한다. 상황에 따라 기존의 자료 중에서 이용 가능한 자료를 선택할 수도 있고, 수정하여 사용할 수도 있으며, 완전히 새로운 자료를 직접 개발하여 사용할 수도 있다.

4) 매체와 자료 활용(utilize media and materials)

선정한 교수매체를 실제 수업에 투입시켜 활용한다. 교사와 학생이 매체나 자료를 실제 수업에서 활용하기 전 자료를 사전에 점검하고, 자료 및 주변 환경을 준비하고, 학습자를 사전 준비시킨 후에 학습 경험을 제공하기 위해 최적의 교수 자료를 제시하면 좋다.

5) 학습자 참여 유도(require learners participation)

효율적이고 매력적인 수업이 되기 위해서는 학습자가 참여하는 수업이어야 한다. 교수매체와 자료의 활용을 높이기 위하여 학습자의 적극적인 사고 활동을 유도해야 한다. 학습은 일방적인 내용 전달로만 이루어지는 것이 아니라, 학습자가 학습과정에 능동적으로 참여하여 상호 작용할 때 더욱 효과적으로 이루어질 수 있다.

교수-학습과정에서 학습자는 정보 습득뿐만 아니라 이를 적용, 분석, 종합, 평가하는 경험과 연습을 해야 하며 적절한 피드백과 강화가 필요하다.

6) 평가와 수정(evaluate and revise)

사전에 잘 계획되어진 교수매체라고 하더라도 실제 수업에 투입될 때 물리적 환경이나 시간 소요, 학습자의 준비 상태 및 기타 변인에 의해 문제점이 발생할 수 있다. 평가는 ASSURE 모형의 마지막 단계이면서 동시에 지속적인 매체 활용을 위한 시작점이기도 하다. 모든 교수 활동이 끝난 후 이에 대한 효과를 평가하고 그 결과를 다음 수업 계획에 반영하기 때문이다.

ASSURE 모형에서 평가 방법은 학습자의 목표달성 여부를 측정하는 성취도 평가, 수업에 활용된 교수매체와 자료, 교수 방법의 적절성에 대한 평가, 교수-학습과정에 대한 평가 등이 있다. 평가를 통해 결과를 분석하여 의도한 것과 실행된 것 사이의 불일치 원인을 발견하면, 이를 반영하여 다음 교수 계획에 수정 · 보완하는 환류의 과정을 거친다.

꿈꾸지 않으면 사는 게 아니라고 / 별 헤는 맘으로 없는 길 가려네.
사랑하지 않으면 사는 게 아니라고 /설레는 마음으로 낯선 길 가려 하네
아름다운 꿈꾸며 사랑하는 우리 / 아무도 가지 않는 길 가는 우리들
누구도 꿈꾸지 못한 / 우리들의 세상 만들어 가네.
배운다는 건 꿈을 꾸는 것 / 가르친다는 건 희망을 노래하는 것/ 우린 알고 있네.

– 간디 학교 교가 –

Chapter 8 교육평가

1. 교육평가
2. 교육평가의 유형
3. 검사도구의 양호도
4. 문항의 유형과 분석

Chapter 08.

교육평가

교육 목표

- 교육평가의 정의 및 기능을 이해하고 설명할 수 있다.
- 교육평가의 유형에 대해 이해하고 설명할 수 있다.
- 선발적 교육관과 발달적 교육관의 차이점에 대해 설명할 수 있다.
- 검사도구에 대해 이해하고 설명할 수 있다.
- 문항의 유형과 분석에 대해 설명할 수 있다.

1. 교육평가

1. 정의

교육의 목적이 인간의 행동을 변화시키는 것이라면 교육평가의 목적은 교육이 행동 변화를 가져왔느냐를 판단하는 행위라고 간단히 정의할 수 있다. 타일러R. W. Tyler는 교육평가Educational evaluation란 용어를 1930년부터 사용하였으며, 타일러는 교육 목표의 달성 여부를 판단하는 행위를 교육평가라고 정의하였다.

타일러는 교육평가란 교육과정과 수업활동을 통해 교육 목표가 실제로 도달된 정도를 결정하는 과정으로 정의하였다. 크론바흐L. Cronbach는 교육평가란 교육 프로그램에 관한 의사 결정을 내리는 데 필요한 정보를 수집하고 사용하는 과정으로 정의하였으며, 스터플빔D. L. Stufflebeam은 평가란 의사결정 과정에 필요한 정보를 기술, 수집, 제공하는 과정으로 정의하였다. 한편, 네보Nevo는 의사결정 과정에서 가치 판단을 배제한다는 것은 현실적으로 있을 수 없는 일이라고 반박하면서 교육평가를 교육의 과정 또는 성과에 관해 어떤 결정을 내릴 목적으로 교육의 과정과 성과에 대한 가치와 장점을 체계적으로 조사 · 활용하는 과정과 활동이라고 정의하였다. 이러한 정의를 종합하면, 교육평가란 교육과 관련된 모든 것의 양, 정도, 질, 가치, 장단점 등을 체계적으로 측정하여 판단하는 주관적 행위라고 할 수 있다.

2. 교육평가의 명제

교육평가가 본질적으로 인간을 이해하기 위해 존재하는 것이지 인간을 규정하고 심판하며 범주화하기 위해 존재하는 것이 아니라는 명제는 다음과 같은 세 가지 측면에서 중요한 시사점을 지닌다.

첫째, 인간은 현실성보다 가능성이 크고, 주어진 조건보다 개발될 수 있는 잠재가능성이 무한하다는 신념이다. 현재의 능력이나 성적보다 그것을 뛰어넘을 수 있다는 사실에 보다 큰 의미를 부여할 때 인간의 이해 평가 개념이 발생한다. 그러나 이와 같은 가능성을 부인하고 현실성에 집착할 때는 인간을 심판 · 판단 · 범주화하는 인간 규정의 의식이 대두된다.

둘째, 교육평가의 자료와 대상 및 시간은 무한하다는 신념이다. 학생이 남겨 놓은 낙서 한 줄, 그림 한 장, 일기장 한 토막, 대화 한 마디가 모두 인간 이해의 자료가 될 수 있다는 가능성을 열어 두어야 한다. 교사가 교과 전문가로만 머물고 있을 때 이러한 숱한 자료는 교육평가의 자료로 활용되지 않는다. 교사는 교과 전문가이기에 앞서 인간 이해자여야 한다.

셋째, 교육평가는 계속적이고 종합적인 과정이어야 한다. 계속성이라는 것은 어떤 특수한 장면이나 특수한 사건만 평가하지 않고 언제나 모든 장면에서 평가해야 한다는 뜻이다. 교육평가는 시험을 볼 때에만 존재하는 것도 아니며, 오늘 끝나면 내일에는 없는 것도 아니다. 수업을 할 때마다, 숙제를 낼 때마다, 대화를 나눌 때마다 평가의 기능은 발휘되어야 하며, 이렇게 누적된 기록 혹은 자료가 학생을 평가하기 위한 전후 통일성이나 관련성을 밝혀 준다.

종합성이란 평가의 과정이 한 학생의 특성 전체에 걸친 넓은 면에 이루어져야 한다는 뜻이다. 학생의 학업 성적만 평가하는 것이 교육평가의 전부는 아니며, 그 외에 태도 · 인성 · 사회성 · 자아개념 · 도덕성 · 신체발달 등 여러 면이 동시에 평가의 과정에서 고려되어야 한다.

3. 교육평가의 기능

교육평가의 기능을 보는 시각은 다양하다. 특히 교육활동과 연관지어 교육평가가 지니고 있는 기능을 살펴보면 다음과 같다.

첫째, 학습자의 학업 성취도를 평가하는 일이다. 즉, 교육이 목표 지향적 행위의 활동이라면, 목표가 어느 정도 달성되었는가는 학습자의 학업 성취도를 확인함으로써 가능하다. 다시 말해, 교육평가는 교육 목표의 달성도에 관한 증거와 정보를 수집하는 것을 주요 기능으로 삼는다.

둘째, 개별 학습자 또는 한 학급 전체가 직면하고 있는 학습 곤란점을 진단하고 치료하는 일이다. 교육평가란 기본적으로 교육을 보다 효과적이고 효율적으로 하기 위한 수단이라고 볼 수 있다. 따라서 교육평가는 교육활동이 전개되는 과정에서 개별 학습자나 학급이 느끼는 제반 문제점들을 적시에 발견하여 그에 따른 조치를 마련해 줌으로써 교육과정이 부드럽고 원활하게 될 수 있도록 돕는 역할을 해야 한다.

셋째, 교육 프로그램의 교육적 효과를 평가하는 일이다. 교육 프로그램이란 매우 복합적인 개념이다. 여기에는 교육과정, 수업 계열과 절차, 수업자료, 학급조직 등이 포함된다. 이러한 교육 프로그램에 의해 결과가 발생하고, 그 결과는 교육 프로그램의 질을 나타내는 것이 된다. 따라서 교육평가의 중요한 영역 중 하나는 교육활동의 결과를 분석하고 그 결과를 확인하여 프로그램의 질적 개선을 위해 시사해 줄 수 있다는 것이다.

넷째, 개별 학습자의 진로 지도를 위한 자료를 수집하는 일이다. 교육평가의 또 다른 기능은 학습자의 장래 진로 지도를 위한 자료를 얻을 수 있다는 점이다. 예를 들어, 학교현장에서 진학지도, 취업지도를 하기 위해서는 학습자의 학업 능력 · 정서 · 흥미 · 성격은 물론이고 학습자를 둘러싸고 있는 가정 · 학급 · 사회 환경에 대한 광범위하고 정확한 이해가 필수적이다.

다섯째, 교육의 제반 문제를 이해하고 올바른 교육정책 및 일반정책을 수립하는 데 도움을 주는 일이다. 전국적 평가연구나 국제 간의 학력 비교 연구 등을 통해 전체 학습자 또는 국민이 꼭 습득해야 할 기본적 능력이 어느 정도인가를 확인할 수 있는데, 이는 교육정책의 방향을 수립하는 데 도움을 줄 수 있다. 다시 말해, 전국 단위의 초 · 중 · 고등교육은 물론이고 일반 사회교육을 평가하는 것도 교육평가의 기능 중 하나이다.

4. 평가와 관련된 용어들

(1) 측정(measurement)

손다이크E. L. Thorndike는 어떠한 것이 존재한다면 그것은 양으로 존재하기 때문에 측정할 수 있다고 주장하였다. 날씨가 덥다든지, 길이가 길다든지, 시간이 많이 걸린다든지, 능력이 높다든지 등의 말은 재고자 하는 속성이 존재하기 때문에 이와 같은 것을 얼마든지 측정할 수 있다는 것이다. 따라서 측정이란 사물의 성질을 구체화하기 위하여 수를 부여하는 절차라고 정의한다. 스티븐스Stevens는 측정이란 일정한 법칙에 의거하여 어떤 사물이나 그 속성에 수치를 부여하는 것이라 정의하였고, 홉킨스Hopkins와 스탠리Stanley는 사물을 구별하는 과정이라고 정의하였다.

(2) 검사

검사란 용어는 지능검사, 적성검사, 성격검사, 흥미검사 등과 같은 표준화된 각종 심리검사 또는 검사 절차와 과정 그 자체를 의미할 때도 있고 임시시험, 중간시험, 기말시험 등과 같이 학교 현장에서 실시하는 시험을 뜻할 때도 있다. 심리검사의 측면에서 검사라는 용어를 정의하면 개인차를 밝힐 목적으로 표준화된 조건하에서 개인의 심리적 특성을 재기 위한 객관적이고 조직적인 절차 혹은 그 도구라고 할 수 있다.

핀들리Findley는 검사의 기능으로서 교수적 기능, 행정적 기능, 상담적 기능을 열거하였다. 검사의 교수적 기능은 교사들에게 교과 목표를 확인시켜 주며, 학생과 교사들에게 송환효과를 제공하고, 학습동기를 유발하며, 시험의 예고는 복습을 위한 수단이 된다.

행정적 기능은 교육 프로그램, 학교 혹은 교사를 평가하고 학생들을 분류 그리고 배치하는 데 사용된다. 선발 기능으로 대학 입학이나 입사, 그리고 자격증 부여 등을 들 수 있다. 상담적 기능은 피험자의 정의적 행동 특성을 진단 치료하는 데 있다. 즉, 적성검사, 흥미검사, 성격검사 등을 통하여 피험자가 지니고 있는 문제점을 발견할 수 있다.

2. 교육평가의 유형

1. 참조준거에 따른 평가

교육평가는 대상의 특성에 대한 가치를 판단하는 것이므로 판단을 위한 기준이 필요하다. 어떤 평가 기준을 사용하느냐에 따라 규준참조평가와 준거참조평가로 구분되어지며, 규준참조평가는 상대적 서열에 따라서 판단한 것이고, 준거참조평가는 준거를 기준으로 하여 판단한 것이다.

(1) 규준참조평가

규준참조평가norm-referenced evaluation란 개인이 얻은 점수나 측정치를 비교집단의 규준에 비추어 상대적인 서열에 의하여 판단하는 평가를 말하며, '상대평가'라고도 한다. 대학수학능력시험에서 제공되는 백분위percentile, T점수, 9등급 점수stanine 등은 모두 상대적인 서열에 따른 규준참조평가에 해당된다. 규준norm이란 원점수의 상대적인 위치를 설명하기 위해 쓰이는 자scale로서, 평가대상의 모집단을 잘 대표하도록 표집된 규준집단에서 얻은 점수를 기초로 만들어진다. 예를 들어, 규준집단의 영어점수 평균이 60점이고 표준편차가 10점일 때, 어떤 학생의 점수가 70이면, 그 학생은 84.13 백분위에 해당되고 표준적인 Z점수는 1, T점수는 60이 된다.

규준참조평가는 진화론에 입각하여 학생들 간에 현저한 개인차가 있고, 그것은 교육의 힘으로도 도저히 극복 불가능하다고 믿는다. 바꾸어 말하면, 학생들의 학습능력에는 교육을 통해서도 좁힐 수 없는 상당한 분산分散이 있다는 것이다. 그러므로 규준참조평가는 개개 학생들의 성취도를 최대한 정밀하게 변별하여 특정 교육 프로그램을 이수할 수 있는 학생을 선정한 다음에 각자의 능력에 맞는 내용 또는 수준의 교육을 해야 한다는 선발적 교육관selective mode of education에 기초를 두고 있다. 선발적 교육관이라 함은 교육을 통해서 달성하고자 하는 어떤 교육 목적이나 일정한 교육 수준에 도달할 수 있는 사람은 어떤 교육 방법을 동원하든지 간에 다수 중의 일부이거나 소수에 지나지 않는다는 신념을 가진 교육관이다.

이러한 선발적 교육관에서는 교육평가가 주로 일정한 교육 수준이나 교육 목표에 도달할 가능성이 있는 소수의 우수자를 선발하기 위한 것과 일정한 학습 후에 어느 학생이 보다 많은 학업 성취를 이루었는가의 개인차 변별에 보다 더 많은 관심을 둔다.

규준참조평가의 장점은 첫째, 개인차의 변별이 가능하다. 여러 개인의 상대적인 비교를 기초로 하는 객관성을 강조하고 엄밀한 성적 표시 방법을 채택함으로써 개인차를 변별할 수 있다. 둘째, 객관적인 검사의 제작 기술을 통해 성적을 표시하고 있기 때문에 교사의 편견을 배제할 수 있다. 셋째, 학습자들이 경쟁을 통하여 동기를 유발하는 데 유리하다. 특히, 등급이나 당락을 결정할 경우의 평가는 보다 강력한 동기유발을 촉진할 수 있다.

한편, 단점은 첫째, 교수-학습 이론에 부적절하다. 즉, 무엇을 얼마만큼 알고 있는지에 관심을 두지 않기 때문에 교육 목표 · 교육과정 · 교수 방법 · 학습 효과 등을 경시하는 경향이 있다. 둘째, 규준참조평가에서는 참다운 의미의 학력평가가 불가능하다. 예컨대, 학습자의 성취도가 집단 내에서는 상대적 비교로 판정되기 때문에, 학습 내용을 완전히 이해한 학습자라도 집단 전체가 우수하다면 학업 성취도가 낮은 것으로 분석될 수 있다. 셋째, 학습자 간에 학력이 상대적 위치나 순위를 결정하기 때문에 과다한 경쟁심리가 조장되며, 이로 인해 인성교육을 방해할 우려가 있다.

(2) 준거참조평가

의사나 간호사 자격시험에서 상대적 서열에 의하여 자격증을 부여한다면 매년 일정 수준 이상의 높은 의료인의 수준을 유지하기 어려울 것이다. 그러므로 자격증을 부여하는 검사에서는 일정 점수 이상을 획득한 대상에게 자격증을 부여하는 데, 이와 같은 평가를 준거참조평가criterion-referenced evaluation, 또 쉽게는 '절대평가'라고 한다. 준거참조평가는 학습자가 학습해야 할 학습과제의 영역에 대해 얼마만큼 알고 있는지를 준거에 비추어 판단하는 평가다. 준거참조평가에서 가장 중요한 요소는 과제의 영역domain과 준거criterion, standard, cut-off, cut score다.

영역은 측정하고자 하는 교육 내용이며, 준거는 피험자가 어떤 일을 수행할 수 있다고 대중이 확신하는 지식이나 기술 수준을 말한다. 그러므로 준거는 교육 목표를 달성하기 위해 도달해야 하는 최저 기준minimum competency level이며, 준거점수는 성패나 당락을 구분하기 위해 기준이 되는 점수라고 할 수 있다. 예를 들어, 간호사 자격시험에서 준거점수가 70점이라면 이 준거점수 이상을 받은 응시자에게는 간호사 자격증을 부여한다. 이러한 준거점수를 타당하게 설정하기 위한 다양한 방법들이 소개되었다.

준거참조평가는 충분한 학습시간과 학습조건만 제공하면 거의 모든 학생이 주어진 학습 목표에 도달할 수 있고, 그것이 바로 교육의 목적이라는 발달적 교육관development mode of education에 기초를 두고 있고 완전학습mastery learning 이론과 맥락을 같이 한다. 발달적 교육관이라고 함은 모든 학생에게 각각 적절한 교육 방법만 활용될 수 있다면 누구나 의도하는 바의 주어진 교육 목표를 달성할 수 있다는 가정과 신념을 가진 교육관이다. 이러한 발달적 교육관에서의 교육평가는 학생의 선발이나 개인차를 밝히기 위한 평가에 관심을 갖는 것이 아니라 모든 학생이 가능한 한 의도한 바의 목표에 도달할 수 있도록 교수방법의 평가와 목표도달의 평가에 그 관심이 집중된다. 발달적 교육관을 바탕으로 한 교육평가관은 규준참조평가가 아닌 목표지향평가를, 등위 중심이 아닌 능력 중심의 평가를, 그리고 암기 위주의 평가가 아닌 사고력 중심의 평가 상황을 취하게 된다.

준거참조평가의 장점은 첫째, 교수-학습 이론에 적합하다. 즉, 무엇을 알고 모르는지를 직접적으로 제공하므로 무엇을 어떻게 가르쳐야 할 것인지에 대한 시사점을 제시해준다. 둘째, 교육 목표 · 교육과정 · 교수방법 등의 개선에 용이하다. 셋째, 상대평가에 치중하지 않으므로 이해 · 비교 · 분석 · 종합 등의 고등정신능력을 배양할 수 있다.

한편, 난점은 첫째, 개인차의 변별이 쉽지 않다. 즉, 준거참조평가는 학습자 개인 간의 비교 및 우열을 판정하기 어렵다. 둘째, 준거의 설정 기준이 문제가 될 수 있다. 다시 말해, 교육에서의 절대 기준은 교수목표이지만 이러한 교수목표를 누가 정하느냐 혹은 어떻게 정하느냐는 고도의 전문성이 요구되는 문제이다. 셋째, 검사 점수의 통계적 활용이 불가능하다. 준거지향평가에서는 검사 점수의 정상분포를 부정하기 때문에 점수를 통계적으로 활용하기 어렵다.

2. 교수 · 학습 진행에 따른 평가

수업이 진행되는 단계에 따라 평가는 수업이 시작되기 전에 실시되는 진단평가, 수업이 진행되는 과정에서 실시되는 형성평가, 그리고 수업이 끝난 시점에서 실시되는 총합평가총괄평가라고도 함로 구분된다.

(1) 진단평가(diagnostic evaluation)

의사가 처방을 위하여 환자에게 질문하고 진찰을 하는 것과 마찬가지로 교사도 교수 · 학습을 시작하기 전에 학생의 학습에 대한 심리 상태와 무엇을 얼마만큼 알고 있는가를 파악해야 할 필요가 있다. 이와 같이 진단평가란 교수 · 학습이 시작되기 전에 학생이 소유하고 있는 특성을 체계적으로 관찰 · 측정하여 진단하는 평가로서 사전학습 정도, 적성, 흥미, 동기, 지능 등을 측정한다. 진단평가는 학습자에게 적절한 수업 전략을 투입하기 위한 목적으로 시행된다.

진단평가의 기능은 예진적 기능과 학습 실패의 교육 외적인 원인을 알아보는 기능으로 구분할 수 있다. 첫째, 학습의 예진적 기능은 학습자들의 기본적인 학습능력과 학습동기, 그리고 선수학습의 정도를 확인하는 것을 말한다. 다시 말해, 학교 교육 현장에서 새로운 단원에 대한 수업을 진행할 때, 학급 내 개개 학습자의 선수학습과 사전학습 정도를 정확하게 파악하여 이를 학습 지도에 활용할 수 있다. 둘째, 학습 실패의 교육 외적 원인의 파악이란 수업과 직접적인 관련성이 없으면서도 학습 실패의 원인이 되고 있는 여러 가지 학습장애 요인을 밝히는 것이다. 즉, 학습자가 학습에서 나타내는 지속적인 학습 장애의 원인과 학습자의 학습 환경에 관한 정보를 수집하여 적절한 의사결정을 할 수 있다.

(2) 형성평가(formative evaluation)

우리가 시험이나 퀴즈를 내는 목적이 점수를 부여하는 데 있다고 생각하지만, 더 중요한 기능은 학습의 진척이 얼마나 일어났는지 교사와 학생에게 피드백을 제공하는 것이다. 어떤 경우에는 퀴즈나 시험을 보고 채점하고 토의할 뿐, 성적을 매기는 목적으로 사용되지 않는다. 이런 방식으로 평가를 사용하는 것을 형성평가라고 하는 데 이는 가르치는 동안 평가가 일어나고, 학생들에게 피드백을 제공하고 그들의 성장을 지켜보기 위해 평가를 사용하기 때문이다. 이러한 피드백은 학생들의 수행을 증진시키고 이것은 결국 배우고자 하는 동기를 증가시키기 때문에 중요하다.

형성평가의 기능은 첫째, 정보의 송환feedback과 교정이다. 학교 학습이 성공하기 위한 길은 학생과 교사에게 어떤 오류나 곤란이 발생했을 때 즉시 알려주는 송환 작용과 필요한 때 적절한 교정을 제공해 줌으로써 학급의 수업체제를 자아수정체제self-corrective system로 만드는 일이다. 둘째, 형성평가는 교수와 학습이 유동적인 시기에 교과 내용이나 교수-학습의 개선을 위해 실시하는 평가이다. 셋째, 형성평가는 교수-학습과정을 제일차적으로 이끌어 가고 개선해 가야 할 교사가 제작하는 것이 원칙이다. 넷째, 수업목표에 기초한 평가, 즉 목표지향평가를 한다는 것이 형성평가의 중요한 특징의 하나로 지적할 수 있다. 따라서 형성평가의 목표 진술에는 각 목표에 대해 수락할 수 있는 최저 성취기준을 설정해야 한다.

(3) 총합평가(summative evaluation)

총합평가는 교수 · 학습이 완료된 시점에서 교육 목표의 달성 여부나 정도를 종합적으로 판정하는 평가로서 총괄평가라고도 한다. 스크리븐M. Scriven은 이를 교수 · 학습을 통해서 성장이 이루어졌는가를 확인하고 교육 목표를 성취했는가를 판정하는 결과라고 정의하였다.

총합평가의 구체적인 기능은 다음과 같다.

첫째, 학습자들의 성적을 결정한다. 즉, 전체 과목이나 중요한 학습 내용에 대한 교수 효과가 어느 정도인지를 판단하고, 그 결과에 의해 성적을 내고 평점을 주어 서열을 결정하는 일을 한다.

둘째, 학습자의 미래의 학업 성적을 예측하는 데 도움을 준다.

셋째, 집단 간의 성적을 비교할 수 있는 정보를 제공해 준다.

넷째, 학습자의 자격을 인정하고 판단의 역할을 한다.

3. 수행평가(performance assessment)

수행평가란 수행사정이라고도 하며, 학생이 해답을 찾거나 무엇을 만들어 냄으로써 능력이나 지식을 나타내 보일 것을 요구하는 여러 종류의 검사 방법을 말한다. 이것은 좁은 의미로는 비언어적인 검사 방법만을 의미하기도 하지만, 넓은 의미로는 논문형 문항에 답하는 것부터 구어적 담화나 실험을 하거나 시범을 보이는 것, 그리고 장기간에 걸친 학생의 노력과 발전 정도를 보여 주는 포트폴리오portfolio에 이르기까지 다양하다.

포트폴리오 평가는 작업 결과나 작품 혹은 어떤 수행의 결과를 모아 놓은 자료집이나 서류철을 보고 평가하는 방법으로, 하나 이상의 분야에서 학습자의 관심 · 능력 · 노력 · 진보 · 성취 · 성장을 보여 주는 학생들의 작품을 의도적으로 모아 둔 작품집 혹은 모음집을 의미하는 수행평가 전략의 하나이다.

최근에는 학생들의 수행과제 평가의 공정성과 정확성을 위해 루브릭rubric을 이용한다. 루브릭은 채점의 기준을 기술하는 채점 척도이다. 루브릭은 평가 단계에서 유용하게 사용될 수 있다. 루브릭은 교사들에게 구체적인 채점 틀을 제공하고 채점의 일관성과 신뢰도를 증가시킬 수 있다.

3. 검사도구의 양호도

측정 대상의 속성을 제대로 측정하기 위해서는 측정하고자 하는 목적에 맞는 도구가 필요하고, 이때 사용되는 도구는 정확한 측정결과를 제시해 줄 수 있어야 한다. 인간의 잠재적 특성을 측정하는 검사도 이와 같은 조건이 충족되어야 좋은 검사도구라고 할 수 있는데, 이를 '타당도와 신뢰도'라고 한다.

1. 타당도(validity)

타당도는 원래 측정하기로 되어 있는 것을 실제로 얼마나 측정하고 있는지를 나타내는 지표이다. 또한, 타당도는 측정점수를 토대로 해서 내리는 해석과 그 결과를 사용하는 것이 얼마나 적절한가에 관한 평가이다.

(1) 내용 타당도(content validity)

내용 타당도는 논리적 사고에 입각한 분석 과정으로 판단하는 주관적인 타당도로 객관적 자료에 근거하지 않는다. 이는 검사내용 전문가에 의하여 검사가 측정하고자 하는 속성을 제대로 측정하였는지를 주관적으로 판단한다. 그러므로 내용 타당도에 의한 검사도구의 타당성 입증은 논란이 따르게 마련이다.

내용 타당도의 절차는 본래 그 검사가 측정해야 할 행동 영역의 어떤 대표적 표본을 포괄하는지의 여부를 결정하기 위해 그 검사 내용을 체계적으로 조사하는 작업이다. 이런 식의 타당도 절차는 흔히 성취도 검사를 평가하는 데 쓰이고 있다. 내용 타당도는 검사의 목적에 부합함의 여부를 검증할 수 있다는 장점이 있는 반면, 계량화되지 않기 때문에 타당성의 정도를 표기할 수 없는 단점이 있다.

(2) 준거 관련 타당도(criterion-related validity)

준거 관련 타당도는 한 검사의 점수와 어떤 준거의 상관계수로 검사도구의 타당도를 나타내는 방법이다. 준거 관련 타당도는 예언 타당도predictive validity와 공인 타당도concurrent validity로 구분되며, 예언 타당도는 검사 자료가 얼마나 정확하게 차후의 준거 점수를 예측하는지를 확인하는 것이라면, 공인 타당도는 같은 시간에 다른 검사로부터 예측치와 준거 정보를 획득하는 것이다.

1) 예언 타당도(predictive validity)

예언 타당도란 제작된 검사에서 얻은 점수와 미래의 어떤 행위와의 관계로 추정되는 타당도이다. 즉, 예언 타당도는 검사점수가 미래의 행위를 얼마나 잘 예측하느냐의 문제이다. 예컨대, 비행사 적성검사를 실시하였을 때 그 적성검사에서 높은 점수를 받은 비행사가 안전 운행 거리가 길다면 그 검사는 예언 타당도가 높다고 할 수 있다. 또한, 대학수학능력시험에서 높은 점수를 얻은 학습자가 대학에서 성공적으로 학업을 수행했을 때, 대학수학능력시험의 예언 타당도는 높다고 할 수 있다. 예언 타당도는 검사도구가 미래의 행위를 예언하여 주기 때문에 예언 타당도가 높으면 선발 · 채용 · 배치 등의 목적을 위하여 검사를 사용할 수 있다는 장점이 있는 반면, 동시 측정이 불가능하므로 검사의 타당성을 검증하기 위하여 시간적 여유가 필요하다는 단점이 있다.

2) 공인 타당도(concurrent validity)

공인 타당도란 검사점수와 기존에 타당성을 입증 받고 있는 검사로부터 얻은 점수와의 관계에 의하여 검증되는 타당도이다. 주로 공인 타당도는 검사 X를 검사 Y로 대체할 수 있는지를 살펴보고자 할 때 사용된다. 공인 타당도는 계량화되어 타당도에 대한 객관적인 정보를 제공할 수 있으며, 타당도의 정도를 나타낼 수 있는 장점을 가지는 반면, 기존에 타당성을 입증 받은 검사가 없을 경우에 타당도를 추정할 수 없다는 단점이 있다.

3) 구인 타당도(construct validity)

구인 타당도란 인간의 특정한 행동을 반영하는 가상적 속성분석력 · 종합력 · 지도성 등의 개념 구성에 이론적 가설을 세우고 이를 경험적 · 논리적으로 검증하는 경우이다. 구인構因이란 심리적 특성이나 행동 양상을 설명하기 위하여 존재를 가정하는 심리적 요인을 말한다. 예를 들어, 창의력 검사에서 창의력 구인을 측정할 때, 창의력이 민감성 · 유창성 · 독창성으로 구성되어 있다면, 검사도구가 이들 구인을 제대로 측정하고 있는지를 밝히는 것이 구인 타당도를 검증하는 것이다.

구인 타당도를 추정하는 대표적인 방법은 요인분석이다. 요인분석factor analysis이란 복잡하고 정의되지 않은 많은 변수들 간의 상호 관계를 분석하여, 상관이 높은 변수들을 모아 요인으로 규명하고 그 요인의 의미를 부여하는 통계적 방법이다.

2. 신뢰도(reliability)

신뢰도란 동일한 사람에게 서로 다른 시기에 동일한 검사나 다른 검사를 실시할 때 또는 다른 검사조건에서 검사할 때 관찰된 점수들의 일관성consistency을 말한다. 신뢰도 개념은 단일 점수의 측정오차error of measurement를 계산하는 데 기초가 되므로 이를 통해 한 개인의 점수에서 서로 관련이 없는 우연한 요인들의 작용으로 생길 수 있는 변동의 폭을 예언할 수 있다.

검사의 신뢰도를 추정하기 위하여 처음 사용된 공식은 피어슨K. Pearson이 제안한 단순적률 상관계수 공식이다. 단순적률 상관계수는 신뢰도 추정뿐만 아니라 사회 현상의 수많은 변수들 간의 관계를 규명하는 데 널리 이용되고 있는 통계이다. 신뢰도의 개념은 스페어만C. E. Spearman에 의하여 소개되었으며, 각기 독립적으로 얻게 된 두 검사를 구성하는 문항 간 상관들의 평균으로 정의하였다.

이 정의에 의하여 여러 용어로 표현하여 오다가 스페어만이 신뢰도 계수reliability coefficient란 단어를 처음 사용하면서 어떤 사물에 대한 여러 측정치들을 두 부분으로 나누어 계산된 반분점수 간의 상관계수라고 정의하였다. 이와 같은 정의에 의하여 스페어만과 그의 추종자들은 신뢰도를 추정할 수 있는 수학적 모형을 제안하는 검사 이론을 발전시켰다.

(1) 검사-재검사 신뢰도(test-retest reliability)

동일한 검사를 동일한 피험자 집단에 일정 간격을 두고 반복 실시한 결과를 통하여 검사의 일관성을 알아볼 수 있다. 이때 두 점수 간 일관성의 정도는 상관계수에 의해 추정될 수 있으며, 이를 재검사 신뢰도라고 한다. 재검사 신뢰도는 측정도구가 얼마나 안정성 있게 측정하는가를 나타내기 때문에 안정성 계수coefficient of stability라고도 한다.

재검사 신뢰도를 추정하기 위해서는 두 번 검사를 실시해야 하는 번거로움이 있을 뿐만 아니라 검사의 시행 간격에 따라 신뢰도가 달리 추정된다는 문제점이 있다. 또한, 같은 사람이 같은 검사를 두 번 보기 때문에 연습이나 기억효과가 작용하여 신뢰도 지수가 과대 추정된다.

(2) 동형검사 신뢰도(parallel-form reliability)

시험 간격과 연습 효과와 같은 재검사 신뢰도의 문제로 인하여 같은 검사를 두 번 실시하지 않고, 검사의 모든 특성이 거의 같은 두 개의 검사를 제작하여 두 검사 간의 유사성을 통해 신뢰도를 추정하려는 동형검사 신뢰도가 제안되었으며, 흔히 '동형성 계수 coefficient of equivalence'라고도 한다. 한 집단이 두 개의 동형검사를 치르고 점수 간 상관계수를 통해 검사의 신뢰도를 추정하는 방법이다. 이와 같은 방법을 사용하면 재검사 신뢰도의 문제점을 일부 해결할 수는 있지만, 여전히 검사를 두 번 실시해야 하며 동형검사를 제작하기 어렵다는 문제점이 있다. 또한, 두 검사 간 동형성 정도에 따라서 신뢰도가 다르게 추정된다.

(3) 반분검사 신뢰도(split-half reliability)

검사를 두 번 실시하지 않고 신뢰도를 추정하기 위하여 검사를 두 부분으로 나누거나 각 문항 단위로 나누어 각 부분이 측정한 결과가 얼마나 유사한가를 추정하는 내적 일관성 신뢰도 internal consistency reliability 가 제안되었다. 내적 일관성 신뢰도는 두 부분 검사 간의 유사성에 의해 추정되는 반분검사 신뢰도와 각각의 문항을 하나의 검사로 간주하여 문항 간 측정의 일치성을 추정하는 문항내적 일관성 신뢰도 inter-item consistency reliability 로 분류할 수 있다.

반분검사 신뢰도는 한 가지 검사형을 한 번 실시하고 같은 문항수로 반분해 두 개의 반분된 검사 점수 간의 상관을 산출하여 얻는 신뢰도이며, 흔히 동질성 계수 coefficient of homogeneity 라고도 한다. 반분 신뢰도를 찾을 때의 첫 번째 문제는 서로 동등한 반쪽 검사를 얻기 위해 검사를 어떻게 양분하느냐 하는 것이다. 일반적으로 앞뒤로 구분하는 전후법, 홀수와 짝수 문항으로 구분하는 기우법, 난수표를 이용하는 방법 등으로 구분할 수 있으나 검사의 초반부에서 후반부로 가면서 점차 달라지는 워밍업 warming up, 연습, 피로, 권태 등 다른 요인들의 누가적 효과뿐만 아니라 문항의 본성 및 곤란도 난이도 때문에 대부분의 검사에서 처음의 반과 나중의 반은 서로 동등하지 않을 것이다.

일단 두 개의 반분 점수를 구했으면, 흔히 그것들의 상관 크기를 계산한다. 그러나 이때 상관 크기는 사실 하나의 반분된 검사의 신뢰도를 계산하였다. 만약 한 검사가 100문항으로 구성된 것이라면, 상관 크기는 50문항을 기초로 한두 세트의 점수들 사이에서 계산된 것이다. 따라서 반분된 부분 검사의 신뢰도가 아니라 반분된 부분을 합쳤을 때 검사 전체의 신뢰도를 구하기 위해 스페어만-브라운 Spearman-Brown 공식을 사용한다.

$$\gamma_{nn} = \frac{n_{tt}}{1+(n-1)_{tt}}$$

여기서 γ_{nn}은 추정계수이고 γ_{tt}는 관찰계수이며 또한 n은 검사가 늘거나 준 길이의 배수이다.

만약에 검사문항의 수가 25개에서 100개로 늘어났다면, n은 4가 될 것이며, 반면에 60개에서 30개로 줄어들었다면 n은 0.5가 될 것이다.

스페어만-브라운 공식은 반분법으로 신뢰도를 결정할 때 널리 쓰이고 있으며, 대부분의 검사요강에서는 이 방법을 따른 신뢰도 계수를 수록하고 있다. 반분 신뢰도에 적용할 때는 이 공식에서 항상 검사의 길이를 2배로 해서 쓴다. 이때의 공식을 다음과 같이 간단히 표시할 수 있으며, 여기서 γ_{hh}는 반분 검사의 상관 크기가 된다.

$$\gamma_{tt} = \frac{2_{hh}}{1+\gamma_{hh}}$$

(4) 문항내적 일관성 신뢰도(inter-item consistency reliability)

반분 검사 신뢰도는 검사를 두 번 시행할 필요는 없지만 검사를 양분하는 방법에 따라 신뢰도가 다르게 추정된다는 단점이 있다. 그러나 문항을 단위로 하면 검사를 나누는 방법에 따른 영향을 받지 않고 항상 일정한 신뢰도 지수를 얻을 수 있다. 이와 같은 이유로 검사의 신뢰도를 추정하는 방법으로 문항내적 일관성 신뢰도를 사용하고 있다.

문항내적 일관성 신뢰도란 검사의 문항 하나하나를 모두 독립된 한 개의 검사 단위로 생각하고 그 합치도 · 동질성 · 일치성을 종합하는 신뢰도로, 쿠더-리처드슨Kuder-Richardson이 개발한 K-R 20과 K-R 21, 호이트Hoyt의 신뢰도 추정법, 크론바흐L. Cronbach의 α계수 등이 있다. K-R 20은 문항 형식에서 문항의 반응이 맞으면 1, 틀리면 0으로 채점되는 양분 문항dichotomous item의 경우에 사용하고, K-R 21은 문항 점수가 1, 2, 3, 4, 5점 등의 연속 점수일 때 사용한다.

K-R 20은 양분 문항에서만 적용되고 호이트 신뢰도는 양분 문항뿐만 아니라 부분점수가 부여되는 문항의 신뢰도도 추정한다. 그러나 추정 방법이 복잡하게 여겨져서 보편화되지 않았으며, 크론바흐 알파Cronbach α가 흔히 사용되고 있다. 크론바흐는 문항내적 일관성을 추정하기 위하여 검사를 두 부분으로 나누지 않고 문항점수의 분산을 고려하여 크론바흐 알파를 제안하였다.

크론바흐 알파가 신뢰도 추정을 위하여 흔히 사용되는 이유는 양분 문항뿐만 아니라 연속적으로 점수가 부여되는 문항들의 신뢰도 추정이 가능하며, 신뢰도 계산 공식의 유도 과정과 개념이 보다 간단하기 때문이다.

크론바흐 알파 산출공식은 다음과 같다.

$$\alpha = \frac{n}{n-1}\left[1 - \frac{\sum S_i^2}{S_x^2}\right]$$

n : 검사의 문항 수

S_i^2: 각 단일 문항의 변량

S_x^2: 전체 검사 점수의 변량

3. 객관도(objectivity)

객관도란 평정자의 주관적인 편견을 얼마나 배제하였느냐의 문제이다. 객관도란 한 채점자가 다른 채점자와 얼마나 유시하게 평가하였느냐의 문제와 한 채점자가 많은 측정 대상에 대하여 계속적으로 일관성 있게 측정하였느냐의 문제로 구분할 수 있다.

한 채점자가 다른 채점자와 얼마나 유사하게 평가하였느냐의 문제를 채점자간 신뢰도 inter-rater reliability 혹은 평정자간 신뢰도라고 하며, 한 채점자가 일관성 있게 측정하였느냐의 문제를 채점자내 신뢰도intra-scorer reliability 혹은 평정자내 신뢰도라고 한다. 객관도를 높이기 위해서는 평가도구 및 평가 기준을 객관화하여야 하고, 채점자의 평가에 대한 소양을 높여야 한다.

4. 실용도(usability)

실용도란 검사도구를 사용함에 있어 시간과 비용 및 노력을 적게 들이고도 목적을 달성할 수 있는 정도, 즉 실용성의 정도를 뜻한다. 어떤 검사가 타당도 · 신뢰도 · 객관도가 높아 필요한 결정을 내리는 데 아무리 좋은 정보를 제공해 준다고 해도, 실제로 그 검사를 이용하는 데 비용이나 노력이 많이 든다면 활용하기 어렵다.

4. 문항의 유형과 분석

문항의 유형은 크게 선택형Selection type과 서답형Supply type으로 나눌 수 있다. 선택형은 검사문항에 실려 있는 여러 가지 답지 중에서 가장 맞는 답을 고르게 하는 것으로, 흔히 객관식 또는 객관형으로 부르고 있다. 서답형은 주어진 검사문항에 대하여 수험자가 어떠한 단서도 받지 아니하고 정답을 재생해서 답지에 기입하는 형태의 것을 말하며, 흔히 주관식 또는 주관형으로 부르고 있다.

(1) 선택형 문항(selection type)

선택형 문항은 지시문 및 문두問頭와 함께 여러 개의 선택지選擇肢를 제시해 놓고 그 중에서 적합한 답지를 선택하도록 한 문항형식으로, 진위형 · 선다형 · 배합형 문항이 있다.

1) 진위형(true-false type)

진위형 문항은 응답자에게 진술문을 제시한 다음에 그것의 진위眞僞와 정오正誤, 또는 긍정-부정에 대한 이분적인 판단을 요구하는 문항형식이기 때문에 흔히 양자택일형alternative-response type이라고 부르기도 한다. 진위형 문항은 첫째로 문항제작이 용이하기 때문에 짧은 시간 내에 많은 양의 문항을 출제할 수 있어 한 검사에 많은 학습 목표를 포함시킬 수 있다. 둘째로 채점의 객관성을 높일 수 있다는 장점이 있다.

한편, 진위형 문항은 네 가지의 단점이 있는데, 첫째, 추측에 의하여 문항의 답을 맞힐 수 있는 확률이 1/2에 해당한다. 둘째, 고등정신 능력보다는 단순정신 능력을 측정할 가능성이 높다. 셋째, 학습동기가 감소된다. 넷째, 문항의 변별력이 감소할 수 있다.

2) 선다형(multiple-choice type)

선다형 문항은 문두와 몇 개의 답지 또는 선택지를 같이 제시하여 놓고 응답자로 하여금 정답지를 고르도록 하는 형식이다. 문두는 보통 의문문이나 불완전문으로 진술되며, 답지는 정답지正答肢와 오답지誤答肢로 구성된다. 일반적으로 선다형 문항은 여러 개의 답지 중에서 하나의 옳은 답을 선택하는 정답형correct-answer type 문항과 답지 중에서 가장 맞는 답을 선택하는 최선답형best-answer type 문항으로 분류된다.

선다형 문항은, 첫째로 모든 문항유형 중에서 학습 영역의 많은 내용을 측정할 수 있다. 둘째로 다른 문항유형보다 넓은 교육 내용을 대표하는 내용을 추출하여 측정하기가 용이하다. 셋째로 채점 시 주관성을 배제할 수 있다는 장점이 있다. 한편, 선다형 문항은, 첫째로 그럴듯하고 매력적인 틀린 답지를 제작하기가 용이하지 않으며, 좋은 문항 제작에 많은 시간이 소요된다. 둘째로 주어진 답지에서 정답을 선택하므로 문항의 답을 모를 때 추측에 의하여 답을 맞힐 확률이 존재한다는 단점이 있다.

3) 배합형(matching type)

배합형 문항은 일련의 용어, 명칭, 구, 개념, 정의, 또는 불완전 문장으로 구성된 자극군인 전제와 내용 또는 항목으로 이루어진 반응군인 답지에서 서로 관계되는 것을 찾아 연결하도록 하는 문항 형식이다. 배합형 문항은 흔히 결합형 또는 연결형이라고 부르기도 한다. 배합형 문항은 채점을 신뢰할 수 있고 객관적으로 하는 것이 용이하기 때문에 검사의 객관도 및 신뢰도를 높일 수 있으며, 유사한 사실을 비교하여 구분하고, 판단하는 능력을 측정하기에 좋은 장점을 지닌 반면, 문제 군과 답지 군이 동질성을 상실하였을 경우에 피험자가 쉽게 해답을 인지하게 되는 단점이 있다.

(2) 서답형 문항(supply type)

서답형 문항은 답이 문항 내에 주어진 것이 아니라 써 넣는 형태의 문항을 말한다. 서답형 문항에는 단답형, 완성형, 논술형이 있다.

1) 단답형(short-answer type)

단답형 문항은 간단한 단어, 구, 절 혹은 수나 기호로 응답하는 문항 형태로 용어의 정의나 의미를 물을 때나 계산 문제에 자주 사용된다. 단답형 문항은 문항 제작이 용이하고, 정의 · 개념 · 사실 등을 질문하므로 넓은 범위의 내용을 측정할 수 있으며, 추측에 의하여 정답을 맞힐 수 있는 요인을 배제할 수 있다는 장점이 있는 반면, 짧은 답을 요구하는 문항의 유형 특성상 단순 지식 · 개념 · 사실을 평가할 가능성이 높다는 단점을 지닌다.

2) 완성형(completion type)

완성형은 진술문의 일부분을 비워 놓고 거기에 적합한 단어 · 구 · 기호 등을 써 넣게 하는 방법이다. 완성형 문항은 선택형 문항에서와 같은 단서가 없으므로 추측 요인을 배제할 수 있으며, 문항제작이 선택형 문항에 비하여 비교적 수월하다는 장점이 있는 반면, 단순 지식 · 개념 · 사실 등을 평가할 가능성이 높다는 단점을 지닌다.

3) 논술형(essay type)

논술형 문항은 한 개 또는 여러 개의 문장으로 구성된 문제 상황을 제시해 놓고 수험자에게 몇 개의 문장 또는 여러 페이지에 걸쳐 논술식으로 답을 작성케 하는 문항 형식이다. 논술형은 피험자가 문제를 접근하는 방법 정보를 이용하는 부분, 응답을 구성하는 모든 부분에서 제한을 받지 않는다. 그러므로 피험자의 분석력, 비판력, 조직력, 종합력, 문제 해결력, 창의력을 측정할 수 있다.

응답의 범위를 제한하는 제한된 논술형 문항과 응답의 범위를 제한하지 않는 확장된 논술형 문항이 있다. 제한된 논술형 문항은 논술의 범위를 지시문에서 축소시키든지 글자 수를 제한하는 문항을 말하며, 확장된 논술형 문항은 시간 제한이나 글자 수에 제한이 없음은 물론이고 지시문에 의해 서술 범위를 제한하지 않는다. 논술형 문항은 피험자가 지니고 있는 모든 정신 능력을 발휘할 수 있다는 장점이 있는 반면, 학업 성취도 검사 시 넓은 교과 영역을 측정하기가 쉽지 않으며, 채점에 일관성이 없다는 단점을 지닌다.

(3) 문항분석(item analysis)

어떤 검사의 좋고 나쁨은 결국 그 검사를 구성하고 있는 문항의 질에 달려 있다. 따라서 각 문항의 좋고 나쁨을 알아보는 절차를 문항분석이라고 하며, 이는 대체로 피험자의 응답결과를 검사이론에 입각하여 문항난이도, 문항변별도, 문항추측도를 분석하는 것이다.

1) 고전검사 이론

고전검사 이론은 문항과 검사를 검사총점에 의하여 분석하는 것으로, 1920년대 이후 개발되어 많은 이론적 발전과 더불어 응용되어 왔다.

① 문항난이도 item difficulty

문항난이도는 문항의 쉽고 어려운 정도를 나타내는 지수로서, 총 피험자 중 답을 맞힌 피험자의 비율, 즉 확률이 된다. 문항난이도 지수는 정답의 백분율이기 때문에 난이도 지수가 높을수록 그 문항은 쉽다는 의미가 된다.

문항난이도를 구하는 공식은 다음과 같다.

$$P = \frac{R}{N}$$

N: 총 피험자 수

R: 문항의 답을 맞힌 피험자 수

② 문항변별도

문항변별도item discrimination란 문항이 피험자를 변별하는 정도를 나타내는 지수를 말한다. 능력이 높은 피험자가 문항의 답을 맞히고 능력이 낮은 피험자가 문항의 답을 틀렸다면 이 문항은 피험자들을 제대로 변별하는 문항으로 분석된다. 그 반대로 그 문항에 능력이 높은 피험자의 답이 틀리고 능력이 낮은 피험자의 답이 맞았다면, 이 문항은 검사에 절대로 포함되어서는 안 될 부적변별력을 가진 문항이라고 할 수 있다. 또한, 답을 맞힌 피험자나 답이 틀린 피험자 모두 같은 점수를 받는 문항이 있다면, 이 문항은 변별력이 없는 문항이 될 것이다.

문항변별도의 추정방법 중 하나는 피험자 집단을 상위 능력집단과 하위 능력집단으로 구분하여 상위 능력집단의 정답비율과 하위 능력집단의 정답비율의 차이로 추정하는 것이다. 문항변별도를 구하는 방법은 다음과 같다.

표 8-1 문항변별도 지수

문항	통 과 율		변별지수(D)
	상위 집단	하위 집단	
1	75	35	40
2	100	80	20
3	50	80	−30
4	55	55	0

③ 문항추측도

진위형 문항이나 선다형 문항에서 문항의 답을 맞힌 피험자 중에는 추측에 의하여 문항의 답을 맞힌 피험자도 있다. 문항추측도를 추정하기 위해서는 총 피험자 중 문항의 답을 알지 못하고 추측하여 응답한 피험자의 수와 추측하여 문항의 답을 맞힌 피험자 수를 파악하여야 한다. 그러나 검사가 미치는 영향이 클수록 추측하여 문항의 답을 맞혔다고 대답하는 피험자는 없을 것이므로 확률 이론에 의해 추측을 한 피험자 수와 추측하여 문항의 답을 맞힌 피험자 수를 추정한다.

추측하여 응답한 피험자 수를 G라고 할 때 추측하여 문항의 답을 맞힌 피험자 수는 다음과 같다.

$$G_R = G \times \frac{1}{Q}$$

G_R: 추측하여 문항의 답을 맞힌 피험자 수

G : 추측한 피험자 수

Q : 답지 수

2) 문항반응 이론(Item Response Theory)

고전검사 이론이 관찰점수는 진점수와 오차점수에 의하여 합성되었음을 가정하고 총점에 의하여 문항을 분석하고 피험자 능력을 추정하는 검사 이론이라면, 문항반응 이론은 총점에 의하여 문항을 분석하고 피험자 능력을 추정하는 것이 아니라 문항은 각각 불변하는 고유한 속성을 지니고 있으므로 그 속성을 나타내는 문항특성 곡선item characteristic curve: ICC에 의하여 문항을 분석하는 검사 이론이다.

① 문항난이도item difficulty

문항난이도는 문항의 어려운 정도를 나타내는 지수로서 문항반응 이론에서는 문항특성 곡선이 어디에 위치하여 기능하는가와 연관된다. 어떤 문항은 높은 능력수준의 피험자들에게 기능하고, 어떤 문항은 능력수준이 낮은 피험자들에게 기능할 수 있다. 문항의 기능이 각기 다른 네 문항의 문항특성 곡선이 〈그림 8-1〉과 같다고 가정하자.

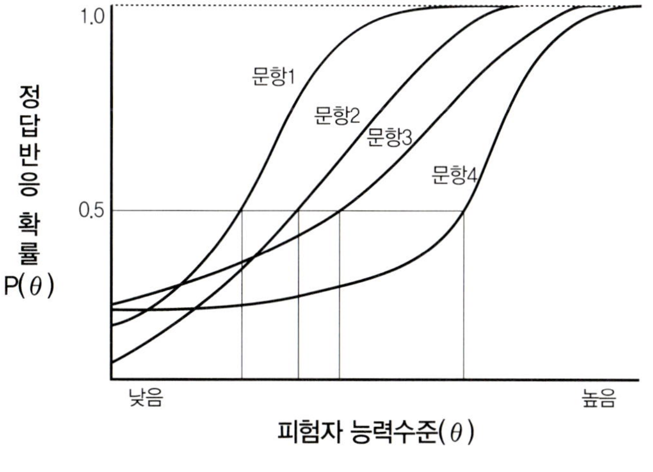

그림 8-1 네 문항의 문항특성 곡선

〈그림 8-1〉에 따르면, 네 문항에서 기능하는 위치는 전체 능력 범위에 걸치나, 문항 1은 주로 능력 수준이 낮은 피험자들에게 기능하고 문항 4는 보다 높은 능력수준의 피험자 집단에서 기능함을 알 수 있다. 그러므로 문항 1이 가장 쉬우며 문항 4가 가장 어렵다는 사실을 알 수 있다.

② 문항변별도item discrimination

문항변별도는 문항난이도를 나타내는 피험자 능력수준보다 낮은 능력의 피험자와 높은 능력의 피험자를 변별하는 정도를 나타낸다. 문항의 기능이 각기 다른 세 문항의 문항특성 곡선이 〈그림 8-2〉와 같다고 가정하자.

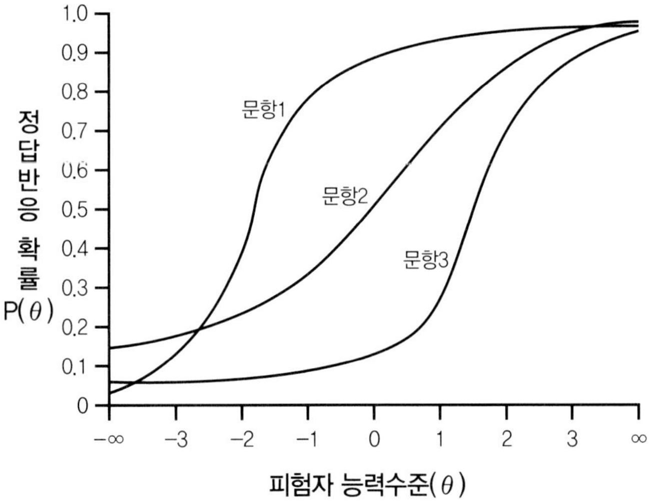

그림 8-2 세 문항의 문항특성 곡선

문항변별도는 정답반응확률이 0.5인 지점을 기준으로 문항특성 곡선의 기울기가 가장 큰 문항이 문항변별도가 가장 높은 문항이다. 〈그림 8-2〉에 따르면, 문항 2가 가장 문항변별력이 낮다는 사실을 알 수 있다.

③ 문항추측도

능력이 전혀 없는 피험자는 문항의 답을 전혀 맞히지 못한다. 그러나 실제 시험에 있어서 능력이 전혀 없는 학생도 추측에 의하여 문항의 답을 맞힐 수 있다. 이를 문항추측도라고 하며 문항특성 곡선에서 능력이 전혀 없는(−∞) 피험자가 문항의 답을 맞힐 수 있는 확률을 말한다. 〈그림 8-2〉에 의하면 문항 2가 추측도가 가장 높으며, 문항 1이 추측도가 가장 낮다는 사실을 알 수 있다.

〈연구 문제〉

1. 교육평가의 기능을 설명하시오.

2. 선발적 교육관과 발달적 교육관의 차이점을 설명하시오.

3. 신뢰도의 종류를 제시하고, 크론바흐 알파Cronbach α가 주로 사용되는 이유를 설명하시오.

4. 문항특성 곡선에서 문항변별도, 문항난이도, 문항추측도의 위치를 설명하시오.

Chapter 9 교육행정

1. 교육행정의 개념과 원리
2. 교육행정학의 이론
3. 교육제도와 학교제도
4. 교육행정의 주요 연구 영역

Chapter *09.*

교육행정

교육 목표

- 교육행정의 개념에 대해 이해하고 설명할 수 있다.
- 교육행정의 원리를 알고 설명할 수 있다.
- 교육행정학의 이론에 대해 설명할 수 있다.
- 교육제도에 대해 이해하고 설명할 수 있다.
- 학교제도에 대해 이해하고 설명할 수 있다.

교육이 개인적인 차원이 아니라 국가사회적인 차원에서 이루어지는 경우에는 조직과 제도를 통하여 이루어질 수밖에 없다. 교육이 제도화되면서 가르치는 일과는 별도의 전문적인 기능으로서 교육행정이 필요하게 되었다. 교육행정은 다양한 관점의 개념을 내포하고 있지만, 교수-학습활동이 원활하게 진행될 수 있도록 교육목적의 달성을 돕는 것이다. 따라서 교육행정은 불필요하거나 축소되어야 할 것이 아니라 본래의 기능을 발휘하도록 하는 것이 중요하다. 학교 현장에서도 마찬가지이다.

우수한 교원은 무엇보다도 학생들을 잘 가르칠 수 있는 지식과 기술을 갖추고 있어야 하지만, 학교행정과 경영에 대한 지식과 기술도 이에 못지않게 중요하게 요구되고 있다. 모든 교원은 개인으로서 존재하는 것이 아니라 학교조직의 구성원으로 존재하게 되며, 따라서 학교행정에 참여하게 되고 교사가 교원이 하나의 학급을 책임지고 경영하게 되어 있다. 이에 학교경영자들은 전공교과에 대한 전문성뿐만 아니라 학교경영에 대한 지식을 갖추고 있기를 예비교사들에게 요구하고 있다.

이 장에서는 교육행정이 무엇인가에 대한 전반적인 소개와 함께 교육행정의 현상을 설명해주는 이론의 발달을 살펴보고, 우리나라의 학교제도와 교육행정 조직을 살펴보며, 덧붙여 교육행정의 주요 연구영역에 대해 간략히 다룬다.

1절에서는 교육행정의 개념, 성격과 기본원리에 대해서 알아본다. 2절에서는 교육행정의 학문으로 성립과 함께 과학적 관리론, 인간관계론, 행동과학론, 체제이론, 대안적 관점, 3절에서는 교육제도의 개념과 우리나라의 학교제도와 교육행정조직에 대해서 살펴본다. 끝으로 4절에서는 교육행정의 주요 연구영역을 다루어 본다.

1. 교육행정의 개념과 원리

1. 교육행정의 개념

교육행정educational administration이란 무엇인가? 교육이라는 용어와 행정이라는 용어가 결합된 교육행정의 개념은 학자에 따라 여러 가지로 정의되고 있으며, '교육'을 무엇으로 보느냐에 따라서 교육행정을 바라보는 관점은 크게 달라질 수 있다. 홍은숙 외, 2016. 일반적으로 교육행정이란 교육 목표를 설정하고 목표를 달성하기 위한 다양한 개념을 포함하고 있지만 그 핵심은 교수–학습활동이 제대로 이루어지도록 지원하여 교육 목표를 달성하기 위한 봉사활동인 것이다. 즉, 교육 목적 달성을 위한 효율성의 측면에서 인적·물적 조건의 확보와 정비 및 교육활동 지원 작용으로서의 교육행정 행위까지 포괄하는 것을 의미한다.

교육행정의 개념은 1950년대 이후 독자적인 응용학문 분야로서 행정학, 정치학, 경제학, 사회학, 심리학 등의 기초학문에 토대를 두고 형성된 것이다. 이러한 교육행정의 개념은 교육행정의 속성을 바라보는 학자들에 의해 다양하게 정의되고 있지만, 대체적으로 조건정비론·국가통치권론·행정과정론·정책실현론·협동행위론·교육리더십론의 여섯 가지로 나누어 볼 수 있다김종철, 1985; 성태제 외, 2018; 윤정일, 송기창, 조동섭, 김병주, 2015; 주삼환 외, 2015; 한유경 외, 2018.

(1) 조건정비론(기능주의론)

조건정비론은 행정보다는 교육 그 자체에 강조점을 두는 입장으로 학교에서 교수학습활동이 원활하게 이루어지도록 인적·물적 조건을 마련해 주고 지원하는 것이 교육행정이라고 보는 관점이다주삼환 외, 2015. 이러한 견해의 대표적인 학자는 몰맨A. B. Moehlman, 1951으로, 교육행정이 궁극적으로 교육 목적 달성을 위한 인적·물적 조건을 정비·확립하는 수단적·봉사적 기능을 수행하는 활동임을 주장하였다.

이 정의에 따르면, 교육행정은 교육의 실제적 필요에 의해 기능적으로 수행되는 활동이며 행정은 목적이 아닌 수단이다. 따라서 교육행정은 교사와 학생을 돕기 위해 있는 것이며, 교육행정가는 교수 · 학습활동을 돕는 봉사자이다 성태제 외, 2018 .

(2) 국가통치권론(법규 해석적 정의, 공권력설)

국가통치권론은 국가의 통치 작용을 입법 · 사법 · 행정으로 나눌 때 행정에서 외무 · 내무 · 국방 등과 같은 한 분야라고 보는 법규해석적 측면을 강조한 것이다. 현재 국가통치권 중 교육행정 사무를 교육부에서 담당하기 때문에 교육행정은 교육부가 수행하는 법적 기능 혹은 행정작용이라고 정의하는 관점이다 윤정일 외, 2015 .이 관점에서는 교육행정을 일반 행정의 한 부분으로 보며 교육행정이 교육에 관한 법규를 해석하고 집행하는 것이기 때문에 교육행정의 전문성이나 독자성 및 특수성은 중요하게 생각되지 않는다.

(3) 행정과정론

행정과정론은 교육행정을 교육의 단계별 과정으로 보는 입장으로 행정가가 하는 일, 즉 행정이 진행되는 과정과 경로에 초점을 두고 정의하는 것이다. 행정과정은 1916년 페이욜 H. Fayol 이 기획 planing , 조직 organizing , 명령 commanding , 조정 coordinating , 통제 controlling 라는 일반행정과정을 주장한 이래 많은 이론들이 나왔다. 그리고 1950년대 이후 시어스 J. B. Sears 는 페이욜의 행정과정론을 바탕으로 기획 planing , 조직 organizing , 명령 commanding , 조정 coordinating , 통제 controlling 로 교육행정과정을 구분하였다. 행정과정의 요소로 볼 때 초기의 행정학자들은 명령 · 지시 · 통제 등을 그 주요 요소로 간주한 데 반하여, 후기의 교육행정학자는 의사결정 decision-making , 자극 stimulating , 영향 influencing , 평가 evaluating 등을 주요 요소로 파악하였다 윤정일 외, 2015 . 이는 행정이 민주화의 방향으로 변화 · 발전한 것을 나타내는 것이라고 할 수 있다.

(4) 정책실현론

정책실현론은 교육행정을 정치적 과정으로 보고, 공권력을 가진 국가기관이 교육정책을 수립하고 집행하는 과정으로 보는 입장이다. 이 관점에서는 교육 목표가 국가권력에 의해 지지된 이념이기 때문에 그것을 달성하기 위해 공권력을 사용하는 것이 불가피하다고 본다. 정치와 행정은 이원적으로 구분되지 않으며, 교육정책과 관련한 입법 정책결정 과 행정 정책집행 은 상호 관련적인 것으로 간주한다 한유경 외, 2018 . 공권력을 행정의 성립요소로 본다는 점에서 사기업 행정과 차이가 있고, 교육정책의 결정과 집행에 초점을 둔다는 점에서 수단적 · 봉사적 작용으로 보는 조건정비론과도 구별된다.

(5) 협동행위론

협동행위론은 행정활동을 합리성을 바탕으로 한 집단적인 협동행위로 보는 견해로서, 행정작용을 주로 행정행위, 그중에서도 의사결정 과정에 초점을 두는 관점이다. 교육행정은 합리적으로 계획된 과정과 절차에 따라 교육 목적을 최대한 효과적으로 달성하기 위해 교육활동과 관련된 제반 조직과 조건을 체계적으로 정비하고 조성하는 협동적 행위라고 정의할 수 있다(윤정일 외, 2015).

협동행위론은 행정 대상의 특수성보다는 공통점을 강조하는 입장을 가지며, 그동안 교육행정이 지나치게 '교육'을 강조하고 '행정'으로서의 성격을 간과해 오고 있다는 비판적 시각을 보이고 있다.

(6) 교육리더십론

교육리더십론은 교육행정이 교육 목적을 효과적으로 달성하기 위해 교육지도자가 리더십을 발휘하는 활동이라고 정의하는 관점이다. 교육의 목적 실현을 위한 제반 조건을 마련하고 과업을 수행하는 과정에서 발휘되는 지도자의 리더십이 강조된다. 즉, 제반 조건을 마련하는 것은 인간 · 물자 · 재정 등을 보다 효과적으로 확보 · 배분 · 활용하는 일이며, 리더십을 발휘하는 것은 이러한 제반 조건을 활용하여 교육 목적을 효율적으로 달성하는 것을 의미한다. 따라서 이 정의는 교육경영론의 관점을 반영한다고 볼 수 있다(윤정일 외, 2015).

교육행정에 관한 다양한 시각들이 있지만 교육행정의 실제를 들여다보면 다양한 정의들이 복합적으로 나타나고 있다. 어느 유형의 행정에서나 행정과정론의 속성인 교육행정가가 계획 · 조직 · 명령 · 통제 등 행정의 과정을 수행해 나가고 있으며, 교육부나 시 · 도교육청 수준에서의 교육행정은 정책실현론에 가깝다고 볼 수 있다.

지역교육청이나 단위학교 행정실 수준에서 이루어지는 교육행정일수록 국가통치권론의 측면이 강하게 나타난다. 조건정비론과 행정행위론의 관점에서 바라보는 교육행정은 교육부에서 단위학교에 이르기까지 일정 부분 그 속성을 가지기는 하지만 상대적으로 취약한 상태에 있기 때문에 앞으로 적극적으로 강화되어야 할 측면이다.

교육행정에 대한 여섯 가지 관점과 더불어 최근 공공행정에 자율성과 효율성 및 책무성이 강조됨에 따라 교육행정에서도 경영의 관점을 강조하는 제도적 변화가 나타나고 있다(한유경 외, 2018). 그러면서 교육경영이나 학교경영 등으로 불리며 경영의 개념을 포함하거나 혼용하여 쓰는 경향이 있으나 그 개념은 엄격히 구분할 필요가 있다.

대체로 교육행정은 고도의 확실성과 구조화된 경영관리의 과정으로 비교적 · 강제적 속성이 있는 반면, 교육경영은 불확실하고 비구조화가 되어 있으며, 하나의 결론을 내기 위해 비교적 주관적인 융통성을 지니고 있는 경영관리의 과정이라고 할 수 있다.

2. 교육행정의 성격

교육행정은 일반행정과 공통적인 성격을 지니는 동시에 교육을 위한 행정이라는 점에서 특수성을 지니고 있다. 교육행정은 일반적으로 봉사적 · 정치적 · 민주적 성격을 지니고 있다. 독자적 성격은 교육행정이 교육을 위한 행정이어야 한다는 논리에서 연유하는 특수성이다. 학자들은 기본적으로 일반행정과 공통적인 원리를 들고, 일반행정 원리에서 부족하거나 추가해야 할 특수성을 반영하고 있다.

학자들이 제시하는 교육행정의 특수성을 중요성, 복잡성, 친밀성, 전문성, 장기성, 평가의 난이성으로 정의하였다(윤정일 외, 2015; 한유경 외, 2018).

(1) 일반적 성격

① 봉사적 성격

봉사적 성격은 조건정비론적 입장에서 이해될 수 있으며, 교육행정은 목적 달성을 위한 하나의 수단으로서 조장적 · 봉사적 성격을 지니고 있다. 이러한 성격은 민주사회에서 가장 강조해야 할 교육행정의 기본적 특성이라고 할 수 있다.

② 정치적 성격

정치적 성격은 국가통치론과 정책실현론의 입장에서 이해될 수 있으며, 교육행정 활동의 내용이 정치체제에 따라 고정적인 것이 아니고 역동적인 성격을 가지고 있다는 것이다. 교육행정의 행정작용은 국가의 통치와 긴밀하게 관련되어 정치활동과 무관할 수 없지만 교육의 독자성과 정치적 중립성 또한 정치적 성격으로 훼손되지 않아야 한다.

③ 민주적 성격

민주적 성격은 지향해야 하는 사회적 가치임과 동시에 합리적인 의사결정 과정과 절차에 대한 합의로 구현된다. 이러한 교육행정의 민주적 성격은 교육정책과 제도에서부터 학교조직의 운영까지 폭넓게 반영되어야 한다.

(2) 독자적 성격

① 중요성cruciality

다른 조직에 견주어 볼 때 교육은 사회를 유지하고, 사회화하는 기능을 수행하는 핵심 역할을 하고 있다는 것이다. 이러한 중요성은 공개성과 관련된다. 교육은 공공의 성격이 강하므로 공개적인 성격을 지닌다.

② 복잡성complexity

교수-학습을 주된 기능으로 하는 학교는 기능상 매우 복잡한 활동을 수행하고 있다는 것이다. 예를 들면, 교수-학습에 있어서 그 과정을 안내하는 책임을 가지고 있는 교사는 그것을 완전히 통제하고 과업을 수행하지 못한다. 왜냐하면 학습자는 제공하는 자극에 대하여 반응할 수도 있고 반응하지 않을 수도 있기 때문이다.

③ 친밀성intimacy

조직의 목표를 달성하기 위해 필요한 인간관계의 친밀성이 강하다는 것이다. 학교조직의 인간관계는 교사와 학생, 학생과 학생, 교사와 교사, 교사와 학부모, 학생과 학부모의 관계 등을 말하는데, 이들의 관계는 강한 친밀성을 특징으로 하고 있다.

④ 전문성professionalization

학교조직은 교사라는 전문가 집단으로 구성되어 있다는 것이다. 따라서 교직뿐만 아니라 교육행정가는 전문가 집단에 속하며, 교육과 행정에 대한 전문성을 겸비하도록 요구받고 있다.

⑤ 장기성long-term

교육이 개인의 삶의 과정이며, 미래지향적인 평생교육을 지향하고 있다는 것이다. 교육은 장기적인 안목과 정책의 논리적인 일관성이 필요하다. 교육행정이 정치적으로 불가분 관계임과 동시에 정치적으로 중립성을 유지해야 하는 이유가 여기에 있다.

⑥ 평가의 난이성difficulty of appraisal

교육은 인간을 대상으로 한 활동이고, 목표 달성에 대한 측정 및 평가의 어려움으로 성과를 파악하기 어렵다는 것이다. 학교의 성과는 학생 행동의 변화이며, 이는 지식 · 기술 또는 태도의 변화를 포함하기 때문에 명확하게 측정할 수 없고, 일정한 기간이 지나서 여러 가지 입증자료가 축적되어야 평가할 수 있다는 것이다.

3. 교육행정의 원리

윤정일 외2015의 학자들은 교육행정의 원리를 여덟 가지로 정의하였으며, 이들의 원리가 실제에 적용될 때 일의 중요도나 우선순위 등을 고려하여 시의적절하게 활용되어야 함을 강조하였다. 이러한 내용을 기본으로 여덟 가지 교육행정의 원리를 요약하면 다음과 같다.

① 민주성의 원리

이해 관계자의 의사를 반영하고, 의사결정과 행정과정에 적절하게 참여시키는 것을 말한다. 거시적인 관점에서 교육행정의 민주성 원리는 지방교육자치, 학교운영위원회, 교육감의 직선제 등이 대표적이며, 미시적인 관점에서는 행정의 공개성과 공익성 및 시민참여와 정책제언 등을 들 수 있다.

② 효율성의 원리

효과성과 능률성의 복합개념으로 넓은 의미에서는 능률성으로 이해된다. 효율성은 경제성의 원리로 가장 능률적인 방법으로 최대의 효과를 달성하는 것을 말한다. 교육행정에서 효율성의 원리란 교육활동에 투입되는 인적 · 물적 자원에 대한 교육 목표, 즉 교육 산출을 최대한 높이는 것이다. 국가 재정의 한계 속에서 교육의 목표를 달성하면서도 교육에 투입되는 비용을 상대적으로 적게 하려는 관심이 효율성의 강조로 나타나며 학급당 학생 수나 교사 1인당 학생 수 등이 효율성 원리의 대표적인 예이다주삼환 외, 2015.

③ 합법성의 원리

교육행정행위가 법률에 근거하여 실현되어야 한다는 법률적합성을 말한다. 모든 행정행위가 법률을 위반해서는 아니되며, 행정행위는 법률의 근거를 필요로 하며, 실정법에 맞는 집행을 해야함을 뜻한다. 교육행정은 「헌법」 제31조, 「교육기본법」, 「초 · 중등교육법」, 「고등교육법」, 「사립 학교법」, 「평생 교육법」 등의 제 법률에 근거하여 집행되고 있다.

④ 기회균등의 원리

「헌법」 제31조나 「교육기본법」 제3조 및 제4조에 규정하고 있는데, 교육행정에서 가장 강조하고 있는 원리라고 볼 수 있다. 이 원리는 교육의 평등성과 수월성이 실현되는 원리로 모든 국민에게 균등한 기회를 보장하는 의무교육을 비롯하여 능력주의에 입각하여 학업을 계속할 능력이 있는 자에게 능력을 발휘할 기회를 부여하는 것이다.

⑤ 지방분권의 원리

지역사회와 해당주민의 민의에 의해 교육이 실시되어야 한다는 원리이다. 과거 우리나라 교육행정은 중앙집권적 형태로 이루어져서 국민의 민주적인 참여와 지역의 특수성을 반영하기 어려웠다. 그러나 지방분권에 대한 필요성 및 요구는 교육자치제로 실현되었다. 지방분권의 원리를 기반으로 한 교육자치제를 실시함으로써 중앙과 지방 양극 간의 균형을 유지하고자 한다.

⑥ 자주성의 원리

「교육기본법」 제5조 및 제6조에서 규정하고 있으며, 교육행정이 일반행정에서 분리 · 독립되고 정치와 종교로부터 중립성을 유지해야 한다는 것이다. 교육행정에서 자주성 원리가 구현되어야 하는 이유는, 교육은 장기적이고 개인적인 능력을 계발하며 국가 사회의 이상을 구현하려는 공적인 활동이기 때문이다. 그러므로 교육은 당파의 이익과 특정 종교의 수단으로 활용할 수 없는 보편타당한 중립성을 가져야 한다.

⑦ 안정성의 원리

교육정책의 수립과 집행은 장기적인 안목에서 계속성과 일관성을 유지해야 한다는 것이다. 교육의 대상이 장기적인 성격을 띠고 있다는 점이나 정책변화의 파급 효과가 크다는 점은 교육행정의 안정성 원리를 강조하게 한다.

⑧ 전문성의 원리

교육활동의 본질을 이해하고, 교육의 특수성을 인식하고 교육행정에 관한 이론과 기술을 습득한 전문가가 교육활동 및 교육행정을 담당하여야 한다는 점이다. 교육활동은 그 자체가 전문적 활동이기 때문에 반드시 전문적인 지식과 기술을 구비해야 하며, 현재 교육행정가에게 전문적인 지식과 기술 및 장기간의 교육 훈련이 요구되고 있다.

2. 교육행정학의 이론

교육행정 이론은 교육조직 내의 행동을 체계적으로 기술하고 설명하는 일련의 상호관련된 요소들을 연구하는 것으로, 다른 학문과 유사하게 개념concept · 가정assumption · 일반화generalization로 구성된다Hoyt & Miskel, 2013. 교육행정가 대부분은 이론의 모든 관점으로부터 장점을 추구하고자 하며, 현상파악을 통해 주어진 문제의 해결책을 찾고자 한다한유경 외, 2018.

교육행정학이 하나의 학문으로 성립된 것은 20세기 중반으로 교육행정 활동이 사회적 현상으로서 오랜 역사와 전통을 가진 것에 비하면 그리 길지 않은 역사를 가지고 있다. 학문적으로 볼 때 교육행정학은 크게 조직의 구조와 과업을 중시하는 과학적 관리론, 조직의 구성원을 강조하는 인간관계론, 개념을 조직하고 실증적 자료로 이론적 가설을 검증하여 일반화하려는 행동과학론, 이론 및 조직 구성원과 환경의 상호 작용을 강조하는 체제 이론, 교육현상에 대한 새로운 패러다임인 대안적 이론 등으로 발전되었다박세훈 외, 2008.

교육행정학은 행동과학의 관점에서 그야말로 다학문적인 접근을 시도한 분야다. 영향을 크게 미친 학문 분야로는 교육학, 행정학, 경영학, 행정법학, 경제학, 재정 · 회계학, 사회학, 심리학 등을 들 수 있다성태제 외, 2018. 이러한 다학문적 성격의 영향 때문에 학문으로서의 교육행정학이 관심을 가지고 있는 분야는 교육학의 어느 분야보다도 다양하다. 먼저, 행정기능 기준으로는 인사, 조직, 재정, 기획, 시설, 사무관리 외에도 연구 · 평가, 교육 내용, 장학, 학생 각각에 대한 행정이 포함된다.

다음으로, 행정단위기준으로는 중앙교육행정, 지방교육행정, 단위학교행정, 학교 외 교육행정이 있다. 또한, 교육대상 기준으로는 유아 교육, 초등 교육, 중등 교육, 고등 교육은 물론이고 특수 교육, 영재 교육, 성인 교육 등에 대한 행정이 있다. 아울러, 교육주체가 누구인가에 따라 사립 학교 행정도 관심 대상이 된다강영삼, 1985.

(1) 과학적 관리론

19세기 후반 산업화로 조직의 생산성을 극대화하기 위해 과학적인 경영 및 관리 원칙을 적용한 것이 과학적 관리론이다. 과학적 관리론은 타일러R. W. Tyler에 의해 주창된 과학적 관리의 원칙으로서, 그는 작업과정을 분석하여 과학화하면 능률과 생산성을 극대화 할 수 있다고 믿고 시간연구time study와 동작연구motion study 등을 통해 체계적인 공장 관리론을 발전시킴으로써 과학적 관리론의 기초를 세우고, 이어 자신의 과학적 관리의 원리를 체계화하였다Tyler, 1911.

타일러는 생산공정에 있어서의 개개의 작업을 요소동작으로 분리하고, 각 요소동작의 형태, 순서, 소요 시간을 시간연구와 동작연구에 의하여 표준화함으로써 1일의 작업량을 설정하고 그 과업을 기준으로 관리의 과학화를 시도하였다.

타일러가 제시한 과학적 관리의 기본 원리는 다음과 같다Tyler, 1911.

① **과학적 직무분석** : 과업수행 상태에 대한 관찰 및 자료 수집 등을 통하여 과업수행을 위한 최선의 방법을 개발한다.

② **과학적인 인사제도** : 과업을 수행하는 데 가장 적합한 사람을 과학적으로 선발한다.

③ **협동 관리** : 관리자와 근로자 간에 기능적 분업을 인정하면서 양자 간에 긴밀한 협동이 이루어져야 한다.

④ **기능적 관리** : 근로자를 과학적으로 교육 훈련하여 과업 수행을 위한 전문성을 개발 · 유지하도록 한다.

과학적 관리론은 비능률적인 인간유기체를 가능한 한 최선의 방법으로 생산과정에 활용하는 기술과 지식을 체계화하는 기초를 확립한 것이며 특히, 시각과 동작의 연구를 통해서 인간의 생산활동을 정확히 측정하고 분석하여 그에 입각한 관리가 가능하다는 것을 입증했다는 점에서 교육행정학에 큰 공헌을 했다. 그러나 과학적 관리론은 인간을 단순히 기계적 · 합리적 · 비인간적 도구로 취급했다는 점에서는 비판을 받고 있다.

과학적 관리론은 20세기 초에 모든 분야와 영역에서 경영관리를 위한 가장 효율적인 기술과 원리로 수용되어 급속히 확산되었다. 이에 따라 교육의 영역에서도 학교의 비효율과 낭비를 제거하고 관리의 효율을 극대화하기 위해 타일러의 과학적 관리를 도입하게 되었다윤정일 외, 2015.

미국에서는 대도시 학교들의 비능률이 비난의 표적이 되었고, 이에 교육행정에서도 경비 절감을 위하여 타일러의 주요 원리의 적용을 시도했다. 스폴딩F. E. Spaulding은 교육의 큰 취약점은 교육행정의 비능률이라고 보며, 기업운영의 원리에 입각한 교육행정을 주장하면서, 학교행정에 대한 민중통제와 능률의 원칙을 제시하였다. 그는 또한 1913년 미국교육연합회에서 '과학적 관리를 통한 학교체제의 개선'이라는 강연을 통하여 교육행정에 과학적 관리를 적용할 것을 거듭 강조하였다Spaulding, 1913.

그리고 보빗F. Bobbit은 학교관리는 물론이고 장학에도 과학적 관리론을 적용할 것을 주장하였다. 그는 의사 결정, 과업 및 급여 결정, 교수방법 결정, 교사 선발 및 훈련, 시설 선정 등에 있어서도 과학적 관리의 원칙을 따라야 한다고 하였다. 그러나 그룬버그B. Gruenberg 등은 교육에 과학적 관리론을 적용하는 것은 교육의 특성을 무시하는 것이고, 교육의 발전을 저해하는 것이라고 비판하였다Gruenberg, 1912.

교육행정가들이 과학적 관리론을 교육에 도입하면서 학급편성 방법, 시험제도, 교수방법, 학교조직 등이 목적 달성을 제대로 하고 있는가에 대한 반성과 함께 가능한 효율적인 방법으로 개편하고자 하였다. 이러한 과학적 관리론은 교육행정가들에 대해 기업관리인과 같은 관점에서 접근하는 것에 대한 교육계 내부의 비판이 제기되는 가운데서도 과학적 관리의 시기를 거치며 오늘날과 같은 학교제도와 운영방식 및 교육 방법의 기틀을 다지게 되었다성태제 외, 2018.

(2) 인간관계론

1930년대 세계 경제공황이 심화되면서 과학적 관리론의 기계적 인간관에 대한 비판과 함께 비공식적 조직의 존재와 중요성을 인식하는 등 인간관계 이론을 바탕으로 인간의 존엄성을 중시하는 인간관계론이 나타나게 되었다. 인간관계론은 조직이 설정한 목적을 달성하기 위하여 관리자는 구성원들의 성취 지향적 행동을 유발시켜야 하며 이러한 행동은 곧 인격적인 대우에서 비롯된다는 생각이다. 교육조직에서의 인간관계 이론은 각각 독자적이면서 집단을 이루는 이들 상호간의 관계에서 자연스러운 인간관계가 필요하고 이러한 관계는 곧 학습 효과를 향상시킨다는 차원에서 관심이 대두되었다.

행정에서 인간관계론 운동의 시초는 호손 공장에서 1924년부터 1932년까지 8년 간에 걸쳐서 수행된 일련의 실험연구인 호손 실험이 있다. 이 연구는 당초 작업장의 조명수준 · 휴식시간 · 노동시간 같은 물리적 요인과 작업성과의 관계를 규명하려는 목적에서 수행되었으나, 실험결과 실험받는 사람의 태도와 동기에 따라 생산고가 좌우된다는 것을 발견하였다박세훈 외, 2008.

호손 실험의 결과 지금까지 단순한 공식적 구조로만 인식되었던 조직이 구성원 · 비공식 조직 · 집단 상호간의 관계로 이루어지는 다원적인 사회체제로 인식되게 되었고, 특히 인간적 요인이 조직의 주요 관심사로 등장하게 되었다. 그러나 호손 연구를 중심으로 한 인간관계론은 조직의 구조적 측면과 생산성 제고에 대한 무시 및 조직 환경에 대한 관계 등 조직 운영의 문제를 보다 근본적으로 다루는 데 실패하였다는 지적도 많다.

인간관계론은 교육행정학에 민주적 교육행정의 원리를 제시해 주는 계기를 마련하면서 교육행정의 민주화와 발전에 공헌하였다. 이 시기에 인간관계론적 관점을 통하여 교육행정학의 발달에 크게 기여한 학자는 쿠프만, 여취, 몰맨, 그리피스 등을 들 수 있다윤정일 외, 2015.

우선 쿠프만R. G. Koopman은 교육행정의 민주화를 위한 이론적 기초를 제공하였다. 특히, 교육행정의 과제로서 교육의 사회적 책임 규정, 민주적 지도성의 개념, 민주적인 조직 형태, 모든 사람의 적극적 참여, 교사의 역할 규정 등에 대해 확인하고 실천할 것을 주장하였다.

다음으로 여취W. A. Yauch는 교육행정에 있어서 인간관계의 중요성을 강조하면서 장학, 예산 배정, 교육과정 등 행정의 모든 영역에 교사의 적극적인 참여가 보장되어야 한다는 점을 강조하였다. 특히, 학교장은 교사와 원만한 관계를 유지하도록 노력해야 하며, 교사는 민주적 활동의 중심 단위이므로 교사들이 최대의 만족을 누릴 수 있도록 학교를 운영해야 한다는 것을 골자로 하는 민주적인 교육행정의 원리를 제시하였다.

한편, 몰맨A. B. Moehlman은 교육행정이 교수의 필요에 의해 발생하는 것이므로 그것은 교육의 목적을 달성하기 위한 수단이고, 따라서 행정은 본질적으로 교육과정의 목표를 효과적으로 실현하기 위한 봉사활동임을 강조하였다. 이는 행정과정에 있어서 전제적 · 권력적 · 강압적 요소를 배제하고 민주적 · 기술적 · 봉사적 요소를 중시한 것으로 볼 수 있다.

그리피스D. E. Griffiths는 교육행정에서의 인간관계에 관한 여러 연구를 종합하여 교육행정에서의 인간관계론을 크게 발전시켰다. 그는 학교장과 상호 작용하는 교사들은 인간적 욕구에 민감한 사회적 인간이라고 주장하고, 좋은 인간관계를 상호 존중 · 호의 · 인간의 권위와 가치에 대한 굳은 신념을 바탕으로 성립하는 것으로 보았다.

(3) 행동과학론

1950년대 이후 시작된 행동과학론은 보다 광범위한 학문과 이론과 경험을 바탕으로 하는, 조직의 관리 방법으로써 과학적 관리론과 인간관계론의 비판점을 적극적으로 수렴하고, 생산성 향상과 인간존중의 사상을 동시에 충족시키려는 이론이다. 행동과학론에서는 보통 수리과학적 방법을 동원하며 심리학, 사회학, 인류학, 정치학, 경제학 등에서 도출된 이론들을 통해 개인과 조직의 문제를 복합적으로 연구하였다.

행정현상에 대해 행동과학적 접근을 시도한 대표적인 학자로는 버나드C. I. Barnard와 사이먼H. A. Simon을 들 수 있다. 버나드는 공식 조직과 비공식 조직의 존재를 인정하면서 양자의 균형 및 조직 목적과 개인 목적의 균형을 통해 성공적인 조직이 될 수 있다고 보았다. 사이먼은 경제학, 심리학, 사회학적 관점을 통합하여 조직 내에서의 인간 행동을 규명하고자 시도하였다성태제 외, 2018. 특히, 인간형을 의사결정 과정에서 최적의 합리성만을 추구하는 경제적 인간과 만족스러운 범위 내에서 제한된 합리성을 추구하는 행정적 인간으로 구분하고, 보다 객관적이고 효과적인 의사결정을 하기 위해서는 제한된 합리성을 토대로 결정하는 행정적 인간형이 필요하다고 주장하였다윤정일 외, 2015.

행동과학이 교육학을 비롯한 사회과학 분야에 미친 영향은 지대하였으며 교육행정에 준 영향도 매우 컸다. 인간관계론 시대까지의 교육행정가는 경험과학적 · 실증적 이론에 기반을 두지 못하고 단순히 경험에 의존하거나 행정학과 경영학의 이론을 차용하는 수준에서 교육행정을 수행하였다. 그러나 1950년대부터 본격화된 신운동new movement 혹은 이론화 운동theory movement은 교육행정에 대한 연구와 이론 개발을 촉발시켜서 여러 사회과학적 관점에서 교육행정 현상을 연구하여 정립한 지식과 이론을 통해 교육행정 현상을 기술 · 설명하고 그 실제를 진단 · 처방할 수 있는 수준까지 교육행정학을 발전시켰다. 대표적인 학자로는 게첼스J. W. Getzels였는데, 그는 구바E. G. Guba와 함께 사회체제 내에 존재하는 조직적 차원과 개인적 차원을 구분하고 이들의 상호 작용에 의해 사회적 행동이 나타나게 된다고 설명하는 사회체제 모형을 개발하고 검증하였으며, 게첼스-구바 모형은 교육행정조직론의 기초 이론이 되었다.

(4) 체제 이론

1960년대부터 기존의 이론들은 조직의 복잡 미묘한 동태를 설명하는 데 한계가 있어 종합적 접근 방법으로 체제 이론이 대두되었다. 체제란 '여러 부분들로 이루어진 전체 혹은 여러 요소들의 총체'를 말한다. 즉, 체제란 상호 관련되고 상호 작용하는 각 부분 또는 하위 체제로 구성되는 하나의 통합체를 총칭하며 어떠한 유기체나 조직체를 막론하고 그것은 하나의 체제를 이루고 있다고 볼 수 있다. 또한, 하위 체제의 개념과 이에 따른 복수인원의 개념이 유용하게 이용될 수 있다.

체제 이론은 교육행정학의 기초 이론 중 교육조직의 이해와 교육경영의 개선에 필수적인 것으로 인정받고 있는 이론이다. 유기체를 이해하려면 유기체를 구성하고 있는 부분들과 그 부분들 간의 관계를 파악해야 하듯이, 교육 현상을 이해하기 위해서는 학교사회를 구성하고 있는 요소들의 기능과 구조를 파악해야 한다.

예컨대 학교 사회를 하나의 체제로 보고 이를 구성하고 있는 요소들과 그 구조와 기능을 밝힘으로써 학교를 체계적으로 이해하기 위한 대표적 이론이 체제 이론이다.

체제 이론의 기본 모형은 투입-과정-산출-환경과의 환류이다.

이것을 교육행정 체제에 적용하면 다음과 같다 박세훈, 2008.

- **투입** input : 상호 작용하는 요소들이 체제의 목적을 달성할 수 있도록 체제의 밖에서 안으로 들어가는 모든 요소를 말한다 과업, 교육행정업무.
- **과정** process : 체제가 목적 달성을 위해 여러 자원과 정보를 활용하여 산출로 전환시키고 가치를 창조하는 과정을 말한다 교육행정 과업, 교육행정 과정, 교육행정 조직 등.
- **산출** output : 체제가 환경이나 인접한 체제로 내보내는 자원과 정보로서 체제가 의도적이나 무의도적으로 생산해 내는 모든 것을 말한다 교육성과.
- **환경** environment : 체제와 일정한 접촉을 유지하고 그것에 일정한 영향을 주는 경계 밖의 주변 조건이나 상태를 말한다 교육체제, 교육풍토, 사회체제, 사회풍토.

체제 이론은 단절된 사고를 지양하고 체계적이고 총체적인 사고를 특징으로 한다는 점에서 교육의 계획이나 정책의 수립, 교육적 의사 결정 등 다양한 영역에서 유용성을 인정받고 있다. 그러나 인간에 대한 기계론적 견해에 입각해 있고, 인간이나 사회 현상을 자연 현상과 동일시함으로써 인간적 요인에 의한 변화과정을 포착할 수 없다는 점에서 한계를 가지고 있다. 따라서 교육행정에서 체제 이론을 그대로 적용하는 경우에 인간적 차원이 무시될 위험성을 내포하고 있으며, 사고의 융통성과 탄력성을 잃을 가능성이 있다. 그리고 변화의 중요성을 간과할 가능성과 변화의 중요성과 함께 체제 내적 요인의 자율성이 무시될 가능성이 있다.

(5) 대안적 관점과 이론

교육행정학의 연구는 실증주의적 접근 위주로 진행되어 왔다. 하지만 실증주의적 접근은 조직행위의 의미를 파악하거나 다양한 갈등과 딜레마를 이해하는 데 한계가 제기되었고, 이러한 상황에서 대안적 접근으로서 반실증주의에 속하는 주관주의와 비판주의 및 포스트모더니즘, 그리고 후기실증주의에 속하는 자연주의 등의 대안적 시각이 80년대 중반부터 나타나고 있다. 대안적 관점은 전통적인 사회과학적 방법과 합리성에 대해 의문을 제기하고 주관성, 불확정성, 비합리성 등을 교육행정 현상의 분석을 위한 주요 개념으로 설정한다. 이들은 주장에 따라 여러 갈래로 나눌 수 있지만, 크게 해석적 관점과 급진적 관점으로 구분할 수 있다 박세훈 외, 2008; 윤정일 외, 2015; 성태제 외, 2018.

1) 해석적 관점

해석 이론interpretive theory은 현상학과 해석학을 철학적 배경으로 하여 성립된 것으로 사회과학의 학문 연구에 널리 통용되고 있는 접근법이다. 오늘날에는 구조 기능적 관점에 대응하는 하나의 연구 패러다임으로 자리 잡고 있다박세훈 외, 2008. 교육행정학에서의 해석학적 논의는 1974년 그린필드T. B. Greenfield가 학교조직 이론에 있어서 '논리 실증주의의 연구의 비판'이라는 논문을 발표하면서 비롯되었다. 그린필드는 조직이 객관적인 실체가 아니고 인간에 의해 창조되고 의미가 부여된 사회문화적 가공물이기 때문에 가설 연역적 체제나 정교한 통계적 방법만으로는 이해할 수 없다고 주장하였으며, 조직을 인간의 주관적인 의미 구성체로 보고 교육행정 현상을 연구하는 새로운 패러다임, 즉 대안적 관점이 필요하다고 역설하였다Greenfield, 1995; 노종희, 1995에서 재인용.

해석적 관점은 조직의 구조와 역동성을 설명하거나 예측하려고 하지 않는다. 해석론적 관점에서 탐구의 목적은 질적 연구방법을 통해 특수한 상황을 해석하고 이해하는 것이다. 또한, 과학적이고 실증적인 방법을 비판하면서 간주관적 해석을 통해 특수한 상황을 해석하고 이해하는 것이다. 따라서 해석적 탐구는 객관성과 일반화가 항상 비판을 받는다. 그렇다 해도 교육행정이 기본적으로 가치의 문제를 다루고 있으며 정책과 의사결정 등 주요 행정과업이 엄밀한 과학적 방법에 의해서는 설명될 수 없다는 점을 고려해 볼 때 해석적 접근은 교육행정 현상을 이해하는 한 가지 중요한 대안적 접근이 될 수 있다.

2) 급진적 관점

또 하나의 대안적 관점은 네오마르크시즘의 영향하에서 발전한 급진적 관점이다. 급진적 관점은 조직의 비합리적이고 특수한 측면이나 주변적이고 소외된 측면에 초점을 맞추어 조직 문제를 탐구한다. 급진적 관점의 대표적 이론으로는 포스트모더니즘, 비판이론, 페미니즘 등을 들 수 있다.

① 포스트모더니즘

포스트모더니즘은 모더니즘 사상의 바탕이 되는 이성 · 진리 · 합리성 · 절대성을 비판하고, 기존의 것들의 해체와 상대성 · 다양성 · 탈정당성을 표방한다. 문화비평으로 시작된 이 관점은 자아가 이성적 주체라는 생각을 부인하며, 삶의 다양성과 우연성을 그대로 받아들이고 탈정당화를 추구함으로써 부정과 변화를 위한 새로운 사상으로 확산되고 있다. 조직론의 측면에서 이 관점은 해체주의적 방법을 통해 현재의 조직이론과 그 근거를 공격하는 입장을 대표하고 있다Hoyt & Miskel, 1996.

교육행정학에서 포스트모더니즘이 대두된 것은 1980년대 후반으로 주로 학교행정과 지도성 분야에서 중심적으로 논의되고 있으며, 교육행정 연구자들 사이에서 그 인식의 폭이 점차 확대되어 가는 시점에 있다. 그러나 현재 포스트모더니즘의 문화적 · 철학적 논리가 얼마나 교육 및 교육행정에 적용될 수 있는지, 포스트모더니즘의 시대적 상황 속에서 교육 및 교육행정의 방향과 역할은 무엇인지 등에 대해서는 아직까지 합일점을 찾지 못하고 있다박세훈 외, 2008.

② 비판 이론

비판 이론은 비판을 통해 신비화된 허위의식을 파헤치고 새로운 변화를 모색하려는 경향이다. 조직론에 있어 이 이론은 현대조직들이 지배계급의 이익을 위해 어떠한 기능을 수행하는지를 드러냄으로써 사회적 실재를 해체하려는 관점을 표방하고 있다. 이 이론은 해체주의적 방법을 통해 현대의 조직 이론을 신랄하게 비판한다는 점에서 포스트모더니즘과 맥을 같이 하지만, 그 지식기반에 대한 비판을 넘어 인간의 소외와 억압 및 불평등을 야기하는 사회 구조 및 조직을 변혁하려고 한다는 점에서 서로 다르다Hoyt & Miskel, 1996. 이들의 비판은 노동자들의 소외된 상태를 부각시킬 뿐만 아니라 '잘못된 의식'을 조명함으로써 이를 변화시키고자 한다.

포스트모더니즘 주의자들과 마찬가지로 비판 이론가들은 현대 조직사상을 공격하기 위해 해체의 방법을 사용하지만, 이들은 현재의 지식과 실제에 내재하고 있는 비일관성과 모순을 드러내는 데 만족하지 않는다. 더 나아가서 소외 및 억압과 불평등의 책임을 지고 있는 기본적인 사회적 구조를 변화시키고자 한다.

1970년대 말에 이르러 비판 이론이 소개되면서 교육행정 현상에 대한 비판적 접근에 관심을 갖기 시작하였다. 이러한 비판 이론의 관점은 과거와 현재의 실제가 사회적 정의와 권력 현상을 어떻게 포함하고 있는지, 인간의 속박과 해방에 어떻게 관여하는지 등에 관심이 있다. 교육행정가들은 과거 당연시되어 왔던 학교 교육의 상황과 기본 가정에 대해 비판적으로 검토하고 행정 실제가 진리, 자유, 혹은 정의로 표현되는 조직구성원의 삶의 질을 얼마나 개선할 수 있고 이를 위해 어떤 변화를 기할 수 있는지에 초점을 맞추어야 한다는 것이다박세훈 외, 2008.

③ 페미니즘

페미니즘은 현대의 조직이 권위에 대한 복종 · 순응 · 충성 · 경쟁 · 공격성 · 효율성 등을 강조하는 남성문화의 산물이며, 그에 편향되어 있다는 점을 비판한다윤정일 외, 2015. 페미니즘은 자유주의적 페미니스트와 급진적 페미니스트의 두 가지 다른 입장으로 나눌 수 있다. 자유주의적인 페미니스트들은 기존의 조직사회를 주어진 것으로 보고 여성들은 이 사회를 통합시키려고 하는 데 비해, 급진적인 페미니스트들은 관료적인 구조를 대체함으로써 사회를 변화시키고자 한다Ferguson, 1984.

두 입장 모두 여성들이 조직에 의해 억압되어 있다고 보지만 자유주의 페미니스트들은 관료적인 구조 안에서 작용하는 전략을 채택하기를 주장하는 반면에, 급진적인 페미니스트들은 관료적인 구조를 개선하는 대신 새로운 형태의 조직을 창출하기를 바란다.

이러한 페미니즘 운동은 최근 교육행정 부분뿐만 아니라 사회의 모든 분야에 걸쳐서 확산되고 있다. 교육행정에 대한 페미니스트 비판은 행정 이론과 연구에서 성 문제를 소홀히 했음을 보여주고 있다박세훈 외, 2008. 최근 교직에서도 성 차별 문제를 제기하며 관심을 끌고 있으며 교육기관에서 여성의 수가 많아짐에 따라 많은 논의가 이루어지고 있다.

3. 교육제도와 학교제도

1. 교육제도의 개념

교육제도educational system는 가족제도, 정치제도, 경제제도, 종교제도와 같은 사회제도의 일부로서 교육을 실천하기 위한 가장 기본적인 틀을 형성하고 있다. 이것은 교육이 국가의 장기적인 발전을 위하여 그 바탕을 형성하고 있는 틀이기 때문이다고벽진, 2005.

또한, 교육제도는 국가의 교육 이념과 교육 목적을 달성하기 위한 국가적 차원의 인위적 장치로서 교육 목적 · 교육 내용 · 교육 방법 · 교육 평가 등의 교육활동, 학생 · 교원 · 교육기관 · 교재 및 조직 · 기구 등에 관한 표준을 총괄하는 개념이다서울대 교육연구소, 1998.

일반적으로 교육제도는 국가기관의 핵심을 이루며, 교육발전과 사회발전의 기반을 이루고 있다. 한 국가의 교육제도는 공식적 · 의도적 교육활동이 거의 전면에 걸쳐서 형식화되어 있고 조직화되어 있으며, 표준화되어 있는 것이 특징이다.

2. 학교제도

학교제도school system는 흔히 학제 또는 학교 교육제도와 동의어로 사용되며 교육제도의 핵심을 이룬다.

(1) 학교제도의 개념

학교제도의 개념은 각각의 학교를 개별적으로 보는 것이 아니라 각 학교 간에 존재하는 일종의 관련성과 전체 구조를 파악하려는 것이다. 따라서 단위 학교는 학교제도를 구성하는 하나의 단위이다김영식 외, 1982. 그러므로 학교제도는 교육제도의 하위 체제 중 하나라고 볼 수 있고, 교원양성제도와 교육행정 · 재정제도 및 사회교육제도들과의 상호작용 속에서 유지 · 발전될 수 있으므로 교육제도와는 불가분의 관계에 있다.

학교제도는 학교 계통과 학교 단계에 따른 교육 목표, 교육 내용, 수업 연한, 취학 연령, 학교 간의 수직적 연결접속 내지 분화관계과 계열 간 · 학교 간의 수평적 연결연결 관계 등에 관한 제도와 운영 등을 의미한다. 학교 계통은 어떤 계층의 취학자를 대상으로 어떠한 교육을 하고 있는지의 여러 유형의 학교를 의미한다. 그 반면에 학교 단계는 어떠한 연령층을 대상으로 혹은 어느 단계의 교육인지의 구분을 의미한다. 우리나라의 학제는 기본적으로 6-3-3-4제의 단선형으로, 횡적으로는 초등학교 · 중학교 · 고등학교 · 대학교의 4개의 단계가 하나의 계통을 이루고 있다.

(2) 학교제도의 유형

학교제도의 유형은 계통성을 중심으로 하는 복선형과 단계성을 중심으로 하는 단선형으로 나눌 수 있으며, 이들의 중간 형태인 분기형이 있다윤정일 외, 2015. 역사적으로 학교제도는 복선형→분기형→단선형의 방향으로 발달하고 있는데, 이러한 현상은 교육의 기회균등의 원칙의 발달과 밀접한 관련을 갖는다.

① 복선형 학제

복선형은 상호관련을 가지지 않은 두 가지 이상의 학교 계통이 존재하며 학교계통 간의 이행transfer을 인정하지 않는 것을 그 특징으로 한다. 역사적으로 유럽 여러 나라에서 발달해 왔으므로 "유럽형"이라고도 한다. 여기서는 단계성보다 계통성이 중시되며, 사회계급 · 계층을 재생산하는 기능을 담당한다.

② 단선형 학제

학교계통이 하나뿐인 단선형은 초등학교에 입학하여 중등학교를 졸업할 때까지 모든 국민이 원칙적으로 같은 종류의 학교 수업 연한, 수료 자격, 교육 내용 등을 학습하는 민주적인 학교체계를 말한다. 현실적으로는 순수한 단선형은 존재하지 않으며, 공통의 기초 위에 수업 연한이나 수료 자격에 있어서 동등한 복수의 학교나 과정으로 분화되는 형태를 취하는 경우가 많다. 단선형은 일반적으로 북미에서 발달하여 왔다.

③ 분기형 학제

복선형과 단선형 학제의 중간 형태로 독일의 비교교육학자 힐커Hilker가 분류한 학제의 한 유형이다. 대체로 이는 복선형의 기초학교 부분이 통일되고 위에 동격이 아닌 복수의 학교계통이 병존하는 학교제도이다. 분기형은 영국, 독일을 비롯한 서구 여러 나라의 최근 학제에서 볼 수 있다.

(3) 우리나라의 학교제도

우리나라의 학교 교육제도는 정부수립 후 교육법이 제정 · 공포되면서 새로운 교육제도를 가지게 되었다. 일제하의 교육제도가 있기는 하였으나, 정부수립 후 새로운 교육법에 의하여 일제하의 잔재를 청산하고 민주적인 교육제도를 국가가 관여하여 설정하였다는 점에서 본격적인 학교 교육제도는 정부수립 후에 출발되었다고 할 수 있다한용진 외, 2006.

1) 우리나라의 학제

우리나라의 현행 학제는 1949년 12월에 공포된 교육법과 1951년 3월에 공포된 교육법 개정 법률에 의하여 확정되었으며, 기본 학제가 6-3-3-4제의 단선형이고 총 교육 연한은 16년이다. 그동안 실업전문학교 또는 전문대학이 생기는 등 다소의 변화가 있기는 하였으나 기본 학제에는 큰 변동이 없었다.

현행 학제는 6-3-3-4의 기간학년을 중심으로 공민학교와 기술학교 계통이 병립되어 있는 것이며, 부분적으로는 복선형의 요소를 내포하고 있다. 인문고와 전문계 고등학교의 병립도 학제 운영면에서 복선적인 요소를 실현하는 것으로 생각할 수 있으나, 그것은 일부분에 불과하며, 기본 학제에 관한 한 전형적인 단선형을 이루고 있다. 아울러 복선형적 요소를 불식시키기 위해 중학교 및 고등학교 졸업자격 검정고시제와 독학에 의한 학위취득 시험제도를 두어서 단선형을 적극 지향하고 있다주영흠, 2007.

① 유치원

취학전 교육으로서 유치원은 '유아의 교육을 위하여 유아교육법에 따라 설립 · 운영되는 학교를 말한다'유아교육법 제2조. 유치원에 취학할 수 있는 자는 만 3세부터 초등학교 취학 시기 전까지의 유아다유아교육법 제2조 제1항.

② 초등학교

초등학교는 국민생활에 필요한 기초적인 초등교육을 하는 것을 목적으로 하며초 · 중등교육법 제38조, 기초 교육인 동시에 의무교육으로서 수업 연한은 6년이다.

③ 중학교

초등학교에서 받은 교육의 기초 위에 중등교육을 하는 것을 목적으로 한다초 · 중등교육법 제41조. 중학교는 전기 중등교육기관으로서 의무 교육기관으로 되어 있으며 수업 연한은 3년이다.

④ 고등학교

고등학교는 중학교에서 받은 교육의 기초 위에 중등교육 및 기초적인 전문교육을 하는 것을 목적으로 한다초 · 중등교육법 제45조. 고등학교는 중간학교로서의 고등보통교육과 종합학교로서의 전문교육을 실시하는 후기 중등교육기관으로서의 이중적 성격을 갖는다윤정일 외, 2015. 이에 따라 고등학교에는 특정 분야가 아닌 다양한 분야에 걸쳐서 일반적인 교육을 실시하는 일반고등학교를 비롯하여 소질과 적성 및 능력이 유사한 학생을 대상으로 특정 분야의 인재 양성을 목적으로 하는 교육 또는 자연현장 실습 등 체험 위주의 교육을 전문적으로 실시하는 특성화 고등학교가 있다.

이러한 기존의 고등학교 체제와 더불어 지식기반사회에 적합한 인재를 양성하기 위하여 다양한 학교체제가 필요하다는 공감대가 형성되었다. 이에 특수 분야의 전문적인 교육을 목적으로 하는 특수목적 고등학교과학 인재양성을 위한 과학 계열의 고등학교, 외국어에 능숙한 인재 양성을 위한 외국어 계열의 고등학교와 국제 전문 인재 양성을 위한 국제 계열의 고등학교, 예술인 양성을 위한 예술 계열의 고등학교, 체육인 양성을 위한 체육 계열의 고등학고, 산업계의 수요에 직접 연계된 맞춤형 교육과정을 운영하는 산업수요 맞춤형 고등학교, 자율형 사립고등학교와 자율형 공립고등학교 등 다양한 학교체제가 존재하고 있다. 고등학교의 수업 연한은 3년이다.

⑤ 고등교육기관

우리나라의 고등교육법상 고등교육기관에는 대학, 산업대학, 교육대학, 전문대학, 방송대학 · 통신대학, 방송통신대학 및 사이버대학, 기술대학, 대학과정의 각종 학교 등이 있다. 이 중에서 기본 학제에 포함되는 것은 대체로 대학, 교육대학, 전문대학이라고 할 수 있다.

대학은 '인격을 도야하고, 국가와 인류사회의 발전에 필요한 심오한 학술 이론과 그 응용 방법을 가르치고 연구하며, 국가와 인류사회에 이바지함을 목적으로 한다고등교육법 제28조. 대학의 수업 연한은 4년에서 6년이다고등교육법 제31조.

교육대학은 초등학교 교원을 양성함을 목적으로 하며, 대학의 사범대학은 중등학교 교원을 양성함을 목적으로 한다고등교육법 제41조. 교육대학은 현재 '국가나 지방자치단체가 설립'하도록 되어 있으며, 교육대학의 수업 연한은 4년이다고등교육법 제42조.

전문대학은 사회 각 분야에 관한 전문적인 지식과 이론을 가르치고 연구하며 재능을 연마하여 국가 사회의 발전에 필요한 전문직업인을 양성함을 목적으로 한다고등교육법 제47조. 전문대학의 수업 연한은 2년 이상 3년이며고등교육법 제48조 제1항, 전문대학 졸업자는 대학에 편입할 수 있다고등교육법 제51조. 전문대학에는 전공 심화과정을 둘 수 있고 학칙으로 정하는 과정을 이수한 사람에게는 학사학위를 수여할 수 있다고등교육법 제50조의2 제48조 제1항에도 불구하고 「의료법」 제2조제1항에 따른 의료인을 양성하기 위하여 전문대학에 수업 연한을 4년으로 하는 학과를 개설할 수 있다고등교육법 제50조의3.

(4) 우리나라 교육행정조직

교육행정은 구체적으로 존재하는 조직 속에서, 조직을 통해 이루어진다. 따라서 교육행정을 이해하려면 조직에 대한 이해가 필수적이다. 교육조직의 실제와 운영과 관련하여, 중앙정부 수준과 지방정부 수준, 그리고 단위학교로 구분하여 살펴본다홍은숙 외, 2016.

1) 중앙 교육행정조직

중앙 교육행정조직은 지방 교육행정조직과 대조되는 개념으로서 중앙정부의 교육행정조직을 말한다. 중앙 교육행정조직이라면 흔히 중앙 정부의 교육부만을 생각하기 쉬우나, 대통령 · 국무총리 · 교육부장관 그리고 국무회의를 포함하는 것으로 넓게 이해할 필요가 있다.

① 대통령

우리나라는 대통령 중심제도를 채택하고 있으며, 행정권은 대통령을 수반으로 하는 정부에 속한다 헌법 제66조제4항. 대통령은 정부의 수반으로서 교육부는 물론, 모든 중앙 행정기관의 장을 지휘 · 감독한다 정부조직법 제11조. 교육행정과 관련하여 볼 때, 헌법에 기초하여 초 · 중등교육법 시행령을 위시한 다양한 시행령을 대통령령으로 반포하고 헌법 제75조, 주요 교육공무원 임면권을 행사한다 헌법 제78조.

② 국무총리와 국무회의

국무총리는 대통령의 명을 받아 각 중앙행정기관의 장을 지휘 · 감독하는 행정감독권을 가지고 있다. 그리고 국무회의의 부의장으로서 국무회의를 통해 교육부에 영향력을 행사할 수 있다 헌법 제88조제3항. 국무회의는 대통령 · 국무총리와 15인 이상 30인 이하의 국무위원으로 구성된다 헌법 제88조제2항. 의장은 대통령이며, 부의장은 국무총리이다. 국무회의는 정부의 권한에 속하는 중요한 정책을 심의한다 헌법 제89조.

③ 교육부와 소속 기관 및 단체

중앙 교육행정 조직의 핵심은 교육부라고 할 수 있다. 교육부는 교육 관계 법령, 대통령의 지시 · 명령, 그리고 국무회의의 결정에 따라 국가의 교육에 관한 정책을 입안하고 집행하는 최고 교육행정기관이다. 교육부장관은 인적자원개발정책, 학교 교육 · 평생 교육, 학술에 관한 사무 등을 관장한다 정부조직법 제29조제1항. 교육부에서 관할하는 소속 기관으로는 대한민국학술원 · 국사편찬위원회 · 국제교육진흥원 · 국립특수교육원 · 교원소청심사위원회 등이 있으며, 국립학교에는 대학 · 상업대학 · 교육대학 · 전문대학 · 고등학교 · 특수학교 · 각종 학교 등이 있다.

2) 지방 교육행정조직

지방 교육행정조직이란 지방의 교육행정을 위한 전반적인 조직과 구조를 의미한다. 우리나라 지방 교육행정조직은 교육자치를 기본으로 하고 있다. 현행 교육자치제는 시 · 도 단위의 광역지방교육자치제이다. 교육의 자주성 및 전문성과 지방교육의 특수성을 살리기 위하여 지방자치단체의 교육 · 과학 · 기술 · 체육 · 기타 학예에 관한 사무를 관장하는 기관으로서 각 특별시, 광역시, 도에 집행기관인 교육감을 두고 있다. 지방의회 안에 설치된 상임위원회인 교육위원회는 교육 · 학예에 관한 주요 사항을 심의하고, 최종 의결은 지방의회 본회의가 하고 있기 때문에 지방의회와 교육감은 상호 견제와 균형의 관계에 있다고 볼 수 있다.

① 교육위원회

시도의 교육 · 학예에 관한 의안과 청원 등을 심사 · 의결하기 위한 교육위원회를 시 · 도 의회 내 상임위원회에 두고 있다. 교육위원회는 시도의회의원과 교육위원으로 구성하되, 교육위원이 과반수가 되도록 구성한다. 교육위원은 주민 직선으로 선출하며, 명예직으로서 임기는 4년이다.

② 교육감

교육감은 시 · 도의 교육 · 학예에 관한 사무를 집행하는 집행기관으로서 교육 · 학예에 관한 소관사무로 인한 소송이나 재산의 등기 등에 대하여 당해 시 · 도를 대표한다. 교육감은 주민 직선으로 선출하고, 임기 4년으로 하며 계속 재임은 3기에 한한다지방교육자치에 관한 법률 제21조. 교육감은 사무집행권, 교육규칙 제정권, 대표권, 지휘감독권, 재의요구권, 제소권, 선결처분권 등을 가진다.

③ 교육감의 보조기관

교육감의 보조기관으로 교육감 산하에 국가공무원으로 보하는 부교육감을 둔다. 부교육감은 당해 시 · 도교육감이 추천한 자를 교육부장관의 제청으로 국무총리를 거쳐 대통령이 임명하게 되며, 부교육감의 역할은 교육감을 보좌하여 사무를 처리하는 데에 있다.

④ 하급 교육행정 기관 · 교육장

교육장은 시 · 도의 교육 · 학예에 관한 사무를 분장하기 위한 하급 교육행정기관의 책임자이다. 각급 학교의 운영 · 관리에 관한 지도 · 감독을 주 임무로 하며, 교육과정의 운영, 재산의 취득 · 처분, 학교 수업료 및 입학금, 예산안의 편성 및 집행, 소속 공무원의 인사 관계 등에 관한 사항을 관리한다.

4. 교육행정의 주요 연구 영역

교육행정학은 교육행정과 교육정책 현상에 대한 사회과학적 탐구를 바탕으로 교육 현장의 개선을 지향하는 응용학문의 성격을 지닌다고 규명되며, 교육행정학 지식체계의 복합성으로 인하여 타 학문정치학, 행정학, 경제학, 경영학 등 이론의 차용이 빈번하게 이루어지고 있다. 교육행정은 다양한 재료가 들어가는 이른바 '짬뽕'과 같다는 표현을 쓸 정도로 다학문적인 접근이 필요한 분야이고 포괄하는 하위 영역이 넓다성태제 외, 2018.

교육행정학 연구의 주제 영역은 흔히 교육행정 이론 및 연구, 교육정책 및 기획, 교육재정 및 경제, 교육법규 및 제도, 교육행정체제, 교육 인사, 교육조직 및 경영, 장학 및 학교 컨설팅, 교원양성교육 등으로 구분되며, 이 중에서 '교육정책'과 '교육조직 및 경영'이 가장 많이 연구되는 주제이다.

교육행정에서 다루고 있는 연구 영역을 모두 제시한다고 하는 것은 매우 어려운 일이나, 연구자들이 공통적으로 제시하는 교육행정의 영역과 과업을 업무내용과 과정을 중심으로 다음과 같이 구분할 수 있다김창걸, 1992; 안병환 · 신재흡 · 이기용, 2012; 윤정일 외, 2015; 성태제 외, 2018; 한유경 외, 2018.

1. 조직론

교육행정이 전통적으로 관심을 가져 온 분야이며, 중앙 · 지방 · 단위학교의 교육행정 조직구조의 구안과 그 구성원들의 동기 유발을 촉진할 수 있는 체제에 관심을 갖는다. 조직 이론에는 조직유형론과 조직 성장 · 발전론을 시작으로 조직풍토 · 조직문화론 · 조직갈등론으로 이어지며, 학교조직이 갖는 특성으로 정리된다. 우리나라에서는 이전부터 학교제도에 대한 사회적 관심이 컸고 현재도 교육행정이 가장 많은 노력을 기울이고 있는 분야다. 지속적으로 관심의 대상이 되고 있는 지방교육자치 제도, 학교운영위원회 제도 등은 조직론적 시각에서 접근할 수 있는 사안들이다.

2. 교육인사행정

조직을 운영하기 위해 최소한으로 갖추어야 할 요소로 흔히 3M, 즉 돈money · 물자material · 사람man을 들며, 그 중에서도 사람을 가장 중요한 요소로 본다.

'교육의 질은 교사의 질을 능가할 수 없다.'라는 말에서 알 수 있듯이, 교원은 교육활동의 핵심적 주체다. 교육인사행정은 유능한 교육직원을 확보 · 배치하고 그들의 계속적인 능력계발을 도모하며 높은 사기와 긍지를 지니고 직무와 최선을 다할 수 있도록 제반 여건을 조성하는 과정이다. 교원을 어떻게 양성하고 자격을 부여하며 임용하는가, 전문성 신장을 위한 연수와 승진체제를 어떻게 갖추어야 하는가 등이 인사행정에서 주요 관심 영역이며, 교직 특성 · 교직단체 · 윤리강령 등에 대한 논의도 포함한다. 최근에는 '인사행정'의 개념에서 '인적자원행정', 즉 교육에서의 인적 자원 관리라는 개념으로 접근하는 경향이 있다.

3. 장학론

수업은 교사가 수행하는 가장 중요한 과업 가운데 하나이며, 수업 향상을 위해 교육행정은 이를 전문적이고 체계적으로 지원해야 한다. 장학은 교사의 수업향상, 즉 전문성 신장을 위한 체계적인 지원과 소선의 정비를 나룬나. '교육행정=장학행정'이라는 말이 있을 정도로 장학은 교육행정의 실제와 교육행정학의 이론 체계에서 중요한 위치를 차지하고 있다. 우리나라의 중앙과 지방 교육행정기관에는 장학을 담당하는 기구가 중요한 위치를 차지하고 장학활동을 수행하고 있다.

교육행정기관에는 장학사, 장학관이라는 직위가 있고 그들이 전문적으로 하는 일이 장학이지만, 단위학교의 교장과 교감도 장학 담당자로서의 역할을 수행할 것을 요구 받고 있다. 학교현장에서는 장학의 인식에 대한 왜곡현상이 있어서 교육행정 전체에 대한 오해의 원인이 되기도 한다. 임상장학, 자율장학, 학교 컨설팅 등 다양한 장학 개념이 활용되고 있다.

4. 교육재정

교육재정이란 국가 사회의 공익사업인 교육활동을 지원하기 위하여 국가나 공공단체가 필요한 재원을 확보 · 배분 · 지출 · 평가하는 일련의 경제활동을 말한다. 우리나라의 교육재정은 정부예산에서 20% 내외의 가장 많은 비중을 차지하는 영역 중 하나가 되었으며, 교육부 2019년 교육기본통계에 의하면, 614만 명의 학생이 교육을 받고 교원 및 직원 등 총 49.7만 명을 고용하고 있으며, 2016년 기준으로 GDP대비 공교육비초등 · 중

등 · 중등 후 고등교육는 약 5.4%에 달하고 있다.

교육조직의 목적을 달성하기 위해 이러한 거대한 규모의 교육재정이 어떠한 가치에 의해 어떻게 배분 · 활용되는가가 중요하다. 현재 '지방교육재정교부금법'에 의한 지역 간 형평성을 강조하는 방식의 교육재정 확보가 지방교육자치제도 하에서 어떠한 의미를 갖는가도 흥미로운 주제가 될 수 있다.

5. 교육리더십론

리더십에 대한 논의는 시대 흐름과 사회발전이나 학문 패러다임의 변화 등에 따라 특성 이론, 행동 이론, 상황 이론 등을 거치며 지속적으로 발전되어 오고 있다. 근래에는 교육조직 지도자의 리더십 발휘 여하가 조직의 목적 달성의 성패를 좌우한다는 인식이 높아지면서 교육 리더십에 대한 관심과 강조가 확대되고 있다.

변혁적 리더십 · 참여적 리더십 · 도덕적 리더십 등과 같이 최근에 주목받는 이론들은 리더의 역할만큼이나 구성원의 역할을 강조하고 있으며, 구성원의 자발성을 확대하고, 구성원 스스로의 잠재력과 역량을 키울 수 있도록 지원하며, 조직을 혁신해 가는 리더십에 대한 논의가 중심이 되고 있다. 교육부장관, 교육감, 교육장, 학교장, 부장교사, 학급교사가 조직 구성원과의 관계에서, 그리고 교육 외부 환경과의 관계에서 어떤 방식으로 리더십을 발휘할 때 조직의 목적을 보다 잘 달성할 수 있는가 등이 주된 관심사다.

6. 교육기획

교육의 규모가 방대해지고 그 활동의 내용이 복잡해지면서 교육행정의 적극적인 측면에 대한 관심이 크게 높아지고 있으며, 교육활동을 이끄는 교육행정의 적극적인 기능은 교육기획에서 찾을 수 있다. 교육기획은 교육의 합리성과 효율성을 극대화하기 위한 지적 · 합리적인 사전준비 과정으로서 교육의 비전과 교육활동의 방향을 제시한다. 국가나 교육청 또는 단위학교 수준에서 교육활동을 이끌어 가기 위해서 교육을 운영하기 위한 방향 설정과 계획을 수립하고, 그를 추진하기 위한 행동과정의 표준을 정립 · 제시하는 것이다.

우리나라 교육행정에서는 1980년대까지 이 부문에 대한 관심과 연구가 활발하였으나, 근래에는 각종 중장기 발전계획의 수립이 이어지고 있음에도 불구하고 전반적으로는 과거에 비해 관심이 약화된 상황이다.

7. 교육정책

교육정책은 교육기획과 마찬가지로 교육행정의 적극적인 기능을 하고 있으며, 교육활동을 운영하기 위한 국가의 기본 이념 혹은 방침으로서 교육행정의 중심적인 활동이다. 교육행정이 교육정책을 수립하고 집행하는 것 자체를 말하는 것이기 때문에 교육정책이 곧 교육행정이라고 할 만큼 의미가 크다.

이에 윤정일 외2015는 교육정책의 정의를 구체적인 교육 상황에서 다섯 가지의 내용을 함축하고 있다고 제시하고 있다. 교육정책은 정치적 과정을 통해 결정되는 국가의 통치작용이고, 교육제도와 그 운영에 관한 기본 지침이며, 교육 문제 해결을 위한 대안의 선택이고, 교육 이념과 목적의 구현이며, 교육행정에 대한 기본 지침의 성격을 갖고 있다는 것이다. 근래에는 정책의 형성과정이나 집행뿐만 아니라 정책분석이나 정책평가에 대한 관심도 증대되고 있다.

8. 교육법

법규 해석적 개념에서 나타나는 바와 같이, 교육의 법적 측면은 교육정책 및 교육행정과 밀접한 관련을 맺고 있는 또 다른 중요 영역이다. 교육정책을 법으로 만들어 교육정책이 손에 잡히게끔 다듬어져서 교육제도가 되며, 법에 의해 강제성을 띠는 공권력을 갖게 되는 것이다. 우리나라에는 두터운 교육법전에 나와 있는 것만 해도 「헌법」, 「교육기본법」에서 시작하여 「초 · 중등교육법」, 「고등교육법」, 「평생 교육법」, 「교육공무원법」 등 각종 법과 시행령 및 규칙이나 규정 등이 있다.

헌법재판소가 위헌 판결한 바 있는 교원 임용고사에서의 국립 사범대학 졸업생 우선 임용이나 각종 가산점제도와 같은 예는 교육의 법적 측면이 교육행정 현상에 직접적인 영향을 끼치고 있음을 보여 준다. 따라서 교육행정가는 교원 · 학생 · 학부모의 권리와 의무 및 각종 교육제도와 정책에 대한 법적 이해와 해석은 물론이고 법치행정의 원리에 대해 잘 인지하고 있어야 한다.

9. 교육정치학

교육정책의 수립과 집행 과정에서 그리고 교육조직의 안팎에서 하나의 현상으로 존재하고 있는 권력관계와 정치적 영향력의 행사 문제를 탐구한다. 교육행정학을 다루는 많은 교재에서 교육정책의 형성 또는 교육정책 결정 모형의 관점 중 하나로서 정치적 관점을 설명하고 있는 것이 대부분이나 학계에서는 교육정치학회를 구성하여 교육의 정치적 현상에 대한 이론과 실제에 대해 연구하고 있다.

우리나라에서 교육정치학에 대한 관심은 1990년대 중반 이후 나타나기 시작하였으며, 아직은 교육 주체들의 권력관계나 권한 행사 등을 파악하기 어려운 문화적 여건 때문에 연구방법론상 한계가 있는 것이 사실이나 최근에 들어와서 관심이 증대되고 있는 분야다.

Chapter 10 교사론

1. 교직의 특성
2. 교사의 자질
3. 교사의 성장

Chapter
10.

교사론

교육 목표

- 교직의 특성에 대해 이해하고 설명할 수 있다.
- 교직관에 대해 이해하고 설명할 수 있다.
- 교사의 역할에 대해 이해하고 설명할 수 있다.
- 교사의 자질과 중요성에 대해 설명할 수 있다.
- 교사의 성장에 대해 이해하고 설명할 수 있다.

1. 교직의 특성

교직은 인간을 대상으로 하는 직업이며, 인간은 그 어떤 이론으로도 완벽한 설명과 이해가 불가능할 정도로 오묘하고 복잡한 존재다. 교사는 단순한 지식 전달뿐만 아니라 학습자의 전인적 성장을 중요시하므로, 그 책임이 크고 막중하다. 교사는 학습자의 무한한 성장 가능성을 신뢰하고, 독립적 인격체로서의 개성과 권리를 존중하며, 저마다의 잠재력을 충분히 발휘할 수 있도록 도와주는 사람이다. 교사는 학습자의 영혼과 정신을 다루며, 참다운 인간으로 성장시키기 위하여 인격을 형성시켜 주는 역할을 하므로, 교사에게 기대하는 도덕적 가치 또한 높다.

교사는 전문가이며 교직은 전문직이다. 교사는 인간을 인간답게 살아갈 수 있도록 교육하는 전문가다. 교사는 학생에게 새로운 행동을 형성하도록 돕고, 학생의 행동을 바람직한 방향으로 이끌어 주는 전문가다. 이와 같이 인간의 행동을 올바른 방향으로 바꾸어 주는 일을 교육이라고 한다면 교사는 교육 전문가이며, 교직은 교육 전문직이다. 교사는 가르치는 대상이 어떠한 수준에 있든 가르치는 행위를 중심으로 전문성을 띤다.

각 사회마다 전문직을 규정짓는 조건은 다양하겠지만, 일반적으로 다음과 같은 특성에 동의한다(박은혜, 2004).

첫째, 전문직은 전문화된 지식과 이를 소화할 수 있는 지적인 능력을 요구한다. 둘째, 전문직은 그 직업 종사자에게 자격증을 요구한다. 셋째, 전문직은 종사자들의 자율성을 최대한 요구한다. 넷째, 전문직은 그에 상응하는 사회적 지위와 경제적 보상을 요구한다. 다섯째, 전문직은 고유의 윤리강령을 가지고 있다. 여섯째, 전문직은 자신들의 권익을 보호할 수 있는 단체를 구성한다.

교직의 특성을 전문직의 조건에 비추어 보았을 때, 교직이 전문직인가에 대한 상반된 견해가 표출되기도 한다. 전문화된 지식은 그 직업에 종사하는 사람들만이 배타적으로 공유하는 것이어서 외부인들이 이해하기 어려운 특성을 가지고 있지만, '교육'의 문제에서만큼은 일반인이 얼마든지 교육적 지식을 공유하고 있음을 생각하기 때문이다. 교사를 양성하는 기간은 변호사나 의사 등 다른 전문직에서 요구되는 것보다 짧기 때문에 '반전문직'이라는 견해도 있다.

어떤 의미에서 교사는 상당한 자율성을 가지면서도, 교육활동에 대한 높은 수준의 공적 검증을 받게 되므로 제한된 자율성이 있다고도 본다. 전문가로서 교사에 대해 갖는 대중의 신뢰 수준 또한 다양하다. 교사가 하는 일에 대단한 확신을 가지고 상당한 권한을 부여하는 반면, 기대에 못 미치는 교사의 무능과 비도덕성 등을 이유로 교육의 책임을 고스란히 교사에게 지우기도 한다.

그럼에도 불구하고 예비 교사들은 교직이 전문직이라는 인식을 갖고 각자 전문성을 심화하며, 인정받는 유능한 교사가 되기를 바라는 것이 바람직하다. 교직의 전문화를 위하여 개인적으로 어떠한 노력이 필요한가? 우선 예비 교사들은 고등학교에서 해왔던 것처럼 수동적 방식으로 공부하는 것에서 벗어나 능동적 방식으로 공부하는 태도를 가져야 한다.

교사의 전문성 향상을 위하여 고등학교에서 쏟았던 땀과 노력의 수준 이상으로 애정과 정성을 기울이되, 자신이 알고 싶으며 풀어야 할 과제를 스스로 정해서 적극적으로 해결해 나가는 방향으로 공부해야 한다. 또한, 공부과정을 통해 얻은 경험과 지식이 어떻게 교육현장에 적용될 수 있는지 연결고리를 찾아 나가야 이론과 실제의 괴리감을 줄일 수 있다.

대학 재학 중 공동체 경험으로는 자신이 잘하는 활동이나 하고 싶은 활동에 대해 같은 취향과 관심을 가진 친구 · 후배 · 선배와 함께 자발적 동아리 활동이나 전공심화 활동을 통해 꾸준히 발전시켜 나가면 좋다. 대학에서 자신의 능력과 흥미를 살린 한 두 가지 활동을 즐겁고 자연스럽게 하다 보면 자연스럽게 선후배 간의 유대감이 형성되어 현장실습이나 교사생활을 할 때 서로 돕고 의지할 수 있는 전문가 집단이 자연스럽게 형성될 것이다.

각자가 한 두 가지의 전문성을 살림으로써 현장에서 각자 할 수 있는 영역을 나눠서 감당하는 팀 티칭을 실현한다면 서로의 영역을 활성화 할 수 있을 뿐만 아니라 서로의 역량을 확대시켜 나갈 수 있을 것이다. 교육 현장에서 교사가 할 수 있는 일은 무엇인가? 이론을 실천하면서 경험을 통한 실천적 지식의 영역을 확장하고, 계속해서 자신의 전문성을 높여야 한다. 실천적 지식을 형성한다는 것은 교사가 문제 상황에 직면했을 때 이를 해결하기 위하여 강의나 책을 통해서 배운 이론이나 지식, 또는 다른 사람에게서 배운 교수 기술이나 방법 등을 참조하되, 교사 자신의 직 · 간접적인 현장 경험을 토대로 당면한 문제를 해결하기 위한 적절한 방안을 새롭게 창출해 내는 것을 의미한다.

교육 현장에서 일어나는 많은 문제들을 해결하기 위한 유일한 답은 없다. 그때그때의 상황에서 적용 가능한 지식과 기술을 최대한 동원하여 가장 적절하다고 생각되는 해결책을 찾아 실행해 보고, 자신의 판단에 대한 끊임없는 재평가 과정을 거쳐 기존의 이론을 새롭게 재구성할 수 있을 뿐이다.

교사의 전문성은 직전교육을 통하여 그 기초가 형성되지만, 이후에도 현직교육을 통한 끊임없는 자기반성을 통해 계속해서 신장되어 간다. 교사가 자신의 직무에 대한 전문적 능력을 향상시킬 수 있도록 정부나 학교에서 제공한 교육의 기회나 개인이 자발적으로 찾아서 경험하는 교육활동을 포함하는 현직교육은 직전교육에서 부족했던 점을 보완하고, 사회변화에 따라 새로이 요구되는 지식과 기능 및 태도를 습득하며, 새로운 가치를 추구하고 연구하는 데 있어서 매우 중요하다. 교사는 현직교육을 통해 끊임없이 배움의 과정을 경험하게 되고, 경력교사로 성장할 뿐만 아니라 개인적 역량을 강화할 수 있게 된다.

교직은 학습자에 대한 이해심 있는 애정과 지도 사이에 균형을 유지해야 한다. 이해심 있는 애정이란 개별 학생을 학습능력이라는 측면에서만 보는 것이 아니라 무엇보다 사람으로 볼 줄 알아야 한다는 것이다. 교사로서 지도한다는 것은 가치관을 대변하고, 목표를 정하고, 학생들에게 요구하고, 이같은 요구들을 옹호하며 비판도 하고, 학생들을 비판하면서도 용기를 북돋아 주고, 노력하는 학생들을 지원해 주는 과제를 성실히 수행하는 것이다. 이해심 있는 애정과 지도의 조화로운 균형은 학생들을 학생이기 이전에 사람으로 대할 줄 알 뿐만 아니라, 스스로를 교사이기 이전에 사람으로 인지할 줄 아는 것에서 출발한다Bauer, 2009.

표 9-1 신임교사 자격과 전문성 향상을 위한 원칙(Eggen & Kauchak, 2006, 38-39.)

원 칙	내 용
1. 교과 지식	교사는 자신이 가르치는 교과의 구조와 중요 개념, 탐구 방법 등을 이해하고 있어야 하며, 교과 내용을 학생들이 의미 있게 이해할 수 있도록 학습 활동을 창조해 낼 수 있어야 한다.
2. 학습과 인간 발달	교사는 학생들의 학습과 발달과정에 대해 이해하고 있어야 하며, 학생들의 지적 · 사회적 · 성격적 발달을 촉진할 수 있는 학습 기회를 제공할 수 있어야 한다.
3. 적응적 교수활동	교사는 학생들의 학습 방법과 관련된 개인차를 이해하고 있어야 하며, 학습자의 다양한 학습 방법에 적합한 교수 방법들을 개발할 수 있어야 한다.
4. 교수전략	교사는 학생들의 비판적 사고, 문제 해결력, 과제수행능력을 향상시키기 위해 효과적으로 활용될 수 있는 교수전략들을 이해하고 있어야 하며, 또한 실제 수업 장면에서 이를 활용할 수 있어야 한다.
5. 동기와 학급관리	교사는 학생들의 긍정적인 상호 작용, 적극적인 수업참여, 동기화를 촉진할 수 있는 학습 환경을 만들어내기 위해 개인 수준과 집단 수준에서 나타나는 학습동기에 대해 이해하고 있어야 하며 또한, 실제 수업 장면에서 이를 활용할 수 있어야 한다.
6. 의사소통 기술	교사는 교실에서 학생들이 적극적으로 질문하고 협력하며 지지적으로 상호 작용할 수 있는 효과적인 언어적, 비언어적 의사소통 방법과 매체를 이용한 의사소통 기법을 이해하고 이를 활용할 수 있어야 한다.
7. 계획	교사는 교과 내용, 학생, 지역사회 요구, 교육 목표에 대한 자신의 지식을 기반으로 구체적인 교수 계획을 세울 수 있어야 한다.
8. 평가	교사는 학생들의 계속적인 지적, 정의적 성장을 평가하고 이를 통해 학생들의 성장을 지속시키기 위한 구체적인 공식적, 비공식적 평가전략들을 알고 있어야 하며 또한, 실제 수업 장면에서 이를 활용할 수 있어야 한다.
9. 헌신	교사는 학교공동체에 속해 있는 학생, 학부모, 다른 교사들에게 자신이 미치는 영향을 계속적으로 평가하는 반성적 실천가여야 하며, 스스로 전문가로서 성장해 갈 수 있는 기회를 적극적으로 찾아가는 일을 수행해야 한다.
10. 협력 관계	교사는 학생들의 학습 활동과 복지를 향상시키기 위해 다른 동료교사, 학부모, 지역사회 단체와 협력적 관계를 유지하고 발전시켜 나갈 수 있어야 한다.

2. 교사의 자질

교사의 자질이란 교사가 갖추어야 할 개인적 특성 및 교직관련 태도를 의미한다. 즉, 교사의 지적 · 정서적 · 사회적 · 신체적인 개인적 특성과 교직에 관련된 특정한 태도와 교직수행능력을 의미한다. 그렇다면 과연 훌륭한 교사의 자질에 관한 실제적인 내용은 무엇이며, 어떤 기준에 의해 내용이 결정되고 평가되는 것일까? 교사의 자질에 대한 규정은 정확하고 만족스럽게 하나로 정의할 수 없으며, 표준화하기란 더욱 어렵다. 도덕에 바탕을 둔 지식기반사회가 요구하는 교사는 교과에 정통하며, 인간애와 교육애를 겸비한 전문인이 되어야 한다.

1. 교과에 정통한 교사

먼저 훌륭한 교사는 자신이 가르치는 교과를 잘 알고 있어야 한다. 가르침은 배움과 분리되지 않는다. 훌륭한 교사는 매년, 아니 가능하다면 매달 또는 매주 자신의 교과와 관련해서 더 많은 것을 습득하고자 한다. 우주만물에 변하지 않는 법칙이 존재하듯, 교사는 수업을 운영하는 법칙의 주체이다. 교사가 되기 위한 모든 자격 요건들을 갖출 수 있다면 이 교사는 하나의 모델이요, 불가능한 탁월함의 완벽한 총체라고 할 수 있다. 그 중에서도 교사는 자기가 가르치고자 하는 것에 대해 잘 알고 있어야 한다. 아는 게 없이는 가르치지 못한다는 말은 너무 명백한 사실이자 기본적인 교사의 법칙이다. '안다'는 것은 교사의 법칙에서 중심 위치를 차지한다. '지식'은 교사의 작업 자료이며, 왜 이런 법칙이 성립하는지 그 첫 번째 이유는 지식의 본질 속에서 찾아야 한다.

왜 교사는 교과의 기본 요소를 익히는 데서 그치지 않고 교과와 관련된 최신 정보에 지속적으로 관심을 기울여야 하는가? 어차피 학생들에게 가르쳐야 할 분량이나 수준은 한정되어 있을 텐데 말이다. 첫째, 좀 더 높은 차원의 지식을 모르고서는 교과의 기본적인 지식조차 온전히 이해한다고 보기 어려운 탓이다. 100을 알아야 1을 가르칠 수 있다.

둘째, 인간의 수용력은 무한하기 때문이다. 학습자가 얼마만큼의 지식을 원하는지, 얼마만큼의 지식을 받아들일 수 있는지에 대해서는 짐작하기 어렵다. 상위 단계나 좀 더 깊은 측면에 대해 학생들이 물어올 법한 질문에 준비되지 않은 채로 교과의 기본만 가르쳐서는 곤란하다.

훌륭한 교사는 교과에 정통할 뿐만 아니라 교과를 사랑해야 한다. 담당교과를 잘 알기 위해 그 교과를 끊임없이 배워야 한다는 것을 뜻한다. 자신이 가르쳐야 할 교과를 진정으로 사랑한다면 다소 피곤할 때에도 가르치는 일이 그다지 버겁지 않다. 기분이 좋을 때라면 가르치는 일이 더할 나위 없이 즐거울 것이다. 학생들은 교사의 전지전능함을 원하는 것이 아니다. 그것은 가능하지 않은 기대라는 것을 잘 알고 있으며, 교사의 진지함과 진정성 있는 가르침을 원할 뿐이다.

우리가 인간 경험을 습득하는 데에는 여러 단계가 있는데, 이 단계들은 다음과 같은 특징을 갖는다. ① 어렴풋하게 인지한다. ② 자기가 배운 것을 혼자의 힘으로 생각해 낼 수 있다. 혹은 대체적인 방식으로 남에게 설명할 수 있다. ③ 그것을 즉각 설명하고 증명하고 예증하며 적용할 능력이 있다. ④ 진리를 알고 그 진가를 인정하되, 그 진리의 중요성을 좀 더 깊이 있게 파악하고 좀 더 광범위한 상관관계 안에서 그 진리를 볼 줄 아는 정도가 되어서 그 중요성이 지니는 힘으로써 그 진리에 근거하여 행동한다. 그리고 그 진리에 의해 자기 행동을 수정한다.

불완전한 앎은 불완전한 가르침으로 나타나기 마련이다. 사람은 자기가 모르는 것을 잘 가르칠 수 없다. 하지만 교사의 법칙은 가르침의 여러 법칙 중 하나일 뿐이고, 실패는 이 법칙을 소홀히 하는 데서도 올 수 있고 다른 조건들을 거스르는 데에서 올 수도 있다. 하지만 가르쳐야 할 내용에 대한 지식이 불충분한 경우, 그 교사의 가르침은 학생을 바로 세우지 못하는 불완전한 가르침이 될 것이다. 만약에 교사가 자신이 가르쳐야 할 지식을 철저하게 마스터하여 완전히 자기 것으로 만들 수 있다면, 교사의 모든 능력도 더욱 기운차게 행동할 수 있도록 영향을 줄 것이다.

자신이 어떻게 수업을 해야 하는지 잘 알고 있는 교사는 가르치면서도 학생들이 어느 정도 노력하는지 관찰할 수 있고, 그들의 생각이 흘러가는 흐름을 손쉽게 파악하고 방향을 잡아서 지도해 줄 수 있다. 그 교사는 학생들이 맨 처음 어렴풋이 알게 되는 과정을 즉각 알아차릴 수 있고, 그 양상을 해석할 수 있다. 그리하여 인식의 진전과정을 방해하는 장애물을 치워줄 수 있고, 학생들을 거들어 주고 격려해 줄 수도 있다.

교사가 언제라도 꺼내어서 사용할 수 있는 명백한 지식을 갖추고 있으면, 이는 학생들이 필요로 하는 자신감을 심어 줄 수도 있다. 탐험을 할 때 우리가 가고자 하는 길에 대해 철저한 지식을 갖고 있는 가이드가 있으면 우리는 기대감과 기쁨으로 그 가이드를 따르지만, 리더가 무지하고 무능할 때에는 흥미도 없이 마지못해 그를 따른다. 어린아이들은 자기가 믿지 못하는 사람에게는 배우려고 하지 않는다.

마찬가지로 잘 준비된 교사는 학생들의 마음 속에 더 공부하고자 하는 능동적 소원을 일깨워 준다. 엄청난 지식이 있으나 학생들에게 영감을 불어넣어 줄 수 있는 능력이 부족한 교사라면 이는 성공적인 수업에 치명적인 영향을 끼친다. 특히, 학생들이 어릴수록 더욱 부정적인 영향을 받게 될 것이다. 지식의 양은 유한하지만 학생들을 자극시킬 수 있는 교사는 많은 지식을 가지고 있으나 학생들의 삶을 변화시킬 수 없는 교사보다 더 나을 수도 있다.

2. 인격적 소양을 갖춘 교사

교육에서 교사의 인격은 중요한 의미를 지닌다. 좋은 교육은 훌륭한 인격을 갖춘 교사를 통해 이루어지며, 무엇보다도 교육은 교사와 학생의 인격적 접촉으로 이루어지기 때문이다. 교사의 인격 밑바탕에는 건강한 신체와 건강한 정신이 있어야 한다. 건강한 정신을 갖춘 교사는 진실한 참사람이어야 하며, 순수하고 개방적이며 정직해야 한다. 교사는 학생 하나하나를 나름의 가치와 권리를 가진 고유한 인간으로 싶이 사랑하고 존중해야 한다. 이와 같은 교사의 인간애를 토대로 교사-학생 관계에 신뢰가 형성되고, 학생들은 안전하고 자유롭게 자아를 탐색할 수 있다. 또한, 교사는 교육에 대한 긍지와 사명감을 가지고 교육활동에 헌신할 수 있어야 한다.

(1) 교사의 열린 마음

열린 마음open minded은 교사로서 끊임없이 성장하기 위한 가능성을 실현하기 위한 전제이다. 열린 마음가짐이란 여러 가지 가능성을 적극적으로 고려하려는 태도이다. 상황이나 문제가 생긴 이유를 여러 가지 각도에서 살펴보고 가능한 모든 대안에 대하여 충분히 검토하며 자신이 가장 확실하게 믿었던 신념들조차도 틀린 것일 수 있다는 가능성을 인정하는 것이다. 열린 마음을 가지고 있는 교사들은 지금까지 당연하고 옳다고 믿어 왔던 교육적 활동에 깔려 있는 신념들을 끊임없이 검토하게 된다. 때론 수렴적 사고convergent thinking로 하나의 올바른 답을 찾아야 할 때도 있지만, 확산적 사고divergent thinking로 유연하게 대처해 나가야 하는 상황이 보다 일반적이다. 만약에 교사의 마음이 닫혀 있는 상태라면 확산적 사고를 하는 학생들은 교사에게 눈엣가시 같은 존재가 되기 십상이다.

열린 마음을 가진 교사는 자신이 창조적일 뿐만 아니라 학생들을 창조적인 사람으로 변화시킬 수 있다. 마음이 닫혀 있는 교사는 문제 상황에서 자신에게 잠재되어 있는 창조적 능력을 충분히 사용할 수가 없다.

창조적인 사람들의 특징들을 살펴보면 다음과 같다. ① 낙관적이고 신뢰할 줄 안다. ② 모호함과 불확실성을 수용할 줄 안다. ③ 관심이 넓다. ④ 유연성을 가지고 있다. ⑤ 복잡한 것을 잘 견뎌 낸다. ⑥ 말이 유창하다. ⑦ 호기심이 많다. ⑧ 추진력과 지구력이 있다. ⑨ 독립적이다. ⑩ 잘 동조하지 않고 적절한 모험을 추구한다. 창의적 능력을 억압하는 핵심적 요인은 두려움과 불안, 고정된 습관, 권위에 대한 의존성, 완벽주의 등이다.

가르치는 활동은 수많은 의사결정을 포함하며, 이들 의사결정의 대부분은 단순한 규칙들로 환원되지 않는 것들이다. 교사는 자신이 내린 결정이 타당하고 현명한 것이라는 사실을 어떻게 알 수 있을까? 이 질문은 상당히 답하기 어려운 질문이다. 왜냐하면 교사들은 자신이 수행한 일의 효과성에 대해 거의 피드백을 받지 못하기 때문이다. 일 년에 한 두 번 정도의 연구수업을 통해 동료 교사나 학교 행정가들로부터 피드백을 받으며, 학부모나 학생들로부터는 불분명한 피드백을 받을 뿐이다. 따라서 교사는 먼저 교사 스스로 자신의 행동에 대해 비판적으로 조사하고자 하는 열린 마음을 가질 필요가 있다. 변화에 대해 열린 마음은 반성적 사고와 함께 교사를 보다 큰 세계로 이끌 것이다.

세상에 대해 마음의 문을 활짝 열어 더 넓은 세계를 받아들이고, 큰 꿈을 키워 나가야 할 학생들을 가르치는 교사가 열린 마음을 소유할 때 교육 현장은 새로워질 수 있다. 열린 마음의 교류 속에서 성장과 변화를 기대할 수 있으며, 교사의 삶뿐만 아니라 학생들의 삶의 질이 달라질 수 있다. 교육환경이 아무리 열린 교육을 실행하기 위해 완벽하게 준비되어 있다고 하더라도 교사가 닫힌 사고와 마음을 갖는 경우에는 결코 성공할 수 없다. 특히, 지식의 절대성이 줄어들고 탈가치화 현상이 부각되는 21C 지식기반사회에서는 기존의 지식을 새롭게 구성하고 창출하여 자기만의 지식 체계를 구축해 나가야만 하는 지식의 생산자가 되어야 하기 때문에, 변화에 대해 열린 마음을 갖는 것뿐만 아니라 지금까지 당연하게 생각해 왔던 믿음 · 지식 · 관습 · 제도 등에 대하여 새로운 관점에서 사고할 수 있는 힘을 길러야 한다.

인생을 살아가면서 나는 한 가지 분명한 사실을 알게 되었다. 그것은 열린 마음을 잃지 않는 것보다 중요한 것은 없다는 것이다. 열린 마음이야말로 사람들에게 가장 중요한 재산이다.

– 마틴 부버 Martin Buber –

(2) 교사의 사랑

교육은 만남을 전제로 하는 특별한 활동이므로 교사는 먼저 학생들과 특별한 교육적 관계를 형성해야 한다. 관계 형성을 위한 교사의 기본적 자질은 학생에 대한 깊은 애정과 관심 및 돌봄이다. 골드슈타인Goldstein 2001은 교사의 사랑을 '3Cs+P'로 설명하고 있다. 즉, 사랑이란 돌봄Care, 관심Care, 관계Connection와 열정Passion의 결합으로 본 것이다. 교사는 학생들에게 관심을 기울이며 그들이 무엇을 필요로 하는지를 파악하여 돌봄으로써 특별한 관계를 형성하게 되고, 이 관계는 열정이라는 요소로 활기를 띠며, 상호작용이 촉진되고, 교육에 최선의 노력을 기울이게끔 이끈다.

교사로서의 사랑은 학생을 사랑하려는 결정이 잘 가르치기 위한 열정과 결합될 때 일어나는 것이다. 이 사랑은 부모-자녀 간의 애착과 마찬가지로 사랑을 주려는 교사와 사랑을 흔쾌히 받아들이는 학생 간의 안정된 관계가 형성될 때 더욱 풍부해지고 교육의 제반 현상에 긍정적 영향을 미친다. 교사의 사랑은 학생과의 신뢰와 친밀감을 돈독히 하며, 학생은 교사와의 인격적 만남과 사랑받은 경험을 토대로 인생의 방향 정립과 가치관 형성에 영향을 받는다. 교사로서의 사랑은 노력에 의해 가능하며, 사랑으로 가르치는 교수 경험에 의해 더욱 발전시켜 나갈 수 있다.

교사로서의 사랑은 한 명의 교사가 다수의 학생들을 사랑하는 '다각형의 사랑'으로 간주되지만, 사랑을 받아들이는 학생의 입장에서는 1:1의 특별한 사랑으로 인식될 수 있다. 그 사랑으로 학생들은 알게 모르게 성장하는 것이다.

교사와 학생의 만남은 짧은 기간 동안의 일시적 만남이지만, 어떠한 관계를 맺고 영향을 주고 받았는지에 따라 학생의 일생을 좌우할 수도 있는 중요한 변인이 된다. 서로 가르치고 배우며 인생여정을 함께하는 사제동행을 하기 위해서 학생을 사랑할 줄 아는 교사의 자질은 중요하다고 하겠다.

교사는 많지만 스승은 없다고 한탄하는 작금의 세태이지만, 지금도 어느 하늘 아래서는 학생의 마음에 특별한 사랑을 심고, 사랑으로 학생의 삶을 변화시키기를 희망하는 스승들이 있다고 신뢰하며 교육에 희망을 걸어야 할 것이다. 인생에서 진정으로 따르고 싶은 스승 한 명을 만난 학생의 삶은 많은 시행착오와 실패 가운데서도 용기를 되찾으며, 교사로부터 받은 사랑과 신뢰를 바탕으로 또다시 도전할 수 있을 것이다.

학습, 학생, 인간이 되어 가는 과정에서 사랑이 존재한다. 가르치는 것은 신뢰 및 존경과 관련될 뿐만 아니라 학생과 교사 사이의 친밀하고 특별한 관계에 의존하기 때문에 사랑에 관한 것이다. 교사들의 일과 바쁜 삶 속에서 사랑을 연습할 시간은 매우 소중하다. 교사 자신의 가르침이 학생들의 삶을 변화시킬 수 있을 것이라는 명확한 목표와 열정 및 희망은 좋은 가르침의 핵심이 되기 때문에 자신이 학생들을 어떻게 사랑하고 있는지 반성적 시각에서 재검토해 보는 것은 매우 중요하다. 교사는 가르침에 필수적인 사랑 · 배려 · 존중을 연습하고, 학생들이 따르고 싶을 정도로 매력적인 본보기로서 학급의 분위기를 인간적이고 서로의 성장에 도움이 되는 방향으로 만들어 나가야 할 것이다.

(3) 교사의 헌신과 사명감

헌신은 교사의 삶에 중요한 부분이다. 학생들과 교과목에 대한 헌신은 교사 책임의 기본적인 부분이어야 한다. 교사는 가르치는 일과 그에 대한 준비에 대한 시간, 노력, 자원을 헌신한다. 교사들은 또한 자신의 학생들에게 헌신해야 한다. 교사생활에 대한 윤리적이고 도덕적인 차원들은 '교육하는 교사', 즉 '자신의 일이 전체 삶과 연결되는 교사'와 '가르치는 교사' 즉 '가르치는 것이 천직이라기보다는 직업으로 생각하는 교사'를 구별한다. '교육하는 교사'에게 있어서 학생에 대한 사랑, 감정적 개입, 보호하기, 비판적 사고는 가르침의 필수적인 보완 요소들이다. 교직에 대한 사명감이 있는 교사는 자신의 일에 최선을 다할 준비가 되어 있으며, 가르치는 것을 통해 내적 감사가 충만해지고, 삶의 목적을 찾게 된다.

데이비드 핸슨David Hansen은 교실에서 가르치는 일을 '학생의 정신과 영혼을 연마하는' 것과 관련지으며 소명, 그리고 도덕적 · 개인적 헌신으로 인식한다Day, 2007. 가르치는 것은 인간으로서 쇠퇴보다 진보하도록 하고, 외모나 능력 안에 갇히지 않고 성장하도록 하는 태도 · 성향 · 이해 등을 격려하거나 지원하는 계속적인 활동이다.

다른 모든 조건이 똑같다고 할 때 소명감을 가진 사람은 직업으로서 그것을 대하는 사람보다 훨씬 더 교사의 역할에 몰입한다. 소명감을 가진 교사들은 학생들에게 좀더 넓고 역동적인 지적 · 도덕적인 영향력을 발휘한다. 가르침에 대한 소명은 그것을 제공하는 사람에게도 개인적인 충만함을 제공하는 공적 서비스이다.

교사가 지녀야 할 자세에 관해 코메니우스J. A. Comenius는 "이러한 교사들이 성공적으로 영향을 끼치기 위해서는 자신의 직업에 대한 과제와 목표를 인식하고 있어야 하며, 그것에 유용한 방법론을 가지고 있어야 하고, 그 방법론의 풍성함을 완전히 유지하고 있어야 한다."라고 기술하고 있다. 교사가 꼭 소유해야 할 남다른 사명감은 인간이 그 동안 잃어버렸던 하나님의 형상으로 인간을 인도하는 것이며, 선을 선택하며 악을 버릴 수 있는 자유의지를 회복하는 데 있다. 그렇게 하기 위해서는 진리가 무엇인지를 알아야 하며, 선을 소망해야 하고, 무가치한 것과 가치 있는 것을 구별하여 필수적인 행동을 하는 법을 배워야 한다고 하였다(이상욱, 2006).

3. 교사의 성장

하나의 생명이 잉태되어 엄마 뱃속에서 10개월을 보내고 세상에 태어나서 인생의 발달 단계를 거치며 성장하고 쇠하듯, 한 명의 교사 또한 교사가 되기 위한 준비에서부터 교직 입문과 성장, 그리고 쇠퇴기를 거치게 되어 있다. 대학에서 좋은 교사가 되기 위한 준비를 하고 교직에 입문하게 되면 이론적으로 배워 왔던 지식들을 현장에 적용하면서 교사로서 뿌리를 내리게 된다. 초임 교사로서 일정 기간이 지나면 좀더 적극적으로 자신의 역할을 수행하기 위하여 노력하게 되고, 더 나은 교육자의 자질을 향상시켜 성공적인 교사로 성장하기를 원한다.

물론, 성장과정에서 좌절도 경험하고, 어떤 교사들은 자신이 하는 일에 익숙해져 더 이상 성장을 위해 노력하지 않는 안일한 태도를 취하기도 한다. 끊임없이 성장하는 교사가 될 것인가, 성장을 멈춘 교사가 될 것인가의 기로에서 많은 교사들은 고민하고, 성장과 후퇴를 반복하며 각기 다른 교사로서의 삶을 살아가게 된다.

교사로서 성장하기 위하여 추구해야 하는 방향은 교사의 리더십 확립과 리더십의 발휘다. 교사는 학급운영과 수업지도 및 생활지도 측면에서 학생들과 가장 가까운 곳에서 막강한 영향력을 미치는 리더라고 할 수 있다. 세계 각국은 교육적 변혁을 통하여 변화를 주도하고자 하며, 이러한 교육은 변혁적인 리더들에 의해서 가능하다는 신념을 갖고 있다. 그러므로 교사는 교육적 리더로서 지식활동을 통해 새로운 가치를 창조하고 자아를 실현해 나가야 한다.

리더로서의 교사는 팔로워로서의 학생들과 상호 성장하고 변화할 수 있는 관계 형성이 되어야 한다. 교사와 학생이 함께 있음으로 서로의 인격 깊숙한 곳에 자극과 감동과 변화가 수반되어야 한다. 학생은 교사의 가르침을 따라 가면서 새로운 비전을 보고, 자신에게 잠재된 능력이 마음껏 발휘되는 기쁨을 경험하고, 새롭게 발전해 나가는 자신을 경험할 수 있어야 하는 것이다. 따라서 교사는 학생들을 가르치기 위해 계속 배워야 하고, 좋은 리더가 되기 위해 평생 성실한 학생이 될 것을 결심해야 한다.

'성장 심리학자들'대부분 인본주의 심리학자은 인간은 과거와 생물학적 본성이나 환경적 여건을 훨씬 뛰어넘어 성장할 수 있으며, 또 성장해야 할 것을 강조하고 있다. 그들은 인간이 끊임없이 성장하고 풍요롭게 발전하면서 인간이 원하는 대로 충족될 수 있다는 가능성을 믿고 있다. 즉, 인간은 스스로를 인식하고 실현하기 위하여 그가 부여받은 잠재능력을 최대한으로 발휘하도록 노력하지 않으면 안 되고, '정상성normality'를 초월한 성장을 낙관해야 한다는 것이다. 성장 심리학자들의 이론으로 '성장하는 교사'의 모습을 전망해보면 다음과 같다Schultz, 2007.

1. 성숙한 교사(Allport의 모형)

성숙한 교사는 자아가 발달됨에 따라 자기뿐만 아니라 자기 이외의 것에 관심을 가진다. 이 관심은 어떤 것직업이나 어떤 사람학생과 단지 관계를 형성하는 것만으로 충분치 않다. 직접적이고 완전한 참여자가 되어야 한다. 올포트G. Allport는 이것을 '인간 능력의 중요한 국면에서의 자신의 진정한 참여'라고 명명했다. 다시 말하면, 교사에게 있어서 교직이란 자신에게 중요하고 적절해야만 하며, 의미가 있어야 한다. 자신이 중요하다고 믿기 때문에, 혹은 자신의 능력에 대한 도전으로 볼 수 있기 때문에, 혹은 최선을 다해 그 일을 해서 기분이 좋기 때문에 교직에 종사한다면 진정한 참여자가 된다. 그 활동은 수입의 근원보다 훨씬 더 많은 의미가 있으며, 다른 욕구들도 충족시키게 된다.

성숙한 교사는 부모, 자식, 배우자, 친구, 학생들에게 친밀감사랑을 표현할 수 있다. 친밀감의 능력을 만드는 것은 잘 발달된 자아감의 확장이다. 어떤 사람이 사랑하는 사람과 그의 복지에 대한 관심으로 진정한 참여를 나타낸다면 이것은 개개인의 복지만큼이나 중요하다. 친밀감은 잘 발달된 자아 정체감의 표현이다. 성숙하지 못한 교사는 사랑의 형성 관계에서 줄 수 있는 사랑보다 훨씬 많은 사랑을 받기를 요구하며, 그들이 사랑을 줄 때는 조건과 책임 때문에 주는 것이다. 성숙한 교사의 사랑은 무조건적이다. 또한, 성숙한 교사는 다른 사람의 행동을 판단하거나 비방하지 않고 관용을 베푼다. 인간은 모두 약점을 가지고 있다는 것을 알고, 인간의 나약성을 받아들인다.

성숙한 교사는 수동적으로 포기하지 않고 약점과 실패를 포함한 존재의 모든 양상들을 받아들이는 '자아 수용self-acceptance'의 모습을 보인다. 그렇기 때문에 자신의 정서를 조절하며, 다른 사람들의 정서 또한 받아들일 수 있다.

성숙한 교사는 정서적 안정감이 있으므로 '좌절에 대한 관용의 자세frustration tolerance'를 견지한다. 즉, 좌절에 포기하지 않고 오히려 똑같은 목표나 대치 목표에 도달하는 데 좌절을 감소시키는 다른 방법을 발견할 수 있다. 성숙한 교사는 '효능감sense of proportion'으로 생의 목표와 자아 위협에 대처하는 것을 배우고, 이런 스트레스가 항상 불행으로 연결되지 않는다는 것을 발견한다.

성숙한 교사는 다른 사람이나 상황을 현실적으로 지각할 뿐만 아니라 자기 자신에 대해서도 객관적으로 지각할 수 있다. 또한, 미래지향적이고 긴 안목의 목표와 계획을 가지고 끊임없이 추구하는 삶을 살아간다. 성숙한 교사는 과거 지향적이 아니라 미래 지향적이다. 즉, 장차 되고자 희망하는 모형을 향해 노력하는 것이지, 일단 이루어져서 다시는 변화되기 어려운 모형을 지향하는 것이 아니다.

미래는 의식적으로 의욕적으로 계획될 수 있으며, 과거에 집착하거나 현실에 안주하는 생활은 변화되기 어렵다. 설사 계획했던 목표가 달성되었다고 하더라도 또다시 새로운 목표를 수립할 수 있어야 한다. 성장을 이끄는 힘은 목표를 달성해 가는 과정이지 목표의 달성에 있는 것은 아니며, 성공을 향해 노력하는 것이지 성공 그 자체는 아니다.

2. 충분히 기능을 발휘하는 교사(Rogers의 모형)

충분히 기능을 발휘하는 교사는 모든 감정과 태도를 경험하는 데 자유로울 만큼 경험에 개방되어 있다. 위협받는 것이 없으므로 방어해야 할 것도 없다. 이러한 교사는 삶이 제공하는 경험을 수용할 뿐만 아니라, 지각과 경험의 새로운 길을 열기 위해 활용하는 데도 융통성이 있다. 자아 구조가 새로운 경험에 항상 개방되어 있으므로 적응력이 있다. 이러한 성격에는 완고함이나 예언성이 없다.

이런 사람은 "내가 다음 순간에 어떻게 될지, 무엇을 할는지 등은 그 순간에 또 성장하므로 나 자신에 의해서든지 타인에 의해서든지 미리 예언할 수가 없다."라고 말한다. 지금-여기에 충실한 실존적 삶을 살아가고 있기 때문에, 순간마다 일어나는 모든 일에 개방되어 있고, 그 경험은 다음 순간의 경험에 쉽게 반응할 수 있는 구조를 형성한다.

충분히 기능을 발휘하는 교사는 자신이 옳다고 느껴지는 방식으로 행동하는 것이 행동 과정을 결정하는 데 가장 신뢰할 만한 지침으로 삼는다. 다만, 어떠한 결정을 내려야 할 상황에서 경험에 대해 완전히 개방되어 있으므로 유용한 모든 정보에 접근한다. 이 정보란 개인의 욕구, 적절한 사회적 욕구, 비슷한 과거 상황의 기억, 현 상태의 지각이 모두 포함된다. 이성적이거나 지적인 근거에 의해서만 움직이는 사람은 결정에 이르는 과정에서 정서적인 요소를 무시하기 때문에 어떤 의미에서 불리한 입장에 있다.

유기체의 모든 면, 즉 지적 능력뿐만 아니라 의식 · 무의식 · 정서까지도 당면한 문제라는 관점에서 분석해야 한다. 결정에 이르는 데 사용한 자료가 정확하고, 자신의 전체가 결정 과정에 참여하고 있기 때문에, 자신을 신뢰하듯 자신의 결정도 신뢰할 수 있는 것이다.

충분히 기능을 발휘하는 교사는 선택이나 행동에 자유로움을 경험한다. 즉, 억제나 금지 없이 생각과 행동 과정의 대안들 사이에서 자유롭게 선택할 수 있다. 그뿐만 아니라 삶에 대한 개인적인 지배감을 즐기며, 일시적 생각이나 주변 환경 및 과거 사건들에 의해 미래가 정해지는 것이 아니라 자기 자신에 의해 좌우된다고 확신한다. 이런 자유와 지배감 때문에 살아가면서 많은 선택권을 가지게 되고, 자신이 원하는 것을 할 수 있다고 느낀다. 또한, 충분히 기능을 발휘하는 교사는 고도로 창조적이다.

모든 경험에 대해 개방을 하고, 자신의 유기체성을 신뢰하며, 결정이나 행동에 융통성이 있는 사람은 자기 실존의 모든 영역에서 독창적 사고력과 창조적 삶으로 스스로를 표현한다. 그들은 자기 행동에 자발적이며 자기를 둘러싼 풍요로운 삶의 작용에 반응하여 변화하고 성장하고 발달한다.

3. 자아를 실현하는 교사(Maslow의 모형)

자아를 실현하는 교사는 주변 세계에 있는 물체와 사람을 객관적으로 지각한다. 그들은 세계를 자기들이 원하거나 필요한 방식으로 주시하는 것이 아니라 있는 그대로 본다. 지각의 이러한 객관성으로 말미암아 타인에 대해 정확히 판단할 수 있으며 속임수와 부정직을 재빨리 탐지할 수 있다. 이 정확성은 삶의 다른 측면들, 즉 미술이나 음악뿐만 아니라 지적 · 정치적 혹은 과학적 관심에까지 확대된다. 그들은 자신의 판단과 지각에만 의존하며 편견이나 선입관이 없다.

만약에 세계를 자기 주관에 맞추어 지각한다면 세계와 타인들과 상호 관계를 효율적으로 맺어나갈 수 없다. 객관적으로 현실을 반영할 수 있을 때 논리적으로 생각하여 올바른 결론에 도달하는 지적인 능률을 올릴 수 있는 능력이 발휘된다.

자아를 실현하는 교사는 약점과 장점을 포함하여 자기 자신을 불평이나 걱정 없이 받아들인다. 혹 약점이나 결함이 있더라도 그것에 대해 부끄럽게 생각하거나 죄책감을 느끼지 않는다. 자기의 본성을 있는 그대로 받아들이는 것이다.

자기의 본성에 대해 대단히 수용적이므로 자신을 왜곡시키거나 변조할 필요가 없다. 일반적으로 그들은 자신뿐만 아니라 아는 사람들의 결점에 그리고 사실상 인류 전체의 결점에 대해서도 똑같이 관대하다. 따라서 삶의 모든 측면에서 가식 없이 솔직하고 직접적인 방식으로 행동한다. 정서를 숨기지 않고 정직하게 나타낸다. 간단히 말해 그들은 자연스럽게 행동한다. 그것이 자기의 본성에 따르는 것이다.

자아를 실현하는 교사는 자기의 일을 사랑하고, 그 일이 자기에게 자연스럽게 맞는다는 것을 느낀다. 매슬로A. M. Maslow는 일과 사람을 열쇠와 자물쇠처럼 꼭 들어맞는 의미 있는 관계로 비유하여 설명하였다. 그들의 일이란 자기가 하고자 하는 일, 단순히 생계를 잇기 위한 수단으로서의 직업이 아니라 실제로 자신이 해야 한다고 느끼는 어떤 것이다. 이런 일에 정열적으로 헌신하면서 자아를 실현하는 교사는 욕구 이상의 것meta needs을 성취하거나 수행할 수 있다. 일에 몰두하고 그에 대해 만족하기 때문에 더 열심히 일한다. 물론, 그들에게 일이란 싫은 것이 아니라 즐거운 것이다. 자기의 일을 다른 어떤 것보다 즐기는 것이다.

자아를 실현하는 교사는 사적인 생활과 독립에의 욕구가 있으며, 자기주도적이다. 이들에게 있어서 자아실현의 동기는 결핍 동기에서 비롯되는 것이 아니라 성장 동기에서 나온다. 성장 동기 발달의 여부는 자신의 잠재력과 내적 자원에 따라 좌우된다. 따라서 위기나 결핍에서도 강건할 수 있으며, 스스로 만족하며 사회물리적 환경에 자율적으로 기능한다. 또한, 아무리 반복되는 경험에서도 즐거움과 경외敬畏와 놀라움 같은 신선한 감각을 경험한다. 그 결과 당연하게 여기는 것이 거의 없고 자기들이 소유하고 경험할 수 있는 것에 대해 계속 감사할 줄 안다.

4. 교사와 학생이 함께 성장하는 애착 교실

존 볼비J. Bowlby는 영국의 아동심리학자로, 특히 엄마와 아이의 유대나 탐구 행동의 중요성 및 분리와 상실의 영향에 관심이 많았다. 볼비의 연구는 아이가 안전하게 느끼기 위해서는 특정 보호자의 존재와 역할이 중요하다는 점을 강조했다. 애착 대상은 아이에게 지속적으로 안도감을 주는 존재이며 아이가 스트레스를 받을 때 진정시켜 줄 수 있는 인물이다. 안정적인 애착 관계가 수립되면 아이는 청소년기와 성인이 된 후에 사람들과 관계를 맺으면서 다른 사람들에게서 이 애착 대상의 모습을 찾게 된다. 이 때 애착 도식은 한 사람 내면의 무의식에 형성되어 있는 애착 대상들을 대표하는 모습이다.

애착 도식은 그 사람이 평생 맺은 모든 관계에서 특히 스트레스를 받는 상황에서 활성화된다. 모든 사람, 특히 아이들이 놀라거나 스트레스를 받거나 불확실한 상황에서 애착 대상에게로 다가가는 경향이 있다. 아이가 놀랐을 때 찾아가는 애착 대상은 안전 기지가 된다. 이와 같은 애착 원리는 교사와 학생의 관계에도 적용된다.

교사는 학생들과 관계 속에서 애착을 형성하면서 가르친다. 학생들은 생각보다 복잡하고 다양한 성격과 인생 경험을 지니고 있다. 오늘날의 교육은 창의적 교사를 필요로 한다. 창의적 교사는 인간적으로 가르치고, 상황에 따라 알맞은 결정을 내릴 수 있다. 획일적 가르침으로는 학생들의 삶을 변화시킬 수 없다. 인간의 뇌는 사회적이며, 그날그날의 생존을 위한 다양한 생각과 정서에 영향을 받는다. 한 학생의 학습능력은 교사와의 애착이나 또래 학생들과 정서적 관계의 질에 큰 영향을 받는다. 안정적인 애착은 다른 사람들에게 위로받고 진정하는 능력이자 가까운 관계를 통해 안정감을 느끼는 능력이다. 교실에서 맺는 안정적 애착 관계는 긍정적 정서를 불러일으키며, 긍정적인 심리 사회적 분위기 안에서 학생들의 학습능력은 신장된다.

교실에서 밝고 헌신적이며, 애정 있고 배려심 있는 교사만큼 영향력 있고 중요한 것은 없다. 인간의 뇌는 강압과 통제 및 굴복과 불공정에 저항하게끔 만들어졌다. 협력과 우호적인 집단은 끝까지 살아남지만, 공정하지 않은 관행은 갈등과 불화 및 실패의 요인이 된다. 교실에서 구성원들 간의 상호존중, 협력, 보살핌이라는 가치는 항상 옳다. 성공하는 조직은 협력과 평등을 원하는 사회적 본능을 교실 구조에 통합할 수 있는 조직이다. 교사와 학생이 함께 성장하는 애착 교실의 조건은 무엇인지 살펴보자Cozolino, 2017.

(1) 사회적 유대로 협력하는 교실

① 소속감

사람이 너무 많아서 서로 거리감을 느끼거나 감정적으로 둔해지는 현상을 없애야 한다. 학교는 거대한 도시가 아니라 작은 마을이어야 한다. 곁을 지나가는 사람을 투명인간처럼 생각하는 일이 없어야 한다. 만약 작은 규모의 학교를 만들 수 없다면 학교를 몇 개의 작은 그룹으로 나눠보자. 작게 나눈 단위는 적절한 명칭을 정해서 부른다. 학교를 층이나 건물 및 방위에 따라 몇 개 단위로 나누고, 각 단위에 이름과 성격을 부여한 후, 해당 단위 구성원들이 소속감을 느낄 수 있는 프로그램을 만든다. 그러면서 동시에 학교 전체의 구성원으로서의 소속감도 느끼게 해준다.

② 사회적 유대

학생들이 서로 상호 작용을 하는 시간을 주중 내내 만들어야 한다. 점심시간은 충분히 책정하여 학생들과 교사들이 유대를 맺고 경험을 나누며, 공동의 프로젝트에 대해 논의할 수 있도록 해야 한다. 또한, 학생들과 교사들 및 운영위원들이 학습 환경을 벗어난 곳에서 함께 하며 서로의 관계를 발전시킬 수 있는 시간도 따로 마련해야 한다. 친밀한 공동체를 만들기 위해 충분한 시간을 투자해야 한다.

③ 교실 권력 분산

학생들을 소규모 집단으로 나누어서 문제 해결을 위해 함께 노력하게 한다. 학생들을 나눌 때는 학생들의 성격, 강점, 경험 같은 요인들을 신중하게 고려하여 각 집단의 활동이 성공할 수 있도록 해야 한다.

④ 봉사활동 참여

봉사활동은 학교와 학급의 중요한 활동이 되어야 한다. 학생들은 봉사활동을 통해 마음, 정신, 신체를 모두 동원하여 더 넓은 세상을 만날 수 있다. 아무리 심한 고통을 겪고 있더라도 남들을 돕다 보면 스스로도 도움을 받을 수 있다. 봉사활동은 학생들에게 공동의 목표를 만들어주는데, 공동의 목표는 연대를 더욱 굳게 해준다.

⑤ 가치 있는 도전

모든 학생들이 지역사회나 공동체에 의미 있고 가치 있는 일에 참여할 방법을 만들어준다. 아이들을 현실세계로부터 보호한다는 명목으로 격리시키지 말고, 아이들의 두뇌를 자극하여 학습을 잘 하기 위해서는 충분한 도전이 필요하다는 것을 알게 한다.

⑥ 시사 문제에 관심 갖기

이 세상은 우리가 뭔가를 배울 수 있는 최고의 원천이다. 이런저런 일들이 뉴스에 나오는 이유는 그런 일들이 인간의 경험과 관련이 있기 때문이다.

⑦ 학부모 참여

수업 시간에 학생들의 지식 기반을 넓히고 교실, 학교와 지역사회의 결속을 최대화하는 데에 가능한 한 많은 학부모들을 참여시켜야 한다. 학생들에게 주어지는 과제와 도전을 통해 학부모들도 계획하고 사고하는 과정에 포함시켜야 한다.

(2) 보살핌과 지지가 살아 있는 교실

① 교실에서의 애착 형성

교실에서의 애착 형성은 선택이 아니라 필수적이다. 과거의 트라우마나 사회 정서적 어려움, 문화적 단절 때문에 학습을 제대로 할 수 없는 학생들을 가르칠 때 애착 형성은 특히 중요하다. 학생들의 마음에 가닿을 수 있는 능력, 특히 힘겨워하는 학생들에게 다다가는 능력은 매우 중요하고 필수적이다.

애착과 집단의 화합은 학습을 활발하게 이루어지게 만든다. 인간의 두뇌는 다른 사람들과 관계를 맺고 그들로부터 배우도록 회로화되어 있을 뿐만 아니라 다른 사람들에게 존중받고 소중하게 여겨지도록 회로화되어 있기도 하다. 어렸을 때의 건강한 관계는 좋은 자아인식을 형성하고 다른 사람들을 신뢰하며, 감정을 효과적으로 조절하고, 지능과 정서지능을 활용하여 의사결정을 할 수 있게 해준다.

② 애정 결핍의 위험

애정이 결핍된 행동은 아이들에게 이 세상은 위험한 곳이라고 가르치며, 탐험을 하거나 위험을 무릅쓰면 안 되고 남들을 믿지 말라는 경고를 보낸다. 그런 아이들은 신체적 · 정신적으로 안녕하지 못하게 만드는 사고와 정신 상태와 감정과 면역기능을 갖게 된다. 만약 교사가 학생들에게 가혹하거나 비판적이거나 그들을 무시하거나 학생들의 사기가 저하되어 있고 스트레스를 너무 많이 받을 때, 학생들은 학습에 도움이 되지 않는 정신 상태를 체화하게 된다. 그 모든 의식적이고 무의식적인 정보가 학생들에게 전달되어 학습능력을 통제한다.

③ 사회적 지지와 격려

유능한 교사들은 자신의 성격, 대인관계 기술, 그리고 교수법을 이용하여 학생들의 신경 가소성을 자극하고, 두뇌 발달을 촉진시키며, 학습효과를 최대화하는 풍부한 신체적 · 지적 · 사회적 환경을 만들어 준다. 지지해주고 격려해 주고, 애정으로 보살펴 주는 관계는 학습에 관여하는 신경회로를 자극한다. 이 세상의 모든 교사들은 매일 · 매 순간 바로 학생들에게 특별한 관심을 보여 줄 수 있는 기회가 있다. 사람은 애정을 지닌 다른 사람들과 얼굴을 맞대고 마음을 나눌 때 효과적인 학습을 하게 된다.

(3) 아이들이 가장 잘 배울 수 있는 조건

학생들을 가르칠 계획을 세울 때 기억해야 할 것은 학생들의 두뇌는 지지해 주는 관계 속에서, 스트레스가 적고 정서적 자극이 낮을 때, 생각과 감정을 균형 있게 강조할 때, 이야기를 창조적으로 사용할 때 등에 가장 잘 성장한다. 안전한 관계는 학습에 도움이 되는 방식으로 두뇌의 성장을 자극하고 감정을 조절해 준다.

① 안전하고 믿을 수 있는 관계

아이의 두뇌를 형성하는 데 있어서 교사의 위치는 부모의 위치와 같다. 부모와 교사 모두 아이의 학습에 도움이 되는 안전한 안식처를 제공함으로써 감정 조절에 도움을 줄 수 있다. 이런 도움과 적당한 도전이 균형을 이루면 기억과 학습을 활성화하는 정신 상태의 두뇌가 만들어진다. 교사와 학생의 정서적 조율은 위험한 환경에 있는 학생들에게 특히 중요하다. 교사들은 학생들의 수치심을 해결해 주고, 독립심을 높여 주고, 유대를 강화함으로써 안전하고 서로를 믿는 관계를 만들어 줄 수 있다.

② 낮은 불안과 중간 정도의 각성 상태

학습은 각성 상태가 중간 정도일 때 가장 잘 이루어지고, 각성 상태가 너무 낮거나 높을 때 제대로 이루어지지 못한다. 학습이 잘 이루어지려면 불안감은 최소이면서 관심과 호기심을 느끼는 상태여야 한다. 학습 환경에서 느끼는 스트레스, 과거에 학습을 하면서 상처를 받은 기억, 교실 밖 삶에서의 높은 긴장도 등은 모두 두뇌의 신경 가소성을 저해하며 학습에 손상을 준다. 만성적으로 스트레스를 받고 트라우마를 입은 학생이 새로운 것을 배우려 할 때 정서적 발판 없이는 신경 가소성을 가동시킬 수 없는 경우가 많다.

③ 생각과 감정의 균형 잡기

좌뇌는 언어와 이성적 사고에 특화되고, 우뇌는 강한 정서적 경험 및 신체적 경험에 특화되었다. 생각과 감정에 모두 주의를 기울이고, 감정이 격한 상황에서 비판적 사고를 하게 하는 경험은 좌뇌와 우뇌가 더 잘 통합되게 해주고, 그 결과 감정을 더 잘 조절하고 복잡한 문제를 더 잘 해결할 수 있도록 도와 준다.

④ 함께 이야기 만들기

좋은 이야기에는 갈등과 해결, 몸짓, 표정, 감정이 가미된 생각 등이 모두 담겨 있다. 이야기는 기술을 가르치고, 가치관을 전달하며, 공동의 관점과 목표를 만들어 냄으로써 집단 속에서 개인들의 역할을 통합하는 데 도움을 준다. 교사들은 이야기를 이용하여 학생들에게 다가갈 수 있다. 또한, 학생들이 자신의 이야기를 다시 쓰는 데 도움을 줄 수 있다. 그러면 학생들은 과거의 실패나 트라우마를 성장의 기회로 만들 수 있다.

⑤ 스트레스 이해하기

스트레스를 받을 때 우리 몸은 아드레날린과 스트레스 호르몬으로 가득 찬다. 이 둘은 학습을 방해한다. 불안을 느끼면 학습을 잘못하게 되고, 스트레스를 받는 두뇌가 새로운 정보를 받아들이지 못해 공포와 관련된 지적 능력을 떨어뜨린다. 안정된 애착 관계를 통해 학생의 불안과 공포를 통제해 주는 것은 교사가 활용할 수 있는 매우 효과적인 수단 중 하나다. 아이들의 스트레스 수준과 아이들이 처한 환경이 학교생활과 학업 성취에 미치는 영향을 평가하는 데 많은 도움이 될 수 있다. 스트레스를 아예 없애는 것은 불가능하다. 따라서 교사는 학생들이 스트레스를 조절하고 그 부정적 영향을 최소화할 수 있도록 도와줘야 한다.

⑥ 교실에 유머 도입하기

유머를 발휘하면 서로를 좀 더 친근하게 느끼고 신뢰하며, 더 호감을 가지게 된다. 내가 농담을 하거나 남이 하는 것을 들으면 감정 통제, 애착, 일치하지 않은 정보의 해결에 관여하는 뇌 앞쪽이 광범위하게 활성화된다. 웃음은 관계를 활발하게 해주고, 정서적으로 화합하게 만들어 준다. 따라서 유머는 사람들의 관계를 향상시키고, 스트레스를 줄여주며, 뇌의 성장을 자극하고, 신경망의 통합을 향상시키는 등 여러 가지 역할을 한다. 교실에서 유머를 이용하면 학생들의 주의력, 즐거움, 기억력이 증가하는 것으로 밝혀졌다. 정보가 유머와 결합되면 반복되고 기억될 가능성이 높아진다.

유머는 사람들을 더 가까워지게 만들고 참여를 유도하기 때문에 안정적인 애착 관계의 수단으로 이용할 수 있다. 교사들이 유머를 이용하면 교사도 학생들을 동등한 인간으로 보고 있으며, 서로의 관계에 정서적 투자를 하고 있다는 것을 보여 줄 수 있다. 교실에서 유머가 학습에 긍정적 영향을 미치려면 적절한 상황에서 유머가 발휘되어야 하며, 정서적으로 긍정적인 유머여야 하고, 적절한 사람이 구사해야 한다. 만약에 교사가 경멸적인 유머를 구사하거나 비꼬는 말을 한다면, 학습에 방해가 된다. 빅토르 위고가 말했듯, "웃음은 사람의 얼굴에서 겨울을 몰아내는 태양이다."

⑦ 안아 주기

실패와 거절 및 수치심은 학생들의 얼굴을 황폐화되도록 한다. 학생들을 안아 주는 환경은 공포감, 혼란, 불확실성을 느껴도 될 만큼 안전하면서 동시에 지지해 주고 성장을 격려해 주는 관계를 말한다. 안아 주는 환경은 감정을 통제할 수 있게 해주고, 안전하게 느끼게 해주며, 용기를 주는 사람 사이의 공간이다. 안아 주는 환경은 서로 간의 믿음, 탐구심, 적응, 학습에 도움을 준다. 안전한 안식처 안에서 확립된 안도감은 자기 방어를 불필요하게 만들어 준다. 그러면 정서적 상처를 치유하기 위해 필요했던 에너지와 집중력을 다른 데 쓸 수 있게 된다.

⑧ 거울 뉴런

교실에서 안정적인 애착 관계는 거울 뉴런을 통해 교사가 학생들의 마음, 정신, 두뇌로 곧장 들어가는 지름길이다. 거울 뉴런이 학교 수업에 시사하는 바가 크다. 학생들은 교사가 가르치는 학습 내용에서 배우는 만큼 교사가 보여 주는 행동을 통해서도 배운다. 학생들은 교사 내면의 감정 상태에 조율하고, 교사보다 먼저 교사의 기분을 인식하는 경우도 많다.

교실의 긍정적인 정서는 학생들의 두뇌, 마음, 생화학적 특성을 변화시킬 것이다. 교사들은 학생들에게 서로를 존중하라고 말한다. 하지만 교사가 학생들을 존중하지 않거나 다른 사람을 무례하게 대하는 것을 학생들이 본다면 학생들 역시 그렇게 해도 된다고 배우게 된다.

학생들은 교사가 말하는 대로가 아니라 교사가 행동하는 대로 한다. 여기서 기억해야 할 메시지는 무엇인가? 교사는 자신의 표정, 자세, 어조에 주의해야 한다. 그런 것들이 학급의 정서적 분위기에 강력한 영향을 미치기 때문이다. 교사는 스스로를 돌보고 자기 인생을 즐겨야 한다. 왜내하면 학생들은 교사가 지치거나, 슬퍼하거나, 좌절감을 느끼는 것을 함께 느낄 것이기 때문이다. 교사가 학생들에게 강조하는 것은 교사가 먼저 스스로 실천해야 한다. 만약에 교사가 자신의 불완전성을 받아들이고 새로운 것을 배울 수 있다면, 학생들에게도 열린 태도와 겸손한 모델이 되어 줄 수 있다.

가장 좋은 교사란 학생들과 함께 웃는 교사이다. 가장 좋지 않은 교사란 아이들을 우습게 보는 교사이다.

–A. S. 니일–

Chapter 11 학교폭력의 이해

1. 학교폭력의 정의
2. 학교폭력의 특징
3. 학교폭력 예방 및 대책에 관한 법률에 따른 가해 학생 조치 변화
4. 학교폭력 근절 종합 대책 이전과 이후의 가해학생 조치 변화
5. 학교폭력 예방 법률과 소년법

Chapter 11.

학교폭력의 이해

교육 목표

- 학교폭력에 대해 정의를 내리고 설명할 수 있다.
- 학교폭력의 특징에 대해 설명할 수 있다.
- 학교폭력 예방 및 대책에 대해 이해하고 설명할 수 있다.
- 학교폭력 근절 종합대책에 대해 이해하고 설명할 수 있다.
- 학교폭력 예방 법률과 소년법에 대해 이해하고 설명할 수 있다.

1. 학교폭력의 정의

학교폭력의 개념은 학교에서 일어나는 폭력 혹은 학교와 연관된 폭력이라고 할 수 있다. 그러나 학교폭력이란 개념은 관점과 적용범위, 대상의 주체와 객체에 따라 교내폭력, 학교주변폭력, 또래폭력, 청소년폭력, 학생폭력 등의 용어와 혼용되고 있다Olweus, 1993. 일반적으로 폭력이란 신체에 가하는 물리적 폭력 이외에 심리적 폭력이나 언어폭력 등을 포함하는 것이고 사회적 통념으로 폭력의 수단에는 제한이 없으며, 폭력은 직접 사람에 대하여 행해지는 것을 요하지 않고 물건에 대한 유형의 행사도 간접적으로 행사함의 의사형성에 영향을 미칠 수 있으면 폭력에 해당한다고 볼 수 있다임웅, 2007.

따라서 이러한 폭력이 발생하는 장소, 가해와 피해의 대상, 폭력의 내용에 따라 학교폭력 역시 다양하게 정의되고 있다.

학교폭력이란 용어는 현 청소년폭력예방재단의 전신인 학교폭력예방 시민모임에서 처음 사용되었으나 학교라는 교육현장에서 폭력이 행하여진다는 것을 인정하려고 하지 않았기 때문에 학교폭력이라는 용어를 사용하지 못하게 하였다. 그러다가 1997년 학생들의 폭력이 급속히 악화되고 이로 인하여 자살하는 학생이 늘어나자 정부기관 및 매스컴 등에서 학교폭력이란 용어를 공식적으로 사용하기 시작하였다박영남 외, 2015, p.12.

학교폭력school violence은 학교school와 폭력violence이라는 두 단어의 합성어로 '학교에서 발생하는 폭력'이라고 정의할 수 있다. 그러나 학교라는 특수한 환경과 조건으로 인해 학교폭력이란 개념은 관점과 적용범위 및 대상의 주체와 객체에 따라 정의에 대한 시각이 조금씩 상이하다정종진, 2013.

첫째, 학교폭력이 발생하는 장소이다. 학교폭력을 학생들이 교내와 학교 주변 및 등하굣길에서 경험하는 폭력뿐만 아니라 가정이나 학교 밖에서 일어나는 폭력도 학생들에게 영향을 미치는 것이라면 학교폭력으로 보아야 한다는 광의의 입장이 있다. 그 반면에 학교폭력의 범위를 학교 내에서 발생하는 폭력이나 학교 주변에서 발생하는 폭력으로 한정시켜야 한다는 협의의 입장이 있다.

둘째, 학교폭력의 주체가 되는 가해자와 피해자이다. 학교폭력의 가해자를 학교 내 학생으로 한정할 것인지, 아니면 피해 학생에게 폭력을 가하는 모든 사람들을 대상으로 할 것인가에 대한 입장이다.

셋째, 어떤 행위를 학교폭력으로 간주할 것인가에 대한 문제이다. 학교폭력은 가해자가 타인에게 해를 끼치려는 의도를 가진 어떠한 행동도 폭력으로 간주될 수 있다. 이 문제는 학교폭력의 정의에서 가장 어려운 부분이며, 연구자에 따라 다양하게 정의되고 있다.

이처럼 학교폭력에 대한 정의는 상당한 논란이 있어 왔으며, 학자들 마다 다양한 견해를 보이고 있다. 학교폭력에 대한 국내외 학자들이 제시한 정의를 보면 다음과 같다. 학교폭력이란 신체적 · 심리적 상해나 재산상의 피해를 가져오는 의도적이고 부주의한 행동Thomas, 2006으로 정의되기도 하고, 학교를 중심으로 발생하는 것으로서 정신적 · 신체적으로 나약하여 외부의 압력에 대해 스스로를 방어할 능력이 없는 아동에 대하여 힘이 강한 개인이나 집단이 고의적으로 단기간 또는 장기간에 걸쳐서 가하는 물리적 · 심리적 공격김종미, 1997으로 정의되기도 한다. 신혜섭2005은 학교폭력을 "학생들이 학교 내외에서 가하거나 당하는 강탈과 폭행, 공갈, 협박 및 성폭행"이라고 정의하고 있다.

한국형사정책연구원에서는 학교폭력을 자신보다 신체적 · 심리적으로 약한 위치에 있는 학생에게 가하는 유형 · 무형의 폭력이라고 정의하였으며, 한국청소년교육연구소에서는 자신보다 신체적 · 심리적으로 약한 위치에 있는 학생에게 가해지는 위협 또는 실제 행동 측면에서의 신체적 폭행 상태 · 언어적 폭력 · 금품의 갈취 · 성폭행 · 집단적 따돌림 등으로 정의했다지승희 외, 2005. 청소년보호위원회에서는 학교폭력을 자기보다 약한 처지에 있는 청소년에게 학교 안이나 밖에서 신체적 · 심리적 폭력을 행사하거나 이를 반복적으로 실시하는 청소년들 간의 행동이라고 정의하고 있다.

또한, 청소년폭력예방재단은 학교 내외에서 청소년들이 당하는 폭행이나 금품 갈취 등 신체적 · 물리적 폭력과 협박 및 따돌림 등과 같은 정신적 폭력 및 성적인 폭력을 포함한다고 규정하였다. 그리고 경찰 실무상으로는 "학교 내외에서 주로 학생들에 의해 가해지거나 당하는 신체적 · 물리적 · 정신적 · 성적 폭력으로, 단순 폭력 · 금품 갈취 · 폭력 서클에 의한 폭력행위 또는 성폭력을 수반하는 행위"라고 정의한다.

프라이드Fried는 학교폭력의 구성 요소를 다음과 같이 말하고 있다이창호, 2009, 재인용. 첫째, 상대방에게 피해를 입힐 의도가 있어야 한다. 둘째, 상당한 기간에 걸쳐 반복적으로 특정 학생에게 피해를 입혀야 한다. 셋째, 가해자의 연령이나 신분이 남자라는 요소가 작용하여 가해 학생이 폭력 행사의 표적이 된 학생에 대하여 힘의 우위를 유지하고 있다. 넷째, 피해 학생은 육체적으로 나약하거나 심리적으로 지나치게 민감하여 다른 학생들의 폭력에 대응하지 못하고 다른 학생들의 조롱이나 놀림에 상처받기 쉬운 성격을 지니고 있다. 다섯째, 피해 학생은 소외감이나 보복에 대한 두려움으로 주위의 도움을 받지 못한다. 여섯째, 학교폭력의 결과로서 피해 학생의 자아 개념에 대한 손상이 상당 기간 지속되며 피해 학생은 이 충격 때문에 학교생활이 위축되거나 공격 행동을 하게 된다.

학교폭력에 대한 다양한 정의를 종합해 보면, 학교폭력이란 '학교 내 · 외에서 학생을 대상으로 발생하는 상해, 폭행, 감금, 협박, 약취 · 유인, 명예훼손, 모욕, 공갈, 강요 · 강제적인 심부름 및 성폭력, 따돌림, 사이버 따돌림, 정보통신망을 이용한 음란 · 폭력 정보 등에 의하여 신체 · 정신 · 재산상의 피해를 수반하는 행위'라고 정의할 수 있다.

다양한 학자들의 학교폭력에 대한 정의를 기초로 국내에서는 2008년 3월에 학교폭력 예방 및 대책에 관한 법률이 개정되면서 학교폭력의 개념을 '학교폭력대책법 제2조제1항'에 의거해서 "학교 내외에서 학생을 대상으로 발생한 상해, 폭행, 감금, 협박, 약취, 유인, 명예훼손, 모욕, 공갈, 강요, 강제적 심부름, 성폭력, 따돌림, 사이버 따돌림, 정보통신망을 이용한 음란, 폭력정보 등에 의하여 신체 · 정신 또는 재산상의 피해를 수반하는 행위"라고 정의하였다교육과학기술부, 2012b. 여기서 '학교 외'란 학원 · 공원 · 놀이터 · 친구 집 등을 말하며, 따돌림이란 학교 내외에서 2명 이상의 학생들이 특정인이나 특정 집단의 학생들을 대상으로 지속적이거나 반복적으로 신체적 또는 심리적 공격을 가하여 상대방이 고통을 느끼도록 하는 일체의 행위를 말한다.

사이버 따돌림은 인터넷이나 휴대전화 등 정보통신 기기를 이용하여 학생들이 특정

학생들을 지속적 · 반복적으로 심리적 공격을 가하거나, 특정 학생과 관련된 개인정보 또는 허위사실을 유포하여 상대방이 고통을 느끼도록 하는 일체의 행위를 말한다. 학교폭력의 가해 학생과 피해 학생에 대한 개념을 살펴보면, 가해 학생이란 가해자 중에서 학교폭력을 행사하거나 그 행위에 가담한 학생을 말하며, 피해 학생이란 학교폭력으로 인하여 피해를 입은 학생을 말한다.

이러한 학교폭력의 개념 규정과 함께 교육부의 학교폭력 사안대응 기본지침2012a에서는 학생들의 사소한 괴롭힘이나 학생들이 장난이라고 가장한 행위도 학교폭력으로 분명히 규정하고 있다. 또한, 학교폭력 예방 및 대책에 관한 법률 제2조에서, 학교폭력은 "학교 내외에서 학생을 대상으로 발생한 상해, 폭행, 감금, 협박, 약취 · 유인, 명예훼손 · 모욕, 공갈, 강요 · 강제적인 심부름 및 성폭력, 따돌림, 사이버 따돌림, 정보통신망을 이용한 음란 · 폭력 정보 등에 의하여 신체 · 정신 또는 재산상의 피해를 수반하는 행위"라고 규정하고 있다.

이 중에서 강제적인 심부름, 따돌림, 사이버 따돌림을 제외한 나머지 모두는 형법 또는 특별법상 그 자체가 범죄로 규정되어 있다. 따라서 법적으로는 학교폭력의 문제를 단순한 학생들 간의 사소한 다툼이나 갈등으로 이해하는 관용적 태도로 접근할 수 있는 차원의 문제는 아니다. 학교폭력의 개념이 학생 간 폭력에서 학생을 대상으로 한 폭력으로 확대됨에 따라 가해자가 학생이 아니더라도 피해자가 학생인 경우는 피해 학생에 대한 보호조치를 받을 수 있도록 되어 있다김다현 외, 2013.

이처럼 학교폭력에 대한 다양한 정의를 종합해 보면, 학교폭력이란 학생을 대상으로 이루어지는 신체적 · 언어적 · 심리적 폭력을 의미한다. 즉, 힘의 우위에 있는 개인 또는 집단이 언어적 위협 · 놀림 · 소지품 은닉 · 따돌림 · 집단에 의한 무시 · 신체적 폭력 · 성추행 · 금품갈취 · 기물손괴 등의 행동을 통해 공포 분위기를 조성함으로써 학생들에게 심리적인 소외감과 극도의 불안감을 겪고, 신체적인 상처와 물리적인 손해를 감수하고 있는 상태라면 학교폭력으로 볼 수 있다.

따라서 학교폭력이란 가해자의 신분이나 시간과 장소 구분 없이 학생을 대상으로 이루어지는 부정적인 의도를 지닌 신체적 · 언어적 · 심리적 · 경제적 피해를 주는 모든 행위를 총칭하는 것으로, 한 명 또는 여러 명의 학생들이 힘의 불균형 상황하에서 자기보다 약한 상대나 집단의 암묵적인 규칙을 어긴 학생을 온 · 오프라인 상황에서 따돌리거나 괴롭히는 행위도 포함된다. 대체로 이러한 학교폭력 행위는 반복적으로 발생하며 학생 개개인이 해결하기 어려운 속성을 가지고 있다정종진, 2013.

2. 학교폭력의 특징

학교폭력은 학교라는 교육적 · 제도적 특수 환경의 영향으로 독특한 특성과 양상을 나타내고 있다. 이로 인해 사회적으로 발생하는 폭력과 차별화하고 있으며, 문제 해결이나 처벌 방법에서도 차이가 있다. 최근의 국내 학교 주변에서 발생하고 있는 폭력 양상을 종합해서 학교폭력의 특성을 살펴보면 다음과 같다(정종진 외, 2014; 김종운, 2013).

1. 학교폭력의 저연령화

학교폭력의 가해자와 피해자 연령이 점차 낮아지고 있다. 최근 초등학생들 사이에서도 중 · 고등학생들과 유사한 수준의 학교폭력이 발생하고 있다. 학교폭력 피해 학생의 70% 정도가 초등학교 때 처음 학교폭력을 경험하는 것으로 나타났다. 또한, 학교폭력 가해 학생 중에 59%가 초등학교 때부터 학교폭력을 가한 것으로 보고하였다. 초등학생은 중 · 고등학생에 비해 학교폭력에 대한 대처 능력이 떨어지고 쉽게 가해 학생의 행동에 동조하는 경우가 많기 때문에 피해 학생이 모든 친구들로부터 소외되어 고립되는 상황이 쉽게 발생한다.

이는 청소년의 신체적 발달이 왕성해지면서 사춘기가 빨라지고 인터넷과 게임 등을 통해 폭력 문화를 접하는 연령도 계속 낮아지고 있기 때문이다. 특히, 게임 중독 현상이 최근 들어 초등학교 저학년에서 두드러지게 나타나면서, 이것이 학교폭력의 저연령화에 크게 영향을 미치고 있다. 학교폭력의 저연령화 현상은, 초등학생의 경우에 학교폭력에 대한 대처 능력이 중 · 고등학생들에 비해 미약해서 두려움과 불안 정도가 심하며, 이로 인해 대인기피현상과 함께 등교를 거부하는 현상까지 출현해서 부정적인 영향이 심각한 것으로 드러났다.

2. 학교폭력의 집단화 및 조직화

학교폭력이 집단화 · 조직화하는 양상으로 발전하고 있다. 최근의 학교폭력은 가해 학생이 2인 이상인 경우가 증가하고 있으며, 단독 범행보다 집단이나 조직적인 규율로 움직이는 불량 서클, 성인 폭력조직과 연계해서 하부조직으로 움직이는 집단화 및 조직화

추세로 변화하고 있다. 최근의 학교폭력은 상해와 폭행은 감소하는 반면, 2인 이상 공동 범행이나 흉기소지 범행 · 상습폭행 · 집단폭행 · 야간 폭력행위 등 법률에 위반되는 처벌적 형태의 범죄가 대폭 증가하고 있다. 집단 따돌림이나 집단폭행으로 인한 학교폭력 피해 학생은 심리적 지지원인 친구로부터 멀어져서 홀로 남게 된다.

3. 학교폭력의 잔인성

학교폭력이 학생 탈선이나 비행의 차원을 넘어서 심각한 범죄 수준에 이르고 있다. 최근의 학교폭력 양상은 폭력 행사나 금품 갈취 이외에도 집단 구타 및 집단적인 따돌림이나 놀림은 물론이고 신체적 · 심리적 협박 · 갈취 · 성추행 · 사이버 폭력 · 조직폭력 및 상납 요구나 가상 게임을 통한 폭력을 비롯하여 동영상 촬영 등 언어적 · 신체적 · 정신적 폭력이 자행되고 있다. 그 수법 또한 잔혹하고 대담해지고 있다.

그리고 이러한 폭력이 일회성 단순폭력보다 6개월 이상 지속적으로 잔인하고 집요하게 가해지는 학대적 폭력이 증가하고 있다. 학교폭력의 잔인성으로 인한 피해 학생은 더 이상 학교나 교사 심지어 부모에게조차 도움을 요청하지 못하는 절망적인 상태에서 극단적인 자해행위나 자살을 선택하는 경우가 증가하고 있다.

4. 학교폭력의 일상화와 둔감화

학교폭력이 일상화되면서 비행 유형으로 변질되고 있다. 즉, 학교 안팎에서 이루어지는 학교폭력이 차지하는 비율이 점차 늘어나서 이제는 폭력이 학생들의 일상과 주변에 만연되어 있다. 이전에는 학교 내 비행 학생들의 전유물로 생각했던 학교폭력 행위가 일반 학생들 사이에서도 쉽게 발생하면서 청소년기 특유의 비행 행동으로 간주해서 방치하거나 무시하는 경향이 있다. 또한, 가해 학생들의 학교폭력에 대한 인식이 무뎌지고 일상화되어 폭력으로 인식하지 못하는 경향을 보이고 있다. 일선 교사들은 학교폭력 및 집단 괴롭힘과 관련하여 가장 우려되는 점을 가해자의 죄의식 및 죄책감이 부족하다는 점을 들고 있다.

5. 사이버 폭력의 증가

청소년들의 인터넷과 휴대전화 사용의 보편화로 사이버 폭력이 급증하고 있다. 사이버 폭력은 인터넷이나 문자 메시지, 페이스북, 트위터, 카톡 등을 이용하여 학교폭력 가해 학생들이 피해 학생들을 대상으로 비난하는 욕설과 비방을 담은 허위사실이나 악플을 전파하는 것이다. 최근에는 메신저 차단, 이메일 해킹, 인터넷 카페 공격 등의 행위로 집단적으로 괴롭히거나 소외시키는 현상도 적지 않다. 이외에도 데이터를 무제한으로 쓸 수 있는 휴대전화 요금제에 가입하게 한 뒤에는 스마트폰의 테더링이나 핫스팟 기능을 통해 공짜로 인터넷을 사용하는 방법도 등장하고 있다. 이러한 사이버 폭력의 증가는 학교에서뿐만 아니라 24시간 피해 학생들을 괴롭히고 있는 것이다.

6. 여학생의 폭력 증가

여학생들의 학교폭력이 날로 증가하는 양상을 보이고 있다. 일반적으로 폭력은 남성들의 전유물로 여겨지고 학교폭력의 대부분은 남학생에 의한 문제로 인식되어 왔으나, 최근에는 여학생들의 학교폭력이 증가하고 있다. 특히, 여학생의 폭력은 집단으로 행해지고 있으며, 언어적 폭력에 국한되는 것이 아니라 신체적 폭력으로 이어지고 있다.

여학생 폭력의 사례를 보면 피해 학생에게 수치심과 복종심을 주기 위해 옷을 벗긴 후 때리거나, 머리카락에 불을 붙이고, 몸 안에 이물질을 집어넣기까지 한다. 또한, 질투심에 의해 자신의 남자 친구를 시켜서 성폭행하여 교사죄로 처벌받은 사례도 있다. 이처럼 여학생 폭력은 간접적이고 지능적이며, 정서적인 괴롭힘으로 피해자의 고통은 심각한 수준이다.

7. 성폭력의 증가

최근의 학교폭력 중 상당수가 성폭행이나 성추행과 관련되어 있으며, 폭력의 정도가 심각한 수준이다. 성폭력 수법으로는 집단 성폭행, 수치심을 강요하는 성추행, 강간 및 집단 강간 동영상을 촬영해 인터넷에 유포시키는 등 폭력성이 점점 악랄해지고 있다. 이는 학생들이 인터넷이나 휴대전화를 이용한 성과 관련된 유해 환경에 노출되면서 더욱 증가하고 있다.

8. 학교폭력의 은폐화

학교폭력의 심각성에도 불구하고 피해 학생들은 자신의 피해 사실을 적극적으로 알리지 못하는 경우가 많다. 학교폭력에 대한 사회적 민감성이 높아져 가는 현 상황에서도 불구하고, 피해 학생과 목격 학생들은 일이 커질 것 같고, 이야기해도 소용없을 것 같고, 보복당할 것 같다는 두려움으로 적극적으로 보고하지 않기 때문에 학교폭력이 은폐되어 사실이 보고되지 않고 있는 실정이다. 또한, 학교폭력 목격자들은 보복 등 자신이 피해자의 위치에 놓일 수 있다는 두려움이 크고, 친구들에게 관심이 부족하거나 도와줘도 소용이 없을 것 같은 무력감과 좌절감이 커서 적극적으로 방어하거나 신고하지 못하는 경우가 많다.

이렇게 낮은 신고율은 가시적으로 드러나지 않는 폭력, 즉 따돌림이나 협박 · 모욕 · 강제적 심부름 등의 심리적 폭력이 증가하고 있기 때문이다. 이와 함께 학교와 교사 및 부모 등 중재 가능한 성인이 인식하지 못하는 가운데 학교폭력은 은밀하고 지속적으로 이루어지고 있다.

3. 학교폭력 예방 및 대책에 관한 법률에 따른 가해 학생 조치 변화

학교폭력 예방 및 대책에 관한 법률은 2004년에 제정된 이후 2013년까지 총 12차례 걸쳐서 개정되어 왔다. 학교폭력 예방 및 대책에 관한 법률 내용 중 가해 학생에 대한 조치 내용은 아래 〈표 11-1〉, 〈표 11-2〉, 〈표 11-3〉과 같다김남이, 2015, pp.22-26.

2004년 1월 29일 제정된 학교폭력 예방 및 대책에 관한 법률에서는 가해 학생에 대한 조치를 1호에서 9호까지 9단계로 구분하였다. 2004년 7월 제정된 학교폭력 예방 및 대책에 관한 법률 시행령에서 출석정지에 관한 조항이 신설되었다. 이후 2008년 3월에 법률이 개정되어 기존의 8호 처분인 출석정지 조항에 10일 이내라는 출석정지 상한기간이 추가되었다〈표 11-1〉.

2012년 1월 법률 개정에서는 이전 법률에서의 3호 학급교체와 4호 전학처분이 7호 학급교체와 8호 전학처분으로 개정되면서 동년 3월 13일에 전학과 관련한 시행령 개정이 이루어졌다.

2012년 3월 21일 학교폭력 예방 및 대책에 관한 법률 개정에서 6호 출석정지에 상한을 두었던 조항이 6호 출석정지로 개정되면서, 동년 3월 30일 시행령이 개정되었다.

구체적으로, 가해 학생에 대한 전학 조치에 관한 내용이 추가되었고, 가해 학생에 대한 우선 출석정지와 가해 학생의 조치 거부 · 기피에 대한 추가 조치 및 퇴학 학생의 재입학 조항이 신설되었다. 동년 7월에는 가해 학생에 대한 조치별 적용기준이 신설되었고, 동년 9월에는 가해 학생에 대한 조치별 적용 기준, 가해 학생에 대한 전학 조치와 가해 학생에 대한 우선 출석정지 및 가해 학생의 조치 거부 · 기피에 대한 추가 조치와 퇴학 학생의 재입학에 관한 사항이 개정되었다〈표 11-2〉와 〈표 11-3〉.

표 11-1 학교폭력 예방 법률의 가해 학생 조치 변화(2004년부터 2008년까지)

학교폭력 예방 및 대책에 관한 법률	학교폭력 예방 및 대책에 관한 법률 시행령
[2004.1.29. 제정] 1. 피해 학생에 대한 서면 사과 2. 피해 학생에 대한 접촉 및 협박의 금지 3. 학급교체 4. 전학 5. 학교에서의 봉사 6. 사회봉사 7. 학내외 전문가에 의한 특별교육 이수 또는 심리치료 8. 출석정지 9. 퇴학처분	[2004.7.30. 제정] **가해 학생에 대한 출석정지기간** 신설 ① 출석정지기간은 자치위원회의 심의를 거쳐 학교의 장이 정한다. ② 학교의 장은 출석 정지된 학생에 대하여는 출석정지기간 중 가정학습에 대한 지원 등 교육상 필요한 조치를 하여야 한다.
[2005.3.24. 타법개정] 위와 동일 [2005.12.29. 타법 개정] 위와 동일 [2006.2.21. 타법 개정] 위와 동일 [2008.2.29. 타법 개정] 위와 동일	
[2008.3.14. 전부 개정] 1. 피해 학생에 대한 서면 사과 2. 피해 학생에 대한 접촉 및 협박의 금지 3. 학급교체 4. 전학 5. 학교에서의 봉사 6. 사회봉사 7. 학내외 전문가에 의한 특별교육 이수 또는 심리치료 8. 10일 이내의 출석정지* 9. 퇴학처분	[2008.9.12. 전부 개정]

표 11-2 학교폭력 예방 법률의 가해 학생 조치 변화(2009년부터 2012년까지)

학교폭력 예방 및 대책에 관한 법률	학교폭력 예방 및 대책에 관한 법률 시행령
[2009.5.8. 일부 개정] 위와 동일 [2010.1.18. 타법 개정] 위와 동일 [2011.5.19. 일부 개정] 위와 동일	[2009.8.6. 일부 개정] [2011.11.18. 일부 개정]
[2012.1.26. 일부 개정] 1. 피해 학생에 대한 서면사과 2. 피해 학생에 대한 접촉, 협박 및 보복행위의 금지 3. 학교에서의 봉사 4. 사회봉사 5. 학내외 전문가에 의한 특별 교육이수 또는 심리치료 6. 10일 이내의 출석정지 7. 학급교체 8. 전학 9. 퇴학처분	[2012.3.13. 일부개정] **-가해 학생에 대한 전학조치** 신설 ① 초등학교 · 중학교 · 고등학교의 장은 자치위원회가 학교폭력 가해 학생에 대한 전학조치를 요청하는 경우에는 초등학교 · 중학교의 장은 교육장에게, 고등학교의 장은 교육감에게 해당 학생이 전학할 학교의 배정을 지체 없이 요청하여야 한다. ② 교육감 또는 교육장은 학교폭력 가해 학생이 전학할 학교를 배정할 때에는 학교폭력 피해 학생의 보호에 충분한 거리 등을 고려하여야 하며, 관할구역 외의 학교를 배정하려는 경우에는 해당 교육감 또는 교육장에게 이를 통보하여야 한다. ③ 제2항에 따른 통보를 받은 교육감 또는 교육장은 해당 가해 학생이 전학할 학교를 배정하여야 한다.
[2012.3.21. 일부 개정] 1. 피해 학생에 대한 서면사과 2. 피해 학생에 대한 접촉, 협박 및 보복행위의 금지 3. 학교에서의 봉사 4. 사회봉사 5. 학내외 전문가에 의한 특별 교육이수 또는 심리치료 6. 출석정지 7. 학급교체 8. 전학 9. 퇴학처분	[2012.3.30. 전부 개정] **-가해 학생에 대한 전학 조치** 추가 ①②③ 2012.3.13. 와 동일 ④항 추가: 교육감 또는 교육장은 전학 조치된 가해 학생과 피해 학생이 상급학교에 진학할 때에는 각각 다른 학교를 배정하여야 한다. 이 경우, 피해 학생이 입학할 학교를 우선적으로 배정한다. **-가해학생에 대한 우선 출석정지** 신설 ① 학교의 장이 출석정지 조치를 할 수 있는 경우는 다음 각 호와 같다. 1. 2명 이상의 학생이 고의적 · 지속적으로 폭력을 행사한 경우 2. 학교폭력을 행사하여 전치 2주 이상의 상해를 입힌 경우 3. 학교폭력에 대한 신고, 진술, 자료제공 등에 대한 보복을 목적으로 폭력을 행사한 경우 4. 학교의 장이 피해 학생을 가해 학생으로부터 긴급하게 보호할 필요가 있다고 판단하는 경우 ② 학교의 장은 제1항에 따라 출석정지 조치를 하려는 경우에는 해당 학생 또는 보호자의 의견을 들어야 한다. 다만, 학교의 장이 해당 학생 또는 보호자의 의견을 들으려 하였으나 이에 따르지 아니한 경우에는 그러하지 아니하다.

표 11-3 학교폭력 예방 법률의 가해 학생 조치 변화(2012년부터 2014년까지)

학교폭력 예방 및 대책에 관한 법률	학교폭력 예방 및 대책에 관한 법률 시행령
[2012.3.21. 일부 개정] 위와 동일	**–가해 학생의 조치 거부 · 기피에 대한 추가 조치** 신설 자치위원회는 조치를 받은 학생이 해당 조치를 거부하거나 기피하는 경우에는 법 제17조제11항에 따라 학교의 장으로부터 그 사실을 통보받은 날부터 7일 이내에 추가로 다른 조치를 할 것을 학교의 장에게 요청할 수 있다. **–퇴학학생의 재입학** 신설 ① 교육감은 퇴학 처분을 받은 학생에 대하여 법 제17조제12항에 따라 해당 학생의 선도의 정도, 교육 가능성 등을 종합적으로 고려하여 「초 · 중등교육법」 제60조의3에 따른 대안학교로의 입학 등 해당 학생의 건전한 성장에 적합한 대책을 마련하여야 한다. ② 규정한 사항 외에 가해 학생에 대한 조치 및 재입학 등에 필요한 세부사항은 교육감이 정한다. [2012.7.31. 타법 개정] **–가해 학생에 대한 조치별 적용 기준** 신설 1. 가해 학생이 행사한 학교폭력의 심각성 · 지속성 · 고의성 2. 가해 학생의 반성 정도 3. 해당 조치로 인한 가해 학생의 선도 가능성 4. 가해 학생 및 보호자와 피해 학생 및 보호자 간의 화해의 정도 5. 피해 학생이 장애학생인지 여부 –가해 학생에 대한 전학 조치 –가해 학생에 대한 우선 출석정지 –가해 학생의 조치 거부 · 기피에 대한 추가 조치 · 퇴학학생의 재입학 [2012.9.14. 타법 개정] **–가해 학생에 대한 조치별 적용 기준** **–가해 학생에 대한 전학 조치** **–가해 학생에 대한 우선 출석정지** **–가해 학생의 조치 거부 · 기피에 대한 추가 조치** **–퇴학학생의 재입학**
[2013.3.23. 타법 개정] 위와 동일 [2013.7.30. 일부 개정] 위와 동일	[2013.3.23. 타법 개정] 위와 동일
[2014.11.19. 타법 개정] 위와 동일	[2014.6.11. 타법 개정] 위와 동일 [2014.11.19. 타법 개정] 위와 동일

4. 학교폭력 근절 종합 대책 이전과 이후의 가해 학생 조치 변화

2012년도부터 학교폭력 근절 종합대책 발표 전후 학교폭력 가해 학생에 대한 조치는 〈표 11-4〉와 같다 김남이, 2015, pp.27-28. 2012년 학교폭력 근절 종합대책 발표 전 출석정지 기간이 10일 이내 연간 30일 이내 의 상한 조항에 대한 제한이 삭제되었으며, 연간 수업일수의 3분의 2 이상 출석정지에 대해 유급조치가 신설되었다.

한편, 보복과 장애학생에 대한 폭행에 관해 가중처벌 조치하며, 가해 학생의 학부모 동의 없이 전학조치 할 수 있으며, 피해 학생 인근학교로의 재전학이 불가능하게 되었다. 또한, 상급학교 진학 시 동일학교로 배정되지 않도록 하며, 특별교육 시 가해 학생의 보호자도 함께 교육을 받아야 하는 강제조항이 신설되었다.

표 11-4 학교폭력 근절 종합 대책 전후의 가해 학생의 조치

구 분	2012년 이전	학교폭력 근절 종합대책 (2012.2.6.)	현장중심 예방 대책 (2013.7.23.)
가해 학생 즉시 출석정지	학교폭력대책 자치위원회의 심의 후 출석 정지를 학교장에게 요청 →학교장 출석정지조치	학교장이 즉시 출석정지 조치 가능	가해 학생에게 긴급출석 정지조치 가능 출석정지에 대하여 학부모에게 서면 통지
출석정지 기간	10일 이내 연간 30일 이내	제한 없음	제한 없음
출석정지로 인한 유급	유급 불가능	유급 가능 연간 수업일수의 3분의 2 이상 출석정지 당하면 유급	변동 사항 없음
보복 · 장애학생 폭행	근거 규정 없음	가중처벌 조치	변동 사항 없음
전학	강제 전학 불가능 가해 학생 학부모의 동의 없이는 전학이 어려움	강제전학 가능 가해 학생 학부모의 동의 없이도 가능	강제전학 이후 피해 학생의 인근 학교로 재전학 불가능
특별교육 시 학부모 소환	근거 규정 없음	피해학생 선배정 후 가해학생 별도 배정으로 동일 학교에 배정되지 않도록 조치	변동 사항 없음
특별교육 시 학부모 소환	의무 사항 아님	의무 사항이며 불이행 시 과태료 부과 검토	해당 학생의 보호자도 함께 교육을 받게 하여야 하며 불이행 시 300만원 과태료 부과함. 과태료를 부과해도 특별 교육을 3개월 이내 받아야 함
학교생활기록부 학교폭력징계 사항 기록	기록 의무 없음	학교폭력 조치를 생활기록부 기재 의무화 5년	생활기록부 기재 및 졸업 후 2년 동안 유지 자치위원회의 심의를 거쳐 졸업 후 즉시 삭제 여부 결정
재활치료	의무 사항 아님	가해 학생 재활 프로그램 필수 운영, 학부모의 동의 없이도 가해 학생에 대한 심리치료 실시	전학 · 퇴학 시 대안교육 기회 제공

5. 학교폭력 예방 법률과 소년법

1. 소년법의 개념

소년법은 소년 범죄자는 성인 범죄자에 비해 의사결정 능력의 부족 등으로 인한 차이를 인정하는 소년보호주의를 바탕으로 1958년에 제정되어 2014년까지 9차례 개정이 이루어졌다. 소년보호주의는 국가가 소년 범죄자에 대해 부모 또는 부모를 대신하여 역할을 수행해야 한다는 국친사상에 근거하여 정착되어 왔다. 이러한 배경은 우리나라의 소년법 제1조 "이 법은 반사회성 있는 소년에 대하여 그 환경의 조정과 성행의 교정에 관한 보호처분을 행하고 형사처분에 관한 특별조치를 행함으로써 소년의 건전한 육성을 기함을 목적으로 한다."에 기술되어 있다(최준, 2009, pp.13-14). 소년법의 주요 개정 내용은 〈표 11-5〉와 같다(최준, 2009 pp.54-59).

그러나 최근 청소년의 신체적 성장 및 문화적 성장과 소년 범죄의 흉폭화 · 전문화 · 조직화 등의 문제로 인해 현행 소년법은 엄벌주의와 소년보호주의라는 양면적인 성격을 가지게 되었다. 소년법의 엄벌주의는 적용 대상 연령의 하향 조정, 보호처분의 확대 및 신설, 검사의 처분 결정전 사전조사제 도입 등으로 나타난다. 그리고 소년보호주의는 국선보조인제도나 피해자와 가해자 간의 화해권고제도, 비행예방정책의 기본규정, 조건부 기소유예제도 등으로 나타난다. 또한, 조건부 기소유예 제도는 전문가의 의견을 반영하여 소년범의 사회복귀 방향을 제시해 주며, 낙인 효과도 줄여서 새로운 삶을 살아갈 수 있도록 도와 주는 회복적 사법의 일환으로 교육주의와 과학주의 측면에서 효과가 매우 크다는 것을 알 수 있다.

소년사범의 절차는 크게 소년 보호사건과 소년 형사사건으로 나누어진다. 전자는 소년법에서 규정하고, 후자는 일반 형사사건과 같은 형사소송법에 따르며, 소년법에 특별한 규정이 있으면 그에 따르도록 하고 있다. 소년법상 형벌 법령에 저촉되는 행위를 한 10세 이상 14세 미만의 소년인 촉법소년과 10세 이상 19세 미만의 소년으로서 집단적으로 몰려다니며 주위 사람들에게 불안감을 조성하는 성벽이 있는 자 또는 정당한 이유 없이 가출하는 자, 술을 마시고 소란을 피우거나 유해 환경에 접하는 성벽이 있는 자인 우범소년은 소년보호사건으로 경찰서장이 소년법원에 직접 송치를 하며, 보호자 또는 학교 · 사회복리시설 · 보호관찰소의 장은 범죄소년이나 촉법소년 및 우범소년을 관할 소년부에 통고할 수 있다(권봉주 외, 2014, pp.33-35).

표 11-5 소년법 주요 개정 내용

소년법	내 용	
소년법 제정	-1958년 7월 24일 법률 제489호로 제정 9차례 개정됨	
현행 소년법 개정 이유	-일부 개정 2007.12.21. 법률 제8722호, 총4장 71조 부칙 6조로 구성 -소년 범죄는 감소하고 있으나 높은 수준의 재범률 등으로 인해 개정함	
개정 소년법 주요 내용	적용연령 하향 엄벌주의	촉법 소년 및 우범소년의 연령을 현재 12세 이상에서 10세 이상으로, 20세 미만에서 19세 미만으로 낮춤
	검사의 사전조사제 엄벌주의	검사가 전문가가 조사한 소년의 품행, 환경 등 분석 자료를 근거로 사건을 처리함
	화해권고제도 보호주의	판사가 화해를 권고할 수 있고 보호처분 결정에 참작할 수 있음
	소년보호사건에서의 국선보조인제도 보호주의	예전에는 규정이 없었으나 인권보장을 위해 위탁 소년에 대해서는 필수적으로 국선보조인을 선정하도록 함
	조건부 기소유예제도 보호주의	경미한 사안에 대해서는 선도교육과 관련된 단체 시설에서 상담교육 활동을 받을 수 있음

2. 학교폭력 예방 및 대책에 관한 법률과 소년법

학교폭력 예방 및 대책에 관한 법률은 피해 학생의 보호, 가해 학생의 선도 · 교육 및 피해 학생과 가해 학생 간의 분쟁조정을 목적으로 한다. 이는 범죄를 해결하는 과정에서 중요한 것은 가해자에 대한 처벌이 아니라, 피해의 회복이라는 회복적 사법의 철학을 담은 법률제정이라고 볼 수 있다강지명 외, p.138.

소년법 또한 반사회성이 있는 소년에 대한 처벌이 목적이 아니라 소년들이 건전하게 성장할 수 있도록 돕기 위해 제정된 회복적 사법이다. 법의 적용에 있어 두 법은 약간의 차이가 있다권봉주 외, 2014, pp.37-39.

첫째, 법의 제정 목적 측면에서 소년법은 반사회적 범죄를 저지른 소년들에 대한 조치와 교정에 초점을 두고 있으며, 학교폭력 예방 및 대책에 관한 법률은 학교폭력에 연루된 가해 학생뿐만 아니라 피해 학생의 보호까지 명시하고 있다. 이는 가해 학생만을 대상으로 하는 소년법의 한정적 대상 범위를 학교폭력 예방법이 보완하여 피해 학생의 입장까지 고려한 것으로 상호 보완적인 특성을 가진다〈표 11-6〉.

둘째, 학교폭력 예방 및 대책에 관한 법률 제2조는 학교폭력을 학생을 대상으로 발생한 행위로 규정하여, 학교 밖 청소년 등에 의한 학교폭력도 동법에 따라 지원 받을 수 있다고 규정하고 있어 가해자가 학생이 아니더라도 피해자가 학생인 경우에 학교폭력에 해당하여, 피해 학생에 대한 보호조치가 실시된다. 이 경우, 가해자에게는 학교폭력 예방 및 대책에 관한 법률상의 여러 가지 징계조치가 내려지고 분쟁조정도 하게 된다〈표 11-6〉.

표 11-6 학교폭력 예방 및 대책에 관한 법률과 소년법 비교

학교폭력 예방 및 대책에 관한 법률	소년법
제1조: 이 법은 학교폭력의 예방과 대책에 필요한 사항을 규정함으로써 피해학생의 보호, 가해 학생의 선도 · 교육 및 피해 학생과 가해 학생 간의 분쟁조정을 통하여 학생의 인권을 보호하고 학생을 건전한 사회구성원으로 육성함을 목적으로 한다.	제1조: 이 법은 반사회성이 있는 소년의 환경조정과 품행 교정을 위한 보호처분 등의 필요한 조치를 하고, 형사처분에 관한 특별조치를 함으로써 소년이 건전하게 성장하도록 돕는 것을 목적으로 한다.
제2조: 이 법에서 사용하는 용어의 정의는 다음 각 호와 같다. "학교폭력"이란 학교 내외에서 학생을 대상으로 발생한 상해, 폭행, 감금, 협박, 약취 · 유인, 명예훼손 · 모욕, 공갈, 강요 · 강제적인 심부름 및 성폭력, 따돌림, 사이버 따돌림, 정보통신망을 이용한 음란 · 폭력 정보 등에 의하여 신체 · 정신 또는 재산상의 피해를 수반하는 행위를 말한다.	제2조: 소년 및 보호자 이 법에서 "소년"이란 19세 미만인 자를 말하며, "보호자"란 법률상 감호교육監護敎育을 할 의무가 있는 자 또는 현재 감호하는 자를 말한다.

셋째, 예방교육과 관련하여 학교폭력 예방 및 대책에 관한 법률에서는 학생들의 인권을 보호하기 위하여 학교의 장은 학생의 육체적 · 정신적 보호와 학교폭력의 예방을 위해 학기별로 1회 이상 교육을 실시하여야 하며, 학부모와 전 교직원을 대상으로도 학기별 1회 이상을 교육하도록 하고 있다. 기존의 소년법에서는 비행소년만을 대상으로 교육을 실시하였지만 학교폭력 예방 및 대책에 관한 법률에서는 비행소년뿐만 아니라 모든 학생과 학부모, 교직원까지 포함하면서 학교폭력 예방에 초점을 맞추어 교육하도록 하였다〈표 11-7〉.

그러나 학교폭력 예방교육이 학교평가와 연계된 상황에서 학교폭력 문제는 학교 자체적으로 해결하려는 경향이 높고, 전문 상담가의 부족 등으로 인해 피해 학생이나 가해

학생에 대한 전문적인 예방교육이 충분히 이루어지고 있지 않다. 특히, 최근 발생하는 학교폭력은 학생 개인의 정신적 장애 및 가정환경 등과 같은 학교 외적인 요인이 복잡하게 작용하고 있어 일괄적인 방식의 예방교육은 효과를 발휘하기 어렵다.

따라서 소년법에서는 학교 외적 요인인 가정폭력, 정신적 우울증 예방교육에 대한 지원 및 의무규정이 필요하고, 학교폭력 예방법에서는 학기별 1회라는 형식적인 규정에서 벗어나, 학교 내적 요인인 교우관계, 사제관계 등에 초점을 두어 학교실태에 맞는 폭력 예방교육이 계획 및 실천될 수 있도록 범위와 내용을 명확히 하는 근거규정 마련이 필요하다.

표 11-7 학교폭력 예방 및 대책에 관한 법률과 소년법의 예방교육 관련 법령 비교

학교폭력 예방 및 대책에 관한 법률	소년법
제15조: 학교의 장은 학생의 육체적 · 정신적 보호와 학교폭력의 예방을 위한 학생들에 대한 교육을 학교폭력의 개념 · 실태 및 대처방안 등을 포함 학기별로 1회 이상 실시하여야 한다. 학교의 장은 학교폭력의 예방 및 대책 등을 위한 교직원 및 학부모에 대한 교육을 학기별로 1회 이상 실시하여야 한다.	제67조의 2: 법무부장관은 제4조제1항에 해당하는 자이하 "비행소년"이라고 한다.가 건전하게 성장 하도록 돕기 위하여 다음 각 호의 사항에 대한 필요한 조치를 취하여야 한다. 1. 비행소년이 건전하게 성장하도록 돕기 위한 조사 · 연구 · 교육 · 홍보 및 관련 정책의 수립 · 시행 2. 비행소년의 선도 · 교육과 관련된 중앙행정기관 · 공공기관 및 사회단체와의 협조체계의 구축 및 운영

[참고사항] 소년법 법률 제15757호 〈2018.9.18. 일부 개정〉

• 제67조제1항 〈개정 2018.9.18.〉

소년이었을 때 범한 죄에 의하여 형의 선고 등을 받은 자에 대하여 다음 각 호의 경우 자격에 관한 법령을 적용할 때 장래에 대하여 형의 선고를 받지 아니한 것으로 본다.

1. 형을 선고받은 자가 집행을 종료하거나 면제받은 경우
2. 형의 선고유예나 집행유예를 선고받은 경우

• 제67조제2항 〈신설 2018.9.18〉

제1항에도 불구하고 형의 선고유예가 실효되거나 집행유예가 실효 · 취소된 때에는 그 때에 형을 선고 받은 것으로 본다.

참고 문헌

- Bauer, J.(2009), 이미옥 역, “학교를 칭찬하라”, 궁리.
- Cozolino, L.(2017), 서영조 역, “애착교실”, 해냄출판사.
- Day, C.(2007), 박은혜, 이진화, 위수경, 조혜신 공역, “열정으로 가르치기”, 파란 마음.
- Eggen, P. & Kauchak, D.(2006), 신종호, 김동민, 김정섭 외 4인, “교육심리학”-교육실제를 보는 창, 학지사.
- https://nadau.tistory.com
- Lemov, D.(2016), 구정화, 박새롬 역, “최고의 교사는 어떻게 가르치는가”, 해냄출판사.
- Lisa, G. Goldstein(2001), 염지숙 역, “사랑으로 가르치기: 유아교육에 대한 페미니스트 접근”, 창지사.
- m.terms.naver.com, 네이버 지식백과
- Schultz, D.(2007), 이혜성 역, “성장심리학”, 이화여자대학교 출판부
- 강경미(2014), “학교폭력상담”, 서울: 대왕사.
- 강소연 외(2019), “교육학개론”, 서울: 양서원.
- 강영삼(1985), “교육행정학의 연구범위와 대상, 한국교육행정학연구회(편), 교육행정의 연구와 과제”, 서울: 대한교과서주식회사.
- 강영하, 송재홍, 정미경, 정종진 역(2004), “교육심리학”, 서울: 아카데미프레스.
- 강진령, 유형근(2000), “집단 괴롭힘”, 서울: 학지사.
- 강희돈(1990), “한국사회에서 사회 이동과 학교 교육 역할탐색을 위한 변인 추출”, 교육사회학연구, 1(1), 115-124.
- 경기도교육청(2012), “학교폭력 예방 및 대처 종합 매뉴얼”, 경기도교육청 장학자료 제9호.
- 고광명(2014), “학교폭력의 실태와 대책에 관한 연구”, 용인대학교 석사학위논문.
- 고벽진(2005), “최신교육학의 이해”, 서울: 교육과학사.
- 고벽진, 이인학, 이미연, 이경혜, 이춘옥(2006), “신 교육시회학”, 서울: 교육과학사.
- 고벽진 외(2005), “교육사 및 교육철학”, 서울: 교육과학사.
- 곽금주(2004), “학교폭력 예방 및 대처: 학교폭력대책국민운동 추진을 위한 전문가 워크숍 자료집”, 학교폭력대책국민협의회.
- 교육과학기술부(2012), “우리들의 행복한 교실”, 서울: 동기관.
- 교육과학기술부(2012), “학교폭력 사안처리 가이드북”, 서울: 교육과학기술부.
- 교육과학기술부(2012a), “학교폭력 사안대응 기본지침”, 서울: 교육과학기술부.
- 교육과학기술부(2012b), “학교폭력 사안처리 가이드북”, 서울: 교육과학기술부.
- 교육부(2012), “학교폭력근절 종합대책”.
- 교육부(2014), “현장중심 학교폭력 대책 14년 추진계획”, 서울: 동기관.
- 권순현(2015), “교실을 춤추게 하는 감동의 수업여행”, 즐거운 학교.
- 김경식, 안상헌, 윤주국, 이병환, 장홍재(2007), “교육사회학”, 서울: 교육과학사.
- 김광현(2018), “좋은 수업을 위한 교육 방법 및 교육공학”, 어가.
- 김기수, 조수남(2002), “교육철학탐구”, 서울: 교육과학사.

• 김남이(2015), “Q방법론을 활용한 학교폭력의 ‘무관용 원칙’에 대한 인식분석”, 이화여자대학교 박사학위논문.
• 김다현, 임성숙, 정석환(2013), “학교폭력의 예방과 대책”, 서울: 동문사.
• 김대현, 김석우(2005), “교육과정 및 교육평가”, 서울: 학지사.
• 김두정(2002), “한국학교 교육과정의 탐구”, 서울: 학지사.
• 김범준, 구병두(2007), “교육학개론”, 서울: 공동체.
• 김병무(2001), “현대 사회학의 이해”, 서울: 청목출판사.
• 김병욱(2007), “교육사회학”, 서울: 학지사.
• 김소영, 노강욱(2013), “학교폭력의 이해”, 서울: 창지사.
• 김신일, 박부권(2005), “학습사회의 교육학”, 서울: 학지사.
• 김영식 외(1982), “교육제도의 이념적 현상”, 서울:교육과학사.
• 김영화(2000), “한국의 교육과 사회”, 서울: 교육과학사.
• 김완석, 전진수 역(2003), “심리검사”, 서울: 율곡출판사.
• 김의석, 이우언, 정석환(2007), “최신 교육학개론”, 서울: 양서원.
• 김종미(1997), “초등학교에서 발생하는 학교폭력의 성격과 유발요인”, 한국심리학회지: 발달, 10(2), 17-32.
• 김종운(2013), “학교폭력의 예방과 대책”, 서울: 학지사.
• 김종철(1985), “교육행정신강”, 서울: 세영사
• 김진한, 박선환, 박숙희, 우지향(2014), “학교폭력의 예방 및 대책”, 서울: 공동체.
• 김창걸(1992), “교육행정학개론”, 서울: 형설출판사
• 김철주, 신선희(2019), “효과적인 교수·학습을 위한 교육공학적 접근”, 어가.
• 김혜숙, 최동욱(2013), “(교사를 위한) 학부모 상담 길잡이”, 서울: 학지사.
• 김호권 외(2002), “학교가 무너지면 미래는 없다”, 서울: 교육과학사.
• 남궁용권, 김남근, 김노연(2005), “알기 쉬운 교육학개론”, 서울: 양서원.
• 노상우(2004), “교육의 역사와 사상”, 서울: 교육과학사.
• 도기봉(2008), “학교폭력에 영향을 미치는 공격성과 생태체계요인의 상호 작용효과”, 청소년 복지연구, 10(2), 73-92.
• 목영해 외(2004), “교육의 역사와 철학”, 서울: 교육과학사.
• 박상돈(2014), “학교폭력 사안의 적법절차에 관한 사례분석”, 고려대학교 석사학위논문.
• 박세훈, 권인탁, 고명석, 유평수, 정재균(2008), “교육행정 및 교육경영”, 서울: 학지사.
• 박아청(2002), “교육심리학의 이해”, 서울: 교육과학사.
• 박영남, 정재환, 김은정(2015), “학교폭력의 실태분석과 개선 방안에 관한 연구”, 한국재난정보학회, 11(1), 9-22.
• 박은혜(2004), “유아교사론”, 양서원.
• 박진규(2000), “청소년 집단 따돌림(왕따) 현상에 대한 사회·문화적 분석 연구”, 청소년행동연구, 5, 1-30.
• 박태수, 고기홍(2007), “개인상담의 실제(2판)”, 서울: 학지사.
• 박효정(2013), “노르웨이의 학교폭력 실태와 대책, 그리고 한국교육에서의 시사점”, 서울: 한국교육개발원.
• 박효정(2013), “어울림 학교폭력예방 프로그램-중학생용(학교폭력 인식 및 대처)”, 서울: 한국교육개발원.
• 배소연(1993), “유아교사의 실천적 지식과 교사교육의 방향”, 교육학연구, 31(5), 153-171.
• 변창진 외(1996), “교육평가”, 서울: 학지사.
• 서미옥(2017), “잘 가르치기 위한 교육 방법 및 교육공학”, 공동체.

- 서봉연, 이순형(1985), "발달심리학: 아동발달", 서울: 중앙적성출판사.
- 서울대교육 문제연구소(1998), "교육학 대백과사전 1·2·3", 서울: 하우동설.
- 성태제(2002a), "타당도와 신뢰도", 서울: 학지사.
- 성태제(2002b), "현대 교육평가", 서울: 학지사.
- 성태제, 강이철, 곽덕주, 김계현, 김천기, 김혜숙, 봉미미, 유재봉, 이윤미, 이윤식, 임웅, 한숭희, 홍후조(2007), "최신 교육학개론", 서울: 학지사.
- 성태제 외(2007), "최신교육학 개론", 서울: 학지사.
- 성태제 외(2018), "최신교육학 개론(3판)", 서울: 학지사.
- 소동호(2004), "교육사상사", 서울: 교육과학사.
- 송길연, 김수정, 이지연, 양돈규 역(2000), "발달심리학", 서울: 시그마프레스.
- 신득렬 외(2005), "쉽게 풀어쓴 교육철학 및 교육사", 서울: 양서원.
- 신종호, 김동민, 김정섭, 김종백, 도승이, 김지현, 서영석 역(2006), "교육심리학", 서울: 학지사.
- 신창호(2005), "교육학개설", 서울: 서현사.
- 신혜섭(2005), "중학생의 학교폭력 유형에 영향을 미치는 변인", 청소년학연구, 12(4), 123-149.
- 안병환, 신재흡, 이기용(2012), "교육행정 및 교육경영", 서울: 청목출판사.
- 안용진(2007), "학교폭력의 유형별 발생원인과 대처방안에 대한 고등학생의 인식연구", 부경대학교 석사학위논문.
- 안우환(2000), "학생의 사회계층에 따른 교사 효율성 지각과 학업성취와의 관계", 경북대학교 대학원 석사학위논문.
- 안우환(2004), "가족내 사회적 자본과 학업성취와의 관계", 경북대학교 대학원 박사학위논문.
- 오욱환(2001), "한국 사회학의 토대 강화를 위한 이론과 주제의 확대", 교육사회학연구, 11(3), 79-103.
- 오욱환(2003), "교육. 사회학의 이해와 탐구", 서울: 교육과학사.
- 오천석(1973), "교육철학 신강", 서울: 교학사.
- 윤옥한(2005), "명강의 교수법", 학지사.
- 윤운성(2001), "교육의 심리적 이해", 서울: 양서원.
- 윤정일, 송기창, 조동섭, 김병주(2015), "교육행정학 원론(6판)", 서울: 학지사.
- 윤정일, 허형(2003), "훌륭한 교사가 되는 길", 교육과학사.
- 윤정일 외(2007), "신교육의 이해", 서울: 학지사.
- 이경숙(1995), "학생의 왕따현상에 관한 연구", 한국교육개발원.
- 이규미(2012), "학교폭력의 특수성과 전문성, 학교폭력의 예방과 상담", 서울: 학지사.
- 이규민(1992), "학력주의 사회의 형성 조건에 관한 연구", 연세대학교 대학원 석사학위논문.
- 이기문, 김진희(1999), "혹시 우리 아이 왕따 아닐까", 서울: 국일미디어.
- 이병승, 우영효, 배제현(2002), "쉽게 풀어 쓴 교육학", 서울: 학지사.
- 이병진. "새로운 교육의 패러다임 교육리더십", 학지사.
- 이상욱(2006), "21C 유아교사론", 창지사.
- 이상필(1990), "학업우수와 부진아의 욕구 및 성격특성 비교연구", 한국교원대학 석사학위논문.
- 이성진(2000), "교육심리학서설", 서울: 교육과학사.
- 이숙종(2006), "코메니우스의 교육사상", 서울: 교육과학사.
- 이순래(2002), "학교폭력의 원인 및 대처방안에 관한 연구", 연구보고서 02-42", 서울: 한국형사정책연구원.

- 이신동, 조형정, 장선영, 정종원(2016), "알기 쉬운 교육 방법 및 교육공학", 양서원.
- 이은정(2003), "학교체계요인이 집단따돌림 가해경험에 미치는 영향에 관한 연구: 가해경험집단을 중심으로", 연세대학교 석사학위논문.
- 이창호(2009), "도서지역 청소년들의 학교폭력에 관한 연구", 목포대학교 석사학위논문.
- 이형행(1988), "교육학개론", 서울: 양서원.
- 이형행(2007), "교육학개론", 서울: 양서원.
- 이형행(2018), "교육학개론", 서울: 양서원.
- 이형행 외(2010), "교육학개론", 서울: 공동체.
- 임규혁, 임웅(2007), "교육심리학", 서울: 학지사.
- 장현갑, 안신호, 이진환, 신현정, 정봉교, 이광오, 도경수 역(1999), "심리학입문", 서울: 시그마프레스.
- 정종진(1996), "교육평가의 최근 동향", 초등교육연구논총, 8, 93-120.
- 정종진(2005), "교육평가의 원리", 서울: 교육출판사.
- 정종진(2012), "제대로 알고 대처하는 학교폭력상담", 서울: 학지사.
- 정종진(2013), "학교폭력의 개념. 한국초등상담교육학회 편, 학교폭력의 예방 및 대책", 서울: 학지사.
- 정종진, 문은식, 신붕섭, 이근배, 조영종(2014), "학교폭력의 예방과 대책", 서울: 태영출판사.
- 정확실(2007), "대교수학", 서울: 교육과학사.
- 조경원 외(2004), "서양교육의 이해", 서울: 교육과학사.
- 조규락, 김선연(2006), "교육 방법 및 교육공학"-교육공학의 3차원적 이해-. 학지사.
- 조돈문(2005), "한국사회의 계급과 문화", 교육사회연구, 39(2), 1-33.
- 조벽(2015), "조벽교수의 수업컨설팅", 해냄출판사.
- 조수환(2002), "교육학개론", 서울: 교육과학사.
- 조영애(2007), "학교폭력에 대한 인식태도와 대처방안에 관한 연구: 학생, 교사와 학부모, 경찰을 중심으로", 단국대학교 대학원. 석사학위논문.
- 조정실, 차명호(2012), "교사와 학부모를 위한 학교폭력상담", 서울: 학지사.
- 주삼환, 천세영, 김택균, 신붕섭, 이석열, 김용남, 이미라, 이선호, 정일화, 김미정, 조성만(2015), 교육행정 및 교육경영(5판)", 서울: 학지사.
- 주영흠, 박진규, 오만록(2006), "신세대를 위한 교육학개론", 서울: 학지사.
- 주영흠 외(2007), "신세대를 위한 교육학 개론", 서울: 학지사.
- 지승희, 이명우, 신효정, 김태선, 송운미, 김소라(2005), "학교폭력: 어떻게 도와줄 것인가", 서울: 한국청소년상담원.
- 청소년폭력예방재단(1996), "학교폭력, 고통받는 아이들을 위해 무엇을 할 것인가: 예방에서 대책까지", 서울: 한울림.
- 청소년폭력예방재단(2010), "전국학교폭력 실태조사보고서", 서울: 동기관.
- 청소년폭력예방재단(2013), "2012년도 전국학교폭력 실태보고서", 서울: 청예단.
- 청소년폭력예방재단(2014), "2013년도 전국학교폭력 실태보고서", 서울: 청예단.
- 최은수(2005), "중학교 학생들의 학교폭력에 대한 의식 연구", 숭실대학교 교육대학원. 석사학위논문.
- 하경표, 구서연, 김운삼, 남기양, 송창백, 안미영, 이다현(2015), "교육 방법 및 교육 공학", 양성원.
- 한국교육개발원(2012), "2012년 2차 학교폭력 실태조사 보고서".
- 한국교육개발원(2014), "어울림 학교폭력예방 프로그램: 공감 중학교 학생용".

• 한국교육개발원(2014), "학교폭력예방을 위한 학교문화 형성요인분석 연구".
• 한국교육개발원(2014), "학교폭력예방 표준 프로그램 개발 연구".
• 한국초등상담교육학회(2013), "학교폭력의 예방 및 대책", 서울: 학지사.
• 한국형사정책연구원(1997), "학교주변 폭력 폭력의 실태와 대책", 연구보고서.
• 한민석(2018), "교육학개론", 서울: 공동체.
• 한민석(2019), "교육학개론", 서울: 공동체.
• 한용진 외(2006), "교육학 개론", 서울: 학지사.
• 한유경, 임현식, 김병찬, 김성기, 정제영, 의희숙, 임소현, 김은영, 윤수경, 이윤희, 김화영, 김경애, 정현주 (2018), "교육행정 및 교육경영", 서울: 학지사.
• 홍기칠(2012), "교육 방법 및 교육공학", 공동체.
• 홍봉선, 남미애(2007), "청소년복지론", 서울: 공동체.
• 홍은숙, 우용제, 이한규, 김재춘, 김영화, 김재웅(2016), "교육학에의 초대(2판)", 서울: 교육과학사.
• 황정규(1998), "학교학습과 교육평가", 서울: 교육과학사.

• AERA, APA, & NCME(1985). *Standard for educational and psychological testing*. Washington DC: American Psychological Association.
• Anastasi, A.(1988). *Psychological testing*. New York: Macmillan.
• Angoff, W. H.(1971). Scale, norms and equivalent scores. In R. L. Thorndike (Ed.), *Educational measurement*. American Council on Education, Washington DC.
• Baldwin, J., & Baldwin, J.(1998). *Behavior principles in everyday life*. Upper Saddle River, NJ: Prentice Hall.
• Bandura, A.(1973). Behavioral psychotherapy. *Scientific American*, *216*, 78–86.
• Bandura, A.(1986). *Social foundations of thought and action: A social cognitive theory*. Englewood Cliffs, NJ: Prentice Hall.
• Bellan, J. M., & Scheuman, G.(1998). Actual and virtual reality. Social Education, 62(1), 35–40.
• Bernstein, J. Y. and Watson, M. W.(1997). Children who are targets of bullying: a victim pattern [Electronic version]. *Journal of Interpersonal Violence*, *12*(4), 483–499.
• Bolton, B. I.(1973). *Selection and Evaluation of Teachers*. Berkely, Calif.:Mccutchan.
• Bowen, G. L., Bowen, N. K., & Richman, J. M.(2000). School size and middle school student's perceptions of the school environment. *Social Work in Education*, *22*, 69–82.
• Boyd, N. M., & Kyle, K.(2004). Expanding the view of performance appraisal by introducing social justice concerns. Administrative Theory & Praxis, 26(3), 249–278.
• Bronfenbrenner, U.(1979). *The Etiology of Human Development, Cambridge*. MA: Harvard University Press.
• Cohen, G. T.(2000). *Prevention of firearm fatalities and injuries: Public health approach*, in M. Shafil & S. L. Shafil(Eds.), School Violence, Washington, DC: American Psychiatric Publishing, Inc., pp.219–230.
• Coloroso, B.(2008), *The Bully, the Bullied and the Bystander*. NY: Harper Collins.
• Cronbach, L. J.(1984). *Essentials of psychological testing*. New York: Harper & Row.

- Dumais, S. A.(2002). Cultural capital, gender, and school success: The role of habitus. Sociology of Education, 75(1), 44-68.
- Eggen, P. D., & Kauchak, D.(1992). *Strategies for teachers: Teaching content and thinking skills*. Needham Heights, MA: Allyn & Bacon.
- EMoehlman, A. B.(1951). School Administration, 2nd ed., Boston: Houghton Mifflin Co.
- Erikson, E. H.(1982). *The Life Cycle Completed*. New York: Norton.
- Farrell, A. D., Valois, R. E., Meyer, A. L., & Tidwell, R.(2003). Impact of the RIPP violence prevention program on rural middle school studies: A between-school study. *Journal of primary Prevention, 44*, 143-167.
- Ferguson, K. E.(1984). *The Feminist Case against Bureaucracy*. Philadelphia: Temple University Press.
- Findley, W. G.(1963). Purpose of school testing programs and their efficient development. In W. G. Findley(Ed.), *Sixty second yearbook of the national society for the study of education*. Chicago: University of Chicago Press.
- Freud(1905). *Three Essays on Sexuality*(Standard Edition, Vol.7).
- Gergen, K. J.(1999). An invitation to social construction. London: Sage.
- Goodson, I., & Sikes, P.(2001). Life history research in educational settings: Learning from lives. NY: McGraw-Hill.
- Gruenberg, B. C.(1912) Some Economic Obstacles to Educational Progress, *American Teachers*, vol 1, 90.
- Harris, B. N.(1975). *Supervisory Behavior in Education*, 2nd ed., Englewood Cliffs, N.J.: Prentice-Hall.
- Heinich, R., Molenda, M., Russel, J. D., & Smaldino, S. E.(2002). Instructional media and technologies for learning(7th Edition). Upper Saddle River, NJ: Prentice-Hall.
- Highet, G.(2009). 김홍옥 역, "가르침의 예술", 아침이슬.
- Hirschi, T.(1967). *Causes of Delinquency*. Berkeley. NY: California Press.
- Hopkins, K. D., Stanley, J. C., & Hopkins, B. R.(1990). *Educational and psychological measurement and evaluation*. Boston: Allyn & Bacon.
- Hoy,W.k.,& Miskel, c.g.(1996). *Educational Administration: Theory, Research and Pratice*, 5th ed., New York: Random House.
- Hoy,W.k.,& Miskel, c.g.(2003). *Educational Administration: Theory, Research and Pratice*, 6th ed., New York: Random House.
- Hoy,W.k.,& Miskel, c.g.(2013). *Educational Administration: Theory, Research and Pratice*, 9th ed., New York: Random House.
- Jaeger, R. M.(1978). *A proposal for setting a standard on the North Carolina High School Competency test*. Paper presented at the spring meeting of the North Carolina Association for Research in Education, Chaapel Hill.
- John Wiles & Joseph Bondi(1980), Supervision: A Guide to Practice. Columbus, Ohio :Charles E. Merrill Publshing co.
- Jongsma, K. S.(1989). Portfolio assessment. *The Reading Teacher, 3*(73), 264-265.
- Lash, S.(1990). Sociology of postmodernism. London: Routledge.

- Linn, R. L., & Gronlund, N. E.(2000). *Measurement and assessment in teaching*. Upper Saddle River, NJ: Prentice Hall.
- Maslow, A.(1943). A theory of human motivation. *Psychological review, 5*, 370–396.
- Meyer, C., Schuman, S., & Angello, N.(1990). *NWEA white paper on aggregating portfolio data*. Lake Oswego, OR: Northwest Evaluation Association.
- Murray, J. P.(1999). Studying television violence. In J. K. Asamen & G. l. Berry(Eds.), *Research paradigms, television, and social behavior*(pp.369–410). Thousand Oaks: Sage.
- Nevo, J. (1986). *The conceptualization of educational evaluation: An analytic review of the literature*. The Tel–Aviv University.
- Olweus, D.(1993). *Bullying at school: What we know and what we can do*. Cambridge, MA: Blackwell Publishers.
- Olweus, D.(1994). Annotation: Bullying at school: Basic facts and effects of a school based intervention program. *Journal of Child Psychology & Psychiatry & Allied Disciplines, 35*(7), 1171–1190.
- Olweus, D.(1999). Norway. In P. K. Smith et al.(Eds.), *The nature of school bullying: A cross–national perspective*(pp. 28–48). London: Routledge.
- Olweus, D.(2000). Norway. In P. K. Smith et al.(Eds.). *The nature of school bullying: A cross–national perspective*(pp. 22–48). London: Routledge.
- Olweus, D.(2003). Prevalence estimation of school bullying with the Olweus bully/victim questionnaire. *Aggressive Behavior, 29*(3), 239–269.
- Olweus, D., & Limber, S. P.(2010). The Olweus bullying prevention program. In Shane R. Jimerson, Susan M. Swearer, Dorothy L. Espelage(Eds.,), *Hand book of bullying in schools: An international perspective*(pp.377–401). New York: Routledge.
- Paulson, F. L., Paulson, P. R., & Meyer, C. A.(1991). What makes a portfolio? *Educational Leadership, 90*, 231–241.
- Pepler, D., & Craig, W.(1995). A peek behind the fence: naturalistic observations of aggressive children with remote audiovisual recording. *Developmental Psychology, 31*, 548–553.
- Salmivalli, C., Poskiparta, E., Ahtola, A., & Haataja, A.(2013). The implemen tation and effectiveness of the KiVa antibullying program in Finland. *European Psychologist, 18*(2), 79–88.
- Scriven, M.(1967). The methodology of educational evaluation. In R. Stake (Ed.), *Perspectives of curriculum evaluation*. Chicago: Rand McNally.
- Shackelford, R. L.(1996). Student portfolio: A process/product learning and assessment strategy. *The Technology Teacher, 55*(8), 31–36.
- Sherer, M., & Miller, O. K.(2004). Aggression and violence among jewish and Arap youth in Israel. *International Journal of Intercultural Relation, 28*(20): 93–109.
- Slavin, R. E. (2003). *Educational psychology*. Boston: Allyn & Bacon.
- Spaulding, F. E. et al(1913). *Improving School Systems through Scientific Management*, Washington, D.C.: National Education Association.
- Stevens, S. S.(1951). Mathematic, measurement and psychoanalysis. In S. S. Stevens(Ed.), *Handbook of*

experimental psychology. New York: John Wiley.
• Stiggins, R.(2001). *Student–centered classroom assessment*. New York: Macmillan.
• Stufflebeam, D. L.(1971). *Educational evaluation and decision making*. Ithaca, Illinois: Peacock.
• Taylor, F. W.(1911). *The Principles of Scientific Management*, New York: Haper & Brothers.
• Thomas, M. R.(2006). *Violence in America's school: Understanding, prevention and responses*. Westport, CT: Praeger Publishers.
• Thorndike, E. L.(1918). The nature, purposes and general methods of measurements of educational products. In G. M. Whipple(Ed.), *The measurement of educational products, seventeenth yearbook of the national society for the study of education*. Bloomington, IL: Public School Co.
• Tyler, R. W.(1942). General statement on evaluation. *Journal of Educational Researcher, 35*, 492–501.
• Tyler, R. W.(1951). The functions of measurement in improving instruction. In E. F. Lindquist(Ed.), *Educational measurement*. Washington, DC: America Council Education.

찾아보기

ㅊ

ㅋ

ㅌ

ㅍ

ㅎ

인명 찾아보기

A

B

C

D

E

F

G

H

I

J

에센스 교육학 개론

2020년 8월 10일 초판 인쇄
2020년 8월 15일 초판 발행

저 자 박아청 · 이인학 · 이기영 · 박지은
최성열 · 김무영 · 류관열 · 김용성

펴낸이 주병오 · 주민기

발행처 ㈜지구문화
JIGU CULTURE Co.Ltd

경기도 파주시 회동길 209
파주출판문화도시

마케팅팀 (031) 955−7566 · 7577
편집디자인팀 (031) 955−7731
FAX (031) 955−7730
홈페이지 www.ji-gu.co.kr
이메일 jigupub@hanmail.net

ISBN 978-89-7006-878-7 값 25,000원

parts of speech
1) thing
2) anim
3)

nouns
(table, chair)
(cat, wolf)